Friedrich Nietzsche
Unzeitgemäße Betrachtungen Ⅰ－Ⅳ

Sämtliche Werke, Kritische Studienausgabe in 15 Bänden
KSA 1: Die Geburt der Tragödie
Unzeitgemäße Betrachtungen Ⅰ－Ⅳ
Nachgelassene Schriften 1870－1873
Herausgegeben von Giorgio Colli und Mazzino Montinari
2. durchgesehene Auflage 1988

本书根据科利/蒙提那里考订研究版《尼采著作全集》(KSA)第1卷译出，并根据第14卷补译了相应的编者注释。

汉译世界学术名著丛书
（120 年纪念版·珍藏本）
增订本出版说明

2017 年 10 月，为纪念商务印书馆创立 120 周年，本馆推出“汉译世界学术名著丛书”（120 年纪念版·珍藏本），计七百种。近五六年来，仰赖学界同人倾力支持，订正旧译，增补新译，拓展新著，积累日多。为满足读者需要，本馆在七百种的基础上，继续推出“汉译世界学术名著丛书”（120 年纪念版·珍藏本·增订本）三百种。至此，“汉译世界学术名著丛书”累计出版已达千种。

今后，本馆将继续推进丛书的翻译出版工作，在积累单本名著的基础上陆续分辑刊行，汇印出版。为促进中外文明互鉴、推动我国学术发展，使“汉译世界学术名著丛书”这项对我国学术文化有基本建设意义的重大工程发挥更大作用，诚望海内外学术界、翻译界继续给予支持，帮助我们把这套丛书出得更好。

商务印书馆编辑部

2024 年 2 月

汉译世界学术名著丛书
（120 年纪念版·珍藏本）
出 版 说 明

2017 年 2 月 11 日，商务印书馆迎来 120 岁的生日。120 年前，商务印书馆前贤怀揣文化救国的理想，抱持“昌明教育，开启民智”的使命，立足本土，放眼寰宇，以出版为津梁，沟通中西，为中国、为世界提供最富智慧的思想文化成果。无论世事白云苍狗，潮流左右激荡，甚至战火硝烟弥漫，始终践行学术报国之志，无改初心。

逐译世界各国学术名著，即其一端。早在 20 世纪初年便出版《原富》《天演论》等影响至今的代表性著作，1950 年代后更致力于外国哲学和社会科学经典的译介，及至 1980 年代，辑为“汉译世界学术名著丛书”，汇涓为流，蔚为大观。丛书自 1981 年开始出版，历时三十余年，迄今已推出七百种，是我国现代出版史上规模最大、最为重要的学术翻译工程。

丛书所选之书，立场观点不囿于一派，学科领域不限于一门，皆为文明开启以来，各时代、各国家、各民族的思想与文化精粹，代表着人类已经到达过的精神境界。丛书系统译介世界学术经典，引领时代思想，为本土原创学术的发展提供丰富的文化滋养，为推动中国现代学术和现代化进程做出了突出的贡献。

为纪念商务印书馆成立120周年，我们整体推出“汉译世界学术名著丛书”120年纪念版的珍藏本，寄望既利于文化积累，又便于研读查考，同时向长期支持丛书出版的译者、编者和读者致以敬意。

两甲子后的今天，商务印书馆又站在了一个新的历史时间节点上。我们不仅要铭记先辈的身影和足迹，更须让我们的步伐充满新的时代精神。这是商务人代代相传的事业，更是与国家和民族的命运始终紧密相连的事业。我们责无旁贷，必须做好我们这代人的传承与创造，让我们的努力和成果不仅凝聚成民族文化的记忆，还能成为后来人可以接续的事业。唯此，才能不负前贤，无愧来者。

商务印书馆编辑部

2017年10月

中文版凡例

一、本书根据科利/蒙提那里编辑的15卷本考订研究版《尼采著作全集》(*Sämtliche Werke, Kritische Studienausgabe in 15 Bänden*,简称“科利版”)第1卷(*KSA 1: Die Geburt der Tragödie, Unzeitgemäße Betrachtungen I–IV, Nachgelassene Schriften 1870—1873*)译出。

二、中文版力求严格对应于原版。凡文中出现的各式符号均予以保留。唯在标点符号上,如引号的运用,稍有变动,以合乎现代汉语的习惯用法。原版疏排体在中文版中以重点号标示。译文中保留的原版符号,需要特别说明的有:

/:表示分行。

[ ]:表示作者所删去者。

〈〉:表示编者对文字遗缺部分的补全。

「 」:表示作者所加者。

[—]:表示一个无法释读的词。

[— —]:表示两个无法释读的词。

[— — —]:表示三个或三个以上无法释读的词。

— — —:表示不完整的句子。

[+]:表示残缺。

三、文中注释分为“编注”和“译注”两种。“编注”是译者根据科利版《尼采著作全集》第 14 卷第 41—114 页(对科利版第 1 卷的注解)译出的,作为当页脚注补入正文相应文字中,以方便读者阅读和研究。

四、科利版原版页码在中文版相应位置中被标为边码。“编注”中出现的对本书内的文献指引,中文版以原版页码标识。由于中文版把原版单独成卷(第 14 卷)的“编注”改为当页脚注,故已没有必要标出原版为方便注释而作的行号。相应地,“编注”中出现的行号说明也予以放弃,而改为如下形式:×××××……],表明该“编注”涵盖的范围从×××××到该“编注”号码所标记之处。

五、中译者主张最大汉化的翻译原则,在译文中尽量不采用原版编注中使用的缩写和简写形式,而是把它们还原为相应的中文全称。原版编注中对尼采本人著作的文献指引(包括不同版本的文集、单行本)均以缩写形式标示,如以“JGB”表示《善恶的彼岸》,在中文版中一概还原为著作名;原版编注中对科利版《尼采著作全集》诸卷的文献指引,中文版均以中文简写形式“科利版第××卷”的方式标示;唯原版编注中对尼采不同时期手稿和笔记的文献指引,因内容解说过于繁琐,中文版也只好采用原版的简写法,并在书后附上“尼采手稿和笔记简写表”。

目　　录

第一篇　大卫·施特劳斯 157
——自白者与作家[1]

一[2] 159

德国的公共舆论看起来几乎禁止谈论一场战争的可怕的、危险的后果，尤其是谈论一场以胜利而告终的战争的可怕的、危险的后果。结果，它们更愿意倾听那些对什么是比公共舆论更加重要的观点一无所知的作家。这些作家竞相颂扬战争，欢欣地寻求战争对于道德、文化和艺术的强大影响。尽管如此，我还是要说：一场巨大的胜利就是一场巨大的危险。就人的本性而言，忍受一场

1

① 自 1873 年 4 月 15 日从拜罗伊特返回后，尼采便在巴塞尔开始撰写第一篇《不合时宜的考察》，即《大卫·施特劳斯——自白者与作家》。第一稿在 5 月初时已经差不多完成；尼采希望，在瓦格纳 60 岁生日时（5 月 22 日）能将自己已完成的作品手稿作为惊喜送给朋友；然而修改的时间超出了尼采的预估，或许是因为夏季学期的“首要急需”，或许是出于“突然的、痛苦的视力减弱”（见尼采 1873 年 5 月 20 日致瓦格纳的信件，收录在科利版《尼采书信全集》（*Kritische Gesamtausgabe Briefwechsel*, Berlin 1975ff.）Ⅱ/3, 153）。鉴于这种情况，当时居留在巴塞尔的格斯多夫（Carl von Gersdorff）在尼采的口授下记录下刊印稿，该稿于 6 月 25 日被寄给莱比锡的出版商弗里兹希（E. W. Fritzsch），后在 1873 年 8 月 8 日出版。

格斯多夫的手记刊印稿已经遗失；保存下来的是校对稿、一份由格斯多夫制作的印刷勘误表以及一份上面列有更正清单的校样。——编注

② 参看 26[217]。——编注

胜利要比忍受一场失败更加艰难。确实，获得[①]一场战争的胜利比忍受它、不让它从中产生一场更加严重的失败要更容易些。在最近与法国的这场战争的胜利所导致的所有严重后果中，最为严重的后果也许是这样一种广为流传的，甚至是普遍的错误，而且这种错误同时也是公共舆论和所有公开发表意见者的错误，即德国文化也在那场战争中战胜了法国文化，获得了胜利，因此，必须用一种合乎这一伟大事件和后果的花环来装扮它。这种妄念极其危险，这不是因为它是一种妄念——因为妄念也可能是值得尊敬，并富有教益，——而是因为它能够为了**有利于“德意志帝国”**，而把我
160 们的胜利转变成一场完全的失败，**转变为德意志精神的失败，甚至是德意志精神的毁灭**。

即使我们假定这类战争实际上是两种文化的战争，那么，胜利一方的价值标准仍是极为相对的标准，在某种情况下，绝不能为我们的胜利欢呼或自吹自擂提供合理辩护。因为问题在于知道那个被制伏的文化的价值是什么，也许其价值很小。在这种情况下，即便是在最为辉煌的武力胜利，胜利者的文化也无权要求同样的文化凯旋。另一方面，就我们目前的关注点而言，出于最为简单的理由，还谈不上什么德意志文化的胜利。因为法国文化一如既往地存在着，我们也一如既往地依赖着它。在这次对于法国的军事胜利中，我们的文化并未起到什么作用。严格的战争训育、天然的勇敢和纪律、统帅的优势以及被统帅者的团结和服从，简而言之，是那些与文化无关的因素帮助我们在武力上战胜了对手，因为对手

① ，获得]第一版，格斯多夫制作的印刷勘误表：获得。——编注

缺乏这些因素中最为重要的因素。因此，令人感到讶异的只是，今天在德国自称为“文化”的东西竟然也毫无阻碍地跻身于伟大的胜利所必需的军事条件之一，这也许只是[①]因为，这种自称为文化的东西认为这一次表现自己乐于效劳对于自己更有裨益[②]。不过，如果任由这种文化发展壮大，滋生蔓延，如果人们用这场战争的胜利也是文化的胜利的谄媚妄念来纵容和溺爱它，那么，如我前面所言，它就有力量去毁灭德意志精神，而且，谁也不知道在毁灭德意志精神之后，它还会对剩下的德意志肉体做些什么！

如果有可能唤醒德国人曾经的那种沉着而坚韧的勇敢的品质，也就是曾经用以对付带有情绪性和突发性冲动的法国人的品质，并用它来对付内部敌人，对付现今在德国被危险地误解为文化的、那种极其模糊、无论如何都是非民族性的“教养”的话，那么，对于一种现实的、真正的德意志的教养，亦即现今之教养的对立面的所有希望就不会丧失殆尽。因为德意志人从来不缺乏最为明智的和最为果敢的领袖和统帅，尽管这些领袖和统帅中常常缺乏德意志人。[③] 但是，是否有可能把德意志人的这种勇敢转向创造真正的德意志文化的努力之中，我总是感到怀疑，而且，在新近的战争之后，我日益感到其不可能了。因为我看到，所有人都坚信根本不

① 也许只是]誊清稿：显而易见的。——编注

② 认为……更有裨益]誊清稿：在给人软弱无用的感觉中更情愿。——编注

③ 因为德意志人从来不……]准备稿：任务是可怕的，而且每个勇敢的人都能看到自己在面对共同敌人时的无助。(但这里等待着将领及其被统领者的是怎样一场战斗！这是怎样步步退避又重新突进的敌人！)但是，如果从根本上看这场战斗将是可怕的，并且等待战士的将是一个步步退避又重新突进的敌人，那么胜利的希望绝不低于正是现在，即紧接着战争的荣耀。——编注

再需要这样一种斗争精神和勇敢精神，绝大多数事情已尽善尽美，井然有序，所急需做的一切早已发现和做过了。简而言之，所有人都坚信，文化的最佳种子或是已经到处播撒，或是已经发芽滋长，甚至繁荣茂盛了。在文化领域，弥漫的不仅是满意，还有幸福和陶醉[1]。我在德国的记者以及小说、悲剧、诗歌和历史的制造者的极度自信的举止中感受到了这种幸福和陶醉。他们已经明显地形成了一种休戚与共的团体，图谋霸占现代人的闲暇和思考时间，也就是“文化时间”，并通过印刷品使他们麻醉于这些“文化时间”。自从新近的战争以来，所有的幸福、尊严和自我意识都存在于这个团体之中：在这种“德意志文化的胜利”之后，它不仅感到了被证实和被认可，而且感到了自己神圣不可侵犯。因此，它说话的口气更加庄严隆重，它喜欢向德意志民族致辞，并按照经典作家的方式出版全集，并且真的在为其所用的国际刊物上宣称他们中一些个体是新的德意志经典作家和模范作家。人们也许应该期待德国教养阶层中那些更为审慎、更有学识之人能认识到内在于这种**滥用军事**
162 **胜利**的危险，或至少感到这种状况的难堪之处。因为还有什么比看到一个畸形侏儒像骄傲的公鸡一样站在镜子面前、与镜中的自己互致欣赏的目光更加难堪的事情呢？但是，有学识的阶层乐于

---

[1] 陶醉]准备稿：陶醉：虽然不再有人知道什么是文化——即风格的统一，虽然每一次瞥见我们的住宅、房间、服装、礼仪、戏剧、博物馆和学校（参见原文第 163 页）都展现出最全然的毫无风格，每个人却都对自己那根本算不上文化的教养的结果非常满意。这是一种需要人们去探究的奇特现象。德国人的骄傲是，他们在所有的事情上都比其他民族知道得更多；然而遗忘的事实是，他们能做的事很少，甚至他们根本不想做任何事。事实上，如果一个德国人既能做又想做某种伟大之事，那就没有比他更高尚的存在了；但是他在这种情况下将孤身一人，他的影响也无法走得更深更远，他将在审美上被剥去风格并且——。——编注

让这一切如现今这样地发生和发展，并认为自己有足够多的事情要去做，而不想去额外担负起照料德意志精神的重担。这一阶层的成员绝对坚信，他们自己的教养是时代——甚至是所有时代——最成熟和最美好的果实，他们根本不理解对于普遍的德意志教养的忧虑，因为他们自己以及无数的像他们这样的人，已经远远超越了所有这类忧虑[①]。不过，更为审慎的观察者，特别如果他是外国人的话，就不可能不注意到，在现今被德国学者称为是自己的教养的东西和那种被鼓吹为新的德意志经典作家的、作为胜利者的教养之间，只存在着知识的量的对立：凡是在考量能力而非知识的地方，在衡量艺术而非学问的地方[②]，也就是，凡是在生命应当为这种教养提供见证的地方，现在就只有**一种所谓的**德意志教养。而这种教养居然战胜了法国？

这种声称之所以显得如此完全不可理解，是因为恰恰在德国军官更全面的学识中，在德国军队更好的知识训练中，在更为科学的作战中，所有不带偏见的裁判者，最后法国人自己认识到了这种决定性的优势。但是，如果人们把德意志人的这种博学与德意志教养分离开来，那么，德意志教养还想在何种意义上取得胜利呢？在任何意义上都没有取得胜利！因为更为严格的训育、更为平静的顺从的道德素质与德意志教养毫不相干。例如，马其顿军队就比具有无比教养的希腊军队更加优秀。因此，如果人们说这是德意志教养和德意志文化的胜利，那这不过是一种混淆，一种基于德 163
国已经不存在纯粹的文化概念的混淆。

---

① 忧虑］准备稿：忧虑。他们得到教授和教诲，然而他们没有文化。——编注

② 凡是在考量能力……］参见 26［18］。——编注

文化首先是一个民族的所有生活表达中的艺术风格的统一。而杂多的知识和博学既不是文化的必要手段，也不是它的一个标志；而且，必要时会与文化的对立面即野蛮更加相配，也就是说，与缺乏风格或所有风格的混乱堆积相配。

但是，就是在所有风格的这种混乱堆积中，生活着我们今天的德国人。这是一个有待解决的严重问题，博学的德国人怎么能没有注意到，怎么还能够由衷地安于他的当代"教养"呢？他每次瞥见他的衣着、房间、房子，每次走过他城市的街道，每次闲逛他的时尚艺术商人的商店，都应该感到有所提醒；他们在自己的社会交往中，应该意识到他们礼仪和举止的来源；在艺术机构、音乐享受、戏剧享受和博物馆享受中，应该意识到所有可能风格的怪诞的堆积和并置。[①] 德国人把所有时代和所有地区的形式、颜色、产品和稀奇古怪之物堆积在自己的周围，从而形成一种年货市场式的缤纷杂乱，而德国人的学者却把这种缤纷杂乱视为和描述为"现代性自身"。他们安坐在这种所有风格的缤纷杂乱之中。但是，人们用这种"文化"，而实际不过是对文化的冷漠和迟钝，并不能战胜任何敌人，至少不能战胜像拥有真正的和创造性的文化的法国。不管法国文化具有什么样的价值，我们德国至今为止还是在模仿法国人的一切，而且，在大多数情况下都是一种拙劣的模仿。

6

即使我们真的停止模仿法国人，那也不意味着我们战胜了他
164 们，而不过是从他们那儿解放了出来。只有当我们把一种原创性的德意志文化强加给他们时，我们才可以谈论一种德意志文化的

① 但是，就是在所有风格的……]准备稿中的笔记：他既不能为自己发明一种服装，甚至也不能在描画一枚金币的印文时加入哪怕一点点的鉴赏力。——编注

胜利。但是，我们注意到，在这期间我们仍然一如既往地依赖巴黎，而且不得不依赖，因为迄今为止尚不存在原创的德意志文化。

我们所有德国人应该自己认识到这一点。对此，在少数有权以责备的口吻对德国人说话的人中间，有一个人公开地吐露了这一点。歌德有一次对爱克曼说，我们德意志人属于昨天。虽然我们一个世纪以来就在努力地教化自己，但可能还需要若干世纪，才会有如此丰富的精神和较高的文化注入给我们的国人，我们每一个国人，到那时人们才能说，**德意志人是野蛮人**，但这已是很久以前的事情了。[①]

二

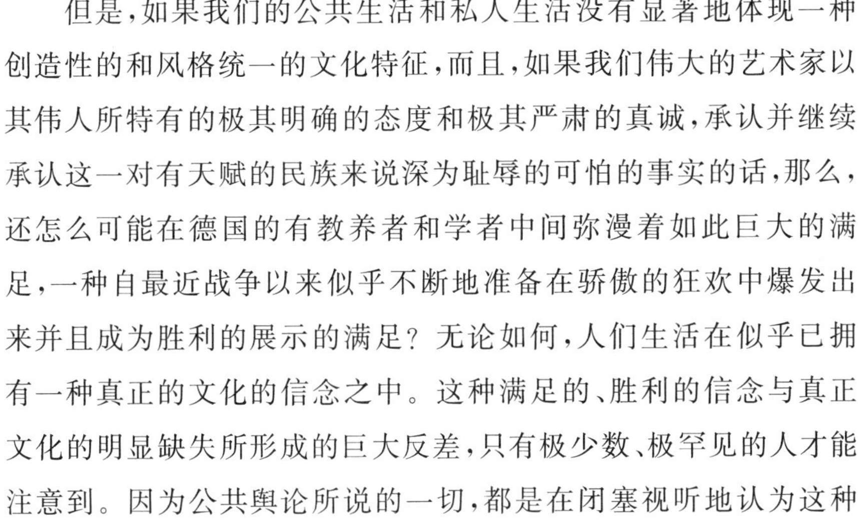

但是，如果我们的公共生活和私人生活没有显著地体现一种创造性的和风格统一的文化特征，而且，如果我们伟大的艺术家以其伟人所特有的极其明确的态度和极其严肃的真诚，承认并继续承认这一对有天赋的民族来说深为耻辱的可怕的事实的话，那么，还怎么可能在德国的有教养者和学者中间弥漫着如此巨大的满足，一种自最近战争以来似乎不断地准备在骄傲的狂欢中爆发出来并且成为胜利的展示的满足？无论如何，人们生活在似乎已拥有一种真正的文化的信念之中。这种满足的、胜利的信念与真正文化的明显缺失所形成的巨大反差，只有极少数、极罕见的人才能注意到。因为公共舆论所说的一切，都是在闭塞视听地认为这种

① 我们德意志人属于……]歌德于1827年5月3日与爱克曼的谈话。参看19[309,312]。——编注

165 反差根本不应当存在。这是如何可能的呢？什么力量如此强大，能够命令这样一种反差“不应当”存在？什么类型的人主导了德国，才能够禁止如此强烈和简单的情感，或者阻止这种情感的表达？这种力量，这类人，就是**文化庸人**。

我们知道，庸人这个词源于大学生生活，但其在更为广泛和流俗的意义上则表示诗人、艺术家、真正的文化人的对立面。但是，研究文化庸人的类型、倾听其自白，如果他作了自白的话，现在成了我们的一桩令人讨厌的义务。“文化庸人”之有别于对“庸人”类型的一般观念，乃是由于一种迷信：他妄自以为自己是诗人和文化人。这是一种无法理解的妄念。而且，由此可知，他根本不知道什么是庸人，什么是庸人的对立面，不懂得他们之间的差异。因此，当他在大多数情况下郑重地发誓自己不是庸人的时候，我们并不感到奇怪。由于缺乏这种自我认识，他便坚定地确信，他的“教养”正是真正的德意志文化的完美表现。既然他到处都碰到自己的同类，既然所有的公共机构、学校、教育机构和艺术机构都是完全按照他的教养和他的需要而建立的①，因此，他自认为自己是现今德意志文化的名副其实的代表，无论走到哪里，他都满怀着这种胜利的情感，并据此来表述自己的要求和主张。现在，如果真正的文化在任何情况下都以风格的统一为前提条件，甚至一种低级的和堕落的文化如果没有表现出其内部多种风格的和谐也是不可想象的，那么，从文化庸人的妄念中就会产生这种错误和混淆，因为他

① 建立的(eingerichtet sind)］第一版，格斯多夫制作的印刷勘误表：找到的(eingerichtet findet)。——编注

到处重新发现他自己的齐一的标记和再生，于是便从所有“有教养者”的这种齐一的标记中推测出，已经存在着一种统一的德意志教养的风格，因此也存在着一种统一的德意志文化。他在自己周围 166
感知到的完全是同样的需要和类似的观点；无论他走向哪里，都会立即被涉及诸多事物，特别是被宗教和艺术等事物上的沉默的一致的习俗纽带所包围。这种令人印象深刻的同类性，这种并非源自命令但却随时准备爆发的众口一词，诱导他相信这里存在着一种文化。但是，系统的[①]、获得支配地位的庸俗，并不会因为它的体系化和主导地位就成为一种文化，它甚至连低级的文化也不是，而一直根本就是文化的对立面，亦即一种长久建立起来的根深蒂固的野蛮。因为我们看到当代德国的每一个有教养者身上都表现出千篇一律的统一的印记，而这种统一只是由于有意或无意排斥或者否定一种真正的风格所具有的艺术上创造性的形式和要求的全部才达成的统一。在文化庸人的脑中必定发生了这样一种不幸的扭曲：他恰恰把文化所否定的东西视为文化；而且，由于他如此一贯地行事，他最终也获得一个有内在联系的否定的集合，一个非文化的体系；人们甚至可以承认这种非文化有某种“风格的统一”，倘若谈论一种有风格的野蛮也能算有意义的话。如果允许他在一种符合风格的行动和一种与风格相悖的行动之间作自由选择，那么他总是会选取后者，而且由于他总是选取后者，因此，他的一切行动都打上了一种否定性的同类印记。他恰恰是从这种印记中认识到了他所发明的“德意志文化”的特征，并把凡是与这种标记的

① 系统的]誊清稿：系统化了的。——编注

不一致判定为与他敌对和矛盾的东西①。在这样的场合里，文化庸人不过是在防御、否定、撤退、封闭、闭目塞听，他是一个否定的存在者，即使在他的憎恨和他的敌意中也是如此。但是，他所憎恨
167 的不过是把他当作庸人来对待的人，不过是告诉他他是什么：一切强有力和创造性的东西的障碍物、一切怀疑者和迷途者的迷宫、一切疲惫者的泥潭、一切奔向高贵目标者的脚镣、一切新生事物上笼罩着的毒雾以及寻求和渴望新生命、新生活的德意志精神的干旱沙漠。因为它确实在**寻求**，这个德意志精神！你们之所以憎恨它，乃是因为它在寻求，乃是因为它不相信你们，不相信你们已经找到了它所正在寻求的。那么，文化庸人的产生是如何可能的？而且，如果它产生了，它是如何可能进而获取作为对所有德意志文化问题的最高裁决者的权力的呢？在这样一个历史上曾有一系列伟大的英雄人物从我们身旁走过的国度，我们不禁要问，怎么可能还会有文化庸人的出现及其对德意志文化的裁判权的垄断呢？这些伟大人物的每一个运动中、每一个神情中、质询的声音中、炽热的目光中，所流露的只有一个东西：**他们是寻求者**，而且，他们所热烈且坚韧地寻求的，就是文化庸人妄自以为已经拥有的东西：真正的、原初的德意志文化。他们似乎在问：是否有一方土地，如此纯洁，从未被触动，具有童贞少女般的圣洁，从而德意志精神可以在它上面而不是在任何其他土地上建筑自己的家园？他们这样探询着，寻求着，穿过苦难和狭隘时代的荒野丛林，作为寻求者从我们的视

① 并把凡是……矛盾的东西］眷清稿：与他相对，我们只会将这种同类印记视为非文化的系统化。——编注

野中消失了。他们中的一位在年事已高之时能够以他们所有人的名义说道:“我已历尽艰辛、未敢稍加歇息达半个世纪之久,一直在尽可能好、尽可能多地追求、研究和劳作。”①

但是,我们的文化庸人如何评价这些寻求者呢?他简单地把他们当作发现者,似乎忘记了那些人感到自己只是寻求者。“我们拥有自己的文化,不是吗?”文化庸人说,“因为我们拥有了自己的经典作家,不是吗?我们不仅拥有文化的基础,而且已经有建筑在上面了——我们自己就是这建筑。”庸人们一边说一边手指着自己的额头。

不过,要想如此错误地判断和如此诽谤地崇敬我们的经典作 168
家,人们必须根本不再认识他们。这是普遍的事实。因为否则的话,人们肯定就会知道,崇敬他们的方式只有一种,那就是,继续以他们的精神和勇气去寻求真正的德意志精神,且乐此不疲。相反,文化庸人把“经典作家”这个如此可疑的头衔强加给他们;不时地借助他们的作品来“陶冶”自己,也就是,让自己沉浸在我们的音乐厅和剧院对每一个出钱者所许诺的那些乏力而又自私的刺激中,甚至为他们树立雕像,用他们的名字来命名节日和协会——这一切都只不过是文化庸人对经典作家进行清算时所支付的现款,为的是在其他方面不必再认识他们,而且尤其是不必追随他们,不必继续寻求。因为文化庸人的口号就是:“勿要再继续寻求。”②

① 参见歌德与爱克曼的谈话,1830 年 3 月 14 日。尼采这里对歌德的原话有所压缩。——译注

② 文化庸人对经典作家进行清算……继续寻求”]誊清稿:文化庸人力图欺骗自己,为的是能够在根本上摆脱他们,让自己免除一种费力而又持续不断的追随。——编注

这个口号曾一度有过某种意义。在本世纪的第一个10年，一种如此多样且纷扰的寻求、试验、摧毁、许诺、预言和希望开始兴起并席卷德国，从而使得中产阶级有理由感到一种精神上的不安全。这个阶层当时有理由耸耸肩，拒斥离奇乖僻的、残害扭曲的哲学与狂热偏狭的历史考察的杂烩，有理由拒斥浪漫学派所混合在一起的所有神灵和神话的农神节[①]，有理由拒斥产生于心醉神迷的诗意时尚和疯狂行为。[②] 在这一点上，他们之所以有理由，乃是因为庸人就连放纵的权利也没有。但是，他利用机会以那种小人的狡黠，总是怀疑这样一种寻求的精神和行动，并促进一种带来舒适的发现。庸人之乐展现在他的眼前：他从一切疯狂的试验逃逸到田园风光和闲情逸致之中，并且用某种惬意来对抗艺术家不安分地
169 创造的冲动，一种对自己的狭隘、对自己的不受干扰，甚至对自己的局限性的惬意。他毫不谦逊和羞耻地伸长手指，指点着他的生活的所有隐秘的和暗藏的角落，指点着诸多动人的和天真的欢乐。这种欢乐滋生于其毫无教化的生存的最贫乏的深处，仿佛是其庸人生存的沼泽上长出的素朴的花朵。

有些富有绘画天赋之人，他们用秀丽的笔触描摹弥漫在儿童游戏室、学者书房、农舍里的幸福、隐秘、日常生活、农人的健康和一切惬意。他们现在手拿这样一些现实的画册，试图一劳永逸地寻求与那些要求继续寻求的令人麻烦的经典作家达成一种协定。

① 古罗马人将12月17日定为纪念农神的日子。这是古代世界最为著名的节日之一，人们可以打破平时的禁忌，颠倒主奴身份。——译者

② 见歌德于1830年3月14日与爱克曼所谈的内容："我能够……。"——编注

他们创造了“模仿时代”的这个概念，只是为了拥有安宁，并且在遇到任何令人不快的新东西时都能立刻用“模仿性作品”这个否定性的判决来打发它。正是这些惬意之人，为了保障自己的安宁而对历史施暴，试图把一切有可能干扰惬意的科学，尤其是哲学和古典语言学，都转化为历史学科。借助这种历史意识，他们把自己从狂热中拯救了出来，——因为历史不产生这种狂热，尽管歌德[①]相信这还是可能的。那些信奉“无所动心”非哲学的欣赏者们在寻求历史地理解一切时，其目的恰恰是让自己麻木不仁。他们伪称憎恨任何形式的狂热和不宽容，但实际上所憎恨的乃是天才的主导和真正的文化要求的专制，因此便竭尽全力到处使那些有望出现的新鲜的和强大的运动停滞瘫痪、麻木迟钝或者解散解体。一种用
混乱扭曲的辞藻来羞怯遮掩其创作者的庸人自白的哲学，还发明 170
了崇拜日常生活琐事的一个公式：它谈及一切现实事物的合理性，因此，极力阿谀那些也喜欢混乱辞藻，但尤其是仅仅把自己理解为现实的、把自己的现实性当作世界的合理性的标尺的文化庸人。现在，他也允许每一个人，包括他自己，去作点反思、作点研究，作些美学作品，尤其是创作文学、音乐以及绘画，甚至全部的哲学，但所有这一切的前提是，所有这一切，上天保佑，都必须保持过去的样子，不惜一切代价地保持所谓“合理性的东西”，所谓“现实的东西”，也就是说，不可动摇庸人的一切。当然，庸人有时会完全乐于

① 歌德]《准则与反思》第495条：“我们从历史中获得的最好的东西，就是它所激起的热情”，出自《威廉·麦斯特的漫游年代》(1829)中第二卷末《在漫游者意义上的观察思考》。——编注

沉溺于优美的、大胆的艺术和一种怀疑主义的历史编纂学，并且对这样的散心和消遣对象评价不低，但他严格地把“生活中严肃的事情”亦即职业、工作连同女人、孩子与乐趣分离开来；属于后者的大约是涉及文化的一切。因此，任何艺术只要其自身开始严肃，并提出威胁其惬意、职业和习惯，换句话说，威胁其庸人的严肃的要求时，就注定要遭殃的。对于这样一种艺术，他会掉头不顾，就好像他看到了某种淫乱的东西似的。他以一个贞操监护者的神情警告每一个需要保护的德性，千万不要往那看。

既然庸人在劝阻时表现得如此口若悬河，因此，他对倾听他并让他劝阻的艺术家深表感激。他让这种艺术家知道，他对他们的要求更加简单和宽松，他以及与他持有相同信念之人根本不要求什么崇高的大师之作，而仅仅要求两点：要么在田园诗或者温和幽默的讽刺诗中模仿现实，直到像猴子一般复制现实，要么自由地复

171 制经典作家最受到公认的和最著名的作品，不过仍要羞羞答答地宽恕时代的趣味。也就是说，如果他唯一重视的事情就是无创造性的模仿或者对当前现实的图像式的忠实描摹，那么，他就知道，后者就是在赞颂庸人自己，增加对他“现实”的惬意，但前者也并不损害他，甚至还有益于他作为一个经典的趣味裁判的名望，而且，此外，他也无须花费新的力气，因为他已经一劳永逸地安于和满足于经典作家本身了。最后，他还为他自己的习惯、考察方式以及厌恶和喜好发明了“健康”这个普遍有效的公式，并把任何令人不快的捣乱者作为病态、偏激和癖性的嫌疑来加以清除。施特劳斯这个对我们今天教化状态的真正的满足者和典型的庸人，有一次就以具有这样特色的惯用语谈到“叔本华虽然极富才智，但在许多方

面却有着不健康的和无益的哲学思考”。也就是说，一个不幸的事实是，“精神”习惯于以特别的好感安居在“不健康的和无益之人”那里，甚至庸人，只要他一朝对自己**诚实**，就会在其同类之人带到世界上和市场上的哲学论断中，往往感受到某种缺乏才智但却完全健康和有益的哲学思考。

庸人们只要在自己人中间，他们就会不时沉溺于喝喝葡萄美酒，回想回想伟大的军事行动，诚实、健谈而又天真。在这些时刻，一些通常被谨慎隐蔽起来的东西将会真相大白，并且偶尔甚至有人会泄露整个兄弟团体的基本秘密。最近，一位出自黑格尔的合理性学派的著名美学家就有这样一个时刻。这种挑衅非同寻常：在嘈杂喧嚣的庸人圈子纪念一位真正的和诚实的非庸人，甚至是一位在该词最严格的意义上死于庸人的人：纪念高贵的荷尔德林。172

在这个时刻，这个著名的美学家因此就有权借机谈论那个死于“现实”的不幸灵魂。当然，“现实”这个词至少是从上文所描述的那种意义上被理解为庸人理性。但是，“现实”就变成了另一种现实。我们也可以提出荷尔德林是否适应当前伟大时代的问题。“我不知道，”菲舍尔说道，“他那如此柔弱的灵魂是否能够忍受内在于每次战争的如此之多的严酷，是否能够忍受我们战后在极为不同的领域里看到继续发展的如此之多的堕落。也许，他会再次沉陷入绝望。他是没有武装的灵魂之一，他是希腊的维特，一个陷入无望之爱的恋人；他的生活中充满柔弱和渴望，但在他的意志中也有力量和内容，在他的风格中也有伟大、丰满和活力，从而有时甚至使人想到埃斯库罗斯。不过，他的精神太不坚强了。他缺乏作为武器的幽默。**他不能忍受这样的想法：一个人可以是一个庸人，但同**

时不是一个野蛮人。”[①]我们这里关心的是其最后的自白，而不是其席间演说的同情性的奉承之语。是的，一个人会承认自己是庸人，但也会承认自己是野蛮人吗?! 绝不。遗憾的是，可怜的荷尔德林可惜不能做出如此精微的区分。当然，如果人们在听到“野蛮”这个词时想到文明的对立面，也许甚至想到海盗和食人者，那么，做出这种区分就是有道理的。但显然，这个美学家想告诉我们的是，一个人可以是庸人，但同时还可以是一个文化人。这里文化人的特性就包含可怜的荷尔德林所缺乏的并死于这种缺乏的幽默。[②]

在这个时刻，菲舍尔这个演说者还[③]做了第二个自白:“并不总是意志的力量，**而是软弱**带领我们超越了那些不幸的灵魂如此
173 深切地感到的对美的渴望。”[④]这里的自白大致就是这样表达的，但却是以聚集起来的“我们”，亦即以“超越者”、即“通过软弱而超越的超越者”的名义做出的。让我们满足于这些自白吧！现在，我们通过一个熟悉内情的人士口中知道了两点:第一，这些“我们”实际上超越了，甚至是被带领超越了对美的渴望;第二，“我们”是借助软弱而超越的！正是这种软弱，通常在不太轻率的时刻有一个更恰当的名字，即文化庸人的著名的“健康”。但是，按照这种最新的教诲，我们也许被建议不以“健康者”而是以“**懦弱者**”，或更进一

① “我不知道……不是一个野蛮人。”]菲舍尔(Friedrich Theodor Vischer)这段话出处不明。——编注

② 尼采这里提及荷尔德林，显示一种悲剧感，因为像荷尔德林一样，他最终被同时代的文化庸人所逼疯。——译注

③ 还]誊清稿:还意外地。——编注

④ 此话源于菲舍尔，但出处不明。——编注

步，以“**软弱者**”来谈论他们。要是这些软弱者不拥有权力该多好！被称为什么对他们有什么重要的呢！因为他们是我们的统治者，而且，任何统治者如果不能忍受被嘲弄并被送上绰号，就不是合适的[1]统治者。是的，只要他们拥有权力，他们甚至会学着嘲弄自己。他们暴露自己，也不会丢失什么，因为紫蟒袍什么不能遮掩！凯旋袍什么不能遮掩！当文化庸人承认自己的软弱时，他的强大就暴露无遗了：而且，他越是经常地，越是犬儒主义地这样承认，也就越是清楚地暴露出他自视多么重要，他自感多么优越。这是犬儒主义的庸人自白的时代。就像菲舍尔用演说作自白一样，施特劳斯用一本书作自白：这本自白书和那个演说一样，都是犬儒主义的。

三

施特劳斯用双重的方式来对其庸人教养作出自白，即用语词和行动，亦即用**自白者的语词和作家的行动**。他那标题为《旧信仰和新信仰》[2]的书就其内容来看，一方面是作为书和作家的作品，174
另一方面则是一种连续不断的自白。单就他允许自己公开地对自己的信仰作出自白这一事实，就已经构成一种关于信仰的自白书了。任何人到 40 岁之后都有权撰写自己的传记。因为连最不济

① 就不是合适的]尼采在校样中的修改、格斯多夫第一版印刷勘误表及第一版校样更正表上均表述为：就不是真正的；誊清稿：就是一个坏的。——编注

② 《旧信仰和新信仰》]尼采引自：施特劳斯的著作《旧信仰和新信仰：一种告白》，莱比锡，1872 年。——编注

的人也可以经历过什么，并更切近地观看过对于思想家来说有价值的和值得重视的东西。但是，对自己的信仰作出自白，就必须被视为极其苛刻的高要求。因为它的前提条件是，自白者不仅重视其生命所经历、探求或观看过的东西，而且甚至重视他所信仰过的东西。现在，真正的思想家最期望知道的事情，就是施特劳斯这样的人物所乐于信奉的信仰是什么；对于那些只有亲历才有权利谈论的事物，他们则是如何“在半梦半醒之间加以构造的”[1]（第10页）。谁会感觉到需要兰克或蒙森之类人物的信仰表白呢？[2] 而且，他们俩是与施特劳斯完全不同的学者和历史学家，但一旦他们不想对我们谈他们的科学知识，而是想对我们谈他们的信仰，那么，他们就会以令人气恼的方式逾越自己的界限。但是，施特劳斯在叙述自己的信仰时恰恰就是这样做的。没有人要求对此知道什么，也许除了施特劳斯教义的一些头脑狭隘的对手们外。这些人期望从施特劳斯的教义背后嗅出真正魔鬼般的信条，因此，必然期望施特劳斯通过泄露这样一些魔鬼般的信条去违背他自己的学术主张。也许，这些粗野的家伙们甚至在施特劳斯这本新书中正好发现了他们所要寻找的账单。而没有理由去推测存在这样一些魔鬼般信条的我们这些其他人，则没有发现任何诸如此类的东西，甚至即使其中存在着些许魔鬼般的信条，也绝不会不满意。因为当
175 施特劳斯谈论他的新信仰时，肯定不是一个恶的精神在谈，但一般来说也不是精神，更不是一个真正的天才在谈。相反，唯一以这种方式来进行谈论的，是将施特劳斯作为他的“我们”而介绍给我们

① “在半梦半醒之间加以构造的”］参见27［42］。——编注

② 谁会感觉到需要兰克或蒙森之类人物的信仰表白呢？］参见27［13］。——编注

的那些人。这些人在向我们叙述他们的信仰时，比他们向我们叙述他们的梦想时更加使我们感到无聊，尽管他们如今是“学者或者艺术家、官员或者军官、工商业者或者地主，数量成千上万，且不是作为最不幸的人生活在这个国家中”[①]。如果他们不想在城市和乡下保持沉默，而是寻求大声地说出自己的信仰自白，那么他们合唱的喧闹也不能够掩饰他们所唱曲调的贫乏和庸俗。如果一种自白使我们不允许那些愿意对我们加以叙述之人把话说完，打着哈欠打断他，那么，即使我们听到它为许多人所共享，这又怎么能使我们觉得更有益呢？如果你真的共享这样一种信仰，那么，我们应该告诉你，上帝保佑，千万不要泄露它。也许，过去一些心地善良的人在施特劳斯那里寻找一位思想家。而现在，他们却找到了这个信徒，因而大失所望。如果他保持沉默，那么，至少对这些人来说，他依然会是哲学家，而他现在却对任何人来说都不是哲学家了。但他也不再垂涎思想家的荣耀了。他只想是一个新信徒，为他自己的“新信仰”而自豪骄傲。通过书写来表白这种新信仰，他认为自己在书写“现代理念”的教义问答，在铺设宽阔的“未来的世界大道”。事实上，我们的庸人不再气馁，不再难为情，而是信心十足，一直达到玩世不恭。曾有一段时间，无疑很遥远，其中庸人之所以被容忍仅仅是因为他们不在公共领域说话，也不被公共话语提及。又曾有一段时间，人们开始亲切地抚摸着他的皱纹，发现他很有趣，谈论起他来。这种关注就逐渐把他变成了浮华浪子，他开始对他自己的皱纹和怪僻幼稚的独特性发自内心地感到高兴。如

① “学者或者艺术家……这个国家中”］参见施特劳斯：《旧信仰和新信仰：一种自白》，第 294 页。——编注

今，他自己开始说话，以类似里尔的《家庭音乐》的风格说起话来。
176 “但是，我看到些什么啊！这是阴影，还是现实吗？我的卷毛狗怎么变得又长又宽！”[①]因为现在，他已经像一匹河马那样在“未来之世界大道”上翻来滚去，他的嚎叫和狂吠变成了宗教创始人所特有的自豪口吻[②]。也许，硕士先生，您还要建立未来的宗教吗？“我觉得时机还不成熟（第8页），我从未想过要摧毁任何一个教会。”——但硕士先生，为什么不呢？这只是一个人是否拥有这个能力的问题。此外，老实说，您相信自己拥有这个能力：只要看看您书的最后一页。在那里您甚至知道，您的新大道“是唯一的未来的世界大道，只需要一些完成之笔就竣工了，基本上只需要有更多的车来行驶，以使之变得舒适方便”[③]。如今请您不要再否认：宗教创始人已经为人所知，新的、舒适方便的大道已经铺向施特劳斯的天堂。您是个谦虚的人，您只是对您希望用来运载我们的马车尚不够完全满意。毕竟，您最终告诉我们“我并不想宣称，我的尊贵的读者与我都必须信赖的马车满足了一切要求”（第367页）：“我们一定感到颇得难受”。哦，您是在渴求某种感激之言，您这个彬彬有礼的宗教创始人。但是，我们想坦率地对您说几句话。如果按照您的368页的宗教教义问答开出的药方，您的读者在一年里每天读一页，那么，我们就相信，这么小的剂量会让他最终感觉

① “但是，……又长又宽！”]参见歌德：《浮士德》第一部，第1247—1250行。——编注

② 宗教创始人所特有的自豪口吻]誊清稿：先知和福音传教士的咆哮口吻。——编注

③ “是唯一的……舒适方便”]参见施特劳斯：《旧信仰和新信仰：一种自白》，第368页。——编注

不好，也就是说因为没有疗效而气恼[①]。倒不如大胆地大口吞下！一次吃下尽可能多的剂量！就像所有合乎时宜之书所规定的那种剂量。在这种情况下，汤剂就不会造成任何损害，饮用者在此后就绝不会感到不好，并进而气恼，而是兴趣盎然、情绪盎然，就好像什么也没有发生似的，没有宗教被摧毁，没有世界大道被铺设，没有
信仰自白被做出——这就是我所说的疗效！医生、药以及疾病，统 177
统忘却！而且开怀大笑！不断地刺激发笑！您会被羡慕的，我的先生，因为您建立了最为方便的宗教，也就是说，这种宗教的创始人不断通过受到取笑而受到崇敬。

四

庸人成为未来宗教的创始人，这是新信仰最令人印象深刻的形态；庸人变成狂热者，这是一桩当今德国所特有的闻所未闻的现象。但是，且让我们暂时对这种狂热保持一定程度的小心谨慎；除了施特劳斯之类的人物，没有别的人以如下睿智的话语敦劝我们这样小心谨慎了。当然，在听到这些话语时，我们首先不应当想到施特劳斯，而应当想到基督教的创始人。“我们知道，曾有过高贵的、精神丰富的狂热者，他能够使人兴奋、使人振作，甚至也能够在历史上有着持续深远的影响；但是，我们并不想选择他作为生活的领袖。如果我们不把他的影响置于理性的监控之下，他就将把我们领上歧路。”（第 80 页）我们甚至知道得更多，即，也可能有愚钝

① 也就是说因为没有疗效而气恼］誊清稿：但这就是读者的过错了。——编注

的狂热者，有不使人兴奋、不使人振作却仍向我们指示生活前景、在历史上有着持续的影响并主导未来的狂热者；我们格外被要求将其狂热置于理性的监控之下。利希滕贝格[①]甚至还曾认为：“有一些没有能力的狂热者，他们是真正危险的人物。”因此，仅就这种理性的监控而言，我们这里只要求对三个问题的诚实回答：第一，新信徒如何设想他自己的天国？第二，新信仰赋予他多大程度的勇气？第三，他如何写自己的书？作为信仰自白者施特劳斯应当为我们回答第一个和第二个问题，作为作家施特劳斯应当为我们回答第三个问题。

178 新信徒的天国自然必须是一个地上的天国，因为对那些甚至“只用一只脚”站在施特劳斯的立场上的人来说，基督教“对一种不死的、天国的生活的眺望”，连同其他安慰，都“无可挽回地丧失了”（第 364 页）。如果一种宗教这样描绘自己的天国，那么这是有意义的，而且，如果在基督教的天国里，除了奏乐和吟唱之外就没有别的什么天国活动，这也是真实的，那么，这对于施特劳斯式的庸人来说，并不是令人安慰的前景。但是，在自白书中却有天堂的一页，即第 294 页，这是一张你可以向所有其他人，特别是最幸运的庸人展开的羊皮纸卷！在此，整个天国都下降到你这里。“我们只想提示一下我们是如何做事的，”施特劳斯说道，“我们多年来一直是如何做事的。除了我们的职业之外——因为我们属于极为不同的职业群体，我们绝不仅仅是学者或者艺术家，而且还是官员、军官、商人和地主，再说一遍，就像已经说过的那样，不仅仅是我们中

---

① 利希滕贝格］引文出自尼采遗留的藏书——《利希滕贝格杂文集》（*Vermischte Schriften*）第 1 卷，哥廷根，1867 年，第 188 页。——编注

的少数人，而是成千上万的人，而且我们也不算是这个国家中境遇最糟糕的人——除了我们的职业之外，我要说，我们还寻求对人类一切较高的旨趣保持尽可能的开放；在过去这些年，我们对于伟大的国民战争和德意志国家的建立有着活生生的关切。在这个久经考验的民族之命运的伟大时刻，一种既出乎意料又光辉的时刻，我们发现自己在内心深处被振奋和提升。我们通过致力于历史研究来襄助对这些事物的理解，而且，由于一系列写得既引人入胜又通俗易懂的著作的帮助，甚至那些外行如今也容易理解这些历史研究。同时，我们寻求扩展我们对自然的理解，当然为此同样不缺少通俗易懂的辅助材料。最后，在我们伟大的诗人的作品中、在我们伟大的音乐家的作品演奏中，我们发现了对精神、情感、想象力和幽默感的刺激，一种让你再也无所欲求的刺激。我们就这样生活， 179
我们就这样幸福满足地漫步。”

“这就是我们的人，”庸人一读到这些就欢呼道：因为我们真的就这样生活，我们真的天天就这样生活。他多么善于美妙地描摹事物啊！例如，他所谓的我们用来襄助对政治状况的理解的历史研究，不是相当于我们所阅读的报纸文章吗？所谓对德意志国家[①]建立的活生生的关切，不是相当于我们天天去啤酒馆吗？难道在动物园的一次散步，不是相当于我们扩展理解自然所凭借的所谓“通俗易懂的辅助材料”吗？而最后，还有剧院和音乐会，我们从那里把由于“对想象力和幽默感的刺激”而产生的“无所欲求”带回家——他把可疑的东西说得多么高贵、多么有趣啊！这就是我

① 国家］德文 Staat，誊清稿：帝国（德文 Reich）。——编注

们的人；因为他的天国就是我们的天国！

庸人如此喊叫欢呼；而且如果我们不像他那样满足，那么原因就在于，我们还期望知道得更多。斯卡里格[①]习惯于说："蒙田喝红葡萄酒还是喝白葡萄酒，与我们有什么相干！"但是，我们该如何高度评价在更为重要的事情上所做的这样一种明确的宣言呢！假设我们还得知，庸人每天按照新信仰的规定抽过多少次烟斗，以及在喝咖啡时是更喜欢读《施佩讷报》还是更喜欢读《国民报》[②]，那又该如何去评价呢。哦，我们求知欲的未满足的渴求！只不过在一点上我们得到了更详细的信息，而且，幸运的是，这种信息涉及天国中的天国，也就是说，涉及那些供奉伟大的诗人和音乐家们的美学私人小屋，庸人在这些小屋中"陶冶"自己，而且，按照他自己的坦承，在这些小屋中，"他的所有污迹都被清除和洗掉"（第363页），以至于我们应该把那些私人小屋视为除秽洗浴中心。"然而，这
180 只是片刻的逃避，仅仅在想象的王国里才会发生，才会有效；一旦我们退回到严酷的现实和狭隘的生活中，旧有的限制和困窘就又会从四面八方降临到我们头上[③]。"——我们的硕士如是叹息道。但是，让我们好好利用这些稍纵即逝的瞬间，从而能够在这些美学小屋中稍作徜徉，从不同的视角来好好打量庸人的理想形象，即清

① 斯卡里格（Josephus Justus Scaliger，1540—1609）：法国古典学家、历史学家和语言学家，长期居住荷兰，对文艺复兴时期的古代史研究贡献巨大。——译注

② 《施佩讷报》由施佩讷（Johann Karl Phillipp Spener，1749—1827）于1772年创办，思想较为保守，1874年并入到1848年创办的、带有自由主义倾向的《国民报》（*Nationalzeitung*）。——译注

③ 旧有的限制和困窘就又会从四面八方降临到我们头上]在施特劳斯的《旧信仰和新信仰：一种自白》以及大八开版中，"降临"前面加上了"再度"。——编注

洗掉一切污迹的庸人，现在变成了庸人类型最为纯洁的品种。严肃地说，看见这里所呈现的东西是有教益的[1]；也许没有一个受害于这部自白书的人，会未经阅读就丢下那两个题为“论我们的伟大诗人”和“论我们的伟大音乐家”的附录。在这里，《新约》的彩虹向我们展开了，而且，谁不在他那里得到快乐，“他就根本无可救药，他就”像施特劳斯在另一场合所说，但在这里也这么说的那样，“对于我们的立场来说尚不成熟”[2]。我们显然是在天国的天国里。我们热情的旅行向导[3]打算带领我们周游，而且他还事先向读者道歉，因为他由于对所有壮丽景色的极度喜悦而不免会说得太多。“如果我表现出与这个场合不太恰当的更加健谈，”他告诉我们，“还请读者原谅我的言语放纵；因为心里所充满的、口里就说出来[4]。但是，这里我要向读者事先保证，他马上要读的东西，并不是从我早先的作品摘抄并插入在这里，而是我为了当前的目的并在这个地方所写下的东西”（第 296 页）。这种自白会使我们一时错愕。这些精美的小篇章是否新近写出，与我们有什么相干！但愿这只是一桩写作的事务！就我而言，我希望它们是 25 年前写的，因为至少在这种情况下，我就必然知道为什么这些思想对我来说显得如此苍白无力，以及它们为什么自身就具有腐朽的古代气味。但是，
某种东西写于 1872 年并且在 1872 年就已有腐烂气味，这让我觉 181

---

① 严肃地说，看见这里所呈现的东西是有教益的］誊清稿：事实上，作为美学家的庸人即庸人自身。——编注

② “他就根本……不成熟”］参见施特劳斯：《旧信仰和新信仰：一种自白》，第 366 页。——编注

③ 旅行向导］誊清稿中有：充满这种灵魂的。——编注

④ 《圣经新约·马太福音》，第 12 章，第 34 节。——编注

得可疑。让我们假设一下，某人对着这些篇章及其气味沉沉入睡，——他将会梦到什么呢？一位曾经历过这种事的朋友向我泄露过这一点。他梦到过一个蜡像馆，经典作家都站在那里，用蜡和珍珠模仿得极好。他们转动手臂和眼睛，一颗螺丝在里面咔咔作响。他在这里看到了某种奇形怪状、令人毛骨悚然的蜡像，上面挂着小带子和发黄的纸，从嘴巴里伸出一张字条，上面写着"莱辛"；我的朋友想走近一些，发现了某种恐怖的事情：这是荷马的喀迈拉[①]，前面是施特劳斯，后面是格维努斯[②]，中间是喀迈拉——总的看来，是莱辛。这一发现使他忍不住恐惧得大叫。他惊醒过来，并且不再读下去了。硕士先生，您为什么要写如此腐朽的小篇章呢！

当然，我们肯定从这些小篇章里学到了一些新东西，例如，格维努斯向我们揭示，歌德如何以及为什么不具有戏剧天分；歌德在《浮士德》的第二部只创造了一个讽喻和幽灵的世界；华伦斯坦是一个麦克白，同时是哈姆雷特；施特劳斯式的读者从《漫游年代》中挑拣出故事的方式，就像淘气的孩子从黏稠的生面团中挑拣出葡萄干和杏仁一样；在舞台上如果不使用强烈、带有震感的元素就不能达到完全的效果；席勒从康德走出，就像从冷水浴中走出一样[③]。

---

① 荷马的喀迈拉]参见《伊利亚特》，第六首，第181行；也引用在尼采：《善恶的彼岸》，第190页。——编注

② 格维努斯(Georg Gottfried Gervinus，1805—1871)：德国政治家，文学史家，作家，著有五卷本的《德意志诗歌史》，其中他率先从普遍的历史发展的视角来展示诗歌，因此，尼采认为这种人应该对德国从歌德和席勒的古代教化高度跌落下来负有责任(参见：《论我们教育机构的未来》)。——译注

③ 席勒从康德走出，就像从冷水浴中走出一样]参见施特劳斯：《旧信仰和新信仰：一种自白》，第325页："要不是他有那种幸运，也就是从冷水浴中走出时与歌德相遇的幸运。"——编注

当然，这一切都是新颖和令人注目的，但我们不喜欢它，尽管它令人注目；而且正如它肯定地是新颖的，它也肯定地将永不变老，因为它从未年轻过，因为它从母体诞生出来时就已白发苍苍了。然而，新风格的蒙福者们在他们的美学天国里产生了什么样的奇怪思想啊！既然它们是如此非美学的，在尘世上如此短暂，此外，还如此明显地带有愚蠢的印记，就像格维努斯的一些观点一样，那么，为什么他们不至少忘掉一些呢！但是，看起来就好像施特劳斯 182
的谦虚的伟大和格维努斯的不谦虚的渺小恰恰能在一起和睦相处，因此，在这种情况下，救赎就属于所有那些蒙福的人，救赎也属于我们这些未曾蒙福的人，只要这个未被置疑的艺术裁判还在继续展开他所习得的热情和所租来的马匹的奔跑，就像诚实的格里尔帕泽[①]以恰如其分的清晰性所探讨的那样[②]，而且要不了多久，整个天国都会回荡着这种热情和马蹄声！到那时，至少事情将比现在更为生动、更为吵闹。现在，我们的天国向导缓慢拖沓的热情及其嗫嚅温吞的雄辩长时间地令人疲倦、令人厌恶。我想知道，出自施特劳斯嘴巴的一声“哈利路亚”听起来是什么样的。我相信，我们必须仔细倾听，否则我们会认为我们在听到了一番客气的道歉或者一种轻声细语的恭维。对此，我可以给出一个富有教益的、令人恐怖的例子。施特劳斯曾经猛烈攻击他的一个对头，后者谈论过自己对莱辛的恭敬。这个可怜的家伙不过是误解了！是的，

① 格里尔帕泽(Franz Grillparzer，1791—1872)：奥地利剧作家。——译注

② 就像诚实的格里尔帕泽以恰如其分的清晰性所探讨的那样］参见《格里尔帕泽全集》第9卷，斯图加特1872年版，第175页：“……习得的热情，租来的马匹的奔驰现在都贯穿着格维努斯先生的所有努力。”——编注

施特劳斯认为，只有愚钝的人才会感觉不到他在第 90 节中关于莱辛的质朴话语是源于内心的热情。现在，我绝对不怀疑这种热情。相反，在我看来，施特劳斯对莱辛的这种热情总有某种可疑的东西；我发现，对莱辛这种可疑的热情在格维努斯那里被提升到了狂热的程度。确实，就整体而言，在德国的大作家中没有一个像莱辛那样，在德国小作家那里受人喜爱。但无须为此对他们表示感谢：莱辛究竟是哪些方面获得了他们的赞扬呢？首先是他的广博：他是批评家和诗人，是考古学家和哲学家，是戏剧家和神学家。其次是“作家与人、头脑与心的这种统一”。后者是每一个大作家的特征，有时甚至也是一个小作家的特征，因为在根本上，一个狭隘的
183 头脑与一颗狭隘的心灵也惊人地和谐相处。而前者，即那种广博，就自身而言根本不是一种值得称颂的品质，尤其在莱辛那里，它只不过是一种生活困顿窘迫的结果而已。相反，在那些对莱辛抱有热情之人那里，令人惊奇之处恰恰就在于，他们对驱迫莱辛终身并逼迫他达到这种“广博”的、随时会吞噬他的那种困顿视而不见，对这样一个人像一团火似的过快地燃尽毫无感觉，对这样一个温柔而热情的人被他的整个环境，尤其是他同时代博学者那最庸俗卑鄙的狭隘和贫乏如此地伤害、折磨乃至扼杀毫不愤怒。他们没有看到对这种受到赞扬的广博恰恰应该给予一种深刻的同情。“歌德向我们大声呼吁：要同情这个非同寻常的人，因为生活在一个如此卑鄙的时代，他不得不被卷入无休止的论战之中。”[①]你们，我亲爱的庸人们，怎么会在怀念这个莱辛时没有一种羞耻感呢？他恰

① “歌德向我们……无休止的论战之中。”]见歌德 1827 年 2 月 7 日与爱克曼的谈话。——编注

恰是因你们的麻木不仁，在与你们的可笑的图腾和偶像的斗争中，在你们的戏剧家、你们的学者、你们的神学家所造成的恶劣状况下悲惨死去，却连一次也未能展翅作那种永恒的飞翔，而这却是他来到这个世间的目的。[①] 你们想起温克尔曼又有何感想？他为了掉头不看你们离奇的荒唐和愚蠢，居然跑到耶稣会士那里乞求帮助，他不光彩的改信更多地是使你们而不是使他出丑。你们敢在称呼席勒的名字时不感到脸红吗？看看他的画像！他那轻蔑地掠过你们脑袋的闪烁目光，他涨得紫红的面颊，都没有告诉你们什么吗？这是一个多么出色、非凡的玩具，但却被你们打碎了。如果你们还从这个被缩短了的、被折磨要死的人的生命中再去剥夺掉歌德的友谊，那么你们就会更快地熄灭他的生命！你们没有对你们的任何伟大天才的毕生事业提供过帮助和促进，而现在，你们想从中得出没有人需要帮助和促进的教义吗？但是，对他们中的每一个人来说，你们都是歌德在他的《〈大钟歌〉的跋》中所指称的“麻木迟钝世界的抵抗”[②]；因为对他们中的每一个人来说，你们都表现出阴 184
郁的迟钝或嫉妒的心胸狭窄或者恶意的自私、诽谤和对抗。尽管有你们在，他们还是创作了自己的[③]作品；针对你们，他们作出自己的攻击；由于你们，他们过早地倒下，他们的工作尚未完成，他们在无数的斗争中备受折磨、摧残或变得麻木不仁。现在，似乎事情结果良好，你们就被允许去赞扬这些人！恰恰是你们赞扬他们的

① 你们，……来到这个世间的目的。]参见尼采遗稿第 27 篇第 9 行。——编注

② 歌德在他的《〈大钟歌〉的跋》中所指称的“麻木迟钝世界的抵抗”]参见尼采遗留的藏书《歌德全集》，科塔版(Cotta)1856 年，第 6 卷第 425 页。——编注

③ 自己的]在誊清稿、尼采对第一版校样的修改以及第一版校样更正表中为“他们那些自己的”，在尼采对校样修改之前为“他们那些自己的精彩的”。——编注

话语，明确地显示了你们在表达赞扬时心里又真正想的是谁。这些话语之所以是“如此热诚地发自肺腑”，是因为我们必须痴呆才看不出你们实际上是想向谁表示恭敬。的确，歌德曾大声呐喊过，我们需要一个莱辛。那么，看吧，只要这只年轻的老虎将其不安分的力量，积聚在其横生的肌肉上，积聚在其目光的虎视中，走出来搜寻猎物，那么，所有虚荣的硕士和整个美学王国都要倒霉！

五

我的朋友多么聪明，他借助那种怪异的鬼魅蜡像看穿了施特劳斯式的莱辛，看清了施特劳斯，不想再继续读下去了。但我们却想继续读下去，并向新信仰的守门人要求获得进入其**音乐**圣地的许可。硕士打开门，陪伴着我们，不断地作出解释，说出那些人的名字。——最终，我们满怀疑虑地停下来，注视着他：发生在我可怜的朋友梦境中的情况也许不会发生在我们身上吗？施特劳斯所谈论的作曲家，而且，只要他在谈论他们，在我们看来，都张冠李戴，搞错了对象。我们被迫认为，他倘若不是在说奇怪的幽灵，那一定是在说其他的音乐家。例如，当他以那种使我们怀疑他是否在赞颂莱辛的同样热情去谈论海顿，并且其言行举止就像一个海顿神秘崇拜团体的祭司和牧师一样的时候，当他以同样语气把海
185 顿比作“真材实料的汤”，把贝多芬比作“甜点”[①]（指贝多芬的四重

① 把海顿……“甜点”］参见施特劳斯：《旧信仰和新信仰：一种自白》，第 362 页：“人们从莫扎特甚至干脆从贝多芬开始，就如同人们要以香槟和茶点开始一餐饭，而不是从一道真材实料的汤开始。”——编注

奏音乐)(第 362 页)时,那么,我们有一点就是可以确定的:他的甜点贝多芬并不是我们的贝多芬,而他的汤海顿也不是我们的海顿。此外,这位硕士认为,我们的乐队太好了,因而不适合演奏海顿的音乐,只有最质朴的业余爱好者才能胜任那种音乐——这再次证明他是在谈论另一个艺术家,说的是别的艺术品,也许说的是里尔的室内音乐。

但是,谁可能会是那种施特劳斯式的贝多芬呢?他被认为创作了九部交响曲,其中《田园交响曲》是“最不富有精神性的”作品。我们被告知,他每次在演奏《第三交响曲》时,都感到一种“挣脱羁绊,寻求冒险”的渴求,这几乎是在向我们暗示一种半是战马半是骑手的混合怪物。至于《英雄交响曲》,则是那个半人半马的怪物受到了严重折磨,因为它无法清晰表达“这是在旷野上的斗争,还是在人内心深处的斗争”。在《田园交响曲》中,他呈现了一场“狂怒肆虐的暴风雨”,但它打断了一场农民舞蹈,因而“太无意义了”;由于音乐“任意持续地黏附于其基本的平庸动机上”——正如施特劳斯既机智又准确的短语所说的那样,这首交响曲是“最不富有精神的”,——古典的硕士甚至似乎还可以想到一个更为粗鲁的词语,但他宁愿在这里如他所说的“用应有的谦虚”来表达。[①] 但是不,这一次他错了,我们的硕士,他在这里确实太谦虚了。如果不是施特劳斯他自己,这个看起来熟悉贝多芬的唯一之人,还有谁会来教育我们了解甜点贝多芬呢?此外,紧接着出现了一个恰恰是关于《第九交响曲》的有力的判断——用应有的**不**谦虚说出

① 他被认为创作了九部交响曲,……用“应有的谦虚”来表达。]参见施特劳斯:《旧信仰和新信仰:一种自白》,第 358—359 页。——编注

的——:这首交响曲只会让那些“把巴洛克的东西视为天才的标志、把无形式的东西视为高尚的东西”(第 359 页)的人喜欢。当
186 然,像格维努斯这样严厉的批评家会欢迎它,也就是说,只要它碰巧确证了格维努斯的一个学说。但是,他,亦即施特劳斯,远没有在“**他的**贝多芬的如此成问题的作品”中寻找优点。“这是一种不幸,”我们的硕士在其温存的叹息中宣称,“我们乐于给予贝多芬的欣赏和崇敬会由于这一类的保留而受到损害。”现在,我们的硕士本人自然是美惠女神的宠儿,美惠女神告诉他,她们只与贝多芬同行了一小段路程,贝多芬在此之后就再也看不到她们了。“这是一个缺陷,”他喊道,“但人们应该认为这也可表现为一个优点吗?”“谁气喘吁吁、艰难地思考和推进音乐理念,谁就能推动更为沉重的事物,因此也将变得更加强大”(第 355、356 页)。这是一种自白,而且不仅是关于贝多芬的自白,也是“古典的散文作家”自我表白:美惠女神抓住并绝不会放走**他**这位著名的作者,从开轻松的玩笑——亦即施特劳斯式的玩笑——直到高度的严肃——亦即施特劳斯式的严肃——,她们毫不动摇地站在他那一边。他这个经典的写作艺术家,能轻松地和游玩般地应对自己的重负,而贝多芬则要气喘吁吁地应付他自己的重负。施特劳斯看起来不过是在玩耍自己的重负。这是一个优点,但是,我们不应当认为这也可以视为一种缺陷吗?——但这至多是对那些把巴洛克的东西视为天才的标志、把无形式的东西视为高尚的东西的人们而言,——这不对吗,您这位美惠女神的玩耍着的宠儿?

我们不因任何人在自己的小房间的寂静中或者在新的布置好的天国中为自己提供的陶冶而嫉妒他。但是,在所有可能的陶冶

中，施特劳斯式的陶冶毕竟是最奇怪的方式之一，因为他是在献祭
的火旁边陶冶自己，他无动于衷地把德意志民族最高尚的作品都
扔进这火里，为的是用它们产生的烟熏来献祭自己的偶像。如果
我们暂时设想一下，由于一种偶然，《英雄交响曲》、《田园交响曲》
和《第九交响曲》落到了我们这位美惠女神的祭司手中，而且他也 187
认为他有责任清除如此"成问题的产品"来使大师的形象保持纯
洁，那么，谁怀疑他会把它们全都烧光呢？我们时代的施特劳斯们
恰恰就是这样行事的：关于一个艺术家，他们只想知道他适合于他
们私人小屋所需要的程度，并且只了解烟熏和焚烧这种极端对立
的献祭。不管怎样，他们应该总是有权这么做。但这里唯一令人
惊奇的是，美学的公共舆论如此微弱、不可靠和易受误导，以至于
当最可怜的庸人气息如此展现和表演时，这些公众竟然没有提出
反对；甚至他们对于一个完全没有审美情趣的小硕士对贝多芬进
行审判的滑稽闹剧毫无感觉。而且，在莫扎特的事情上，亚里士多
德关于柏拉图所说的话完全适合这里："即使是赞颂他，也不允许
坏人来做。"但在这里，无论读者还是硕士，其任何羞耻都丧失殆尽
了：他不仅被允许公开地在日耳曼天才最伟大、最纯洁的作品面上
画十字，就好像他看见了某种淫乱的和不敬神的东西似的；公众还
喜欢他的不加掩饰的、罪恶的忏悔和自白，特别是当他并不忏悔表
白自己所犯的罪恶，而是自白被认为是伟大人物所犯的罪恶的时
候。"哦，要是我们的硕士真的总是正确该多好啊！"崇敬施特劳斯
的读者们在他们有时感觉到的一点怀疑中思忖道；而他自己却站
在这里，微笑着并且满怀欣喜，冗长地谈论着，咒骂着，祝福着，脱
下帽子向自己致意，并且在任何时候都能够说公爵夫人德拉芙特

对史达尔[①]夫人所说的话："我必须承认，我亲爱的朋友，我没有发现任何一个总是正确的人，除了我自己。"

六

188 对蛆虫来说，一具尸体是一个美妙的想法；对于任何活物来说，蛆虫则是可怕的想法。蛆虫在它们的梦中把天国想象为一具肥胖的尸体；哲学教授们则梦想着他们正在噬啮叔本华哲学的内脏时的天国；而且只要有老鼠，就也有老鼠的天国。这为我们的第一个问题提供了回答，即新信徒如何设想自己的天国？施特劳斯式庸人就像一个蛆虫那样寄居在我们的伟大诗人和音乐家的著作中。蛆虫通过摧毁来生活；蛆虫通过噬啮来表达赞赏；蛆虫通过消化来表达崇敬。

但现在，我们的第二个问题是：新宗教赋予他这个信徒多么大的勇气？如果勇气和不谦虚是一回事的话，那么这个问题也已经得到回答了。因为在这个问题上，施特劳斯一点都不缺乏一种真正的和正当的麦默洛克[②]勇气；无论如何，施特劳斯在上面提到的、谈及贝多芬时所说的"应有的谦虚"，只不过是一种修辞手段，

---

① 史达尔］尼采全集大八开版写作 Stal。——编注

Stal 全名 Germaine Baronin von Staël-Holstein，被称为史达尔夫人（Madame de Staël，1766—1817）：法国女小说家、随笔作者，著有《论德意志》（1810）。这里德拉芙特对史达尔夫人所说的出处不详。——译注

② 麦默洛克（Mameluken）最初为军事奴隶，作战勇猛，从中产生了统治埃及和叙利亚（1250—1517）的土耳其军事集团。席勒在叙事诗《与龙的斗争》中称颂麦默洛克奴隶也表现出勇气，而基督徒却只是顺从。——译注

而不是一种道德陈述。施特劳斯充分拥有了每一个常胜的英雄都认为自己有资格拥有的那种霸气；每朵鲜花都是为他，而且只为他这个胜利者而盛开；他赞美太阳，那是因为太阳恰好在适当的时间照亮了**他的**窗台。甚至古老的、值得尊敬的宇宙，也难以逃脱不被施特劳斯的赞美所触及，就好像它必须且只为被这种赞美所献祭，而且，从那个时刻起，它才被允许只围绕施特劳斯这个中央单子运动。他告诉我们，宇宙虽然是一架机器，一架拥有铁齿轮、沉重的活塞和杆的机器，但“在这台机器中运动的却不仅仅是无情的轮子，而是也注入了起润滑作用的油”（第365页）。宇宙即便应该会对施特劳斯的屈身赞美感到喜悦，但它很可能不大会知道感谢这个痴迷比喻但却未能够为自己的赞美找出更好的比喻的硕士先
生；尽管受到施特劳斯的屈身赞美，它应该感到喜悦。但是，人们 189
如何称谓滴到一台机器的活塞和杆上面的油呢？工人知道，当机器卡住他的肢体时，这种油会倾泻到他身上，那么这种油对这个工人会有什么安慰呢？我们先把这个蹩脚的比喻放在一边，把我们的注意力转向施特劳斯所使用的另一种方法，因为他寻求通过这种方法来建立和传递他对宇宙的真正态度，而且，他这样做时，甘泪卿的问题就浮上了他的双唇：“他爱我——他不爱我——他爱我？”①即使如果施特劳斯既不掰下花瓣也不数外套上的扣子来占卜，那他的所作所为同样有害，尽管这也许需要更多的勇气。施特劳斯想实际感受一番自己对于“宇宙”的感受是否麻痹或者坏死，他刺了自己一下：因为他知道，如果一个肢体已死或者麻痹，那么

① “他爱我——他不爱我——他爱我？”］参见歌德：《浮士德》，第一部，第3181行。——编注

即使针刺它也感受不到疼痛。当然，他实际上并没有当真地刺自己，而是选择了一个更为粗暴的方法。他是这样描述的："我们打开叔本华的书，叔本华利用每个机会来打我们理念的脸"（第143页）。但是，理念，即便是施特劳斯关于宇宙的最美的理念，都没有脸，而是只有拥有这个理念的人才有脸，因此，这个方法就由以下几个行动构成：施特劳斯**打开**叔本华，然后叔本华借机打施特劳斯的脸。现在，施特劳斯的"回应"①是"宗教的"，也就是说，他更为厉害地回击和痛打叔本华，一边谩骂，一边指控叔本华荒唐、亵渎、无耻，甚至判定叔本华头脑有点不正常。殴打的结果是，"我们为我们的宇宙要求与老式虔诚信徒为他的上帝所要求的那种同样的虔敬"——或者简而言之："他爱我！"他使得自己的生活变得艰难，我们的美惠女神之宠儿，但他却像一个麦默洛克一般勇敢，既不害怕魔鬼也不害怕叔本华。请想象一下，如果他经常使用这样的方法，那么他该耗费多少"起润滑作用的油"啊！

190 另一方面，我们认识到施特劳斯对胳肢、捅戳和掌掴他的叔本华欠债很多；因此，如果施特劳斯对叔本华表达某种仁慈，我们也不要感到惊奇："人们只需要浏览一下叔本华的著作，尽管人们也可以做得更好，不只是浏览，而且也仔细研究……"（第141页）。这个庸人头目是在对谁说这些话呢？人们能够轻易地证明，他从未研究过叔本华。叔本华本人反过来必定会这样说他："这是一个甚至不值得浏览，更谈不上研究的作者。"②显然，施特劳斯用错误的方式吞下了叔本华：当他因叔本华而轻咳时，他就寻求摆脱叔本

① "回应"]参见27[43]。——编注

② "这是一个甚至不值得浏览，更谈不上研究的作者。"]参见27[50]。——编注

华。但是，为了让天真的颂词达到极致，施特劳斯甚至还允许自己颂扬老康德的著作：他对康德1755年的《一般自然史和天体理论》说，“我一直觉得其重要性不亚于他后来的《纯粹理性批判》。如果我们欣赏后者洞见的深度，那么我们欣赏前者的则是其视野的广度。如果我们在后者遇到的是主要关注一种认识领域的可靠性（尽管是有限的可靠性）的白发老人，那么，在前者我们遇到的则是一位作为精神王国的探索者和征服者的无所畏惧的男子汉”①。施特劳斯对康德的这种判断，在我看来，并不比其对叔本华的那种判断更谦虚。如果在对康德后一个判断中，我们遇到的是主要关注表述一个判断（尽管是最不重要的判断）的确定性的庸人头目，那么，在对康德前一个判断中，我们遇到的就是一位带着源于无知的无畏精神甚至对康德倾泻他的赞美香料的著名的散文作家。但是，一个恰恰最不可思议的事实是，施特劳斯没有认识到他现代理念的圣约受益于康德的《纯粹理性批判》；而且，他到处讲些只为了讨好最粗鲁的实在论的话，这也构成了其新福音的最令人注目的特征之一；这个新福音把自己展示为不断的历史研究和自然研究所努力取得的成果，因此其本身拒斥任何的哲学因素。对于庸人 191
头目及其“我们”来说，不存在康德哲学。他根本不知道唯心论的基本的二律背反、一切科学和理性的极端的相对性。或者：恰恰是理性应当告诉他，理性对物自体知道得多么之少。但千真万确的是，对于一些人来说，在特定年龄理解康德是不可能的事情，特别是如果人们像施特劳斯那样在年轻时理解过或者自以为理解

① “我一直觉得……男子汉”〕参见施特劳斯：《旧信仰和新信仰：一种自白》，第149—150页。——编注

过“精神巨人”黑格尔，或，如果人们除此之外还研究过如施特劳斯所说的“几乎拥有太多敏锐”的施莱尔马赫。如果我告诉施特劳斯他甚至现在仍处在对黑格尔和施莱尔马赫的“绝对的依赖”[1]之中，如果我告诉他其宇宙论、他这两年来对事物的考察方式以及他对德国状况的卑躬屈膝，尤其是他那毫无羞耻的庸人乐观主义，都可以从某些青年时代的印象、早期的习惯和特定的疾病现象来加以解释，那么，这在施特劳斯听来会是非常奇怪的。谁一旦感染上黑格尔主义和施莱尔马赫主义，就永远不会再完全痊愈。

在自白书中的一段中，这种无可救药的乐观主义与一种真正的节日般的舒适感互动交织在一起（第 142、143 页）。“如果世界是一个最好不存在的事物，”施特劳斯说道，“哎呀，那么，构成这个世界的一部分的哲学思考，也是一种最好不要思考的思想。悲观主义哲学家没有注意到，他把世界宣布为糟糕的，实际上把自己也宣布为糟糕的。但是，如果一种宣布世界糟糕的思维是一种糟糕的思维，那么，世界实际上就是好的。乐观主义通常会把事情看得太容易，与此相反，叔本华对痛苦和不幸在世界上所扮演的强大角
192 色的证明，则是完全恰当的；但是，每一真正的哲学必然是乐观主义的，因为若不然，它就否定了自己存在的权利。”如果对叔本华的这种反驳不恰恰就是施特劳斯曾在另一地方称为“伴随着更高领域的欢呼和欢乐的反驳”的话，那么，我就完全不理解他也曾针对一个对头使用过的那种装腔作势的措辞了。乐观主义在这里故意

① “绝对的依赖”］参见施特劳斯：《旧信仰和新信仰：一种自白》，第 132—133 页。——编注

把自己的任务搞得很轻松。但这种伎俩恰恰在于它假装反驳叔本华并不是一件困难的事情，从而可以如此轻松地应对负担，以至于三位美惠女神能在任何时刻都喜欢这种打情骂俏式的乐观主义者。这被认为仅仅只用来证明这一点，即根本没有必要认真地对待一个悲观主义者：最站不住脚的诡辩足以说明，人们对一种像叔本华哲学这样的“不健康的和无益的”哲学无须论证，而顶多只是耗费一些空话和玩笑罢了。在这样一些地方，我们可以更好地领会叔本华的庄重的宣告，即在他看来，乐观主义如果不是那些扁平脑壳里装的不外是空话的人的心不在焉的闲聊，那就是一种不仅荒唐而且**真正卑鄙的思维方式**，是对人类的无名痛苦的一种辛辣嘲讽。如果庸人像施特劳斯那样达到了一个体系，那么他就达到了一种卑鄙的思维方式，也就是说，达到了一种“我”或者“我们”最麻木不仁的满足学说，并激起了愤慨。

例如，谁能够对如下的心理自白不感到愤慨呢！因为十分明显，它只能产生于那种卑鄙的满足理论：“贝多芬宣称，他绝对没有能力做出《费加罗》或者《唐璜》这样的曲子。**生活没有给他足够微笑，从而使他不能欢乐明媚地看待生活，不能轻易地接受人们的弱** 193
点”（第 360 页）。但是，为了举出那种卑鄙的庸俗态度的最有力的例子，这里只提到一个暗示就够了：对于基督教前几个世纪中特有的对自我否定的完全严肃的冲动和对禁欲主义的圣化的追求，施特劳斯除了认为它们源于对之前时代流行的每种类型的性享乐的过度以及由此而产生的厌恶和恶心，就不知道如何再做其他解释：

波斯人称之为 bidamag buden，

德国人则说对前夜堕落的悔恨。[①]

施特劳斯不知羞耻地引用了这些句子。但是,我们要暂时转移一下我们的注意力,以克服我们的厌恶。

七

事实上,我们的庸人头目在言辞上是大胆的,甚至是狂妄的,因为他认为这样一种勇敢将会取悦他的高贵的"我们"。因此,古代的隐士和圣徒的禁欲主义和自我否定被简单地视为醉后悔恨的一种形式,耶稣可以被描写成在我们的时代几乎难逃被投入疯人院的狂热者,耶稣复活的故事可以被称为一种"世界历史性的谎言"[②]。——这一次,我们愿意再容忍这一次,从而能够探讨我们的"经典庸人"施特劳斯所擅长的那种独特的勇气。

我们先听一听他的自白:"当然,向世人去说他们恰恰最不想听的真相,是一件不受欢迎的、鲜受感激的差使。世人乐于慷慨挥霍地生活,像大领主那样收入和支出,只要他们还有什么可以挥霍的话;但是,当有人将所有数字累加起来,并给出一个收支平衡表
194 时,那么这人会被看作是一个麻烦制造者。而我的气质和精神的本性一直驱使我干的则恰恰是这件事。"[③]不管人们是否称这样一

① 波斯人……堕落的悔恨。]参见歌德:《西东诗篇》第四卷,第119页《萨奇·纳美——酌者卷》。还请参见施特劳斯:《旧信仰和新信仰:一种自白》,第248页。——编注

② "世界历史性的谎言"]参见施特劳斯:《旧信仰和新信仰:一种自白》,第72页。——编注

③ 我们先听一听……恰恰是这件事。"]参见施特劳斯:《为我的著作〈旧信仰和新信仰〉的新版所作的作为前言的后记》,波恩,1873年。——编注

种气质和精神是勇敢的，但依然有疑问的是，这种勇气是自然的和
原初的，还是学来的和人为的勇气；也许，施特劳斯只是一段时间
习惯了做一个职业的麻烦制造者，从而逐渐地养成了一种职业的
勇气。这种勇气完全可以与庸人所特有的天然怯懦相适应。这种
怯懦特别地表现在需要勇气说出的那些命题的无结果性上。它们
听起来是个雷，天宇却并未受到荡涤。他从来没有试图做出好斗
的行为，而是仅仅说出好斗的言辞，但却尽可能无礼地选择这些言
辞，并在粗野的和雷鸣般的表述中耗尽自己所有的能量和力量：一
旦言辞消失之后，他就比从未敢说话的人还更为胆怯。甚至在他
的伦理学，即行动的幻影也表明，他只是个言辞的英雄，他避开任
何必须从言辞继续前进到真正严肃践行的机会。他以值得称赞的
坦率宣布，他不再是一个基督徒，但他却不想打扰任何人精神的安
定和满足；仅为创建一个协会而去颠覆一个协会，这在他看来，是
自相矛盾的——尽管这绝不像他所认为的那样自相矛盾。他以某
种粗鲁的自我满足给自己披上我们的猴子谱系学家的蓬松的外
套，赞扬达尔文是人类最伟大的恩人之一，但是我们惊愕地看到，
他的伦理学是完全脱离“我们如何理解世界”这个问题而建构起来
的。在这里有一个展现自然勇气的真正机会；因为在这里，他将不
得不背弃他的“我们”，并且大胆地从“一切人反对一切人的战争”
和强者的特权中引出生命的道德原则；这个原则肯定源自一种内
心无畏的精神，例如霍布斯的精神，以及一种卓越的真理之爱，这 195
种真理之爱完全不同于始终仅仅在对僧侣、奇迹和复活的“世界历
史性谎言”的愤怒诋毁中爆发出的真理之爱。因为那种拥有一种
真正的、认真贯彻的达尔文主义伦理学的人，将会反对那些施特劳

斯用这种爆发性的诋毁而赢取过来的庸人。

“一切道德行为，”施特劳斯说道，“都是单个的人按照类的理念的自我决定。”[①]说得清晰、易于理解一些，意思就是：作为人活着，而不是作为猴子或者海豹活着。可惜这一绝对命令是完全无用的和没有力量的，因为在人类这个概念下，我们可以聚合各种各样的东西，例如，从巴塔哥尼亚奴隶[②]到施特劳斯硕士，而且没有人敢于以同样的权利说：作为巴塔哥尼亚奴隶[③]活着吧！同时作为施特劳斯硕士活着吧！而且，如果有人提出要求作为天才活着，也就是说，作为人的类的理想表现活着，但这个人碰巧是巴塔哥尼亚人[④]或施特劳斯，那么，在这种情况下我们就不得不忍受这个有天才癖的天然傻瓜的纠缠不休，利希滕贝格已经抱怨过，这类傻瓜在德国如蘑菇般地孳生，他们狂喊乱叫地要求我们聆听他们最新的信仰自白。施特劳斯甚至还没有认识到，仅仅一个理念不能使人更为道德、更善，也没有认识到，说教一种道德是容易的，但去论证它则是难的[⑤][⑥]；相反，他的任务本应该是在他的达尔文主义前提条件的基础上认真地解说和推导其存在难以简单否定的人类的

---

① “一切道德行为”，……自我决定。”]参见施特劳斯：《旧信仰和新信仰：一种自白》，第 236 页。——编注

② 三处“巴塔哥尼亚人”（德文 Patagonier）在誊清稿中均为“Kaffer”。——编注
巴塔哥尼亚人指今天在很大程度上已灭绝的南美南部（东巴塔哥尼亚）的印第安人。“Kaffer”在德语中为南非说班图语的卡菲尔人，但也有“傻瓜”“笨蛋”的意思。——译注

③ 同上。——编注

④ 同上。——编注

⑤ 但去论证它则是难的]尼采未修改的校对稿中显示为“但也是没有结果的”。——编注

⑥ 说教一种道德是容易的，但去论证它则是难的]见叔本华《论道德的基础》中的名言（叔本华《伦理学》第 103 页）。——编注

仁慈、同情、爱和自制，但是，施特劳斯选择逃避这个**解说**的任务，而是直接跃入命令式的说教。在这一跃中，他甚至轻率地跳过了达尔文最基本的命题。“在任何时候都不要忘记，”施特劳斯说道，“你是人而不是纯然的自然生物；在任何时候都不要忘记，所有其他 196
人都同样是人，也就是说，无论他们之间存在多少个人的差异，他们也都和你一样是人，拥有与你同样的需要和要求——这就是一切道德的本质。”（第 238 页）但是，这一命令是从哪里响起的？人如何能够生来就拥有这种命令！因为按照达尔文的说法，人毕竟完全是一种自然生物，而且按照完全不同于施特劳斯所说的规律一直发展到人的高度；恰恰是因为他在每一时刻都忘记其他同类的生物有相同的权利，恰恰是因为他在这时感觉到自己是更强大者，逐渐地造成其他同类中体现出更弱体质的个体的衰落。施特劳斯当然不得不假定从未有过两个存在物完全一样，人从动物阶段一直到文化庸人的全部发展都取决于个体差异的规律，但是他却毫无困难地对相反的东西进行说教：“就好像不存在个体差异那样去行动！”在这里，施特劳斯——达尔文的道德学说去哪了，尤其是，勇气又去哪了！

这样，我们就立刻获得了一个新证明，去证明那种勇气在哪一点上转化为它的对立面。因为施特劳斯继续说道：“在任何时候都不要忘记，你、你在你自己里面和在你自己周围所感知的一切，都不是没有联系的碎片，都不是偶然性所控制的原子式紊乱混沌，而是一切都按照永恒的规律出自所有生命、所有理性和所有善的‘原初的一’——这就是宗教的本质。”①但同时，从这同样的“原初的一”

---

① “在任何时候……宗教的本质。”］参见施特劳斯：《旧信仰和新信仰：一种自白》，第 239 页。——编注

还会流溢出来一切毁灭、一切非理性、一切恶，这就是施特劳斯所谓的宇宙。这一带有如此矛盾的、自我否定的性质的宇宙，如何可能配享一种宗教的崇敬，并被名为“上帝”，就像施特劳斯在第365
197 页所作的那样：“我们的上帝并不是从外部把我们揽入他的臂中”（这里暗示着一种反命题：人们可以期待一种从内部揽入臂中的非常奇妙的技艺！），而是在我们内部开启了慰藉之源。他向我们指出，尽管偶然性是一个非理性的世界统治者，但必然性，亦即世界上的原因之链，却是理性自身”（一种唯有那个“我们”才不会注意的欺骗手法，因为他们是在把“现实的”当作“合理的”这种黑格尔式的崇拜中，亦即在**成就的崇拜**中教育长大的）。“他教我们认识到，向一个自然规律的完成要求一个例外，就等于要求整个宇宙的毁灭。”（第435—36页）恰恰相反，硕士先生：一个诚实的自然研究者相信世界绝对的合规律性，但丝毫不谈这些规律本身的伦理的或者理智的价值；在任何放弃这种中立性而做出此类断言的地方，他都会看到一种理性的极端的拟人论，因为理性跨越了其所被允许的限制。但是，恰恰在诚实自然研究者断念的地方，为了用他的羽毛来装饰我们，施特劳斯做出了“宗教的”“反应”，有意识地用一种科学上不诚实的方式行事；他毫无疑问地假定，在世界上发生的一切事情都有**极高的**理智价值，换句话说，它是以绝对合理的和合目的的方式加以安排，因此，体现了一种永恒的善本身的启示。因此，他需要一种完备的宇宙正论，而现在与那些仅仅关注一种神正论的人相比，他处于不利地位，因为前者例如把人全部的人生此在理解为一种惩罚行为或者净化的过程。在这一困境中，施特劳斯甚至冒险提出了一个所能想象的最干瘪同时又最臃肿的形而上假设，一个基本上是对莱辛的一个陈述的无意识的拙劣模仿的假设。“莱辛的另一句话（第 219 页说道）是”，“如果上帝在其右手中拿着所有真理，在其左手中拿着对真理的唯一的永远活跃的寻求冲动，并且，左手的这种冲动会不断地持续犯错来供他选择，那么，他会 198
谦卑地落入上帝的左手中，乞求他左手里的东西——莱辛的这句话一直被看作是他留给我们的最杰出的话。人们在其中发现了他不知疲倦的探究和行动渴望的天才表达。这句话之所以始终给我一种如此特殊的印象，乃是因为我在它的主观意义背后还听到了一种无限深远的客观意义的声音。在它里面，难道不包含有对叔本华关于上帝的粗俗言论——他认为，听错了主意的上帝除了自己进入这个如此可怜的世界之外不知道怎么做更好——的最佳回答吗？也就是说，如果造物主自己也持莱辛的意见，喜欢永恒的寻求甚于喜欢平静的占有，又会怎么样呢？”也就是说，确实有一个给自己保留着**永远犯错**却追求真理的空间的上帝，一个也许会谦卑地落入施特劳斯左手的上帝，并且会说：所有的真理都是你的，而且只是你的。如果真有一个上帝和一个人听错了主意，那么，这肯定就是偏好犯错和失败的施特劳斯式的上帝和不得不弥补这种偏好的施特劳斯式的人——在这种施特劳斯的世界里，人们当然会听到“一种具有无限深远的意义的声音的回响”；这里流淌着施特劳斯的、起润滑作用的普世之油；在这里，人们感受到一切生成和一切自然规律的合理性！真是这样吗？这难道不是在说，我们的世界，就像利希滕贝格[1]有一次所说的那样，是一个较低级存在者

① 利希滕贝格］引文出自《利希滕贝格杂文集》第 1 卷，哥廷根，1867 年，第 90 页。——编注

的作品？难道不是在说这个存在者还没有正确理解他的创造，也就是说，我们的世界是一个实验品，一个新手的尚待加工的试件吗？如果这样的话，那么施特劳斯本人也肯定不得不承认，我们的世界恰恰**不是**理性的舞台，而是错误的舞台，任何自然规律都不包含令人慰藉的东西，因为一切规律都是由一个犯错的，而且出自娱乐不断犯错而且是乐于犯错的上帝的命令。看到作为形而上学建筑师的施特劳斯在云端建筑自己的楼阁，这确实是一出赏心悦目
199 的戏剧。不过，这出戏剧是在为谁上演？为高贵的和不被打扰的“我们”，从而保持他们的满足和幽默：也许，他们对世界机器的僵硬的和无情的机械主义开始感到恐惧，战栗地向他们的领袖求助。这就是为什么施特劳斯自己让“起润滑作用的油”满世界流淌；这就是他为什么用绳子牵来一个乐于犯错的上帝；这就是他为什么承担起一个完全令人惊诧的形而上学建筑师的角色。他之所以做这一切，乃是因为那些人恐惧，因为他自己恐惧——而恰恰在这里，我们发现了他的勇气的界限，甚至对他的“我们”亦是如此。也就是说，他不敢诚实地对他们说：我把你们从一个富有同情和慈悲的上帝那里解放出来，“宇宙”只不过是一架僵硬的机器罢了；要当心它的齿轮会把你们碾碎！他不敢这样做，因此，他就必须请来形而上学这个女妖。但是，庸人喜欢施特劳斯的形而上学要甚于基督教的形而上学，喜欢一个犯错的上帝的观念要甚于一个行奇迹的上帝的观念。因为庸人自己也犯错误，但却从未行过奇迹。

这正是为什么庸人憎恨天才：因为恰恰是天才享有能行奇迹的合理声誉；因此，极有教益的是，认识施特劳斯为什么仅在一个段落把自己装扮为天才和精神的贵族本性的勇敢捍卫者。他为什

么这么做呢？出自恐惧，特别是出于对社会民主党人的恐惧。他提到了俾斯麦和毛奇[①]，“因为他们的伟大显现于具体的现实领域，因此更难加以否认。在这种情况下，甚至是那些家伙中的最固执的和最暴躁的，也只得稍稍向上看，以能瞥见这些崇高形象的膝盖”[②]。硕士先生，您也许想给社会民主党人进行如何挨他们脚踢的指导？给出这种脚踢的善良意志到处都有，而且您可以保证的 200
是，在这一程序中被踢者能够瞥见这些崇高形象的“膝盖”。“同样，在艺术和科学领域，”施特劳斯继续说道，“也从不缺少进行建筑设计并给一大群零工分配工作的国王。”[③]好的——但要是零工们自己在进行建筑设计呢？会有这样的事发生，形而上学家先生，这您是知道的——那么，国王们就不得不大笑了。

事实上，肆无忌惮以及软弱、大胆的语词和怯懦的适应的这种统一；对如何以及用什么样的言辞给庸人造成深刻印象；用什么来讨好他们的小心掂量；缺乏性格与力量却冒充有性格和力量；缺乏智慧却冒充优越和经验老练。这一切就是我对施特劳斯这本书所厌恶的东西。如果我设想年轻人们能够容忍，甚至珍视这样一本书，那么，我就会绝望地放弃我对他们的未来的希望。这种贫乏的、没有希望的和真正可鄙的庸人习气的自白，被认为是代表了施特劳斯所说的那成千上万的“我们”的心声，而反过来，这些“我们”

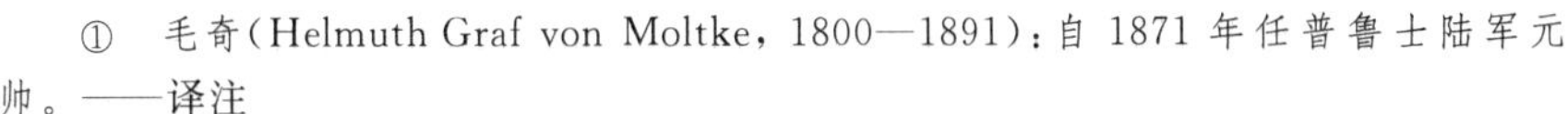

① 毛奇（Helmuth Graf von Moltke，1800—1891）：自1871年任普鲁士陆军元帅。——译注

② “因为他们的伟大……崇高形象的膝盖”］参见施特劳斯：《旧信仰和新信仰：一种自白》，第280页。——编注

③ “同样，……分配工作的国王。”］参见施特劳斯：《旧信仰和新信仰：一种自白》，第281页。——编注

又成为成长中一代的父亲！对于每一个想帮助后代获取当代所缺乏的东西即一种真正的德意志文化的人来说，这是一些可怖的糟糕的条件和前景。对这样一种人来说，大地为灰烬所覆盖，所有星辰都黯淡无光；每一棵枯死的树、每一片荒芜的原野都在向他大声疾呼：不毛之地！毫无希望！春天不会再来这里！他的心情肯定变得如同青年歌德[①]看到《自然的体系》这部书阴郁的、无神论的黄昏时的心情一样：这本书在他看来如此灰暗、如此阴郁、如此死气，以至于他不能忍受它的存在，以至于他看到它就像看到鬼魂那
201 样令他毛骨悚然。

八

对于新信徒的天国和勇气，我们已受到充分的教诲，从而能够提出最后一个问题了：他是如何写自己的书的？他的这些宗教文献的本质又是什么？

凡能够严格地和没有偏见地回答这一问题的人，都将面临这样一个令人困惑的事实，即德国庸人施特劳斯的神谕手册[②]已经被要求出版了六次；特别是当他还听说，即便在学者圈子里，甚至在德国大学里，施特劳斯的文本也被当作这样一种神谕手册而受到欢迎。大学生们据说把它作为训练强健精神的一部教义问答手册来欢呼，他们的教授们据说不曾反驳他们这样做：在这里或那

---

① 歌德］参见歌德：《诗与真》，第3部分第11卷。——编注

② 神谕手册］暗指西班牙耶稣会士莫拉莱斯（Baltasar Gracián y Morales，1601—1658）的警句集《手写神谕》（*Oraculo Manual*），由叔本华翻译。——编注

里，实际上有些人已把它视为**学者的圣经**。施特劳斯本人承认，他的自白书不仅仅是为学者和有教养者而著；但尽管如此，我们在这里必须指出，它首先是针对有教养者，尤其是学者，为的是给他们呈现一种他们自己如何生活的镜子。但这是一种伎俩：硕士假装在描摹一种新的世界观的理想，但他自己的赞扬从所有他的读者口中回到了他这里，因为每一读者都认为他自己就是如同施特劳斯所描述的方式那样来看待世界和生活，而且结果，恰恰在这些读者中，施特劳斯能够发现他对未来要求的东西已在当下得到实现。这也可以部分地解释那本书非同寻常的成功。“是的，我们就像你书中所描述的那样生活，我们就是那样幸福地生活！”学者对施特劳斯喊道，并很高兴其他人对此感到快乐。至于他对于个别的事情，例如对于达尔文或者死刑，碰巧与施特劳斯硕士想得不一样，他认为这不重要，因为他如此确定地感到在整体上他在呼吸着他自己的空气，在倾听着**他自己的**声音和**他自己的**需求的回响。这 202
种一致不能不令每一个德意志文化的真正的朋友感到痛苦，恰恰因为这个原因，他就必须无情、严肃地阐释这一事实，甚至毫不退缩地把他的解释公之于众。

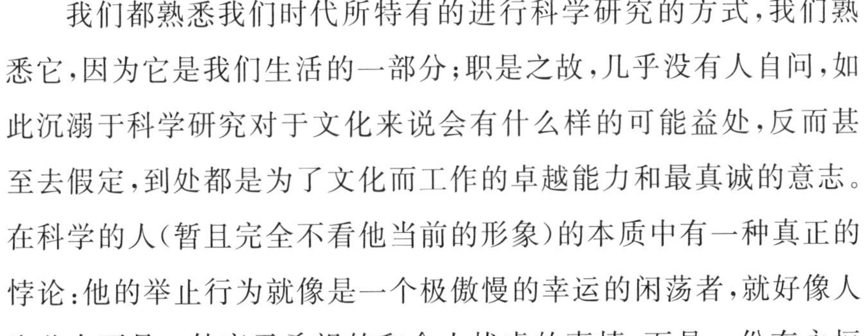

我们都熟悉我们时代所特有的进行科学研究的方式，我们熟悉它，因为它是我们生活的一部分；职是之故，几乎没有人自问，如此沉溺于科学研究对于文化来说会有什么样的可能益处，反而甚至去假定，到处都是为了文化而工作的卓越能力和最真诚的意志。在科学的人（暂且完全不看他当前的形象）的本质中有一种真正的悖论：他的举止行为就像是一个极傲慢的幸运的闲荡者，就好像人生此在不是一件毫无希望的和令人忧虑的事情，而是一份有永恒

保障的固定的财产似的。他觉得自己被允许把生命浪费在一些问题上,而这些问题的回答在根本上唯有对于相信永恒生命的人才可能是重要的。这个时日无多之人[①],被极其可怕的深渊所包围,他每迈一步都自问:为了什么目的?向何处去?从哪里来?但是,他的灵魂因数一朵花的花丝或者敲开路边的石头的任务而兴奋,他把自己的全部注意力、欢乐、力量和欲求都倾注到这一任务上。现在,这个悖论,即科学的人,最近在德国开始以如此疯狂的匆忙工作起来,以致人们必须把科学想象为一个工厂,其中,科学的劳动者的每一分钟延误都将招致惩罚。现在,他就像第四等级亦即奴隶等级那样艰苦地劳动;他不断地劳动着,他的研究不再是一个天职,而是一种苦痛,他既不左顾也不右盼,漫不经心地或以憎恶休养的方式历经生命的一切事务,甚至是那些本质上可质疑的事务。这就是一个筋疲力尽的劳动者的特征。

203 现在,**这也是他看待文化的态度**。他的举止行为就好像生活对他来说只不过是一种闲暇,但却是一种没有尊严的闲暇;甚至在梦中,他也未曾卸下自己的牛轭,就像是一个奴隶,即便获得自由之后还梦见他的困苦、他的匆忙、他的挨揍。我们的学者们与希望增加自己那块继承来的小地产、勤奋地从早到晚忙着耕地、驾犁、吆喝牛的农夫几乎没有区别。这种比较当然无论如何不是在奉承这些学者们。现在,帕斯卡相信,普遍而言,人们如此热切匆忙地从事自己的职业、自己的学术和科学,只不过是为了借以逃避任何独处、孤寂、真正的闲暇时刻,逃避因此迫使他们想起的那些最重

---

① 这个时日无多之人]尼采未修改的校对稿中显示为:急促仓皇的个体。——编注

要的问题罢了，确切地说，是逃避那些生命的目的、来自何处、向何处去的问题。我们的学者们甚至不曾想到那个最明显的问题：他们的劳作、他们极度的匆忙、他们痛苦的狂乱究竟有什么目的？其目的难道仅仅是挣取面包或者追逐名声？不是，真的不是。但是，你们毕竟像贫贱需要面包之人那样辛苦劳作；你们如此贪婪和不加挑选地从科学的餐桌上抓取食物，以至于人们会以为你们快要饿死似的。但是，如果你们作为学者对待科学就像劳动者对待其生活需要和困境给他们提出的任务一样，那么，尤其在这样一种如此忙碌狂奔和如此疲于奔命，甚至坐立不安的科学研究中，一种注定要等待其诞生和救赎的时刻的文化，会变成什么样子呢？对于文化，甚至没有人有时间——然而，如果科学对于文化没有时间，那它**到底**要成为什么呢？这里至少要回答我们：如果科学没有导向文化，不为文化铺设道路，那么它是来自何处、向何处去、为了什么目的呢？也许是导向野蛮！如果我们被迫相信，像施特劳斯这
样如此浅薄的书都可以满足目前学者阶层的文化水平，那么，我们 204
必须得出结论，科学可怕地走上野蛮之路已经很远了。因为恰恰是在这本书中，我们发现了那种令人讨厌的对休养的需求，发现了那种对哲学和文化，特别是对人生此在的所有严肃事务的漫不经心的应付态度。这里提醒人们注意一下学者阶层的社会聚会。当他们的专业谈话结束时，到处可以发现疲倦、对不惜一切代价的消遣需要、支离破碎的记忆以及不一致的生活经验的证据。不管施特劳斯什么时候谈论时代的重要问题，无论是婚姻问题、战争或者死刑，我们都会吃惊地发现他缺乏真正的经验、缺乏对人的原创性的洞见：他的所有判断千篇一律地来自书本，基本上来自报纸。文

学式的回忆代替了现实的想法和新鲜的洞识，在表达方式上的矫揉造作的克制和老到被认为是对我们缺乏智慧和成熟思想的补偿。这一切是多么精确地适合我们伟大的城市里德国科学界喧闹的高台上的精神；这些精神又是多么意气相投地相互交流，因为恰恰在这些圈子里，文化丧失得最多；恰恰在这些圈子里，甚至一种新文化的萌芽也变得不可能；他们从事其科学研究的准备工作是如此喧闹，并像兽群一样蜂拥到自己最喜爱的学科，从而放弃了最重要的学科。人们在这里需要什么样的灯笼才能去找到能够内在地服务于和纯粹地献身于天才的人啊！只有天才才拥有足够的勇气和力量去召回从我们的时代逃逸出去的精灵！从表面来看，人们在那些场所确实能发现文化的全部盛况；这些场所令人印象深刻的装备类似充满巨炮和其他武器装备的军械库。我们看到他们正在做种种准备，看到一种繁忙景象，似乎他们将要震荡天庭，激
205 扬宇宙，将要从最深的井中汲取真理，但是，在实际战争中，最庞大的武器通常最少起作用。这就是为什么真正的文化会避开这些科学场所，因为它拥有最好的本能并感觉到，在这些地方根本没有什么希望可预期，却有很多恐惧将出现。因为这一作为劳动者的学者阶层充血的眼睛和迟钝的思维器官所能够从事的唯一文化形式，恰恰是施特劳斯正在宣讲其福音的那种**庸人文化**。

如果我们简单地看看把学者阶层与庸人文化结合起来的那种共同的基础，那么我们也就会发现通向**作家**施特劳斯、通向被认可为经典**作家的**施特劳斯，从而也通向我们最后的重要主题之路。

首先，那种庸人文化面带满意的表情，不想对德国教育和德国教养的当前水平做任何本质改变。它尤其坚信所有德国教育机

构，特别是人文中学和大学的独特性和优越性；它不停地向国外推荐德国教育机构，一刻也不怀疑通过它们，德意志民族已经成了世界上最有教养、最有判断力的民族。庸人文化相信自己，从而也相信自己所支配的方法和手段。但其次，它把对一切文化问题和趣味问题的最高判断权放到了学者们的手中，并把自己看作是关于艺术、文学和哲学的日益增长的学者意见的纲要；它所关心的是逼迫学者表达自己的意见，然后把这些意见加以混合、稀释或者体系化，作为药剂分派给德意志民族。而在这些圈子之外生长的任何东西，一直被以半信半疑的态度去听或不听，去注意或不注意。直
到有一天，一个声音，不管这声音是谁发出的，只要它极为严格地 206
带有学者的族类特性，就会从传统的审美绝对性寄身的那间圣所中发出；而此刻开始，公共舆论就多了一种意见，且以百倍的回声重复着那个声音。但事实上，被认为寄身在这些圣所和那些个人那里的审美绝对性，是极其可疑的，而且是如此可疑，以至于人们认为一位学者[1]实际缺乏趣味、思想和美学判断力，除非他表现出相反的东西。而且只有少数人能表现出相反的东西。因为有多少人在参加了当代科学的气喘吁吁的和匆匆忙忙的竞赛之后，还在根本上能够保持战斗的文化人的那种勇敢和平静的目光——当然，假如他曾经拥有这种目光的话？亦即，有多少人会保持把这竞赛本身谴责为一种野蛮力量的目光呢？因此，这些少数人为什么在今后会不得不生活在一种矛盾中：对于无数大众的统一的一致信仰，对于这些把公共舆论变成自己的保护神，并在这种信仰中相

---

① 学者]在尼采未修改的校对稿中为：大学教师。——编注

互支持和维持的无数大众，这些少数人能够希望做成什么事情呢？既然大众加入了施特劳斯的队伍，而且他领导的大众已经第六次向硕士恳求庸人安眠剂了，那么，即便有这些少数人这样宣布反对施特劳斯，他们又能做些什么呢？

如果在这里我们直接假定，施特劳斯的自白书在公共舆论那里取得了胜利，并作为胜利者受到欢迎，那么，该书的作者也许会使我们注意到，公共报刊上对其书各种各样的书评绝对没有表现出一致的特征，甚至更少表现出一种无条件有利的特征，而且他本
207 人也发现有必要写一篇后记，以对这些报刊中有些斗士的一些时而极其敌对、太过无礼放肆的挑衅风格提出抗议。“如果每个报刊界人士都认为我无法律保护，并随心所欲地恶待我，”他将向我们喊道，“那么，关于我的书怎么可能会有一种公共舆论！”一旦我们把施特劳斯的书区分出两个方面，即神学的部分和文学的部分，那么，这个矛盾就很容易消解。只是由于后一个方面，那本书才接触到德意志文化。而这本书的神学色彩，使之处在我们的德意志文化之外，并且激发起不同的神学派别，甚至是每个德意志人的厌恶，因为此人本质上是一个神学宗派主义者，只是为了不赞同任何别的信仰，他才发明了自己稀奇古怪的私人信仰。但是，就听听这些神学宗派主义者在谈论**作家**施特劳斯时说了什么吧；这时，神学的不谐和噪音立即消逝，像是出自**一个**团契之口，他们众口一词地唱道：他毕竟依然是一个**经典作家**！每个人，甚至是最顽固的正统派，也当面奉承作家施特劳斯，哪怕只是些关于他的莱辛式辩证法或者关于他的自由、美和效力等美学观点的话。作为书，看来施特劳斯的作品，完全符合一本书的理想。尽管他的神学对头们声音

最响亮，但他们只不过是其广大读者的一小撮罢了，甚至就这些人而言，施特劳斯自己的话也可能是正确的："就我的成千上万的读者来说，这一小撮贬低者是一个微不足道的少数，他们很难证明自己是绝大多数读者的忠实传达者。如果在像这样一件事上，不赞同者在说话[①]，而赞同者却满足于默不作声，那么，其原因就在于我们大家都熟悉的那种环境的本性。"[②]即反对者喧嚣，赞同者沉默。因此，如果我们忽视施特劳斯的神学自白在这里或那里所激 208
起的恼怒，那么，关于**作家**施特劳斯的看法基本上是一致的，即便是在那些认为施特劳斯的声音听起来像是来自深渊动物的吼叫的偏激的对头们那里，也有这种一致看法。因此，施特劳斯从各神学宗派的文学跟班那里所获得的这种对待，绝对没有否证我们的命题：在这本书里，庸人文化在庆祝一次凯旋。

我们不得不承认，有学识的庸人通常都比施特劳斯少一点坦率，或者至少在公开宣言方面更多一些矜持。有学识的庸人发现，这种坦率在另一个人那里，对他就更富有教化意义；在家里以及在他的同类那里，庸人大声鼓掌，赞同施特劳斯，但恰恰在书面上他不愿意承认，施特劳斯所自白的一切都是自己的心里话。因为就像我们已经知道的那样，我们的文化庸人有点胆小，即便是有最强烈的同感，也不愿意坦率表达；恰恰因为施特劳斯少一点胆小，使他成为领袖，尽管**他的**勇气也有着十分严格的界线。如果他逾越**这个界线**，就像对叔本华所做的每个陈述那样，那么，他就会不再

① 说话］誊清稿：大声说话。——编注

② "就我的成千上万的……环境的本性。"］参见施特劳斯：《为我的著作〈旧信仰和新信仰〉的新版所作的作为前言的后记》。——编注

像一个头目[①]那样走在庸人们前面；相反，人们就会迅速逃离他，就像现在迅速跟在他后面一样。谁想把这称为聪明的——即使还不是智慧——的克制，把勇气的这种中庸称为一种亚里士多德的德性，那么，那他肯定是大错特错了；因为那种勇气并不是两极上极端错误之间的中点，而是一种德性和一种错误之间的中点——而且在这个中点上，即在德性和错误之间的中点上，包含着庸人的**所有**特性。

九

“但是，他毕竟是一个经典作家！”现在我们要看一看。

209 现在，也许可以马上谈论风格学家和语言艺术家施特劳斯了，

但在这之前先让我们考虑一下，他是否拥有作为作家建造自己的房子的能力，是否真的懂得一本书的建筑艺术。我们由此可以确定，他是否是一个有条理、思考周全和富有技巧的著书者；以及如果我们发现有必要用“不”来回答，那么，作为“经典散文作家”的名声，也许可以仍然作为最后避难所保留给他。当然，没有第一种能力，仅仅后一种能力并不足以把他提升到经典作家的等级，而至多跻身于经典即兴作家或者风格能手的行列，但这两种人无论在整体上多么有表达技巧，但在建立文学建筑的能力方面，却都表现出半吊子的手法笨拙和目光短浅。换句话说，我们要问的是，施特劳

① 一个头目]尼采未修改的校对稿中显示为：一个烟柱。——编注

斯是否具有建起一个整体的艺术的力量[①]。

通常，人们根据最初的写作草案就可以看出，作者是否具有创造一个整体的视野，是否发现了创造这个整体的总体方向和速度以及与这种视野相适应的恰当比例。甚至即使这个最重要的任务已得到了解决，而且大厦已经按照恰当的比例建起来了，也仍然还有许多事情要做：有多少较小的错误必须加以纠正，有多少漏洞应当加以弥补，这里或那里还需要一些临时的隔间物或者地板；无论你转向哪个地方，都是灰尘和瓦砾，无论你往哪个方向看，都能发现一些问题和需要进一步劳作的痕迹；房子作为整体总还是不能住的，也无法作为家的：所有的墙壁都是光秃秃的，风嗖嗖地吹过敞开的窗子。现在，这些剩下的必要的大量艰苦工作是否由施特劳斯来做，我们并不关注，我们这里关心的问题是，施特劳斯是否以合理的比例和顾及总体的视野来建构这一大厦。相反，众所周知的是，用鸡零狗碎的东西拼凑成一本书，这就是学者们的写书方
式。他们相信这些鸡零狗碎相互之间有一种联系，并且，他们在这 210
样做时把逻辑的联系与艺术的联系混为一谈。无论如何，施特劳斯那本书所探讨的四个主要问题之间都不存在逻辑关系："我们还是基督徒吗？我们还有宗教吗？我们如何理解世界？我们如何安排自己的生活？"它们之所以不存在逻辑关系，乃是因为第三个问题与第二个问题、第四个问题与第三个问题、所有后三个问题与第一个问题都毫不相干。例如，提出第三个问题的自然研究者表现出他的纯粹的真理感，并默默地忽略了第二个问题；而第四部分的

① 换句话说……艺术的力量]参见27[32]。——编注

主题即婚姻、共和国、死刑，会由于掺入来自第三部分的达尔文主义理论而变得混乱模糊；施特劳斯本人似乎也理解这一点，他实际上并没有进一步参考这一理论。但“我们还是基督徒吗?”这一问题立刻破坏了哲学反思的自由，令人不快地把它涂上了神学的色彩；此外，他在这里完全忽视了这一事实：即使今天，人类的更大部分也还是佛教徒，而不是基督徒。“旧信仰”这个词怎么可能单指基督教！如果在这里表现出，施特劳斯从未停止是一个基督教神学家，因而从未学会成为哲学家，那么，他这里再次令我们惊愕的事实是，他不能在信仰和知识之间作出区分，并且不断地把他所谓的“新信仰”和现代科学混同起来，相提并论。或者，新信仰只不过是对习俗语言用法的一种具有讽刺性的让步？当我们看到他时不时无害地让新信仰和现代科学作为同义词相互代替时，事情看起来差不多就是这样。例如在第 11 页，当他问道，在哪一方，是在旧信仰一方还是在现代科学一方时，他认为，“在人类事务中，不可避免地存在较多的晦暗和不足”。而且，根据其引论所提出的大纲，
211 其目的是提供那些构成现代世界观基础的证据，但所有这些证据他都是取自科学，因此，他采取的完全是一个认知者，而不是一个信仰者的姿态。

因此，这一新宗教在根本上不是一种新信仰，而是等同于现代科学，因而根本不是宗教。现在，如果施特劳斯仍声称有宗教，那么，其基本原则必须是在现代科学世界之外。在施特劳斯的书中只有极小的一部分，亦即一般而言只有零散的寥寥几页触及施特劳斯可以有道理地称为信仰的东西，也就是说，施特劳斯所要求的、对宇宙的那种虔敬，正是旧派虔诚者对其上帝怀有的同样的虔

敬。施特劳斯在这几页上至少完全不是以科学的方式进行论述的；可是，但愿他的论述更有力一些、更自然一些、更大胆一些，一般而言更多一些信仰！最引人注目的是，我们的作者通过什么样的人为方法才让他感觉到他仍然拥有一种信仰和一种宗教：如我们所看到的那样，他求助于针刺和殴打。这一人为刺激的信仰，贫乏而又衰弱地爬行着：我们看一眼就感到战栗发抖。

尽管施特劳斯在其引论所给出的大纲中，承诺借助比较来看看这种新信仰是否像旧信仰向其旧信徒所做的那样，服务于同样的目的，但最终他自己感觉到，他许诺得太多了。因为经过事后的思考，他最终把这个问题，即探讨这一新信仰的目的、探讨其是否提供同样、更好和更坏的服务的问题，以令人窘迫的方式匆匆忙忙地在寥寥几页纸中（第 366 页以下）给打发掉了。他甚至在某一处还使用了这样的伎俩：“谁在这件事情上不能自我帮助，那么，他就根本是不可救药的，他对于我们的立场来说仍然是尚不成熟的。”（第 366 页）请把这与古代斯多葛主义者相信宇宙万有、相信宇宙万有的合理性的信仰力量作一对比！而且，从这个角度来看，施特 212
劳斯对其信仰的原创性的主张是在哪一种光线下出现的呢？但是，就像之前说过的那样，是新还是旧，是原创还是模仿，这都无所谓，只要是在有力地、健康地、自然地进行论证和探索。每当施特劳斯发现有必要用他的博学来使我们和他自己印象深刻，有必要以其更为清晰的良心来向他的“我们”展示他新学来的自然科学知识时，他自己就经常把这种蒸馏出来的紧急信仰丢下不管。当他谈到信仰时，他是如此羞羞答答；当他引用现代人类最大的恩人达尔文时，他却如此口若悬河。在这种情况下，他不仅要求信仰新的

弥赛亚，而且也要求信仰自己，这个新使徒。例如，他有一次探讨自然科学最复杂的主题时，以真正古代的骄傲宣称："我被告知我在谈论我并不理解的事物。好吧，但会有其他理解这些事物的人来谈论，并且他们也会理解我。"[①]显然，施特劳斯著名的"我们"不仅有义务信仰宇宙，而且有义务信仰自然研究者施特劳斯；在这种情况下，我们就只能期望：实现后一种信仰所必需的方法，不像实现前一种信仰所必需的方法那样痛苦与可怖。或者，在这种情况下，去掐拧和针刺信仰的对象而不是信徒自己，也许就足以引起信徒们的"新信仰"所特有的那种"宗教反应"？如果是这样，那么请想一想，这将为那些"我们"的宗教虔诚作出什么样的成就啊！

否则，我们有理由担心，现代的人们继续前进，却并不关心这个使徒宗教的信仰诱骗：就像他们之前实际上没有宇宙合理性的原理而仍能努力继续前进一样。整个现代自然科学和历史科学与施特劳斯对宇宙的信仰毫不相干；现代庸人不需要这种信仰，这一
213 点恰恰是由施特劳斯在"我们如何安排自己的生活"那一部分对他自己的生活的描述所表明的。因此，他有理由去怀疑"他宝贵的读者们所被迫去信任的马车"是否"符合其一切要求"[②]。它肯定不符合他们的要求，因为现代人如果拒绝坐进这辆施特劳斯马车，他就会前进得更快——或者更正确地说，早在这辆施特劳斯马车存在之前，他就已经前进得更快了。现在，如果施特劳斯所谈到并以

① "我被告知……也会理解我。"]参见施特劳斯：《旧信仰和新信仰：一种自白》，第 207 页。——编注

② "他宝贵的读者们所被迫去信任的马车"是否"符合其一切要求"]参见施特劳斯：《旧信仰和新信仰：一种自白》，第 367 页。——编注

其名义说话的那些著名的“不可忽视的少数”，真的高度“重视一致性”[①]，那么，他们就必然对施特劳斯这位马车制造者不满意，就像我们对逻辑学家施特劳斯不满意一样。

但是，尽管如此，我们还是把逻辑学家施特劳斯放在一边：也许从美学的视角来看，整部书确实有着良好的艺术形式，坚持了美学规律，尽管不具有一种构思良好的逻辑性。而在这里，我们只有在认识到施特劳斯没有像一个严密地整理和系统化其材料的学者那样行事之后，我们才能提出他是否是一个好作家的问题。

也许，他给自己设定的任务与其是吓唬人们远离“旧信仰”，不如说诱使人们走进和亲近其所描绘的明媚迷人、多姿多彩的新世界观的画卷。特别是，既然他认为学者和有教养者是其主要的读者，那他肯定知道，人们固然能够用科学证明[②]的重炮击毙这些人，但却决不能迫使他们俯首投降，相反，这些读者更易向诱惑的“轻微裸露的”艺术投降。甚至施特劳斯自己也称他的书是“轻微裸露的”，而且是“有意如此”；那些公开称赞他的马屁精们之所以推荐这本书，就是因为它是“轻微裸露的”。例如，在这些马屁精们中间，有一位，而且是随机选择的一位，以这样的语言描述了这种感受：“全书论证优雅、对称而有节奏感，无论是批判性反对旧的东 214
西，还是准备和提出富有诱惑力的新观念，无论是把这种新观念展现给要求不高的简朴的品味，还是展现给爱挑剔的品味，它都仿佛游戏般地、轻松地运用着证明的艺术。如此丰富多样、不同种类的

① 施特劳斯所谈到……“重视一致性”]参见施特劳斯：《旧信仰和新信仰：一种自白》，第 6 页。——编注

② 科学证明]在尼采未修改的校对稿中为：一本科学的书。——编注

材料，组织精当，既面面俱到，也不冗长琐碎。尤其是从一种素材到另一种素材的过渡，处理得极具艺术技巧。也许更值得欣赏的是他把令人不快的东西放在一边或保持缄默的技巧。”从这里的引文可以看出，这些马屁精所精致感知的与其说是作者所**能做**的东西，不如说是作者所**想做**的东西。但是，他对伏尔泰的美惠女神语气强烈但并不完全无害的推荐，最清晰地显露出了施特劳斯所想的东西；在美惠女神帮助下，他肯定能够学会他的马屁精们所说的那些“裸露”的艺术——也就是说，如果德性真的可教，而且，一个硕士真的能够成为舞蹈家的话。

例如，当读到施特劳斯关于伏尔泰的如下的话（《伏尔泰》第219页）时，谁能不对此表示怀疑呢：“伏尔泰作为哲学家肯定不是原创的，在本质上他是英国研究的一个加工者；不过，在这方面，他证明自己是一个材料的自由大师，他深谙如何从所有可能的方面以无与伦比的技巧来展现和说明材料。因此，正是因为这个原因，他尽管没有严格的方法，却懂得满足缜密性的要求。”[①]这段话所涉及的所有这些消极的特性，都适合施特劳斯。没有人会宣称施特劳斯是一个原创哲学家，或者他有严格的方法，但问题是，我们是否也认可他为“材料的自由大师”，承认他具有“无与伦比的精明”。当施特劳斯承认他的书是“有意轻微裸露”时，这就使人猜想，这“无与伦比的技巧”至少是他有意想要的。

215 我们的建筑师的梦想不是建一座神殿，不是建一座住宅，而是在所有的园林艺术中间建一座花园小屋。甚至施特劳斯对宇宙的

① “伏尔泰作为哲学家……缜密性的要求。”]参见施特劳斯：《关于伏尔泰的六篇报告》，莱比锡，第三版，1872年，第227页。——编注

那种神秘感受，也主要[①]被有意用来产生一种审美效应的手段，就像我们从最富魅力和理性的阳台来看某种非理性事物例如大海。穿行前几个部分，亦即穿行阴暗的且饰有杂乱的巴洛克花纹的神学地下墓穴，同样是一种审美手段，从而允许施特劳斯把它与标题为“我们如何理解世界？”这一部分的整洁、明朗与合理性进行对比：因为就在那种阴暗的穿行之后，在那种瞥见非理性的蜿蜒的远方之后，我们立即进入了有顶部照明的大厅；它用其冷峻和明亮迎接我们，墙上有星图和数学图形，大厅摆满了科学仪器，柜子里有骷髅、制成标本的猴子和解剖标本。但从这里出发，我们缓步前行，第一次感到真正的幸福，因为我们步入了居住在我们的花园小屋里的居民们的无比惬意之中；我们发现他们被妻子和孩子所包围，沉浸于他们的报纸和世俗的政治讨论之中；我们听了一阵，他们在谈论婚姻、普选权、死刑和工人罢工；令人惊奇的是，我们不可能比他们更快地点数公共舆论的念珠了。最后，他们还想使我们坚信在此安居者们的古典趣味——在图书馆和音乐厅里的逗留，证实了我们的期望：书架上有最好的书，乐谱架上有最著名的音乐作品；他们甚至给我们演奏了一段据说是海顿的音乐，但如果那听起来像是里尔的室内音乐，那么海顿无论如何不应当为它承担责任。在此期间，房子的主人有了机会宣称自己完全赞同莱辛，也赞同歌德，不过《浮士德》的第二部除外。最终，这个花园小屋的屋主
夸奖起自己，并认为谁在他那里不感到惬意，谁就是不可救药的， 216
对于他的立场来说是尚不成熟的；之后，他甚至邀请我们进入他的

① 主要]在尼采未修改的校对稿中：首先。——编注

马车，同时，他带着彬彬有礼的克制指出，他并不能保证这马车符合我们的一切要求；此外，路也是最新铺的，我们可能会颠得难受。然后，我们伊壁鸠鲁的花园神以他认识和评论伏尔泰的那种无与伦比的技巧与我们告辞。

现在，谁还会怀疑这种无与伦比的技巧呢？我们认识了这位材料的自由大师；轻微裸露的园艺师原形毕露；我们不断地听到经典作家的声音：作为作家，我拒绝成为一个庸人，我拒绝！我拒绝！但绝对是一个伏尔泰，一个德国的伏尔泰！最好是一个法国的莱辛！

我们泄露了一个秘密：我们的硕士始终不知道他更想是什么，是伏尔泰还是莱辛，但无论如何绝不是一个庸人；也许既是莱辛**又**是伏尔泰——这也许实现了这里所写的东西：“他根本没有一种性格，如果他想有一种性格，他首先不得不假装一种性格。”

十

如果我们正确地理解了自白者施特劳斯，那么，他本人实际上就是一个真正的庸人，具有狭隘的、枯燥的灵魂，具有学者的平庸需要；尽管如此，没有人比作家施特劳斯被称为是庸人而更加恼怒。如果人们认为他任性、放肆、恶意、大胆，那么，这对他是公正的；但是，他的最高幸福是被与莱辛或者伏尔泰相比的，因为这两个人当然都不是庸人。在对这种幸福的追求中，他经常动摇不定，
217 是模仿莱辛勇敢无畏的辩证的激情，还是伏尔泰式的一副好色的、精神自由的古人样子对他来说更为适合。每当他坐下来写作时，他不断摆出一种姿势，就像他在让人画像似的，而且，有时是一幅

莱辛像，有时是一幅伏尔泰像。当我们读到他对伏尔泰风格的赞颂（《伏尔泰》，第217页）时，他似乎是在谴责当代人没有很早学会珍视现代伏尔泰所拥有的东西。“他风格的优点，”他宣称，“到处都是一样的：自然纯朴、透明清晰、生动灵活、优雅怡人。热情和强调总是出现在它们应该出现的地方。对浮夸大话和矫揉造作的反感出自伏尔泰最内在的本性；另一方面，如果有时任性或者激情使他的语言落入平庸粗俗，那么，责任并不在于这个风格学家，而在于在他里面的人。”[①]据此，施特劳斯似乎清楚地知道风格的纯朴的重要性：从来都是天才的标记，唯有作为天才，才有纯朴地、自然地和天真地自我表达的特权。因此，如果一个作者选择一种纯朴的文风，这并不是最平庸的虚荣心的流露；因为尽管许多人会觉察到这样一个作者乐于被看作什么，但也有一些人恰恰喜欢这样看待他。但是，天才的作者不仅表现在表达的纯朴和精确性上：他过剩的力量甚至会使他游戏地对待他的材料，即便这是危险的和困难的。没有人以僵硬因循的步子行走在未知的、有着成千上万的深渊的道路上：但是，天才却会敏捷地、大胆地或者优美地飞跃在这样的道路上，并且嘲笑那些小心翼翼、胆怯地测量着自己步幅之人。[②]

施特劳斯自己知道那些他在论述中忽视的问题是严肃的和可怕的，并且他也知道数千年来的圣哲们也这样对待这些问题。尽

---

① “他风格的优点”……而在于在他里面的人”。］参见施特劳斯：《关于伏尔泰的六篇报告》，莱比锡，第三版，1872年，第225页。——编注

② 但是，……自己步幅之人。］准备稿：但是人们必须装模作样地蹦蹦跳跳！参见27［45］。——编注

管如此，他仍然称自己的书为**裸露的**[①]。但是，我们将不再意识到
218 所有这些可怕的问题，不再意识到我们面临人生此在的价值和人的义务的问题时自行陷入那种反思的阴郁本性，因为天才的硕士从我们身旁飞过，而且是“裸露并且有意地”飞过，甚至比他的卢梭还更为裸露。他告诉我们，卢梭只从腰部把衣服往上卷，裸露下面，[②]而歌德则据说是只把衣服掖到下面，裸露上面。[③] 十足天真的天才看起来根本不穿衣服，也许，“裸露”这个词在根本上只不过是“赤裸”的一种委婉说法而已。那些看到过真理女神的少数人坚称，真理女神是赤裸的。也许，在未看到过真理女神，但却相信那少数人意见的那些人的眼中，赤裸或轻微裸露已经是真理的一种证明，至少也是它的标志。在这里，仅仅是这种猜测就已经对作者的虚荣心有利了：某人看到某种赤裸裸的东西：“如果那就是真理该多好啊！”他对自己说道，并装出一副比平日更加庄严的表情。这样一来，作者就已经收获良多了，因为他强迫自己的读者看待他要比看待其他更加裸露的作者更加庄重和庄严。这是迈向有朝一日成为一个“经典作家”的道路的一步，而施特劳斯自己告诉[④]我们，“人们把他看作一种经典的散文作家”，这是一个不期而有的荣誉，因此他达到了他的旅程的目的地。天才施特劳斯身着轻微裸

---

① 裸露的]参见 27[49]。——编注

② “裸露并且有意地”飞过，……裸露下面]誊清稿：袒露着他那有意袒露的著作！硕士先生，很是袒露！而且是有意的！如此袒露，以至于您是全裸着，用不着自己卷到上面，和您的卢梭一样！——编注

③ 他告诉我们，卢梭……，而歌德……裸露上面。]参见施特劳斯：《旧信仰和新信仰：一种自白》，第 316 页。——编注

④ 施特劳斯自己告诉]参见施特劳斯：《为我的著作〈旧信仰和新信仰〉的新版所作的作为前言的后记》；参见 27[39]。——编注

露的女神的服装，作为“经典作家”在大街上奔跑，而庸人施特劳斯则——用这位天才自己原创性的话来说——绝对应当“被命令退场”或“被永不返回地驱逐”。

唉，但这个庸人不顾这一切退场令，不顾一切驱逐，确实返回了，并且一次又一次地返回！唉，那张扭曲以适应伏尔泰式表情或者莱辛式表情的脸[1]时不时地返回到它从前的、诚实的原形式！唉，天才的面具脱落得太过经常，与他试图模仿的天才的跳跃和天 219
才的炽热的注视相比，硕士的目光更加懊恼，硕士的步伐更加僵硬。恰恰由于他在我们这个寒冷的地区穿着如此裸露，他不得不使自己蒙受比其他人更经常、更严重地遭受感冒的危险；其他人觉察到了这一切，这可能令他相当尴尬和窘迫，但如果他想被治愈，我们就必须对他公开作出如下的诊断。从前，有一个施特劳斯，一个勇敢的、严格的、穿着紧绷绷的学者，我们对他，像对每一个严格且勤奋地为真理效劳并且懂得如何做好自己事务且待在自己的界限之内的德国人一样，深感意气相投；但是，如今在公共舆论中受到赞扬的大卫·施特劳斯，已变成了另一个人：神学家们也许要为此负责。不管怎样，他现在戴着天才的面具的表演使我们感到可恨或者可笑，就像他过去的认真唤起了我们的认真和同感。就在不久之前，他向我们宣布，“如果我不对我除了被赋予无情地、犀利地分析批判的天赋之外，同时被赋予享受艺术创造这种无害乐趣的能力而自豪的话，这将是一种对**我的天才**不知感恩的迹象。”尽管施特劳斯做了这样的自我宣称，但也许令他感到吃惊的是，仍有

① 唉，……表情的脸］参见 27［21］。——编注

一些人持相反的看法。首先，他从来也不曾拥有任何艺术创造的天赋；其次，他所谓的“无害的”乐趣，就其逐渐地侵蚀并且最终摧毁一种作为在根本上有力而且深刻的学者和批判家的天赋，**亦即真正的施特劳斯式天才**而言，一点也不是无害的。当然，在一种绝对诚实的心血来潮中，施特劳斯自己补充说，“在其内部，一直有个默尔克。默尔克向他喊道：你不必再创作这类低劣作品了，这种事他人也能够做！”[①]这是真正的施特劳斯式的天才的声音。这声音
220 也告诉他，他的最新的、无害的和裸露的现代庸人誓约究竟有多少价值！这种事他人也能做！而且许多人能够做得更好！而且能够做得最好的这些人，比施特劳斯自己更有天赋、更有丰富的精神，但在最好的情况下，也永远只能生产此类低劣作品。

到现在为止，我相信，人们已经清楚看到，我是多么尊重作家施特劳斯：也就是说，就像欣赏一个扮演着天真的天才和经典作家的演员。就像利希滕贝格[②]曾经说过，“单是没有一个正直人会矫揉造作和复杂混乱地表达自己这一点而言，简朴的写作风格就已是值得推荐的了”，但他的意思远不是在说，简朴的风格本身就是作家正直的一个证明。我希望，作家施特劳斯会更诚实一些，然后他就会写得更好，且更少一点名气。或者——如果他无论如何想当一名演员——那么我就希望，他会是一个好演员，并且向天真的天才和经典作家更好地学习如何经典地和天才地写作。也就是

① “在其内部，……他人也能够做！”]参见施特劳斯：《为我的著作〈旧信仰和新信仰〉的新版所作的作为前言的后记》，第10页；参见27[39]。——编注

② 利希滕贝格]引文出自《利希滕贝格杂文集》第1卷，哥廷根，1867年，第306页；参见27[25]。——编注

说，还需要指出的是，施特劳斯不仅是一个低劣的演员，而且还是一个极为恶劣的风格学家。

十一

当然，说某人是一个极为糟糕的作家的指责会由于这样一个事实而减弱：在德国，成为一个过得去的平凡作家是很难的，而成为一个好作家则几乎是不可能的。德国缺乏这方面的自然土壤，缺乏对公共演说艺术的欣赏、探讨和培养。正如“沙龙聊天”“布道”和“议会演说”等术语所显示的那样，在德国，公共演说还仍未发展出一种明确的民族风格，甚至还根本没有认识到这样一种民族风格的需求。德国的公共演说者还未能超越对语言所作的最幼稚的试验；作家没有任何可以遵循的统一规范，因此，他们拥有自 221
己去处理语言问题的某种权利：那么，这会使德语陷入“当代”所特有的一种难以避免的无边无际的坍塌。叔本华曾对这种状况进行过最为犀利的描述。“如果事情这样进行下去，”他曾有一次指出，“那么，到 1900 年，人们就将不再能正确理解德国的经典作家了，因为除了我们高贵的‘当今’的虚假矫饰的流氓黑话之外，人们将不再知道别的语言，而流氓黑话的基本特征就是软弱无力。”[①]而且，事实上，我们现在可以在最新的报刊上听到德国的语言裁判和语法学家们宣称，对于我们当代的风格来说，经典作家们不再是有效的范式，因为他们所使用的大量的词汇、短语和句法结构已为我

① “如果事情这样进行下去”……软弱无力。”］参见《叔本华遗稿选》，第 58 页。——编注

们所丢失[①]。正因为这个原因,似乎应该从当代优秀作家那里搜集词汇运用和语句运用中的语言技巧并把它们作为我们应该模仿的语言模式,例如,就像桑德斯[②]在其无耻的简明小词典中所做的那样。在这里,可憎的风格怪物古茨科[③]被纳入到经典作家之中:而且,总体来看,我们看起来必须习惯一大群全新的、令人惊异的"经典作家",其中的首席或者至少是首席之一,就是大卫·施特劳斯,也就是那位我们不能以别的方式来描述,而只能像我们已经所做的那样,称之为极其恶劣的风格学家的大卫·施特劳斯。

现在,这位文化庸人是如何为自己攫取了经典作家和模范作家的概念,体现了他的那种伪文化的最为明显的特征。他只有在与一种从真正的艺术上严格的文化风格的拒斥中来显示自己的力量,并借助在这种拒斥中的韧性和永恒来达到一种表达的一致性,反过来,这种一致性看起来又几乎像是一种统一的风格。这里的问题是,既然每个人都被允许进行一种不受限制的语言试验,那么,为什么有些特定的作者仍然可能发现一种普遍一致、相互应和的声音呢?而且,在这种声音里,这种普遍一致究竟是什么呢?首

① 而且,事实上,……为我们所丢失]准备稿:实际上,我在一本相当明确的现代的刊物上也读到了这样的声明,即我们的经典作家已不再足以作为风格的榜样,一些新的伟人已经产生了,即施塔尔(Adolf Stahl)和施特劳斯等。——编注

② 桑德斯(Daniel Sanders,1819—1897):德国词典编纂家,曾编有《德语词典》及一些专业词典。——译注

③ 可憎的风格怪物古茨科]尼采未修改的校对稿中为:德意志报。——编注

古茨科(Karl Gutzkow,1811—1878):作家、文学史家和"青年德意志"的代表;《德意志报》(*die National-Zeitung der Deutschen*)是一份以民众启迪和新闻时事为重点的周报,其发行时间从1782年延续到1850年,是当时德语地区发行量最大的报刊之一。——译注

先是一种否定的属性：缺乏一种冒犯性的东西，——**但一切富有创造性的东西都是具有冒犯性的**。——毫无疑问，报纸以及与之相关的杂志构成了德国人阅读的绝大部分：它们所使用的德语及其同样语词和同样表达在永恒地滴落和敲打，充斥着他们的耳畔，而且，既然他们通常是在自己疲惫的精神最缺少反抗意识时进行这种阅读，因此，渐渐地，他们的耳朵对这种日常德语感到熟悉和自在，甚至还为它的不在场而感到痛苦。现在，就保持职业活动的一致性而言，那些报纸制造商就是那些最为习惯这种报纸语言的唾沫星四溅之人：他们丧失了最本真意义上的一切趣味，他们的舌头乐于品尝的只能是那些完全腐败的和任意的东西。这就说明了为什么尽管存在着那种普遍的衰弱和疲惫，但每一个新发明的语病都会立刻受到那种众口一词的赞同：语言的日薪劳动者借助这样厚颜无耻的语言腐败，向造成其不可思议的无聊的语言自身复了仇。我想起我读过奥尔巴赫[1]《致德意志民族》[2]的一篇呼吁，其中每个表达都是非德语的、执拗的和错误的，整体上就像是用国际句法捆绑在一起的没有灵魂的词汇拼凑；这里更不用说代夫里恩特[3]纪念门德尔松所使用的那种不知羞耻的粗制滥造的德语。因此，我们的庸人并不把语病——这是一桩值得注意的事件——体会为一种可憎的令人厌恶的东西，反而视之为日常德语贫瘠的没有草木的沙漠上的提神点心。但是，**真正**富有创造性的东西对他 222

① 奥尔巴赫(Berthold Auerbach，1812—1882)：德国作家。——译注

② 致德意志民族]准备稿：对在奥格斯堡建立一座德意志纪念碑。——编注

③ 代夫里恩特(Eduard Devrient，1801—1877)：演员、导演和作家，曾在其作品中讨论门德尔松。——译注

来说依然是冒犯性的。最现代的模范作家的完全扭曲的、夸张的或者陈腐的句法、他的荒唐可笑的新造词，不仅被容忍，而且还被
223 视为一种功绩、一种有趣的装饰。但这对富有性格的风格学家却是一种不幸，因为他认真坚定地避免这种日常德语的表述，避开像叔本华[①]所说的“今天的下三滥作家在昨夜孵化出来的怪胎”。如果平庸的、陈腐的、无力的、普通的东西被当作规范，如果蹩脚的、腐败的东西被认可为令人鼓舞的例外，那么，有力的、非凡的和美的东西就声名狼藉了。这就是为什么在德国那个身材正常的旅行者去驼背国旅行的故事在不断地重复。在驼背国的每个地方，他都被认为是畸形，因为缺少一个驼背，而被当地居民嘲笑和侮辱，直到最后，一位牧师基于自己的职业，劝说当地民众：你们倒不如同情这个可怜的外地人，为诸神献上感恩祭礼，感谢诸神用这种魁梧的肉山来装饰你们。

如果现在有人想编制一个目前日常德语风格的确定的语法学说，并探究作为那些未成文的、未说出的但却具有强制性的命令支配着每个人写作的规则，那么，他将会发现关于风格和修辞的一些奇特观念。其中有些观念也许还取自一些学校生活时期的记忆和当时拉丁语风格学的强制练习，也许是取自法国作家的读本，而任何一个受过一定程度正规教育的法国人都有权对这些读本难以置信的粗糙嗤之以鼻。尽管以严谨著称，但看起来还没有一个德国人反思过这些支配着差不多每一个德国人的生活和写作的奇特观念。

在这些观念中，我们发现了这样一种要求，即不时地要有一个

① 叔本华]引文出自《叔本华遗稿选》，第 61 页。——编注

比喻，明喻或者暗喻，而且，比喻必须是新的。然而，对于这些作者贫乏的大脑来说，新的与现代的是同义词。于是，他们绞尽脑汁地从铁路、电报、蒸汽机、交易所找出他的比喻，并且骄傲地认为，这些比喻必定是新的，因为它们是现代的。在施特劳斯的自白书中， 224
我们会发现施特劳斯为现代比喻给出的丰富贡品：他用取自现代道路改善的一页半篇幅的比喻来打发我们；他在若干页之前把世界比作机器、机器的齿轮、夯、锤子及其“起润滑作用的油”；第 362 页：一顿以香槟开始的餐饭（第 325 页）；作为冷水治疗的康德；第 265 页：“瑞士联邦宪法与英国宪法相比就像水磨坊与蒸汽机相比，就像一首华尔兹或者一首歌与一部赋格曲或者一部交响曲相比；”第 258 页：“在每一次上诉中，人们都必须恪守司法程序。在个体和人性之间的中间法庭就是民族国家；”第 141 页：“如果我们想知道在一个看起来像是死亡的有机物是否没有生命，我们通常是用一种强烈的、也许还是痛苦的刺激，例如针刺来试验；”第 138 页：“人类灵魂中的宗教领域类似于美洲的红种人的领域；”第 137 页：“隐修院里的虔诚的艺术大师；”第 90 页：“用取整数的方式来对迄今为止的账目进行计算；”第 176 页：“达尔文的理论与刚刚测绘好、立桩标示的铁路相似——在那里，小旗欢快地在风中飘动。”施特劳斯就是以这种方式，一种极为现代的方式，来满足庸人的要求，即必须时不时地出现一种新颖的比喻。

从这些奇特观念中，我们还发现另一个非常流行的修辞要求，即说教的段落必须用长句子高度抽象地展开，与此相反，劝说的段落则偏爱短句子和前后跳跃的对比表达。在第 132 页，施特劳斯提供了一个说教的和学者的风格的范例。这个段落膨胀成完全施

225 莱尔马赫式的风格，并以真正乌龟式的敏捷在蠕动爬行："按照这一宗教起源和衍化，在宗教的较早阶段不是出现一个这样的'来自何处'，而是出现多个，不是出现一个神，而是出现众多的神这一事实，是源自这样一个事实：由于在人身上引起绝对依赖感的多种的自然力和生活条件，仍然在初始阶段对人的所有不同方面的全面发展发生着作用，因此，就对它们的绝对依赖而言，人还没有意识到如何对它们加以区别，从而，这种依赖或根本的'来自何处'，这种可以最终被追溯的'来自何处'，能且只能是唯一的。"在第8页，我们发现了一个相反的范例，即一种令有些读者相信施特劳斯与莱辛应该同级并称的短句子和矫揉造作的生动的范例："我完全意识到，无数的人像我一样清楚地知道它们；对于我下面计划谈论的事情，有些人甚至知道得更多。有些人甚至已经做过表达。但这是我应当保持沉默的理由吗？我不这样认为。我们大家可以相互补充。如果有人比我更好地知道许多事情，则我毕竟也许更好地知道另一些事情；我对有些事情认识不同，我以不同的方式看待某些事情。因此，让我们坦诚些，让我们表现出我们的色彩，以便人们可以判断它们是否是我们真实的颜色。"施特劳斯的风格通常就在这种轻装急行和那种负棺爬行之间摇摆；但是，在两种罪恶之间的，并不总是德性，而常常是虚弱，是跛行，是无能。事实上，当我遍翻施特劳斯的自白书，寻找更为精致、更为机智的特色和表达，我感到非常失望，因为我没有发现任何值得赞扬的东西。我制定了一个表格，试图填写至少能够在这里或那里赞扬作家施特劳斯的东西。我找了又找，我的表格依然是空空如也。与此相反，另一个标题为"语病、混乱的比喻、混乱的缩写、毫无品味和矫揉造作"

的表格却是盆满钵满，以至于我最终只敢公布我那过于庞大的样品集的一小部分。也许，我成功地在这个表格下收集了那些恰恰 226
促使当前德国人误以为施特劳斯是一个伟大且迷人的风格学家的东西：这些表达的稀奇古怪，在整部书干枯、贫瘠和老套中所发现的稀奇古怪，不是以令人惬意却以令人痛楚的方式让我们感到惊奇。至少我们在这样的段落中注意到，用施特劳斯的比喻说，我们还没有死亡，因此还能对这样的针刺有反应。但是，这本书的其余部分表明它缺乏任何具有冒犯性的东西，也就是说，缺乏任何创造性的东西，而这在今天则被视为这位经典的散文作家的一个积极特征。这种极度的干瘪和枯燥，一种真正的饥饿至死般的干瘪，如今却在有教养的大众中唤起了非自然的感受和信念，使之认为这种干瘪是健康的标志，以至《论演说家的对话》作者所说的话正好适合这里："甚至，他们所炫耀、他们所获得的那种健康，并不是基于力量，而是基于节欲和斋戒。"[①]因此，他们以本能的一致仇视任何健康的力量，因为它见证了一种完全不同于他们自己健康的健康，因此，他们开始怀疑健康的力量，怀疑紧实强壮，怀疑运动的狂暴的力量，怀疑肌肉运动的充沛和柔韧。他们相约去搞混和颠倒事物的本性和名称，然后在我们看到虚弱的地方说健康，在我们遇到真正的健康的地方说病态和怪癖。这就是施特劳斯如何碰巧被视为"经典作家"。

如果这种干瘪是一种严格逻辑上的干瘪就好了。这些"虚弱

① "甚至，……节欲和斋戒。"］参见塔西佗（Tacitus）：《论演说家的对话》（*Dialogus de oratoribus*），23，3—4："他们达到恰恰是他们所夸耀的那种健康，并不是基于一种健康的力量，而是基于节欲。"——编注

者"所缺乏的恰恰是思维的质朴和严格;在他们的手中,语言本身的逻辑特性被粉碎和瓦解了。人们只需试图把这种施特劳斯式的风格翻译成拉丁语就可以了解这一点。人们可以对康德做这种翻译,而对叔本华这样做,则是一件令人愉快和富有刺激的练习。这种翻译对于施特劳斯的德语是绝对不可能的,其原因也许并不在于这种德语比康德和叔本华的德语更为德意志,而是在于这种德
227 语在他这里是混乱的和无逻辑的,而康德和叔本华的德语则充满了质朴和伟大。另一方面,谁知道古代人学好说话和写作所付出的努力是多么巨大和现代人为此所付出的努力是多么微小,他就会像叔本华有一次所说的那样,在他被迫通读类似这样一本德语书之后,再次转向其他古代的但却仍然常新的语言时,就会感到一种真正的轻松。"因为在这些语言中,"叔本华[①]说道,"我毕竟面对着一种带有稳固确立的且被忠实遵守的语法和正字法的、具有恰当稳定性的语言,可以完全沉醉于这些语言所表达的思想之中;而在德语作品中,我不断地被其作者的唐突无礼而分心和干扰,他们在表述自己歪歪扭扭的见识时有意建立他自己的语法上和正字法上的奇思怪想。这种极度吹嘘的愚蠢令我作呕。看到无知者和蠢驴们糟蹋一种古老的、优美的、拥有经典文献的语言,这是一种真正的苦痛。"

这就是叔本华向你们呐喊出的神圣愤怒,而你们却不可以说你们没有受到警告。但是,对那些根本不想听到任何警告,并且绝对不想失去对经典作家施特劳斯的信仰之人,我们给他一个最后的建

① 叔本华]引文出自《叔本华遗稿选》,第60—61页。——编注

议：模仿施特劳斯。但是，要记住，你们这样做是要自担风险的，因为你们既将付出自己风格的代价，最终甚至也将付出自己大脑的代价，以至于印度智慧中的一句格言也适用于你们：“噬啮牛角是没用的，会缩短你的寿命：你磨光了你的牙齿，却得不到任何汁液。”

十二

最后，让我们向我们的经典散文作家施特劳斯呈上我们已许诺的他的风格汇编集；也许，叔本华会给它一个完全一般性的标
题：《当今流氓黑话的新证据》；我们安慰施特劳斯说，如果这可以 228
成为他的安慰的话：如今整个世界都在像他那样写作，有些人甚至比他写得更加糟糕，毕竟，在瞎子王国中，任何一个独眼龙都是国王。可以肯定的是，当我们承认他有一只眼时，我们已经承认他太多了；但是我们之所以仍然这样做，是因为施特劳斯并不像所有德语败坏者中最卑鄙无耻者，亦即黑格尔学派及其畸形扭曲的后代那样糟糕地写作。[①] 人们注意到，施特劳斯至少曾寻求爬出这一泥潭，并且获得了部分成功，尽管他绝对没有站到坚实的陆地上；显然，他在自己的青年时曾经结结巴巴地说着黑格尔的黑话。当时，在他身上有某种地方错位了，脱臼了，某块肌肉肿胀了；当时，他的耳朵就像一个在鼓里长大的蜗牛的耳朵一样变聋了，迟钝了，从而不再对声响艺术上细腻的和有力的规律有过敏感和同感，而那些按照良好的榜样和严格的规训接受教育的作家，正是在这些

① 可以肯定的是，……糟糕地写作。］参见27［29—30］。——编注

规律统治主导下生活的。这样，施特劳斯作为风格学家就失去了其最重要的财产，注定终生瘫坐在报纸风格的贫瘠而又危险的流沙之上，除非他想再次陷入黑格尔的泥潭之中。尽管如此，他在当代的某些时辰获得了些许名声，甚至在以后的某些时辰，一些人或许还知道他曾是一个名流；但随之而来的就是黑夜以及连同黑夜的遗忘，甚至就在我们把他的风格罪过写进黑名单的这个时刻，他的声誉就开始日薄西山了。因为谁对德意志语言犯下罪过，谁就玷污和亵渎了我们的一切德意志性的神秘：经过这些民族性和风俗的一切混杂和变迁，唯有德意志语言才会自我拯救，从而就像是通过一种形而上学符咒一样，也把德意志精神拯救出来。唯有德意志语言才能保证德意志精神的未来，如果它自己不在当代的罪
229 恶之手中毁灭败亡的话。“但是，苍天不容，滚开，皮厚蠢笨的家伙，滚开！这是德意志语言，人们用它来表达自己，伟大的诗人们用它来吟唱，伟大的思想家们用它来写作。收回你们的爪子！”[①][②]

这里就用施特劳斯书中第一页的一句话来说明：“**在权力的增长中**——**罗马天主教已认识到自己被要求以独裁的方式把它的宗教权力和世俗权力集中到被宣布不会犯错的教皇手中**。”在这件肥大臃肿的表述的外衣下，掩藏着根本无法相配、无法同时可能成立

① “但是，……收回你们的爪子！”]引文出自叔本华《附录和补遗》第2卷，第573页。——编注

② 接下来，尼采给出了约70个源自《旧信仰和新信仰：一种自白》的语言风格案例，并进行了相应的辛辣的评论。这些错误包括各种语法错误，术语的不当使用，胡乱的比喻，不可能的意象以及无意义，等等。这些都说明施特劳斯丧失了对德语的感觉以及对其所使用语词意义的清晰意识。把这些例子翻译为汉语会使原文的批判性和讽刺意味有所丧失。对于懂德语的读者，建议阅读尼采的原文。——译注

的不同命题。某人可能会以某种方式认识到一种要求，即集中它的权力或者把它置于一个独裁者手中，但他不能以独裁的方式把它集中到另一个人的手中。如果罗马天主教被说以独裁的方式集中自己的权力，那么它自己就被比作一个独裁者：但这里显而易见的目的是，把那个不会犯错的教皇比作独裁者。只有思维不清晰和缺乏语言敏感性，才会把副词“专制地”放在不正确的位置上。为了感受这种表述的荒唐，我建议把这个表述压缩成如下的简化版本：主人把缰绳集中到他的车夫手中。[①] 第 4 页：“旧的枢机主教会议统治与试图建立教会会议宪章的努力之间的对立，是建立在一种教义的和宗教的分歧之上，一种在等级性的特征为一方、民主性的特征为另一方的背后的分歧。”没有比这个表达更笨拙的了：首先，我们获得一种统治和特定努力之间的对立，第二，这种对立是以一种教义的和宗教的分歧为基础的，而且这种作为基础的分歧处在等级性的特征为一方、民主性的特征为另一方的背后。230
这里的谜语是：什么事物处在两个事物背后，并且作为第三个事物的基础呢？第 18 页：“而且，白天，尽管被小说家明白无误地镶嵌在晚上和清晨之间”，云云。我恳求您把这个表述翻译成拉丁语，以便您认识到这是对语言怎样的不知羞耻的滥用。被镶嵌的白天！被一个小说家来嵌！明白无误地！而且被嵌在某种东西之间！第 19 页：“在《圣经》中，我们不能说有关不正确的和自相矛盾的报道、有关错误的意见和判断”（Von irrigen und widersprech-

① 在这件肥大臃肿的表述的外衣下，……车夫手中。］准备稿关于这段话写道：“一种从此以后在所谓的旧天主教派中成形的矛盾。”一并参见施特劳斯：《旧信仰和新信仰：一种自白》，第 3 页。——编注

enden Berichten，von falschen Meinungen und Urteilen kann in der Bibel keine Rede sein)。多么凌乱的表述！您混淆了“在《圣经》中”(in der Bibel)和“就《圣经》而言”(bei der Bibel)：前者必须位于“能”(kann)之前，而后者则必须位于“能”之后。我认为，您想说的是：不能说在《圣经》中有不正确的和自相矛盾的报道，有错误的意见和判断(Von irrigen und widersprechenden Berichten，von falschen Meinungen und Urtheilen in der Bibel kann keine Rede sein)；为什么不能说呢？因为它恰恰是《圣经》——因此，“就《圣经》而言不能说”。为了不在同一句中前后加上“在《圣经》中”和“就《圣经》而言”，您决定写出流氓黑话，把介词混淆。您在第 20 页犯下同样的罪过：“被合并到更古老的部分中去的汇编”。您的意思是或是“被纳入到更古老的部分中去”或是“更古老的部分被合并在其中”。——在同一页上，您以大学生的语言谈到一首“说教诗，(说它)被置于难堪的境地，首先是被不断地误解(Missdeutet)(最好是 missgedeutet)”，“然后招致敌意和驳斥”。在第 24 页上，您甚至谈到“人们试图借以缓和其强硬的尖锐！”很尴尬，我竟然不知道有可以被某种尖锐来加以缓和的强硬的东西；
231 确实，施特劳斯(第 367 页)甚至谈到过一种“通过摇晃来缓和的尖锐”。第 35 页：“与那里的一位伏尔泰相对立是这里的一位莱马鲁斯①，对两个民族来说都完全典型的莱马鲁斯。”一个人始终只能对一个民族来说是典型的，但不能对两个民族来说都典型地和另

① 莱马鲁斯(Samuel Hermann Reimarus，1694—1768)：德国哲学家，自然神论者，以《圣经》批判和教会批判而著名，相信人的理性可以认识上帝，可以减少对启示宗教的需求。——译注

一个人相对立。省却或者骗取一个句子，这是对语言犯下的严重暴行。第46页："但如今，在施莱尔马赫死后没过几年，就……，（Nun stand es aber nur wenige Jahre an nach Schleiermachers Tode, dass...）当然，对这样的胡乱涂抹的流氓来说，语词的位置是无所谓的；在这里，"在施莱尔马赫死后"（nach Schleiermacher Tode）这个词组的位置是错误的，它本来应当在"an"之前，却被放在"an"之后，这对于在击鼓声中变得迟钝的耳朵来说是无所谓的，就像在后文中本是"bis"的地方却说"dass"一样。第13页："同样，在当今基督教光芒闪耀于其中的所有那些不同的阴影中，对我们来说，只可能涉及那个最极端的、最明确的问题，即我们是否仍然能够信奉它"（auch von allen den verscheidenen Schattirungen, in denen das heutige Christentum schillert, kann es sich bei uns nur etwa um die äusserste, abgeklärteste handeln, ob wir uns zu ihr noch zu bekennen vermögen）对于"涉及什么"（worum handelt es sich?）的问题，一方面可以用"涉及这个或那个"（um das und das）来回答，其次，可以通过一个句子带"我们是否"（ob wir uns）等来回答；把两个结构混在一起，显示这是个马虎邋遢的家伙。他实际想说的更应该是："就我们而言，这里大概只可能涉及我们是否仍然信奉它这个最极端的问题（kann es sich bei uns etwa nur bei der äussersten darum handeln, ob wir uns noch zu ihr bekennen）。"但是，在他看来，德语的介词之所以存在，仅仅是为了恰恰要以令人吃惊的方式来使用它们。例如，在第358页，这位"经典作家"就给我们提供了这种吃惊，他把"一本书讨论某事"（ein Buch handelt von etwas）与"涉及某事"（es handelt sich um et-

was)混为一谈。结果，我们不得不来听此类的句子：“是否讨论外
232 在的还是内在的英雄主义，公开的战场上抑或人心深处的斗争，将依然是不确定的”(dabei wird es unbestimmt bleiben, ob es sich von äusserem oder innerem Heldenthum, von Kämpfen auf offenem Felde oder in den Tiefen der Menschenbrust handelt)。(第 343 页)：“对于我们这个神经过度兴奋，尤其是在其音乐偏好中显现出这种病态的时代来说。”(für unsere nervös überreizte Zeit, die namentlich in ihren musikalischen Neigungen diese Krankheit zu Tage legt)句中的“揭露”(zu Tage liegen)与“显现”(an den Tag legen)被可耻地混淆了。这样的语言改良者不分是谁，都应当像小学生那样受到责罚。——(第 70 页)：“借助门徒们努力上升到产生其被杀死的主复活的观念，我们这里可以看到其经过的思想进程之一。”这是一幅怎样的景象啊！一个不折不扣的通烟囱人的想象！人们经过一个进程努力上升到产生！——如果在第 72 页，施特劳斯，这个伟大的词汇英雄，把耶稣复活的故事称为“世界历史的骗局”，那么，从语法家的视角来看，我们在这里只想知道，他所真心指控的、制造了这个“世界历史骗局的是谁”，也就是说，一个旨在欺骗他人以获取自己利益的骗子是谁。谁在撒谎？谁在欺骗？因为我们根本无法想象一个没有寻求自己利益的主体(或主语)的“骗局”。既然施特劳斯根本不能回答这个问题——如果他怯于出卖自己的上帝，不敢把那个出于高贵的热情而迷失的上帝视为这个撒谎者的话——，那么，我们坚持最初的看法，把这一表述视为荒唐的，无品味的。——在同一页上，施特劳斯写道：“他的学说将会像风中的叶子，随风飘散，如果这些叶子不

被安信其复活的装订工粗糙臃肿地装订在一起并保存下来的话。”谁在说风中的叶子，谁就是在误导其读者的想象力，因为他此后表明他理解这些是能被装订工作订在一起的纸张。这个谨小慎微的 233
作家除了运用这个比喻前让读者困惑或者误导读者之外，不敢做任何更多的事情。因为人们期望一个比喻应当使某个观点更加清晰；但如果一个比喻本身表达不清晰，混乱且具有误导性，那么它就会使观点比没有这个比喻时更加模糊。不过，我们的“经典作家”当然并不谨小慎微。他无耻地谈到“我们的源泉的手”（第 76 页），谈到“我们的源泉中缺少任何一只手”（第 77 页），谈到“我们缺乏这手”（第 215 页）。——（第 73 页）：“对他的复活的信仰要记在耶稣自己的账上。”谁喜欢使用如此庸俗的商人语言去表达如此不庸俗的事情，谁就会清楚，施特劳斯终生都在读那些相当坏的书。施特劳斯的风格到处都暴露着他所读的那些坏书。也许，他花了太多的时间去读自己的神学对手们的作品。但是，他在哪里学会用小市民的比喻来烦扰古代犹太人和基督徒的上帝呢？这里有若干例子。第 105 页上：“犹太人和基督徒的旧上帝被抽去了身下的座椅。”同样是第 105 页：“旧的有位格的上帝仿佛遭遇了住房短缺。”或者在第 115 页，同一个上帝被移至一个“备用小间”，“此外，他在那里得到体面地安置和使用”。——（第 111 页）：“由于灵验了的祈祷，有位格的上帝的一个本质属性再次消逝了。”你这个胡乱泼墨者，请在胡乱泼墨之前，先作些思考吧！如果你对类似祈祷的事情去随意涂抹，认为它是一个“属性”而且还是一种“消逝了的属性”，那么我很吃惊，为什么这墨水没有羞愧变成红色。——但是，第 134 页上又写了什么！“人类在早期时代将其值得欲求的

234 属性赋予其神灵，其中有些属性——我只想引用最快速地跨越空间的能力为例——由于对自然的理性统治的结果，人类现在宣称自己拥有。”谁给我们解开这个线团！很好，人类在早期时代把一些属性赋予神灵；“值得欲求的属性”已是相当可疑了！施特劳斯的意思大概是，人类认为，神灵们真的拥有人欲求拥有但并不具有的一切，因此，这样一个神灵就拥有符合人类欲求的属性，也就是大致的“值得欲求的属性”。但现在，按照施特劳斯的教诲，人类那时宣称自己拥有其中有些属性——多么模糊的一个过程，和第135页上所描述的一样模糊：“欲求必定不断发生，以通过最可能短的路线给予这种依赖性以一种对人来说有利的转变。”依赖性、转变、最短的途径、不断发生的欲求——每一个真正想观看这一过程的人将会多么痛苦！这是给盲人看的图画书中的一幕。人们必须去摸。再一个新例子（第222页）：“这一运动的上升方向且这一上升跨越了个别下降的方向”；一个更鲜明的例子（第120页）：“为了达到其目的，正如我们发现，最后的康德式转变，看到自己有必要采取一条以走得更远，越过一种未来生活的田地的道路。”只有骡马才能在这迷雾中找到道路！发现自己有必要的转变！跨越下降的方向！采取最可能短的道路的有利的转变，采取一条以走得更远、越过一种田地的道路的转变！越过哪块田地？越过未来生活的田地！见鬼去吧，所有这些地形学！光！光！这一迷宫中的
235 阿里阿德涅之线在哪里呢？不，没有人可以允许如此写作，即使他是著名的散文作家也不可以，一个具有“完全成熟的宗教禀赋和道德禀赋”的人（第50页）更不可以。我认为，一个成熟的男人应该知道，语言是由我们先人传给我们并应当留给我们后代的一份遗

产，人们应当把它作为某种神圣的、无比宝贵的和不可侵犯的东西一样加以敬畏。如果你的耳朵变聋了，那么，你就问问题，就翻翻字典，就利用好的语法书，但不要这样在光天化日之下继续犯罪！例如施特劳斯说道（第136页）："每一个获得洞见之人，都必须奋力去除他们自己和整个人类的一种妄念"（ein Wahn，den sich und der Menschheit abzutun，das Bestreben jedes zur Einsicht gekommenen sein müssen）。这种结构是错误的，而且如果庸人作家已长成的耳朵没有注意到这一点，我就想对着他的耳朵大声喊道：要么这么说，"man tut etwas von jemandem ab"，要么是这么说"man tut jemanden einer Sache ab"；因此，施特劳斯必须这么说："ein Wahn，dessen sich und die Menschheit abzutun"或者"den von sich und der Menschheit abzutun"。但是，他所写下的则是拙劣的流氓黑话。那么，我们会怎么想呢，如果我们看到这样一个皮厚肉糙的风格学家根本就是在新造的词汇或者在改造了的旧词汇中打滚，如果他谈论起"社会民主党的平等意识"（第279页），就好像他就是弗兰克似的[①]，或者如果他模仿萨克斯[②]的措辞说（第259页）："各民族是神圣赋予的亦即自然的形式，人类在其中获得其人生此在，对于这些形式，没有一个明智的人可以放弃，没有一个正派的人可以撤出"。——（第252页）："按照自然规律，人类分化为各种种族"；（第282页）："航行于阻力之中"。施特劳斯没有

① "社会民主党的平等意识"，就好像他就是弗兰克似的］对此，准备稿写道：弗兰克在1531年有一次所说的。——编注

弗兰克（Sebastian Frank，1499—1543）：德国作家和布道者。弗兰克与他那个时代的教条主义色彩的基督教争论，并陷入到与路德派的冲突中。——译注

② 萨克斯（Hans Sachs，1494—1576）：德国诗人和工匠歌手。——译注

236 注意到，为什么古代的一块小破布在他的破绽百出的现代表述中间竟如此引人注目。其原因是，每一个人都察觉到这样的措辞和小破布是偷来的。但有时，我们的缝补匠也表现出一点创造性，自己制造了一个新词：在第 221 页，他谈到一种“发展着的向外和向上奋斗的生命”（sich entwickelnden aus-und emporringenden Leben）：但是，“ausringen”是指洗衣妇拧干衣服，或指战斗结束后英雄死去，也就是说，其生命被拧干；“发展”意义上的“ausringen”是施特劳斯式的德语，正如第 223 页：“缠绕和打开的所有步骤和阶段”是襁褓中婴孩的德语一样！第 252 页：用“in Anschliessung”代替“im Anschluss”。第 137 页：“在中世纪基督徒的日常活动中，宗教因素更为经常得多、更为不断得多地得到表述”（im täglichen Treiben des mittelalterlichen Christen kam das religiöse Element viel häufiger und ununterbrochener zur Ansprache）“更为不断得多”（Viel ununterbrochener），一个可作为典范的比较级，也就是说，如果施特劳斯被认为是一个典范的散文作家的话。当然，在其他地方，他也使用了不可能的“更为完善”（vollkommener）（第 223 页和第 214 页）。但是，“得到表述”（zur Ansprache kommen）！这到底是从哪来的货色，您这放肆的语言艺术家？这里我完全没有办法，找不出任何的类比。对“表述”的这种使用，格林兄弟也会像座坟墓那样沉默不语。显然，您的意思不过是“宗教因素更为经常地表达出来”（das religiöse Element spricht sich häufiger aus）。这就是说，您又一次由于令人惊悚的无知而混淆了前缀；把“aussprechen”混同于“ansprechen”，从而带有下流庸俗的标记，尽管您不应当“表述”我已对此进行公开“表达”的事实。

第 220 页:“因为我在其主观意义背后还听到一种具有无限射程的客观意义在发出回响。”正如我所指出的那样,您的听觉要么有问题,要么就很奇特。您听到“意义在发出回响”,甚至还是在别的意义“背后”发出回响,而且,您所听到的意义据说具有“无限射程”!
这要么是胡说八道,要么是一个专业炮手的比喻。第 183 页:“理 237
论的外部框架就此已经勾勒出来;即便是决定理论内部的运动的弹簧,也已经安装了一些。”我们再次看到,这要么是胡说八道,要么是一种我们无法理解的专业家具商的比喻。但是,一个只由框架和安装好的弹簧组成的床垫有什么价值?这些决定床垫内部运动的弹簧是什么样的弹簧?如果施特劳斯就这样向我们呈现他的理论,那我们对这个理论不得不有所怀疑,而且我们就必须用施特劳斯自己的如此优美的语言说(第 175 页):“为了具有真正的生存能力,它仍缺少一些根本的环节。”来吧,来一些环节吧!轮廓和弹簧已经有了,外皮和肌肉也预备好了;当然,仅仅就有这些,施特劳斯的理论要具有真正的生存能力,就还缺少很多东西;或者我们为了“更加公正”地表述,用施特劳斯的话说:“如果人们不顾中间阶段和中间状态,而把两个如此不同的物件强行直接拼凑在一起的话”[①]。第 5 页:“但是,人可以不必站着,但毕竟不能躺在地上。”我们非常理解您,您这位裸露的硕士。因为谁既不站着也不躺着,谁就在飞翔,也许在飘浮、在飞舞或者在飘荡。但是,正如上下文所大概显示的那样,如果您意在表述某种不同于您的飘荡的东西,那么,我要是处在您的位置上,就会选择一个不同的比喻,一种可

① “如果……拼凑在一起的话”]参见施特劳斯:《旧信仰和新信仰:一种自白》,第 174 页。——编注

以表达不同意思的比喻。第 5 页:一个变得极其干枯的老树的树枝;多么干枯的风格啊!第 6 页:作为那种需要所要求的,此人也不能否认其对一位不会犯错的教皇的认可(der könne auch einem unfehlbaren Papste, als von jenem Bedürfniss gefordert, seine
238 Anerkennung nicht versagen)。人们绝不应当把第三格和第四格相混淆,否则,这在小学生那里是一个小错误,在典范的散文作家那里则是一种犯罪。第 8 页:我们发现"各民族生活中的理想要素的一种新组织的新形成"。① 即使我们认为这样一种同义反复的胡说八道确实是从墨水瓶滴落到纸上的,我们就必须也把它印刷出来吗?像此类的事情,可以允许在校对时没有被注意到吗?6 版都没校对出来!附带提一下第 9 页:如果您意图引用席勒,那就要精确一点,不能只是大概、差不多!您对他缺乏这方面的应有尊重。这里应该是:"不必害怕某人的反对。"第 16 页:"因为在这里,它马上就变成屏障,变成阻碍的城墙,进步着的理性的全力攻击和批判的所有攻城锤,都以强烈的憎恶对准着它。"在这里,我们被要求想象某种东西,它先变成屏障,然后变成城墙,最后"带着强烈憎恶的攻城锤对准它"或者干脆带着强烈憎恨进行"攻击"。先生,您为什么不像来自这个世界的人在说话!攻城锤是被某人对准的,

① 第 8 页:我们发现"各民族生活中的理想要素的一种新组织的新形成"。]对此,准备稿写道:第 9 页结尾处:"不畏惧某人的厌恶";"在某种意义上我并不针对同一种(指责)为自己辩护",因为"我只是不再承认它是指责";第 10 页结尾处:"在我的感觉中,这个地基无非就是人们所说的现代世界观,即持续不断的自然研究和历史研究费力取得的结果,与基督教的、教会的世界观相对立。但是,恰恰这种现代的世界观,如我所理解,我直到现在也只是在个别的暗示中而从未详细地并且以某种完备性来阐明。""我也绝对没有事先自告奋勇地去绝对成功地尝试,不留下个别的漏洞、个别的明显矛盾。"——编注

而不能自己去对准,而且,唯有使攻城锤对准的人,而不是攻城锤
自己,才能够具有强烈的憎恶,尽管在罕见的情况下,您会使我们
相信,某个人会对一堵城墙有这样一种憎恶。第 266 页[①]:“因此,
这可以解释为什么这样的言说方式也在任何时候都构成了民主派
陈词滥调的喜爱的游戏场地。”思维不清晰!言说方式不能构成游
戏场地!而至多只能在这样一个场地上游戏。施特劳斯想说的也
许是:“因此,这样的观点在任何时候都构成了民主派的言说方式
和陈词滥调的喜爱的游戏场地。”第 320 页:“一颗心弦被轻柔而繁
复拨动的诗人心灵的内在生命,在诗艺和自然研究、社会生活和国 239
家事务方面的涉猎广泛的活动中,对返回到一种高贵的爱的温和
的炉火有着恒久的需求。”我努力想象,一颗心灵,它像竖琴那样被
拨动琴弦,然后进行一种“涉猎广泛的活动”,也就是说,这是一颗
飞奔的心灵,它像一匹黑马似的广泛驰骋,最终又返回到安静的炉
火边。当我发现,尽管“心弦被轻柔拨动的诗人心灵”的说法本身
并不新奇,是如此陈旧,如此不合适,但“这个返回到炉火的、一般
而言还从事于政治的飞奔的心灵竖琴”的说法是相当新奇的,我错
了吗?在这样一些对平庸的或者荒谬的东西机智的表述上,我们
认出了“经典的散文作家”的痕迹。第 74 页:“如果我们愿意睁开
眼睛,并且诚实地向自己承认睁开眼睛的发现。”在这个浮华的、隆
重的空洞措辞中,令人印象深刻的无非是“发现”与“诚实”一词的
拼凑:谁发现某种东西,不交代出来,不承认他自己的“发现”,就是
不诚实的。施特劳斯做的恰恰相反,并且认为有必要公开地赞颂

① 第 266 页]这一段参见誊清稿以及大八开版第一版第 68 页。——编注

和坦白这种东西。但是,谁曾经指责过他呢?一个斯巴达人问。第43页:“唯有在一个信条中,他才更有力地拉紧了线索。这个信条,肯定就是基督教教义学的中心。”这里究竟发生了什么,依然有点模糊不清:人们究竟什么时候拉紧线索?难道这些线索也许是缰绳,而更有力地拉紧者是一个马车夫?唯有凭借这种修正,我才理解这个比喻。第226页:“在皮外套里面,有一种更为准确的预感。”毫无疑问!就此而言,“从古猿分化出来的猿人还远远”(第
240 226页)不能知道,他有朝一日将会进化到施特劳斯的理论。但现在,我们知道“事情将要并且必然要进展到这里;这里,小旗欢快地在风中飘动。欢快,而且是最纯粹、最高尚的精神的欢快”(第176页)。施特劳斯如此孩子般地以自己的理论为乐,以至于甚至“小旗”也欢快起来了,尤其令人惊奇的是,这种欢快“是最纯粹、最高尚的精神的欢快”。而现在,它越来越欢快了。突然我们看到“三位大师,其中,每一位后来者都站到先行者的肩膀上”(第361页),一场类似海顿、莫扎特和贝多芬为我们表演的不折不扣的马术;我们看到,贝多芬像一匹马(第356页),“乱蹦乱跳,狂放不羁”;一条“新钉上马蹄铁的道路”(第367页)展现给我们(而我们之前只知道有新钉上马蹄铁的马),同样还有“一张为了谋杀抢劫的茂盛温床”(第287页);尽管存在这些显而易见的奇迹,但“奇迹还是被颁布已经过时”(第176页)。突然出现了彗星(第164页);但施特劳斯安慰我们说,“在彗星上容易移动的部落中,谈不上什么居民”:这是真正宽慰的话,因为否则的话,对一个容易移动的部落,也包括居民而言,人们不应该会去诅咒什么。同时,有一出新的戏剧:施特劳斯本人“越过民族感”、“高攀”到人类感情(第258页),而其

他人则“下沉到越来越粗糙的民主主义这边”(zu immer roherer Demokratie heruntergleitet)(第 264 页)。下沉到这边！不要下沉到那边！(Herunter! Ja nicht hinunter!)我们的语言大师命令我们。他在其他地方(第 269 页),极其错误地指出,“一个能干的贵族属于一个有机的结构”。在一个更高的、在我们之上高得无法想象的领域里,翻动着一些令人可疑的现象,例如“放弃以唯灵主义
的方式把人从自然中分离开来”(第 201 页),或者(第 210 页)“反 241
对拘谨退缩”;第 241 页还有一出危险的戏剧:“动物界中的生存斗争被充分地引发出来”。——第 359 页,我们甚至会经历这样一种奇迹:“一种跳跃去伴奏器乐的人声”,但有一扇门被打开了,通过它,奇迹(第 177 页)“被驱逐,而且永不复返”。——第 123 页:“所有证据在死亡中看到整个人类如其所曾是那样走向灭亡”;在语言驯服师施特劳斯之前,“所有证据”还从来不曾“看”过:但是,现在,我们在他语言的西洋镜中看到了它,经历了它,并且想赞扬他。毕竟,我们最先从他那里学到:“我们对宇宙的情感如果受到冒犯,就做出宗教的反应”,而且我们还回想起与此相关的程序。我们已经知道(第 280 页)“看到这些崇高人物的膝盖”是多么具有诱惑力。我们认为我们是幸运的,尽管我们存在视野上的限制,但毕竟见识过“经典的散文作家”。诚实地说:我们所看到的,是泥制的腿,而看上去是健康的肌肉颜色的东西,则只不过是化妆时涂的粉。当然[1],在我们谈到装饰出来的偶像时,德国的庸人文化就被激怒了,它在这里看到的是一个活生生的神。但是,谁敢于推翻它的偶

① 涂的粉。当然]尼采未修改的校对稿中在“涂的粉”和“当然”之间还有“而抛向它们的每一块石头,都是一块试金石”。——编注

像，谁就不惮于当面告诉它，尽管会有招致各种愤怒：它自己已经忘了如何去区分生与死、真与假、原创和模仿、神与偶像，它已经丧失了对于真实的和正确的东西的健康的、男人的本能。它自己挣得了自己的衰落：而现在，它的统治的标志正在衰微，现在，它的紫袍已经脱落；但如果它的紫袍脱落，王权也就必然随之脱落。[①]

242 我就此结束我的自白。这是一个个体的自白；对于整个世界，一个个体又能做什么，即便他的声音到处都被听到！最后，请允许我，再用一根施特劳斯的羽毛来装饰你们：他的判断只“**具有太多的主观真理，却缺乏任何客观的证明力**”，不是吗，我的好人们？因此，尽管如此，你们还是安心吧！至少暂时满足于你们的“**具有太多**……**却没有**……”吧！暂时！也就是说，在这段时间内：只要凡是永远合乎时宜的，以及今天那些比过去任何时代都更合乎时宜的以及必要的东西，即说出真相，仍然被认为不合乎时宜。

① 但如果……随之脱落。］参见席勒《热那亚的费斯科的阴谋》第5幕第12场。——编注

第二篇　论历史对于生命的利弊[①] 243

前　　言 245

“此外，一切仅给我教诲但却不能促进或直接激发我的行动的东西，都让我感到厌恶。”[②]我们这里以歌德的这句话，作为那种大胆表述的“此外，我认为”，来开始我们对历史的利弊的思考。我将说明，为什么无法激发行动的教诲，为什么无法带来行动的知识，为什么历史犹如昂贵却多余的奢侈品——用歌德的话来说——必定让我们感到“厌恶”。之所以如此，[③]乃是因为我们甚至仍缺少最基本的必需品，而多余是必需的敌人。毫无疑问，我们需要历

---

① 在尼采档案馆里有《不合时宜的考察》第二篇《历史对于生命的利弊》的第一稿、第二稿、打印稿、校对稿以及出版后的手稿样本。第一份札记标明的日期为 1873 年秋。其排版与打印的时间在 1873 年 12 月与 1874 年 2 月底之间。尚存的打印稿中大部分出自格斯多夫之手。校对稿是由罗德(Rohde)一起读的。罗德的校对稿流传了下来，它包含了一些说明与建议，它们几乎总是为尼采所采纳。《历史对于生命的利弊》于 1874 年 2 月底前不久依旧由莱比锡的弗里兹希(E. W. Fritzsch)出版。这个版本的一个手稿样本中包含了尼采的一些修正与改写，其标记的日期为 1886 年，这些将在注释中标明。

罗德版参与的校对稿中的修正、建议和说明将在注释中列出。

注释中会提及未刊稿(即 11 卷)1873 年夏到 1874 年冬中关于《历史对于生命的利弊》中某些部分的早期版本。——编注

② “此外……厌恶。”]歌德致席勒的信，1789 年 12 月 19 日。——编注

③ 必定……之所以如此，]手稿样本中把“之所以如此，”改为“为什么呢?”——编注

史，但我们需要它的原因不同于那些在知识花园中闲逛的人，尽管他可能会高傲地俯视我们粗鄙无趣的需求和困顿[1]。换言之，我们是为了生命和行动而需要它，而不是为了心安理得地[2]逃避生命和行动，更不是为自私的生活与卑鄙、怯懦的行动[3]开脱。只有当历史能服务于生活和生命，我们才愿意服务于历史：因为我们可能高估历史的价值，以至于生活和生命受阻或被贬低。去诊断这种
246 作为我们时代显著症状[4]的现象，尽管非常必要，但亦令人痛苦[5]。

我很努力地描述这种经常折磨我的感觉；我将它公之于众，以对它复仇。也许这一描述会促使某个人向我宣布，他也知道这种感觉，但我没有感受到它的纯粹和原初状态，因此无法怀着成熟经验的确信性去将它表达出来。也许有一两个人会向我做出这种断言；但更多的人会告诉我，这种感觉是颠倒是非的、有悖常理的、令人憎恶的、完全无法容忍的，并且由于我产生了这样一种感觉，而显得配不上过去两代德意志人中尤为显著的、强有力的历史学潮流。[6] 但无论如何，我敢于描述这样一种感觉，这将更多地增进而

---

① 俯视……困顿］手稿样本中把“我们粗鄙无趣的需求和困顿”改为“我们更为粗俗的愿望”。——编注

② 心安理得地］手稿样本中把“心安理得地”改为“享受地”。——编注

③ 行动……怯懦的行动］手稿样本中把“自私的生活与卑鄙、怯懦的行动”改为“精疲力尽的生活与渺小和怯懦的行动”。——编注

④ 症状］手稿样本中把“症状”改为“征兆”。——编注

⑤ 去诊断……痛苦］打印稿：人们怎样才能按照我们时代值得注意的症状而真正全面地，但也真正痛苦地研究这种现象。——编注

⑥ 也许……潮流。］“为此，我获得了什么样的回报呢？我并不怀疑，人们将回答我说：再也没有比我的这种感觉更颠倒、更廉价、更不容许的了，——由于这种感觉，我对于有利于历史学的那种强有力的运动、那种历史感格格不入；那种历史感作为历史上的某种新东西，只是在欧洲自两代人以来、在德国自四代人以来才使人注意到的。”——编注

非伤害普遍的礼节,因为这将会提供很多机会去恭维这样一种潮流。而对我自己而言,我将得到一样比礼节更有价值的东西——公开地接受教诲,从而对我们这个时代的特征达到一种正确的理解。①

这一考察也是不合时宜的,因为我在这里试图把我们这个时代引以为傲的历史教育和历史教养,重新理解为对这个时代的伤害,理解为这个时代的弊端和缺陷;因为我相信,我们所有人确实都患上了一种疯狂的历史热病,我们至少应当认识到我们正饱受它的折磨。② 歌德说我们在培植我们的德性的同时也培植了我们的错误③,如果这句话是正确的,并且如所有人都知道的,过度的德性与过度的恶习一样能摧毁一个民族,而我们这个时代的历史感似乎就是这样一种德性,那么人们就可以容忍我这一次,让我说
话了。④ 为减轻我的罪责,我承认,首先,引起那些令人煎熬的感 247
觉的经验大多数是来自于我自身,我谈及他人的经验只是为了做

① 理解。]誊清稿中有:此外,谁会手拿一根皮鞭穿过一个以回声著称的山谷时,不抽打几下来听听那优美的回声呢?谁想认识他自己的时代,就应当使它有所言说,——他由此直接探讨这个时代。——编注

② 这一……折磨。]手稿样本:现在,恰恰这一点是我考察方式的不合时宜之处。我试图将我们这个世纪有理由以之为傲的某种东西,也就是它的历史教育、历史教化及教养,在这里理解为这个世纪的弊端、缺陷和残疾,因为我甚至认为,它患上这种历史教育疾病,是患上了教育的最危险的疾病,而且它至少应当认识到自己患有这种病。——编注

③ 歌德……错误]参见歌德:《诗与真》,第3卷,第13页。——编注

④ 歌德……说话了。]手稿样本中有(无插入符号):我期望能够说服我的读者们,像我一样认识到[认出]这种历史学教育是这个世纪的一种危险的[最危险的]疾病。由此并没有尝试任何荒唐的东西。歌德——而且我想证明的一切就是:我们用我们的"历史感"培植了我们的错误。——编注

比较；其次，在某种程度上，尽管我是当前这个时代的孩子，但我更像是古老时代，尤其是希腊时代的学生，正是如此，我能够获得[1]这些不合时宜的经验。但由于我的职业是一位古典语言学家，我必须承认这些：因为我并不知道，古典语言学对我们这个时代还有什么意义，除非它通过自己的不合时宜来对我们的时代产生作用——也就是说，它与我们的时代背道而驰，因而对我们的时代有所影响；但愿它对一个将要到来的时代有所助益。

248

一[2]

观察下在你身边吃着草走过的牧群[3]：它们不知道什么是昨天或今天，它们四处跳跃，吃草、歇息、消化，然后又四处跳跃，从早到晚，日复一日，只顾眼前的愉快或不快，而无所谓忧郁[4]或厌烦[5]。人看到这一幕就会黯然神伤：尽管他因为自己的人性而感到自身比动物优越，但他仍然忍不住羡慕动物的幸福——动物既不厌烦也不痛苦的生活正是人想要的，但人无法拥有这样的生活，因为他不愿意像动物一样。人兴许也问过动物[6]：“为什么你只是

---

① 获得]手稿样本中把“获得”改为“已经获得”。——编注

② 之前的最初版本：参见 29[98]；30[2]；也参见：博尔诺夫、尼采和莱奥帕尔迪：《哲学研究杂志》，26(1972)66—69。——编注

③ 观察……牧群]手稿样本：这里在我身旁吃着草走过的牧群。——编注

④ 忧郁]“忧郁”在打印稿中是“恼怒”。——编注

⑤ 而无所谓忧郁或厌烦]手稿样本中把“无所谓忧郁或厌烦”改为“因而是幸福的，既不忧郁也不无聊”。——编注

⑥ 尽管……动物]手稿样本：因为人要在动物面前为自己的人性而自鸣得意，却满怀妒忌地看着动物的幸福。——编注

站在那里看着我，而不同我谈谈你的幸福？”[①]动物想要回答说：“那是因为我总是忘记我将要说什么。”但转瞬间，它连这个回答也忘了而沉默不语，徒让人独自困惑不已。[②]

但人也对自己无法学会遗忘、总是留恋过去而感到困惑：无论他走多远、走多快，那锁链总是如影随形。“过去”是一样令人困惑的东西：某个时刻存在于现在，但转瞬间消逝了，它从虚无中来，又复归于虚无，但它却会如幽灵般扰乱此后一个时刻的平静[③]。书页不断地从时间的书卷上掉下，飘散出去——但突然间，它又飘了 249
回来，掉落在人的怀里。于是，人说“我记得”，然后嫉妒[④]能够瞬间忘却的动物；对于它们而言，每一个时刻都在真正地逝去，沉没在黑夜和雾色中，永远消失。因此，动物非历史地生活着：它们的生活完全存在于当下，就像一个数字被整除，不留下任何奇怪的余数[⑤]；它们不知道伪装，不会掩饰任何东西，在每一个瞬间都将自己的本性如其所是地表现出来，因此再诚实不过了。[⑥] 与此相反，人总是背负着“过去”的巨大的，并且还在不断增大的压力；过去就

---

① 为什么……幸福？]手稿样本：为什么你不告诉我你的幸福？为什么你总是沉默不语，而只是那样地看着我？——编注

② 动物……困惑不已。]手稿样本：动物也愿意回答，并且说：这是因为我总是马上忘掉我要说的话。——但此时它也已经忘掉这个回答而保持缄默，以至于人又重新惊奇起来。——编注

③ 但它……平静]手稿样本把“但它却会如幽灵般扰乱此后一个时刻的平静”改为“却经常又来临，这幽灵干扰着后面每一个瞬间的平静”。——编注

④ 嫉妒]“嫉妒”在打印稿中是“惊叹”，在誊清稿中是“出于嫉妒而惊叹”。——编注

⑤ 一个数字……余数]校对稿：它就像一个数字溶入另一个，不留下余数。罗德注：一副奇怪的图景。——编注

⑥ 能够瞬间忘却……再诚实不过了]手稿样本：并且嫉妒动物，因为它遗忘并真正地“杀死”了时间。动物是非历史地生活的。它活在当下，就像一个没有余数的整数。——编注

像是一个黑暗的、无形的重担，压迫着他，将他的身子压弯[①]，使他步履维艰。但他似乎有时候能够放下这一重担[②]，并且他在与自己的同伴打交道时也很乐意抛弃这一包袱以唤起他们的嫉妒。这就是为什么当人看到牧群在吃草，或者看到一个还[③]没有任何过去可摆脱的小孩，[④]在过去与未来的藩篱之间，盲目而又极度幸福地[⑤]玩耍时，他就像是看到了失去的[⑥]天堂一样。然而，小孩的玩耍必然会被打断；他很快就会被从遗忘的状态中唤醒[⑦]，然后他就会学会理解“从前”这个词：正是这个咒语给人类带来了纷争、苦难和疲倦，并提醒着人去追问他的[⑧]人生此在到底是什么——一个永远不可能完成的过去时[⑨]。如果死亡最终将带来人们渴望的遗忘，那么它同时也会吞没了现在和此在，从而印证了这样一种知识：“此在”不过是一个未被打断的“曾经存在”，它通过不断自我否定、自我毁灭和自我矛盾而存活下去。[⑩]

如果幸福，或者对新幸福的追求，在某种意义上是将生者固着在生活之中并驱使他们继续活下去的东西，那么可能就没有比犬

---

① 压迫……压弯］手稿样本中将此处删去。——编注

② 但他……重担］手稿样本中将此处删去。——编注

③ 还］手稿样本中将此处删去。——编注

④ 小孩，］手稿样本中后面为“并且”。——编注

⑤ 盲目而又极度幸福地］手稿样本：盲目又幸福地。——编注

⑥ 失去的］手稿样本中将此处删去。——编注

⑦ 他很快……唤醒］手稿样本：他从自己的遗忘中觉醒了。——编注

⑧ 他的］手稿样本中把“自己的”改为“一切的”。——编注

⑨ 过去时］手稿样本中为“不完美”。尼采这里不仅是唤起一种不完美的概念，同时，这种语法上的过去未完成的时态，表明尼采试图说明，不完美内在于过去的自然之中。——编注

⑩ 如果死亡……存活下去。］手稿样本中将此处删去。——编注

儒主义更有道理的哲学了：因为动物就是彻头彻尾的犬儒学者，它 250
们的幸福就是犬儒主义正当性的活生生的证明。[1] 最微小的幸福，只要它是连续不断的并使人幸福的，便远胜于最强烈的幸福，如果那最强烈的幸福不过是一段插曲如一时的情绪或突发奇想，不过就像纯然的无趣、欲求和匮乏中间的一个美妙的中断的话。[2]

但无论是最微小的幸福，还是最强烈的幸福，使之成为幸福的都是同样的东西，那就是遗忘的能力，或者用更加学术的话来讲，在一定时间段内非历史地感受的能力。谁若不能站在此刻的门槛上，忘却一切过去，谁若不能像胜利女神一样单脚站立而不感到目眩和恐惧，那么他就永远不会知道幸福是何物；更糟糕的是，他永远不会做让他人幸福的事情。试想一个最为极端的例子。一个无法遗忘的人，在他目之所及的地方都处于“生成”的状态中：这样的人将不再相信自身的存在，不再相信他自己，他会看到一切事物都在移动的小点中化成碎片，他自己也将迷失在“生成”的河流中；他就像是赫拉克利特的忠实信徒，最终连手指也不敢抬一下。所有行动都需要遗忘，就像一切有机的生命不仅需要光，而且也需要黑暗一样。[3] 一个只想历史地感受所有事物的人，就像是一个被迫

① 如果幸福……证明。]手稿样本：如果幸福，或者对幸福的追求应当是把生者固着在生活中的东西，那事实上就没有比犬儒学者更有道理的哲学家了：因为动物作为彻头彻尾的犬儒学者，其幸福就是犬儒主义正当性的证明。——编注

② 最微小的……的话。]手稿样本：最微小的幸福，只要它不断来临，就远胜于最强烈的幸福，当这种最强烈的幸福仅仅作为例外和一时的情绪、在纯然的无趣、欲求和匮乏中间来临并恰恰由此而使痛苦的可能增加百倍的时候。——编注

③ 谁若……一样。]手稿样本：所有的行动都必然需要遗忘，需要这个不完全改进的被废弃的部分：让我们试想一个最极端的例子：有这样一个人，他注定只能看到永恒的生成，除了生成什么都看不到。参见29[32]。——编注

放弃睡眠的人[1]，或者是一头只有反刍、不停地反刍才能生存[2]的动物。因此，没有记忆地生活是可能的，这样的生活甚至可以是幸福的，就像动物所表明的那样；但是，完全没有遗忘的生活和生命却是不可能的。或者更直白地说[3]，**睡眠、反刍或者历史感，一旦超过了某一个度，就会对生存者造成伤害，并最终毁灭，**[4]**不论它是一个人、一个民族还是一种文化**[5]。

251 如果不想让过去成为当下的掘墓人，我们就必须确定这个度，从而确定我们在多大程度上忘记过去。为了确定这个度，我们必须知道一个人、一个民族或者一种文化的**可塑性**有多大：我所说的可塑性是指以自己独特的方式发展自身，改造过去和异己的东西并将其融入自身，治愈伤口、弥补损失和从破碎中再度创生的能力。有些人的“可塑性”是如此弱，就连一次经历、一点痛楚，甚至经常是一桩微小的不公也足以致命，就像一个人由于一道轻微的划伤而流血致死；另一方面，有些人即使面对最糟糕和最骇人的灾难，甚至是他们自己犯下的恶行也不为所动，他们在恶事发生期间或者至少不久之后，仍能泰然处之，心安理得。一个人本性的内在

---

① 就像是一个被迫放弃睡眠的人］誊清稿：将睡眠认为是多余的。——编注

② 生存］打印稿；第一版中为“生活”。誊清稿；大八开版中为“继续生活”。——编注

③ 一个只想……更直白地说］手稿样本：一个只想历史地感受事物的人，就像放弃睡眠的人，或者像不想再进食，而仅仅反刍的动物。几乎脱离回忆而生活是可能的，而且，幸福地生活是可能的，就像动物向我们所表现的那样的；但是，没有遗忘地生活，这是根本不可能的。或者，回到我正在探讨的问题，也就是健康的问题，就像人们将看到的那样。——编注

④ 毁灭，］准备稿这句话之后还有：塑造的力量。回忆和遗忘对于健康来说都是必要的，无论是对于一个民族的健康还是对于一种文化的健康。——编注

⑤ 并……不论……还是……］手稿样本：无论是。——编注

根基越强健，他就越是能够同化和占有过去的事情；我们可以设想，最有力和强大的本性的特征在于：它完全不知道会有历史意识泛滥和产生有害作用的界限；一切过去，无论是自己的还是最异己的，都被引向自身，融入自身，仿佛过去被化成了血液[①]。这样一种本性会将它无法征服的东西遗忘掉；它不再存在于当下，它的视界彻底封闭了，没有任何东西向它表明，在其目之所及之外还有其他的人类、激情、学说、目的。而这是一个普遍法则：每一个生命，只有被限制在一个视界之内，才是健康、强壮和丰产的；如果它不能在它周围划定一个视界，或者是过于自我中心而无法再从异己的视界里封闭自己的视界，那么它就会逐渐衰竭或过早夭折。开
朗、好的良心、欢快的行动、对未来的信心——这一切，无论是对个 252
人还是对民族而言，都有赖于一条将光明的、清晰可见的东西与黑暗的、暗淡难辨的东西区分开来的界线；都有赖于人们在适当的时候遗忘，在适当的时候铭记；有赖于人们拥有一种强大的本能，感觉到什么时候应该历史地感知，什么时候应该非历史地感知。这正是要请读者去思考的命题：**非历史地和历史地感知，对于一个人、一个民族和一种文化的健康而言，都是同等必要的。**

首先，每一个人都必须注意到：一个人的历史知识和历史感可以是非常有限的，他的视界如阿尔卑斯山居住者的视野一样狭窄，他的所有判断都可能含有不正义，他可能会误以为他的每个经验他都是第一个体验者——尽管他会陷入这些不正义和错误，但他仍然会屹立不倒，拥有绝佳的健康和充沛的精力，让所有看到他的

① 化成了血液]校样中这句话后还有：以便把它当作血液吮入。罗德注：? 我不理解。——编注

人都感到高兴。然而，紧靠在他旁边的是，一个更为正义和有教养的人却虚弱多病、濒于崩溃，因为他的视界不断地变动，因为他把自己从他那更加柔软的正义和真理之网之中解脱出来，而重新回到那粗犷的意愿与渴望之中。与此相对，我们也观察到，动物是完全非历史的，几乎居住在一个小点状的视野之内，但却生活在某种幸福中，至少是没有厌倦和伪装；因此，我们应该将在一定程度上非历史地感知能力，视为更重要和更原始的能力，因为只有在它提供的根基之上，一切合理的、健康的和伟大的东西，一切真正人性的东西才能茁壮成长。非历史的感知就像是裹在生命外面的大气，唯有在它里面，生命才得以孕育；如果大气被破坏，生命也将重
253 新遭遇灭顶之灾。确实，只有通过思考、反思、比较、分类和总结来限制非历史的①因素，只有通过在包裹一切的大气之内产生出一道明亮的闪电之光，也就是说，只有通过将过去用于生命、将发生的事情重新变成历史的力量，人才成为人。但在过量的历史中，人就不复存在了，失去了那环绕在周围的非历史的大气，人就永远不会或者不敢迈出一步。人不先走进那笼罩着非历史的雾气之中，又怎么可能做出什么行动呢？或者抛开这些比喻，用例子来说明。想象有一个男人，因为一个女人或者一个伟大的想法，而被一种强烈的激情所驱使和牵引：在他眼中，世界发生了多大的变化啊！回首过去，他仿佛对一切视若无睹；侧耳聆听，那些不熟悉的声音，变成了沉闷、毫无意义的噪音；他从来没有以如此真切的方式，去感知那些他一般所感知到的事物；一切都如此清晰，如此切近可感，

① 非历史的］“非历史的”在校样中为“受压抑的”。罗德注：不清楚！——编注

如此鲜艳，如此响亮，如此明亮，仿佛他同时用所有的感官把握住
它。他曾经珍视的一切都发生了变化，失去了价值；还有很多事
物，他无法再对它们一一估价，因为他几乎不能再感知到它们了；
他自问，为什么自己被他人的语词和意见愚弄了如此之久；他很惊
讶，为什么他的记忆能够不知疲倦地在一个圈子里打转，但却太虚
弱、太疲倦而不能轻轻一跳，离开那个圈子。这是一个人最难以保
持正义的一种状态：心胸狭隘，对过去不知感恩，对危险视而不见，
对警告充耳不闻，成为了黑暗和遗忘的死海中的一个有生命的小
漩涡。然而，这种彻头彻尾的非历史和反历史的状态不仅是一切
非正义行为，而且也是一切正义行为的降生地。艺术家创作画卷，
将军打胜仗，民族获得自由，无不事先进入一种如前所述的非历史
的状态之中，并去渴求和争取他们欲求的对象。如歌德所言[①]，就 254
像行动者总是缺乏良知一样，行动者也总是缺乏知识[②]；他为了做
一件事而忘记大多数事情，对于那些被他甩在身后的事情，他是不
公平的。他只承认一种权利，那就是当下正在生成之物的权利。
因此，每一位行动者热爱自己的行为，无限地超过这种行为值得被
爱的程度：最好的行为总是发生在这样一种爱的丰盈之中，即使它
们在其他方面的价值难以估量[③]，但它们肯定仍然不值得这样
的爱。

---

① 如歌德所言］参见歌德：《准则与反思》，出自《艺术与古代》，第 241 页，歌德原话为“行动者总是没有良心，除了旁观者，没有人拥有良心”，1824 年。——编注

② 缺乏知识］打印稿、第一版：缺乏知识；誊清稿、大八开版：总是缺乏知识。——编注

③ 即使它们在其他方面的价值难以估量］校样中这句话为：哪怕不存在能够适用于它们的荣誉。罗德注：不是非常清楚！——编注

每一个伟大的历史事件都发生在非历史的大气中，如果一个人能够在足够多的事例中一再嗅到、呼吸到这样的大气，那么他作为认识的存在者，就有可能使自己提升到一种**超历史的**立场上。尼布尔①曾经将这描述为历史反思的可能结果。“清晰而详尽地把握历史，”他说，“至少在这一个方面是有用的：它使我们认识到，即便是我们人类最伟大和最高贵的人物，也没有意识到他们自己所持的以及他们强迫其他人采取的看待事物的方式在本质上是偶然的——我这里用‘强迫’这个词，是因为他们在这方面的意识尤为强烈。谁没有在众多的事例中明确地认识和领会到这一点，他就会屈服于把最高热诚使命和投入置于一种给定形式的强有力精神的现象。”我们把这个立场称为“超历史的”，因为站在这一立场上的观察者不再受到诱惑再去依靠历史，或者参与到历史中来生活；他认识到所有发生之事的必要条件就是行动者心中的盲目和不义；这一立场能够使他过分认真地对待历史的症状得到治愈，因为他以前会从所有人和所有事件上，无论是希腊人还是土耳其人，
255 无论是 1 世纪还是 19 世纪的某个时刻，学着去回答他自己如何生活和为何生活的问题。你只要问一下你的朋友，他们是否愿意回到 10 年或 20 年前再活一次，你就很容易会发现谁能够接纳这一超历史的立场：他们都会说不愿意，但他们有不同的理由。有些人可能会这样安慰自己：“未来 20 年会更加美好”；他们就是大卫·休谟讥讽的那些人：

① 尼布尔(Barthold Georg Niebuhr，1776—1831)：德国历史学家，曾为波恩大学教授，著有《至公元前 241 年的罗马历史》，对兰克有很大影响。此处引文出处不明。——译注

愿从生命的余烬中去获取，

青葱岁月所未曾的给予。[1]

我们将他们称为“历史的人”；对过去的观察使他们涌向未来，鼓起勇气继续生活，点燃了他们的希望，并相信正义即将到来，幸福就在他们正在攀登的山峰背后等着他。这些历史的人相信，人生此在的意义会在**历史的**进程中逐渐显露出来。他们回首迄今为止的历史进程，只是为了学会理解当下和更热切地渴求未来。他们根本不知道，尽管他们专注于历史，但实际上他们是在非历史地思维和行动，或者他们对历史的关注并非服务于纯粹知识，而是服务于生命和生活。

但我们的问题还有另一种答案。虽然也是“不”，但却有不同的理由：那是超历史的人说的“不”，他们认为在历史的进程中不会有救赎，相反，在他们看来，世界在每一刻都是完满的，都达到其终点的。未来10年又能教给我们什么过去10年未能教给我们的东西呢！

如今，这教训的意义是幸福还是断念，是德性还是忏悔，在这 256
个问题上，超历史的人未能达成共识；但他们反对看待过去的所有历史方式，一致同意以下的命题：过去和现在是相同的东西，它们所有的多样性都是同一类型的，是一种无处不在的、永存不朽的类

① 参见瓦尔特·考夫曼：《尼采：哲学家，心理学家，基督之敌》，普林斯顿，第147页；尼采这里引用的是休谟《关于自然宗教的对话》，第十部分；参见第29页第86行，第30页第2行。但这不是休谟自己的话，而是休谟引自约翰·德莱顿剧作的《奥伦·泽波》，第四场，第1幕。——编注

型，是一种价值不变和意义同一的恒定结构。就像千百种不同的语言都是为了满足人类的同一种类型的、不变的需求，因而理解这种需求的人无法从这些语言中学到任何新的东西，超历史的思想家从内部去观察各民族和个体的全部历史，深刻洞察各种象形文字的原义，并且甚至逐渐疲倦不堪地逃避那种源源不断涌现的书写符号：因为相同的事件无休止地重现，他怎么不会感到饱足、过饱，甚至是恶心！所以他们中最大胆的人最终也准备像莱奥帕尔迪那样对自己的内心说：

没有任何活着的东西
值得你如此焦虑，
大地亦不值一声叹息。
我们的存在是痛苦[①]和无趣，
世界无他，只是烂泥，
你要冷静而平息。[②]

但让我们把恶心和智慧留给这些超历史的人吧[③]：我们今天宁可为我们缺乏智慧[④]而衷心欢呼，让我们作为积极行动和进步

① 痛苦］手稿样本中把“痛苦”改为“苦涩”。罗德修正。——编注

② 没有……平息。］参见列奥巴尔迪：《诗集》，哈默尔凌译，希尔德布尔格豪森，1866年，第108页。——编注

③ 参见30[2]；准备稿这句话之后还有：超历史的人否定生命：但也应该明确，历史的人肯定生命，历史对于他不是一个纯粹的认识问题，而是作为［生活］——这是历史在那种非历史状态中渴望的东西。——编注

④ 缺乏智慧］手稿样本中把“缺乏智慧”改为“无知”。——编注

的信徒、作为历史进程的敬仰者，快乐地去过一种幸福的生活。我们对历史事物的评价可能只是一种西方的偏见：但我们至少要在这种偏见中取得进步，而不要站在原地不动！我们至少要学会更 257
好地以生命为目的来运用历史！只要我们可以肯定我们拥有更多的生命，那么我们就会欣然地承认超历史的人比我们拥有更多的智慧。因为那样的话，我们的不智无论如何都会比他们的智慧拥有更多的未来。为了消除关于生命和智慧之间对立的意义的所有怀疑，我将运用自古以来经过反复检验的方法，直接提出一些命题。

一个历史现象，如果被理解透彻，并且被化解成一种知识的现象①，那么对于理解②它的人而言，它是死的：因为他认识到那种现象当中的妄想、不正义和盲目的激情，认识到那种现象的完全俗世的和黯淡的视界，因而认识到它的历史力量。对于理解了这种现象的认知者，这种力量已经无法再掌控他们了，变得无力了；但对于生活者，它也许还未失去效力。③

历史若被视为一种纯粹知识，一旦变得至高无上，那么对人类而言，它就会成为一种对生命的总结和清算。唯有融入到一个强有力的、全新的生命潮流中，比如一种生成中的文化，也就是说，唯有当它被一种更高的力量所支配和引导，而不是它本身去支配和引导其他东西时，历史教化和教养才是有益的和预示未来的东西。

① 被化解成一种知识的现象］手稿样本中为“被转换回知识问题”。——编注

② 理解］手稿样本中把“理解”改为“解开”。——编注

③ 效力。］准备稿后面还有：但唯有他不是被知识引导，而是被生活的冲动引导；唯有借助对过去之物的一种反修饰的态度，他才得知——。——编注

只要历史服务于生命，它就服务于一种非历史的力量，因而在这种从属关系中，它就不可能也不应该[①]成为像数学那样的纯科学。但生命在多大程度上需要历史和历史学的服务，这是与一个人、一个民族和一种文化的健康休戚相关的最高问题和忧虑之一。因为当历史达到一种过剩的程度，生命就会变得支离破碎、衰败退化，并且由于这种退化，历史本身也会陷入退化之中。

二

258 但是，正如我们需要深刻地理解，过量的历史会损害生命一样，我们也要清晰理解生命需要历史的服务。这是在后文将加以证明的原则。历史属于生存者，表现在三个方面：属于作为行动者和奋斗者的人；属于作为保存者和敬仰者的人；属于作为受难者和寻求救赎者的人。这三种关系与三种类型的历史学相对应：若是允许的话，它可以被区分为丰碑的历史、崇古的历史和批判的历史。

历史首先属于行动者和强者，属于那些进行着一场伟大斗争的人，属于那些需要榜样、导师、慰藉者，但却无法在同时代的人中找到的人。因此，它属于席勒[②]：因为歌德[③]说过，我们的时代如此之坏，以至于诗人在其身边的人类生活中再也遇不到有用的本性。当波里比阿[④]将政治历史学称为治国的适当准备，认为它就像是

① 不可能也不应该］手稿样本中去掉了“也不应该”。——编注

② 席勒］修正前的校样中为：席勒。罗德修正。——编注

③ 歌德］歌德与爱克曼的谈话，1827年7月21日。——编注

④ 波里比阿］尼采这里指的是波里比阿（Polybius）的《历史》I，1，2。——编注

一位最出色的导师，通过让我们回想他人的不幸来教导我们如何坚韧地忍受命运的无常时，他想到的是行动者。谁学会从这当中认识到历史的意义，那么，当他看到好奇的游客或者学究型细节扒梳家在过去伟大时代的金字塔上爬来爬去时，就会感到恼火；当他在追寻去效仿榜样或者致力于改善的激励时，他不希望遇到那些为了寻求消遣或刺激、就像在堆满艺术珍品的展厅中游荡的闲人。在身弱体衰和毫无希望的闲人中间，在那些表面上在行动但实际上只是焦虑不安和手忙脚乱的当代人中间，为了避免绝望和恶心， 259
行动者在其朝向目标的征程中，往身后看，停下来，喘口气。但他的目标是某种幸福，并不必然是他个人的幸福，而更可能是一个民族或者整个人类的幸福；他对断念退避三舍，他需要历史作为对抗断念的武器。在大多数情况下，他不会获得任何回报，除了名声，也就是他有希望在历史的神庙中占有一席之地，反过来成为后来人的导师、慰藉者和劝诫者。因为他遵守的诫命是：凡是过去能够扩展“人”的概念并使其更加美好的东西[①]，都必须永久地存在，以使其永久地保持影响力。人类的个体奋斗史中的这些伟大时刻形成了一个链条，将跨越千年的伟大时刻连接起来，如同一条连绵不断的人类山脉；对我而言，那些逝去时刻的顶峰依然是活生生的、明亮的和伟大的——这就是**丰碑的**历史的要求中所表现出来的相信人性的基本信念。[②] 但恰恰正是这种伟大事物应该永存的信念

① 能够……东西]校样：那里曾经存在着将“人”的概念扩大为更美好和更高的东西。罗德注：糟糕的表达！——编注

② 对我而言……信念。]准备稿：对我而言，那些逝去时刻的顶峰也是伟大的，而且欲求名声的预感性的信念得到了实现，这就是文化的基本思想。——编注

和要求,激起了最可怕的斗争。因为还活着的一切其他事物都在高喊“不”。不应当产生丰碑的东西——这是敌对的口号。麻木不仁的习惯、低贱渺小的事物,充斥着世界的每一个角落,如同沉重黑云围绕着一切伟大的东西,扑到伟大事物通往不朽的必经之路上,去阻挡、迷惑、窒息和扼杀它们。然而,这条道路却经由人类的大脑!经由那些胆小怯懦、短寿促命的动物的大脑!那些动物一再陷入同样的需求和痛苦当中,奋力挣扎以暂时延迟死亡。因为它们首先想到的唯一一件事是:无论如何都要活下去。想象一下,谁会把它们与走向丰碑的历史的充满险阻的火炬接力赛联系起来呢,因为唯有伟大者才能跑完这个接力赛!但总有一些醒悟过来的人,从对过去伟大事物的反思中汲取力量,受到鼓舞,感觉到欣
260 喜,就好像人的生命是一桩美好事物,好像这株苦涩的植物所能结出的最甜美的果实就是知道:过去的人在经历自己的人生此在时,有一种人总是带着骄傲和力量,另外一种人在深刻地沉思,还有一种人则表现出怜悯和助人之心——但它们都留下了同样的教诲:不重视此在的人,生活得最美好。如果普通人带着如此忧郁、严肃和渴求去看待这段时光,那么我们前面提到的那少数醒悟的人就知道,在其通往不朽和丰碑的历史的道路上,如何用奥林匹亚山诸神的大笑,或者至少是以一种崇高的嘲讽来对待它;他们通常面带讥讽的笑容坠入坟墓——他们有什么是可以埋葬的啊![①] 只有那一直压在他们身上的糟粕、垃圾、虚荣心和动物性,以及那些被他

① 埋葬的啊!]然而,这些追求名声中最大胆的人必定是伟大的哲学家。——编注

们讥讽许久后如今归于遗忘的东西。但有一种东西将会存活下去，那就是他们最本质存在的印记——某部作品、某个行为，某一刻的灵光闪现，某个创造。这些东西会存活下去，是因为子孙后代不能缺少它们。在这种升华的形式中，名声不仅是我们自爱的最美味的甜点，正如叔本华所言：它是对一切时代伟大事物的一致性和延续性的信仰，是对世代变迁和事物易逝的一种抗议。

那么，对现代人而言，这种对过去的丰碑式的考察，对早前时代的经典和稀有之物的沉湎有什么用呢？他从中会认识到，曾经存在过的伟大事物，无论如何，曾经都是可能的，因而也就有可能再次成为可能；他会更加勇敢地走在自己的路上，因为在其软弱时侵袭他的那种怀疑，即自己是否在追求不可能之物的疑问，已经被驱逐。试想有人相信，只需不到一百个在一种新精神中接受教育和积极行动的人，就能摧毁现在在德国变得时髦的教养和教养方

式，那么当他意识到文艺复兴的文化就是在这样的一百个人的肩 261
膀上建立起来的，这将会使他获得多大的自信啊！

想从这同样的例子中立刻学到新东西，然而，这种比较是多么流动易变、摇摆不定和不精确！这种比较要想发挥强有力的作用，这中间会有多少差异会被忽视！为了实现这样的一致性，我们需要多么粗暴地将过去的个体性纳入到一种普遍的模式中，将所有尖锐的棱角和粗糙的线条抹平！的确，归根结底，只有当毕达哥拉斯学派的理论是正确时，过去发生过的事情才有可能再次发生。因为这个学派认为，当天上的星宿运行到相同的位置时，地球上的事件也将分毫不差地重复一遍。这意味着：当星宿之间的位置呈现某种关系时，一位斯多葛主义者就会与一位伊壁鸠鲁主义者联

手刺杀恺撒；当它们呈现出另一种关系时，就可能预示着哥伦布[1]将再次发现美洲[2]。[3] 只有每当大地的戏剧在第五幕结束以后就会重新开始，只有在特定的间隔以后，同样的动机联结、同样的救场神仙、同样的灾难都再度确定无疑地重现时，强者才会渴望丰碑的历史，渴望其拥有如圣像绘画般的完全的**忠实性**，即精确和详尽地描绘每个事件的独特性和唯一性。但无疑，这也是只有当天文学家成为占星学家时，这样的事才会发生。在那之前，丰碑的历史都不可能需要那种绝对的忠实性：它总是要用近似化和普遍化、将不相似看作是相似的方式去看待事物；它总是要弱化动机和诱因上的差异性，以牺牲**原因**的代价去展示丰碑式的**结果**，只说某事是典范性的、值得效仿的，但从不谈原因；因此，由于丰碑历史学尽可
262 能地忽略原因，我们可以稍微夸张地称之为“结果本身”的集合，将对所有时代都会产生影响的事件的集合。民间节日、宗教或战争的纪念日所庆祝的事件，就是这样一种“结果本身”：正是这样一种东西让野心家无法入睡，像护身符一样挂在了进取者的心灵上，但这并非真的是历史因果的联结——如果我们真正明白的话，这只不过证明了在未来和偶然的骰子盒中，永远不会掷出完全相同的东西。

只要著史的目的在于为强者提供一种强大的**驱动力**，只要过去必须被描述成值得效仿的、可以效仿的和有可能再次发生的，那

① 的确……哥伦布］参见 29［61］。——编注

② 美洲］校样：美洲和美洲的哥伦布。罗德注：??，无论如何都是没有品味的。——编注

③ 一位斯多葛主义者……美洲。］参见 29［108］；29［29］。——编注

么它就有可能陷入被扭曲、被美化[①]，甚至是完全[②]虚构的危险之中。确实，在过去很长一段时间里，丰碑式的过去与神话故事根本无法被区分开来，因为这两者都可以产生出同样的驱动力。因此，如果丰碑的历史**支配**了思考历史的其他方式——我指的是崇古的历史和批判的历史，那么过去本身就遭受**损害**；绝大部分的过去会被遗忘、被轻视，仿佛一条绵延不绝的灰色河流不可阻挡地奔腾而去，只有个别的、经过润色的事实如孤岛般显露出来；在少数能够被看见的伟大人物身上，我们看到了某些非自然和奇迹般的东西，就如毕达哥拉斯的学生声称要在他们的老师[③]身上看到金臀一样。丰碑的历史用类比来欺骗：用充满诱惑的相似性来怂恿勇敢者做出鲁莽之事，怂恿受到激励者做出狂热之事。我们再深入地想一下，如果此类的历史落入了有才能的自私自利者和狂热的恶棍手中和头脑中，那么帝国倾覆、王侯遭戮、硝烟四起、革命爆发，263
还有一系列的历史“结果本身”，换言之，没有充分原因的结果就会再度增多。且不说丰碑历史学在强者和行动者——不管他们是好是坏——中间所能造成的伤害，如果它为无力者和消极者所拥有和利用，又可能会怎么样呢？

举个最简单、最常见的例子。设想一下，[④]如果用丰碑的艺术史为那些没有或者鲜有艺术天赋的人披上盔甲、武装起来，那么他

---

① 被美化］打印稿、第一版：美；札记、大八开版：更美。——编注

② 完全］打印稿中把“完全的”改为“早的”。——编注

③ 老师］修正前的校样中为：当大师正在沐浴的时候。罗德修正：要删除，因为这是事实性的错误。——编注

④ 例子……设想一下，］修正前的校样中为：例子，人们设想。罗德修正。——编注

们现在会把武器对准谁？会对准他们的宿敌，对准那些拥有强大艺术精神的人，对准能够真正地从历史中学习的人，也就是那些能够为改善生命而将他们学到的东西转化成一种更高层次的实践的人。这些人的道路会被堵塞，他们的空气会变浑浊，假如这些一知半解的人将过去某个伟大时代的丰碑树立成偶像，并围着它狂热地舞蹈，仿佛在说：“看，这才是真正的艺术：你们关心的都是生成中的艺术，愿望中的艺术！”这群手舞足蹈的乌合之众似乎还拥有决定什么是“高雅品味”的特权：因为与那些从来只会作壁上观、从不亲身参与创造的人相比，有创造力的人总是处于下风；就如同在所有时代，闲谈政论家总是比那些实干的政治家更聪明、更公正、更加审慎。但是，假如有人甚至将全民投票和少数服从多数的原则运用到艺术领域，仿佛是在强迫艺术家在审美无能者的法庭上为自己做辩护，那么你可以事先打赌，艺术家必被判罪：尽管，或者不如说，恰好是因为他的法官庄严地颁布了丰碑艺术的法典。按照既定的解释，丰碑的艺术是在所有时代都能“产生影响”的艺术，而对于这些法官来说，这些艺术不是丰碑式的，仅仅因为这些现代
264 艺术一不是历史所需，二不是纯粹的偏好，三缺乏历史的权威。另一方面，他们的本能告诉他们，艺术会被艺术杀死：丰碑式的东西永远不会再次重现。为了证明这一点，他们诉诸的权威，恰好是来自于过去的丰碑的历史的权威。他们成为艺术的鉴赏家，因为他们想扼杀艺术；他们假装成医生，而他们的实际意图是配制毒药；他们随心所欲地发展他们的味觉和舌蕾，然后用这种挑剔的味觉去解释他们为什么如此固执地拒绝用来款待他们的一切有营养的艺术盛宴。因为他们不希望看到有新的伟大事物诞生，他们阻止

它的方法就是声称："看，伟大的东西早已存在！"事实上，他们并不在乎这些业已存在的伟大事物，就像他们也不在乎那些将要诞生的伟大事物一样：他们的生活就是证明。丰碑的历史是假面舞会的外套，他们用这个外套去将他们对自己时代的强者和伟人的恨意，假扮成对过去时代的强者和伟人的过分的溢美之词，并且在这袭外套的包裹之下，这种思考历史的方式的真正意义被完全颠倒成它的对立面；不管他们是否清晰地意识到，他们的做法似乎表明他们的座右铭是：让死人埋葬活人吧。

这三种类型的历史中，每一种都只在特定的土壤和气候中才能繁盛，否则它就会长成疯狂肆虐的杂草。如果一个想要成就伟大的人需要过去的话，那么他就会通过丰碑的历史去占用过去；如果一个人热衷于传统的和可敬的古老事物，那么他就会像崇古历史学家那样照料过去；只有被当下苦难所迫、不顾一切想要扔掉包袱的人，才需要批判的历史，也就是评判和判决的历史。

很多病害都是漫不经心地移植这些植物所致：缺乏苦难的批判家，失去敬意的崇古者，能够认识伟大却无法创造伟大的人，就 265
是这样被胡乱移植的植株——远离其自然土壤，退化成杂草。

三

因此①，其次，历史属于作为维护者和敬仰者的人——这样的人怀着热爱与忠诚，回望他所来自以及他所成为自己的地方；他怀

① 参见29[114]。——编注

着这般虔诚，仿佛是在向自身的此在致谢。他精心料理那些从远古流传下来的东西，他希望把自己成长的条件保存下来，留给后来者——他就是以这样的方式服务于生命。在这样的心灵中，拥有祖传物品①的意义发生了变化：完全不是心灵拥有物品，而是物品占有心灵。琐碎的、有限的、腐朽的、过时的东西都获得了自己的尊严和不可侵犯性，因为崇古者将他那维护和敬仰的心灵移入到这些物品之上，并在那里搭窝筑巢。对他而言，他所在城市的历史变成了他自己的历史；他把它的城墙、带塔楼的城门、市政条文和民间节日当作是一本带插图的青春日记来阅读，他在其中找到了他自己，找到了他的力量、他的勤奋、他的快乐、他的判断，还有他的愚蠢和恶习。我们过去可以在这里生活，他对自己说，因为我们现在可以在这里生活；并且我们未来也可以在这里生活，因为我们总是坚韧不拔，不会在一夜之间被摧毁。因此，通过使用“我们”这个词，他超越了自己稍纵即逝的令人惊奇的单个存在，他感觉到自己是他的家园、他的种族，还有他的城市的精神。有时候，他甚至跨越数个世纪的漫长的纷扰和迷乱，来拥抱其民族的心灵，并把它作为自己的心灵。他具有同情能力和预见能力，能嗅探到近乎消失的蛛丝马迹，无论羊皮纸上的文字被重写了多少遍，他都能近乎
266 本能地迅速和准确地读出纷繁的过去——这都是他的才能和德性。歌德就是怀着这些才能和德性站在施泰因巴赫的纪念碑前；在他情感的风暴中，将他们所在时代分隔开来的历史云幕被撕裂了：他第一次看到了德意志作品再次“从强大的、粗犷的德意志心

① 祖传物品］参见歌德：《浮士德》，第1部，第408行。——编注

灵中施展它的影响”①。也正是同样的一种感觉和冲力引领了文艺复兴时期的意大利人，唤醒了他们诗人当中的古意大利天才，成就了布克哈特所说的“远古拨弦乐的宽广而美妙的重新演绎”②。

但是，只有当这种推崇过去的崇古感在一个人或一个民族所处的贫苦、窘迫，甚至是悲惨的状态中散播一种朴素的愉快和满足感时，它才发挥了其最大的价值。例如，尼布尔以一种令人敬佩的坦率承认，在沼泽和荒野里，在一群拥有某种历史的自由民中间，他能够愉快地生活而从来不为缺少艺术怅然若失。让那些不受恩宠的种族和民族对自己的家园和习俗③心满意足，以免他们为寻找更有价值的东西而背井离乡，甚至为此不惜发起战争，历史还能比这更好地服务于生命吗？将人束缚在他身处的环境中，束缚在他的同伴中间，束缚在艰辛的日常劳作上，束缚在那光秃秃的山脊上，这有时看起来固执且无知——但却是一种最为健康的无知，一种为共同体带来最大利益的无知：只要一个人知道了迁徙和冒险的欲望，尤其是当整个民族都陷入这样的欲望时可能带来的可怕

① 歌德……影响”］尼采这里参考歌德的文章：《论德国的建筑艺术——纪念埃尔温·施泰因巴赫》(1773 年)。这篇文章 1772 年写于斯特拉斯堡，献给斯特拉斯堡的大教堂建设者埃尔温·施泰因巴赫。歌德把斯特拉斯堡大教堂颂扬为德意志天才的真正作品：“没有一个人将会把埃尔温从他已升到的级别上推下来。这里矗立着他的作品。走过去，认识一下那对真理和比例关系之美的最深刻的感觉吧，它出自于强大的、粗犷的德意志灵魂，屹立在中世纪狭窄的、阴森的教士舞台上。”——编注

② 布克哈特……演绎”］布克哈特是一位令尼采尊敬的巴塞尔大学的同事。尼采这里引用其作品《意大利文艺复兴时期的文化》，莱比锡，1869 年，第 200 页；一并参见第 9 页第 143 行。——编注

③ 习俗］修正前的校样中为：家乡的习俗。罗德修正。——编注

后果，或者是他近距离地观察到当一个民族不再忠于其根基、将其
抛弃，沉沦在对一种又一种新事物的全世界范围内的、永无止境的
追逐当中时，这个民族所处的状态，他就能明白这一点。与此相反
的一种感觉，树大根深的安适感，知道自己的存在并非完全主观和
偶然的，而是如同从种子到花朵、再到果实般从作为遗产的过去中
267 生长出来，从而使个体的存在得到谅解，甚至得到辩护，此时油然
而生的幸福感——这就是我们今天所偏爱地称为“真正的历史感”
的东西。

尽管如此，这肯定不是一个人最有能力将过去转化为纯粹知识的状态；因此，就像我们在丰碑的历史中察觉到的，我们在这里也觉察到，只要历史服务于生命，并且被生命的冲动所牵引，那么过去本身就会遭受损害。用个不大恰当的比喻说：树感觉到的根要比它所能看到的多；但这种感觉是根据那些可以被看见的树枝的大小和粗细来判断根的大小。假如树在这一点上都错了，那么它在判断身边的整片森林时又会犯多大的错误![①] 因为它只知道并感觉到森林在多大程度地阻碍或有助于它，除此以外一无所知！一个人、一个共同体、整个民族的崇古感，总是拥有一个极其狭隘的视界；大部分事物的存在，它都没有觉察到，而它所能看到的少数事物却又因离得太近而只能孤立地看，无法看到全貌；因此，他无法对任何事物进行评价，结果，它把所有事物都看得同等重要，因此又把每一样事物看得过于重要。由于它缺乏对辨别价值差异的标准以及事情轻重的分寸感，因而无法公正地对待过去的事物

① 那么……错误！]修正前的校样中改为：什么样的。罗德修正。——编注

及其关系；它永远都只用崇古的民族或者个人回首过去时的尺度和分寸去衡量事物。

这里永远都有一种危险迫在眉睫[①]：最终，凡是进入这种视界的任何古老和过去的事物，都认为是同样值得推崇；凡是没有进入这种对古代事物的推崇之中的东西，也就是，任何崭新和正在生成的东西，都会受到拒斥和敌视。因此，即使希腊人在造型艺术上创造了自由和伟大的风格，他们还是要忍受僧侣的风格；后来，他们甚至不仅忍受尖鼻、冷笑的风格，甚至将其发展成一种优雅的时尚。当一个民族的感觉在这样一种潮流中逐渐僵化，当历史学以 268
这样一种方式服务于过去的生命，以至于损害了未来的和更高的生命，当历史感不再是保存生命，而是将生命制作成木乃伊，那么树就会自上而下地、非自然地枯死——最终树根本身也将腐烂[②]。从崇古的历史不再从当下充满朝气的生活中汲取生机和灵感的那一刻起，它就退化了。于是，虔敬之泉干涸了，学究的习惯在失去敬意以后仍在持续，并自私自满地以自己为轴心旋转。于是，我们看到了如此令人反感的一幕：一个失控的收藏癖，无休无止地搜罗一切曾经存在过的东西。这个人把自己囚禁在发霉的空气中；通过崇古的方式，他成功地将一种更为重要的品性、一种更高贵的需求，降格为一种贪得无厌的好奇，对一切古老事物的好奇。他常常陷得如此之深，以至于为了获得饱腹感，他会狼吞虎咽地吞下任何食物，甚至会愉快地吞下从残篇烂卷上掉下的灰尘。

① 参见29[114]。——编注

② 自上而下……腐烂］打印稿：利于树根的死亡——由此，树根反过来又是最安全的地方。——编注

然而，即使那种退化没有发生，即使崇古的历史也没有失去它能扎根其上、只裨益于生命的根基，但如果它变得过于强大，压倒了思考历史的其他方式，那么仍然存在十足的危险。因为它只懂得保存生命，却不懂得创造生活；它总是低估正在生成的东西，因为它没有预测那些事物的本能——例如，丰碑的历史就拥有这样的本能。因此，它阻碍了任何尝试新事物的决心，它使行动者陷入瘫痪，而行动者将会并且总是会对某些虔敬造成伤害。事物已经变得陈旧，这个事实如今催生了①这样一种需求，即它必须要成为不朽；因为当一个人想一下这样的一件古老事物——祖先流传下
269 来的古老习俗、宗教信仰、世袭的政治特权——在其存续的过程中，将会受到多少个体和世代的虔敬和推崇，于是如果要用一件新奇事物去取代它，用对正在生成和当下的事物的一缕诚意去对抗过去累积起来的无数的虔敬和推崇，这必然显得傲慢自大，甚至是犯罪。

因此，在这里逐渐变得清晰的是，除了丰碑和崇古的历史考察方法以外，人类在多大程度上需要**第三种**方法，即**批判式的**：并且这种方法也是要服务于生命和生活。为了生命，人必须拥有分解和剖析过去的力量，并且不时运用这种力量。这意味着，他要将过去带到审判席前，认真严格地审问它，并最终做出定罪；但是，所有过去都值得被定罪——因为人类的事物就是这样：人类的暴力②和弱点总是在其中发挥强大的影响。坐在审判席上的不是正义，

① 催生了］打印稿：变成。——编注
② 暴力］打印稿：过失。——编注

宣读判决的也不是仁慈，而是生命，并只能是生命，是那种阴暗狡黠、欲壑难填的驱动力。它的判决永远是无情冷酷的，永远是不正义的，因为这个判决永远不是从纯净的知识之泉喷涌出来的；但在大多数情况下，即便做出宣判的是正义本身，判决的结果也会是一样的。“因为所有存在之物都*理应*归于灭亡，所以什么也不产生那就更好了。”[①]有能力去生活，忘记生命和不正义在多大程度上是同一件事，这都需要付出很大的力气。路德本人曾经认为：正是因为上帝的健忘，世界才得以产生；因为如果上帝预见到“重型火炮”，他就永远不会创造这个世界了。但是，即便生命需要遗忘，有时也需要将遗忘暂时地悬置一下。因为这个时候，人们被认为应该清晰地认识到了，存在之物——比如某种特权、某个种姓、某个 270
朝代——是多么不正义，它就多么应该灭亡。于是它的过去就被批判地加以考察，于是有人用刀子去挖它的根，于是有人无情地践踏一切虔敬。这永远是一个危险的过程，尤其是对生命本身：以审判和毁灭来为生命服务的人和时代，无论如何永远都是危险的和处于危险中的人和时代。因为既然我们是先辈的产物，我们也是他们的失常、激情、错误，甚至是罪行的产物；我们不可能完全摆脱这一链条。即便我们将这种失常的行为判罪，并认为自己与这些行为无关，但这也无法改变我们源于它们的事实。我们所能做的最好的事情就是，用我们的知识去对抗我们的世代相传的继承的本性。甚至用一种新的、更严格的训练去对抗我们自古就接受的

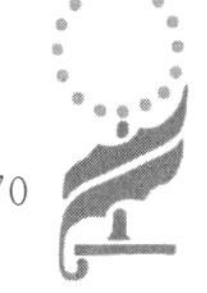

① “因为……更好了。”]参见歌德：《浮士德》，第1部，第1339—1341行。——编注

教养方式和习俗传统，在自己身上培育新的习惯、新的本能，培育我们的第二本性，以让我们的第一本性凋谢。这是一种尝试，即试图用我们希望源自的新的后天的过去，以对抗我们实际源自的先天的过去。这永远都是一种危险的尝试，因为我们很难去对这种否定过去的做法设置限度，而且因为第二本性通常会比第一本性更加孱弱。更为经常发生的是，我们认识善但不行善，这是因为我们也认识更善但却做不到。但不管在这里还是那里，胜利的尝试总是会有的。对于战斗者而言，对于那些为了生命而运用批判的历史的人而言，还有一个更加值得注意的安慰，那就是，他们知道第一本性也曾经在某个时候是第二本性，而且每一个获得胜利的第二本性都会成为第一本性。

四[①]

271 这就是历史学能够为生命提供的服务；根据各自的目标、力量和困境，每个人和每个民族都需要对过去拥有特定类型的知识，有时候是丰碑的历史，有时候是崇古的历史，有时候是批判的历史：但并不需要那些仅仅旁观生活的纯粹思想家，那些单纯从知识中就能得到满足的、求知若渴、把积累知识作为目标本身的人，而是需要永远把历史作为为了生活、为了生命的目的，因而也是处于这一目的的[②]支配和最高指导之下的人。这就是一个时代、一种文

---

① 参见29[218、121、122、65、81]。——编注

② 目的的]打印稿、第一版：目的的；准备稿：源自目的的生活；大八开版：生活的。——编注

化、一个民族与历史的自然关系——这种关系是由饥饿引起，为需求的程度所调节，被其内在的可塑力所限制——在一切时代里，人们都只是在为未来和现在服务时才渴求过去的知识，而不是为了削弱现在，也不是为了切除一个充满生机的未来的根。这些都很简单，正如真理是很简单的一样，甚至对于那些从来不是首先要求提供历史证据的人也是显而易见的。

现在，快来看一下我们自己的时代吧！我们惶恐，我们退缩：生命与历史学之间的关系的所有清晰、自然和纯洁都去哪里了？这个问题又是如何混乱地、夸张地和令人不安地涌现在我们眼前！过错在于我们这些观察到问题的人吗？抑或是，由于一颗强大且敌对的恒星的干扰，生命和历史学之间的星位的确发生了改变？就让其他人去证明我们看错了吧，我们还是要说出我们认为看到的东西。我们肯定是看到了一颗恒星，一颗放射出璀璨光芒的恒星运行到了生命和历史之间，使它们的星位真的发生了改变——**由于科学，由于要求历史应该成为一门科学**而发生了改变。如今 272
再也不只是生命本身的要求在支配和约束关于过去的知识；如今一切边界都被抹除，一切曾经存在过的东西都向人类袭来。所有视线都转向了过去，转向一切生成着的过程，转向无穷，所有的视野都在改变。如今关于万物生成的科学，亦即历史学所展现的壮观奇景，在过去从未被任何一个世代所目睹。当然，历史是以其危险而大胆的箴言来展现一幕的：真理昌盛于世，哪怕生命零落枯萎。

现在，让我们描绘一下由此在现代人心灵中引起的精神过程。历史知识从永不枯竭的涧泉中源源不断地涌出，陌生和零碎的东

西推波助澜，扑向人类；他们的记忆敞开所有的大门，但仍然不够宽敞；本性尽力地款待、安顿和尊崇这些陌生的客人，但这些客人自身却陷入了彼此争斗中；如果一个人不想成为其争斗的牺牲品，就似乎有必要采取武力去压制和制服它们。对这样一个混乱无序的、群情汹涌的、明争暗斗的精神家园习以为常，逐渐成为了现代人的第二本性，尽管毫无疑问，它仍然要比第一本性更加孱弱、更加不安分、更加彻底地不健康。最终，现代人在身体中塞满了无法消化的知识石头，并拖拽着这些石头四处行走，就像童话故事中讲的那样[①]，在他体内不时传出咕噜咕噜的响声。在这咕噜咕噜的响声中，现代人最显著的特性暴露无遗：与外在不相称的内在、与内在不相称的外在，这两者之间存在着一个显著的对立——一个过去时代从未知晓、尚未发现的对立。知识在没有饥饿，甚至违背需求的情况下被过量地摄入，现在它不再作为指向并改造外在世
273 界的有效动因，而是隐藏在一个混乱的内在世界中，被现代人以一种罕见的自豪称之为他自己的独特的“内在性”。当然，他会说，他拥有内容，只是缺乏形式而已；但这种完全不一致的对立，似乎不适用于所有有生命的东西。我们的现代教化不是有生命的东西，正是因为它离开了这个对立就无法被理解；也就是说，根本不存在真正的教化，而只是存在有关教化的某种知识；我们会对教化有某些想法或者感觉，但从中不会产生去获取真正的教化的决断。相反，真正起作用的动机，并且作为可以被看见的行动的东西，往往

① 就像童话故事中讲的那样]暗示格林童话《狼和七只小羊》。——编注

不过是一种无关紧要的习俗，一种拙劣的模仿，甚至是一张粗鄙的鬼脸。在内部，教化的感觉就静静地躺着，就像是吞吃了一整只兔子的蛇[1]，静静地躺在阳光下，避免一切不必要的运动。这种内心的过程现在变成了唯一重要的事物，变成了唯一的真正的“教化”。所有看见这一幕的人都只有一个愿望，那就是，这样的教化不要因为消化不良而死去。例如，试想一个希腊人看到了这样一种教化，他就会觉得，对现代人而言，“有教养”和“有历史教养”看起来如此相像，就好像它们是一回事，只不过是用词的数量不一样罢了。如果这个希腊人说出自己的观点：一个人可以是很有教养的，但同时完全没有历史教养，那么现代人就会摇头，以为自己听错了。在不太遥远的过去的那个著名的民族——当然，我说的还是这些希腊人——在其力量最为强大的时期仍然固执地坚持和捍卫他们的非历史感。如果一个合乎时宜的当代人被魔法般地送回到那个世界，他也许会认为希腊人很“没有教养”。这样一来，现代教化如此仔细遮掩的秘密就被公之于众，成为了大众的笑料：我们现代人没
有任何自己的东西；只是用一切异己的时代、风俗、艺术、哲学、宗 274
教和发现去填充自己，塞满自己，我们才成为了值得一提的东西，也就是成为了行走的百科全书，一个误入我们时代的古希腊人可能会这样称呼我们。但百科全书的一切价值就在于它里面有什么，在于其内容，而不是像装订或者封面之类的外在的东西。所以，整个现代教化在本质上是内在的，订书匠可能会在封面印上

① 蛇］打印稿：蟒蛇。——编注

“外在野蛮人的内在教养手册”的字样。[①] 确实，如果一个粗鄙的民族只是从自己出发，按照其粗鄙的需求来发展的话，那么这种内在与外在的对立必然会使它的外表比其实际应该的样子显得更加野蛮。因为本性还有什么办法来克服压在它身上的过量的东西呢？只有一个方法，尽可能轻易地接受它，然后尽可能快地驱逐和清除它。于是就养成了这样的一种习惯，即不再认真地对待真实的事物；于是就养成了一种“软弱的性格”，真实和存在的东西都仅能在上面留下轻微的印象；只要人的记忆不断地受到刺激，处于兴奋状态，只要值得了解的、可以整齐地摆放在记忆之匣里的新事物不断地涌入，那么，人们最终越来越忽视、越来越不关注外在的事物，进一步扩展了内容与形式之间的令人忧心的鸿沟，直至对野蛮完全失去知觉。我认为，作为这种野蛮的对立面，一个民族的文化可以被恰当地定义为这个民族在生活中所有表达的艺术风格的统一。[②] 但这个定义不应被误解为，问题似乎只在于野蛮和美的风格之间存在对立。当我们把某种文化归于一个民族时，这个民族在其全部现实中都必须是一个单一的有生命的统一体，而不应该

① 字样。]誊清稿中被划掉的一段话：人们甚至可以进而指出：正是由于历史研究，才会出现“有教养”和“没有教养”的对立。但是，如果世界历史应当有一种意义的话，如果其目的就是富有创造精神之人，那么，这种人已经丧失了，由于被挤压在这两个对立之间而无可挽回地失去了！他无法表达自己！他失去了对自己的民族的信赖，因为他知道民族的感觉已经被粉饰和伪饰。即使这种感觉本身在民族的一小部分那里变得精致高尚，但这也补偿不了其损失，因为在这种情况下，他就像只对一个教派说话，并且不再感到自己被自己的民族所需要。也许，他现在宁可埋起自己的宝藏，因为在一个教派内部被夸张地宠爱，会让他感到恶心，因为他的心充满了对所有人的同情。民族的本能不再拥抱他，因为那种对立使得一切本能都被搅乱和误导了。——编注

② 我认为……统一。]参见《施特劳斯——自白者与作家》第1部分，第163页。——编注

被可怜地割裂为内在和外在、内容和形式。如果一个人要去追求 275
和促进一个民族的文化，他就应该去追求和促进这种更高的统一体，并为一种真正的教化而去摧毁虚假的现代教养；他要敢于反思，如何才能恢复一个民族被历史所损害的健康，如何才能重新发现这个民族的本能，并进而重新发现它自己的诚实。

现在我想直截了当地谈一下我们自己，我们今天的德意志人比其他任何民族更加严重地遭受人格的软弱、内容与形式之间的矛盾的折磨。对于我们德国人而言，形式通常意味着一种习俗，一种伪装和假扮，因此如果就算不厌恶，也不会有半分喜爱；更准确地说，我们对“习俗”，不仅在词语上，而且在其所指的事物上，更有一种异常的恐惧。正是这种恐惧使得德国人放弃了法国的教育：他想更加自然，并因此更加德意志化。但这个“因此”的如意算盘是打错了：逃离习俗的教育后，他便随心所欲、信马由缰地走自己的道路，但说到底，他并没有做到更多的事，只是在半遗忘的状态中浑浑噩噩、随性任意地模仿着他过去刻意地模仿过并且经常获得成功的东西。因此，与过去的时代相比，我们今天仍然生活在一种对法国习俗的漫不经心和不准确的模仿之中：我们走路、站立、谈吐、穿着和起居的全部方式都证明了这一点。我们自以为是回归自然，但其实不过是放纵自我、追求舒适和尽可能地减少自制。到任何一个德意志城市走走，与外国城市所展现出来的鲜明的民族性相比，在这里，所有习俗都以负面形式展现出来，一切都平淡无奇、破旧不堪、模仿拙劣和粗制滥造；每个人都凭自己的喜好行事，但他的喜好却从来都不是来源于强有力的和经过深思熟虑的

愿望，而是奉行首先是普遍的匆忙，然后是寻求普遍的安逸所规定
276 的法则。一件服装，一件我们不会花心思去发明，也不会花时间去设计，而是从国外借用过来并进行最蹩脚模仿的服装，会立刻被看作是对德意志民族服装的巨大贡献。德国人毫不犹豫地嘲讽地拒绝了形式感，因为他们拥有**内容感**：毕竟，德国是一个以其深刻的内在性而闻名的民族。

但这种内在性也承载了一个显而易见的危险：即内容本身，人们总认为他们无法从外部看到，那么它有时就可能会消失；然而，无论是它先前的存在，还是它的消失，人们都无法从外部加以窥见。但无论我们设想德意志民族离这种危险有多远，外国人都会认为我们内心太过软弱和混乱，以至于不能向外发挥作用，赋予自己一个形式，这种观点还是有几分道理的。同时，德国人的内心也可以表现出极其罕见的敏感细腻、一丝不苟、强劲有力、深刻透彻，甚至要比其他民族的内心更加丰富，但整体而言，它仍然是软弱的，因为这些美丽的丝线没有被系成一个扎实的结；所以，可以见到的行为不是内心作为一个整体的行动和自我展示，而是一根或几根丝线试图作为整体的孱弱或粗略的尝试。这是为什么不能根据某个行为来评判德国人，以及为什么即使个体在做出了某些行为以后，仍然完全无法被看见。众所周知，人们必须根据德国人的思想和感受来衡量、评判他们，而且这些如今在他们的书中都有所表达。只要这些书不会引起比以前更多的怀疑，即那著名的内在性是否仍旧居住在它那不可接近的小庙中；可怕的想法是，这种内在性有一天会杳无踪迹，只留下那傲慢笨拙和顺从懒散的外在性
277 作为德国人的标志；同样可怕的是，如果那种不能为我们看见的内

在性还是坐在那个小庙中，但已经被浓妆艳抹、乔装打扮，成为一个端坐在那的女演员，如果没有成为其他更糟糕的东西的话；不管如何，正如站在一旁静静观察的格里尔帕泽从自己的戏剧经验中总结出来的，“我们是用抽象概念来感觉，”他说，“我们几乎不再清楚，在我们同时代人中间感觉是如何表达的；我们让我们的感觉跳来跳去，以使它们不再影响我们。莎士比亚毁掉了我们所有现代人。”①

这只是个别的情况，我把它归纳为一种普遍现象也许有点草率：但如果类似的个案不断地涌现在观察者的眼前，那么，这种带有合理性的归纳就太可怕了。这句话听起来多么令人绝望：我们德国人用抽象概念来感觉，我们都被历史毁掉了。这个陈述将会从根本上摧毁一个未来的民族文化的所有希望。因为对它的每一个希望都源自于对德意志人的感觉的本真性和直接性的信仰，源自于对一个健全和完整的内在性的信仰。如果希望和信仰的源泉变得浑浊，如果内在性学会了跳跃和舞蹈、浓妆艳抹、用抽象和算计去表达自己，并逐渐失去自己，那么我们还可能希望和信仰什么！当一个民族无法确保其内在性的统一，当一个民族被分裂成两部分：一是内在性被错误教育和引入歧途的有教养者，二是有着难以进入的内在性的无教养者，那么，具有伟大创造精神的人物怎样忍受得了生活在这样一个民族之中？如果民族失去了感觉的统一性，而且，如果这种伟大人物恰恰是从那些自诩拥有教养、拥有

① “我们……现代人。”]引自《论历史研究的用途》，第2部分（“审美研究”），《论文学史》（《格里尔帕泽全集》，第Ⅸ卷，斯图加特1872年，第187页）。尼采这里是非精确引用。——编注

民族的艺术精神的人那里知道，这种感觉是经过伪装和修饰的，那么，他又怎么能忍受得了？[①] 即便偶尔会有一些个体的鉴赏力和
278 判断力变得更加敏锐[②]和更加高超，那也不算对他有任何补偿；他只能对某一宗派说话，但整个民族不再需要他，这使他备受折磨。也许，尽管他心系所有的人，但他现在宁愿把他的宝藏埋入地下，也不愿被某一宗派加以精致地保护，因为他对此感到恶心。民族的本能不再现身来迎接他；他殷切地张开双臂，但却得不到回应；现在他还能做什么呢，只能把满腔怒火投向那种阻碍性的禁令，投向在其民族所谓的教化中建立起来的束缚，这样他至少还能像法官一样去判决那些对于他、对于有生命者以及生命见证者而言是毁灭和耻辱的东西：于是，他用对自身命运的深刻洞察来换取创造者和帮助者的神圣快乐，并作为孤独的求知者、知识过多的智者结束一生。这是最痛苦的一幕：谁看见这一幕，都会从中认识一种神圣的义务。在这里，他对自己说："我必须伸出援手，民族的本性和灵魂的更高的统一必须被重新建立，内在与外在的裂缝必须在需求的重锤敲打之下重新消失。"但他要用什么作为武器呢？他又有什么可用呢，除了那深刻的洞察力：他会把这种洞察力表达出来，传播开去，用他的双手播种，他希望种下需求的种子。然后，终有一天从这种强有力的需求中，会产生强有力的行动。为了消除对我从哪里获得那种需求、那种必然性、那种认识的例子的质疑，我这里明确宣布：我们致力于实现最高意义上的**德意志精神的统一**，

① 他又怎么能忍受得了？]校样：他失去了什么。罗德注：？无力的！——编注
② 更加敏锐]打印稿中把"更加敏锐"改为"更加自由"。——编注

并且要比追求政治统一付出更大的热情地致力于实现**消除形式与内容、内在性和习俗的对立之后的德意志精神和生命的统一**。

五[①]

在我看来，一个时代的历史的过量会从以下五个方面对生命 279
造成损害和威胁：一、如前面讨论过的，这样的过量会造成内在和外在的对立，进而削弱人格；二、它让这个时代产生一种错觉，即它比其他任何时代都拥有更多的极其罕见的美德和正义；三、它扰乱了民族的本能，并且在达到成熟的状态上，它对个体的阻碍丝毫不亚于对整体的阻碍；四、它培植了一种对人类远古时代的信仰，使人相信自己只是后来者和模仿者，这样的信仰在任何一个时代都是有害的；五、它使一个时代陷入一种自嘲的危险情绪中，甚至是更为危险的犬儒主义的情绪中：在这种情绪中，这个时代朝着一种更加精致和更加聪明的利己主义发展，使生命的力量陷入瘫痪，并且最终被摧毁。

现在，回到我们的第一个命题：现代人饱受人格被削弱的痛苦。当帝国时代的罗马人服务于其统治的世界时，他就不再是罗马人了，正如他迷失在蜂拥而来的陌生事物中间，堕落在世界性的诸神、艺术和传统的狂欢中。如果现代人让其历史的艺术家筹备一场世界博览会，那么同样的事情必将发生；他成为了一位四处闲逛、寻求享乐的游览者；被置于一种伟大的战争或革命也几乎难有

① 参见29[130]。——编注

片刻改变的状态之中。战争甚至还没结束,它就被印到了上千万份的纸张上,作为最新的兴奋剂被送到了渴求历史的倦怠的味蕾
280 边上。不管多么用力地弹奏,乐器似乎已经无法发出强劲而饱满的音符了:它的音调从弹奏的那一瞬间就会开始减弱,很快就消退成一个低沉的历史回音。用伦理学的话讲:你再也无法把握崇高了,你的行为是瞬间的振翅,而不是滚滚雷声。即使最伟大和最不可思议的事情能够得以完成,但无论如何,它都会悄无声息地坠入冥界。因为当你一旦用历史的遮篷来覆盖你的行为时,艺术就会逃之夭夭。一个人在一种长久的摇摆不定中通常会紧紧地抓住一些不可理解的东西,并将其视为崇高之物。任何想在这种情况下瞬间达到理解、把握和领会的人,那么他可能称得上是理性的,但也仅仅是在席勒[①]所说的“理性之人的理性”的意义上:有些东西,甚至孩童都能看见,但他看不见;也有些东西,甚至孩童都能听见,但他听不见,而这些东西恰好是最重要的:因为他不理解这些东西,他的理解比孩童还要幼稚,比幼稚之人还要简单——尽管他羊皮纸般的面容上满是狡黠的皱纹,他受过精湛训练的手指拥有解开乱麻的技巧。这意味着,他毁掉和失去了自己的本能;当他的理智开始动摇,而他的道路指引他穿越沙漠时,他不再信任那个“神兽”了,他也不再松开缰绳了。于是,个人就变得懦弱和犹豫,不敢再相信自己:他沉没到自身之中,沉没在自己的内心深处,这是说他沉没在他学到的,但对外在世界没有任何作用的堆积成山的废物中,沉没在不会成为生命的教诲中。如果人们观察一下他的外

① 席勒]暗指席勒《信仰的话》(1798年)。——编注

表,就会发现由于本能被历史驱逐,他几乎变成了纯粹的抽象物和阴影[①]:他不再敢把自己的人格置于那种本能之上,而是戴上面具,将自己装扮成一个有教养的人,一个学者,一个诗人,一个政治家。如果有人拿起这些面具,相信这一切都是出于真心,而不仅仅是在演一出木偶剧[②]——因为他们的面具上都裱糊上了“认真”二
字——他会发现手中的不过是破布和花花绿绿的补丁。所以,人 281
们不应该再让自己受骗了,应该呵斥他们:“脱掉你们的外套,要不然就成为你们表面显示的那样吧!”不该再有本性高贵的认真之人成为堂吉诃德了,因为除了与这种虚假的现实斗争以外,他还有更好的事要做。但无论如何,他都必须警觉地眼观六路[③],每当遇到蒙面人时都大喝一声:“站住! 谁在那儿!”然后将他的面具撕下来。多么奇怪! 人们会认为,历史劝人做一个**诚实的**人,哪怕是诚实的愚人;这一直是它的影响,只是如今不再这样了! 历史的教化和整齐划一的市民外套同时主宰了这个时代。尽管“自由人格”从未被如此震天响地谈论,但我们根本看不见人格,更不要说“自由人格”了。我们只看到了焦虑地蒙起脸、穿着统一外套的人。个体退缩到人的内心里:人们从外面看不到任何东西;这使人疑问,是否有无果之因? 或者是否需要一群宦官来守卫历史世界的庞大后宫? 当然,他们的脸上充分流露的是纯粹的客观性。他们的任务

① 如果人们……阴影]准备稿:与如此多过去的个体的交往,几乎把人变为纯粹的抽象物和阴影。——编注

② 木偶剧]打印稿、1872年第一版:恶作剧;札记、誊清稿中为:木偶戏。——编注

③ 眼观六路]打印稿、校样:看。罗德注:? 没有看的对象?——编注

似乎就是守卫历史，不许任何东西从中产生，除了更多的历史，决不让任何真实的事件发生！不让任何人格获得“自由”，即言行如一地对自己和他人真诚。唯有通过这种真诚，现代人的窘迫、内在痛苦才会显露出来，艺术和宗教才会取代那些不安地隐藏起来的传统和伪装，成为真正的帮助者，才能共同培植一种适应个体真正需求的共同文化，而不像今天的普通教育那样，只是教人在这些需求上欺骗自己，沦为一个行走的谎言者。

282 在这样一个饱受普通教育之苦的时代，一切科学中最真诚的、犹如裸体女神般的哲学，必将处于何等不自然、矫揉造作、无论如何都毫无价值的境地啊！在这个强迫外在整齐划一的世界里[①]，哲学就像是孤独行者博学的独白，是个人偶然的捕获，是房间隐藏的秘密，或者老学者与儿童之间无伤大雅的闲谈。没人敢于亲身践行哲学的法则，没人怀着一种简单的男人的忠诚去过一种哲学的生活。这种忠诚曾对古人形成束缚，例如，一旦他承诺过忠诚于斯多葛，那么无论他在何处、做何事，都要践行斯多葛主义。一切现代的哲学思考都是政治的或者警察般的，被政府、教会、学院、习俗和人的怯懦束缚在博学的外表上；它只满足于叹息“要是……就好了”，或者只满足于知道“曾经有过……”，但从来没有任何其他的行动。如果哲学不想仅仅作为一种内在受到约束的、无法带来行动的知识，那么它就不应该在历史教育中正当地拥有一席之地。如果现代人有那么一丝勇气或决心，如果他即便四面受敌也绝不退缩，那么他会将这种现代哲学放逐；但现实是，他满足于羞怯地

① 在……里]校样：是相反的。罗德注：我没有看到相反之处。——编注

遮盖住哲学的裸体。是的，人们可以思考、写作、出版、谈论和教授哲学——在这样的范围内，几乎一切都是被准许的；但是，在行动，在所谓的生活上是另一回事：这里永远只准许一件事情，其他任何事情都不可能，因为历史教育就是希望这样。于是，我们会自问，这还是人吗，或者可能只是能够思考、写作和说话的机器？

歌德[①]曾经谈起莎士比亚："没有人比他更鄙视那些外在的戏服了；他也深知人类内在的服装，在这方面，我们所有人都是一样的。人们说，他把罗马人描绘得活灵活现；但我并不这样认为，他们不过是些有血有肉的英国人，但肯定都是人，从头到脚都是人，而且罗马人的长袍穿在他们身上也非常合适。"现在我问，是否有 283
可能将我们现代的作家、公众人物、官员、政治家描绘成罗马人？这根本行不通，因为他们不是人，而只是有血有肉的概略，就像是有形的抽象物。即便他们有自己的性格和自己的风格，但也被埋藏得如此之深，以至于不能见诸天日；即便他们是人，但也仅仅是对"肾脏检查者"而言是人。对于其他任何人，他们是别的东西，不是人，不是神，也不是动物，而是完全、彻底的历史教育的创造物，没有内容可展示的框架、图片和形式——可惜，这是一种设计不良的形式，而且还是千篇一律的形式。现在，我的命题就可以这样来理解和思考了：**只有强大的人格才能承受历史，孱弱的人格只会被历史彻底地消灭**。原因在于，如果一个人不够强大，无法自主地对过去做出评价，那么历史就会迷惑他的感觉和理智。他不敢再相信自己，而是不由自主地求教于历史："对于这件事，我应该怎么

① 歌德]歌德：《说不尽的莎士比亚》第一部分(1815)。——编注

想，应该怎么感觉？”他发现，他的怯弱正一步步地将他变成一个戏子，他在扮演一个角色，但更多的是扮演多个角色，因而每一个角色都演得拙劣、肤浅。逐渐地，人与他的历史领域之间的所有一致性都消失了。我们看到，那些粗野的青年谈论罗马人，就像罗马人跟他们是一类似的；他们在希腊诗人的残骸里寻觅和挖掘，就像它们是供其解剖的尸体，就像它们是无足轻重之物，但他们自己的文学躯体才真的是无足轻重。假如他们中有一个人研究德谟克利特，我总是想问：为什么[①]不是赫拉克利特？或者斐洛？或者培根？或者笛卡尔？或者其他人。然后问：为什么必须是哲学家？为什么不是诗人，或者演说家？再问：究竟为什么是希腊人，为什么不是英格兰人或者土耳其人？是过去不够宏大，以至于你无法
284 从中找到一些东西，来使自己对历史人物的随意挑选显得不那么可笑吗？但正如我前面所讲的，这是一群宦官，在他们眼中，每一个女人，与其他的女人都是相同的，都仅仅是女人，是女人本身，是永恒不可接近之物——因此，他们研究什么，都是无所谓的，只要历史本身被完好地、“客观地”保存下来，即被那些自己永远不创造历史的人保存下来。既然永恒之女性决不会指引你上升[②]，你就把她向下拉到你的层次；既然你是中性之人，那就把历史也当作是中性的吧。但为了让人不要误解我真的将历史比作永恒之女性，相反，我要明确声明，我更多地将其看作是永恒之男性：虽然可以肯定的是，对于那些彻底地“接受过历史教育”的人，无论历史是女

① 为什么]打印稿、第一版：问：为什么，誊清稿、大八开版：问：为什么只是德谟克利特？为什么不。——编注

② 既然……上升]参见歌德：《浮士德》，第2部，第12110—12111行。——编注

性还是男性，必定都是无所谓的：毕竟他们本身既不是男人，也不是女人，甚至连雌雄同体也不是，而始终是中性之人，或者更文明地说，永恒客观之人。

一旦人格以上述所描述的方式被清空，而变成了永恒的无主体性，或者人们常说的“客观性”，那么就再也没有任何事物能够影响它了；也许会发生真和善的事情，比如行动、诗歌、音乐，但这个被掏空的教养之人会立刻将其目光投向作品之外，追问作者的历史。如果作者曾经创作过一些作品，那么他立刻对作者过去和未来可能取得的进展提出解释；而且他立刻就会被拿去与其他人作比较，他选择的对象和处理方法被评判、被剖析，然后又被聪明地重新整合起来；他会收到一些空泛的建议和劝诫。甚至最令人震惊的事情也会发生：这群历史中性之人随时准备着考察这位作者，即便他远在天边。人们瞬间就可以听到回声：但永远都是一种“批评”，因为就在不久之前，评论家从来没有梦想到这种事情发生的可能性。这个作品永远不会产生任何影响，而只会带来一种批评； 285
同样，这批评本身也不会产生任何影响，而只会带来更多的批评。于是，人们达成了一种共识，那就是将批评众多视为成功的标志，而将批评寥寥无几或者根本没有[1]批评视为失败的标志。然而，归根结底，尽管产生了这样一种“影响”，但一切依旧如故：人们一会谈谈这个新东西，过一会又谈谈另一个新东西，但他们期间所做的总是同样的事情。评论家的历史教养不会带来任何真正意义上

[1] 寥寥无几或者根本没有]打印稿、第一版：寥寥无几；誊清稿、大八开版：寥寥无几或者没有。——编注

的影响，即对生命和行动的影响。他们甚至在最黑的字迹压下自己的吸墨纸，甚至在最优美的画稿上涂上浓重的一笔，一种必须被视为“更正”的一笔；接着，一切再次完结。但他们批评的笔尖从来不会停止划动，因为他们已经无法掌控它们了，他们不是在驱使笔，而更多是笔在驱使他们[1]。[2] 正是在这样一种漫无边际的批评中，在缺乏自控的状态中，在罗马人称之为放纵的东西中，现代人格的弱点暴露无遗。

六[3]

且让我们把这个弱点先放下不谈；让我们带着一个问题转向现代人的一个备受赞誉的强处，尽管也是一个令人尴尬的问题：现代人是否因其著名的历史“客观性”而有权称自己是强大的，换言之，是**公正的**，而且比其他时代的人拥有更高程度的公正。这种客观性真的是来自于对公正的一种提高了的需求和渴望吗？或者，它是完全不同的原因带来的结果，只是表面上源于对于公正的渴求？它可能将人诱向一种对现代人德性——因为太过阿谀而产
286 生——的危险偏见吗？苏格拉底认为，一个人自以为拥有一种但实际上并不拥有的德性，是一种近乎疯癫的疾病；无疑，这样一种

---

① 他们不是在驱使笔，而更多是笔在驱使他们］校样：他们被书写而不是他们自己书写。罗德注：糟糕的对句！——编注

② 因为他们……驱使他们。］誊清稿：从达那伊得斯的墨水瓶中汲墨？——编注

③ 参见29［96、62、92］。——编注

自我欺骗比与其恰好相反的想象自己遭受一种错误或一项罪恶还要危险。因为对于后者，人还有好转的可能；但前一种自我欺骗只会使一个人或一个时代每况愈下，就这里的话题而言，即变得越来越不公正。[①]

确实[②]，没有人比那些拥有冲动和力量去实现公正的人更值得我们崇敬了。因为最高的和最珍贵的德性都汇合和隐藏在公正之中，就像那深不可测的海洋将四面八方的河流都纳入其中。当公正之人被赋予审判的权力，当他手持天平时，他的手就不再颤抖了；他铁面无私地在砝码上加上砝码，秤盘升又降，他的眼睛丝毫不受蒙蔽，宣读判决，他的嗓音既不生硬也不结巴。如果他是冰冷的知识精灵，那么他就会散发出一种可畏的、超人的、威严的寒冰之气，我们肯定会惧怕他，而不是敬仰他。但他是一个人，尽管如此，他却努力地从轻率的怀疑上升到严苛的确定性，从富有耐心的温和上升到“你必须”的绝对命令，从慷慨这种罕见的德性上升到最为罕见的德性，也就是公正；他现在就像是一个知识精灵，但他一开始也只是一个可怜的人类；并且无论如何，他每一刻都在为他的人性赎罪，因此悲剧地为追求一种不可能的德性耗尽一生——这一切都将他作为人类**最值得崇敬的**榜样置于一个无人能及的高度。因为他渴求真理，但不仅仅是作为冰冷的、不会带来后果的知识，而且还是一种进行规范和判决的法官；这种真理，不是个体私

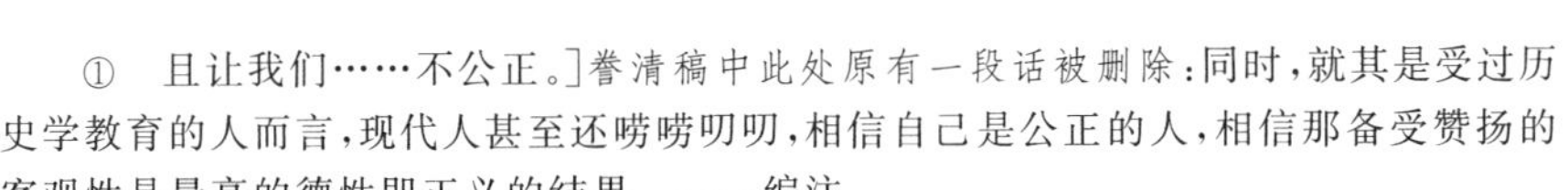

① 且让我们……不公正。]誊清稿中此处原有一段话被删除：同时，就其是受过历史学教育的人而言，现代人甚至还唠唠叨叨，相信自己是公正的人，相信那备受赞扬的客观性是最高的德性即正义的结果。——编注

② 确实]札记的标题：各种各样真理的仆人。参见29[23]。——编注

287 有之物，而是搬掉私有之物的所有界碑的神圣立法；一言以蔽之，这真理是最后的审判，而绝不是被某个猎人捕获的羔羊和享乐。只有掌握真理之人拥有不论如何都致力于公正的意志时，这种在任何地方都被盲目推崇的追求真理之风才会有某种伟大之处：在那些麻木不仁者的眼中，一大堆迥然不同的与真理毫不相干的冲动比如好奇、恐惧[①]无聊、妒忌、虚荣、渴求享乐，与追求根源于公正的真理的冲动汇合在一起了。因此，这个世界似乎充斥着“为真理服务”之人，但公正的德性却罕有显现，被人所认识的就更加罕见了，即使有也几乎会永远招致夺命之恨；相反，一大批只是看似拥有德性的人却在任何时候都受到崇敬，趾高气扬地招摇于世。事实是，很少有人服务于真理，因为很少有人拥有追求公正的纯粹意志，而且这少数人当中也只有极少人拥有真正做到公正的力量。仅仅拥有公正的意志是绝对不够的：最骇人的病痛正是源于拥有追求公正的欲望，但却缺乏关于人的判断力；因此，要促进普遍的福利，没有比尽可能广泛地撒播判断力的种子更有效的方法了，这样我们就可以将狂热者与判断者区分开来，将成为判断者的盲目冲动与清醒地做出判断的能力区分开来。但是，培植这种判断力的办法应该去哪儿找呢！——因此，每当真理和公正被谈及时，人们总会陷入怀疑和摇摆之中，不知与他们交谈的到底是狂妄者，还是法官。因此，如果他们总是以特殊的善意去欢迎“真理的仆人”，我们也应该原谅他们，即便是那些“真理的仆人”既没有追求正义的意志，也没有实现正义的能力，但却为自己设下任务去追求“纯

① 恐惧］誊清稿、大八开版：逃避。——编注

粹的和不会带来后果的”知识，或者更清楚地讲，去追求不会产生
任何东西的真理；有很多无关紧要的真理；有些问题，要找到正确 288
的解决之道，甚至无须做出自我克制，更不用谈牺牲了。在无关紧要和毫无危险的领域里，一个人或许能够成功地成为一个冰冷的知识精灵：但是，尽管如此！即便是在一个特别有利的时代里，所有学者和研究者都变成了这样的精灵——不幸的是，这样一个时代仍有可能要遭受缺乏严格和伟大的公正之苦，而这样的正义恰好是所谓“追求真理之冲动”的最高贵的核心。

现在，人们可以把当代的历史学大师放在眼前看看：他是这个时代最公正的人吗？他真的形成了一种如此轻柔且敏感的感受力，以至于没有任何人性的东西使他感到陌生？迥然不同的时代和人物的音符，经过竖琴的演奏，都只能发出相似的音调：他成了一块被动的回音板，其反射的声音继而作用于其他类似的回音板，直至这些轻柔且相似的回声夹杂在一起，使一个时代的全部空气中都充满乱糟糟的嗡鸣。但在我看来，我们似乎只能听到原初历史音符的泛音：原初音符的粗犷和力量已经无法从琴弦这般细微而尖锐的振动中辨别出来。原初的音符会使人想到行动、困厄和惊恐；但这种泛音只会诱人昏昏欲睡，使人成为柔弱的享乐者；就像是用两根长笛吹奏英雄交响曲，供那些精神恍惚的鸦片吸食者消遣一样。我们从这一点就可以估量出，相对于现代人对更高和更纯粹的公正的最高追求，这些大师处于何种位置；这种公正的德性从来没有任何让人喜欢之处，没有任何令人振奋之处，而是粗犷和令人惊恐的。按照公正的标准，在美德之梯上，就连慷慨也是处于多么低下的位置，而慷慨也仅是少数历史学者才拥有的德性啊！

更多的人仅仅是达到容忍,对于那些业已发生且无法否认的事情,
289 他们承认它们的有效性,他们编排和适度善意地美化过去——这都基于一个聪明的假定,即只要不用粗犷的嗓音和仇恨的语言去重述过去,那些没有经验的人就会把它解释为公正。但唯有处于优势的力量才能评判,软弱就只能容忍,除非它假装拥有力量,并将坐在审判席上的公正变成一个女戏子。剩下还有一类可怕的历史学者,他们有着能干、严格和正直的性格,但却头脑狭隘;他们有追求公正的意志,也有站上审判席的激情:但他们的判决是错误的,出于类似的原因,陪审团的判决也通常是错误的。因此,历史学的天才如此大量涌现,这是多么不可能!这里[①]排除了那些伪装起来的利己主义者和党派羽翼,这些人为了自己的阴谋诡计而装着一副客观公正的样子。这里也排除了那些完全不假思索的人,这些人在书写历史时都带着这样一种幼稚的信念,即认为一切关于他们时代的流行观点都是正确的和正义的,并且在书写历史时与这些流行观点保持一致就是正义的[②]。每一种宗教的繁荣都有赖于这样一种信念,即对于宗教而言,这样一种信念无须更多的解释。这些幼稚的历史学者把以当前的流行观点来衡量过去的意见和行为称为"客观":他们在这里发现了一切真理的金科玉律;他们的目标就是使过去适合于当前流行但却平庸的模子。与此相反,他们将所有不接纳这些流行观点的历史著述称为"主观"。

即便是对"客观"这个词的最高的解释,是否可能有一种错觉

① 这里]打印稿、第一版:这里。誊清稿、大八开版:这里完全。——编注
② 并且……正义的]誊清稿、打印稿中为:变得公正。——编注

悄然潜入其中？在这种解释中，“客观”是指历史学者的这样一种状态，即他能够如此纯粹地观察一个事件的所有推动因素和结果，以至于它不会对他的主观性造成任何影响；这是指完全脱离个人 290
利害的审美现象，当一位画家在狂风骤雨、雷电交加，或者惊涛骇浪的场景中时，他只看到了它们在自己内心的画面[①]，但他被视为完全沉浸于事物本身：然而，事物在人内心唤起的画面能够真正地重现事物的经验性[②]本质，不过是一种迷信。或者我们要假定，在这样的瞬间，事物主动地在一个完全被动的媒介上为自己镌刻、描摹或照相？

这是一个神话，而且还是一个坏的神话：尤其是它忘记了，那一瞬间正是发自艺术家内心深处的最有力和最主动的创造时刻，最为高级的创作时刻，其结果是艺术上真实的画卷，而不是历史上真实的画卷。以这样一种方式去客观地思考历史，是剧作家悄无声息的工作；也就是说，认为所有事情都是互相联系的，然后将所有孤立的事件都编织到一个整体之上：通常都会带着这样一种预设，即如果[③]事物之间并不存在某种计划的一致性，那么必须强行地将其植入其中。因此，人在过去之上织网，然后用这个网捕捉过去，他表达的是他的艺术冲动——而不是追求真理或公正的冲动。客观与公正彼此间并无关系。我们可以想象有这样一本历史著

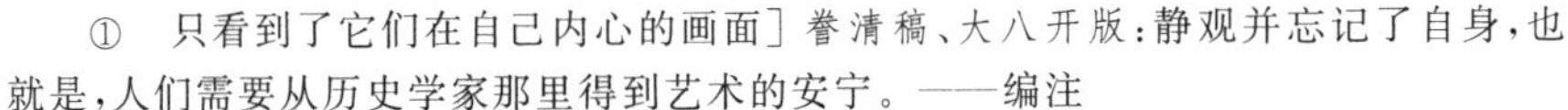

① 只看到了它们在自己内心的画面］誊清稿、大八开版：静观并忘记了自身，也就是，人们需要从历史学家那里得到艺术的安宁。——编注

② 经验性］誊清稿、打印稿中把“经验的”改为“真正的”。——编注

③ 如果……］誊清稿、打印稿、第一版：什么时候。大八开版：当……时。——编注

述，它当中没有一丝半缕普遍的经验事实，但却可以称得上是最高程度的客观。的确，格里尔帕泽勇敢地宣称：“所谓‘历史’不过是人的精神同化那些**无法理解的事件**的方式；人以这种方式将只有天知道有什么联系的事件联系起来；把无法理解的东西替换成可以理解的东西；将自己的目的观从外部强加于这一整体上，但即便它有任何目的，那也只能是从内部才能认识的目的；假定在千万个小原因起作用的地方，是偶然性在起作用。同时，每个人也拥有自
291 己特殊的必然性，因此，无数个进程沿着直线或曲线延伸，或平行或交叉，或促进或阻碍，或前行或后退，故而彼此间表现出一种偶然性。除了自然事件的影响以外，这使人无法为所有事件建立起一种囊括万物、贯穿始终的必然性。”[①]然而，这样一种必然性只有作为“客观地”观察事物的结果，才有可能被人所发现！如果这一假设被当作信条从历史学家口中说出，那么它就会表现为一种十分奇怪的形式。当席勒谈及历史学家时，他非常清楚这一假设在本质上是纯粹主观的：“现象一个接一个地开始逃脱盲目的偶然性和毫无规律的自由，作为合适的部分融入到一个和谐的整体之中——当然，**这个整体只存在于他的想象中**”[②]。但是人们又应该如何看待一位著名的历史学大师[③]如此自信的论断，且这样的论断人为地在同义反复和胡言乱语之间摇摆：“事实真相是，所有人

① “所谓……必然性。”]由格里尔帕泽的著作《论历史研究的用途》的两个不同章节综合而成的引文；第二部分（“审美研究”），“戏剧学”（《格里尔帕泽全集》，第9卷，斯图加特1872年，第129页），以及第一部分（“政治研究”），“论宏观的历史”（《格里尔帕泽全集》，第9卷，斯图加特1872年，第40页）。——编注

② “现象……想象中”]席勒：《何谓以及为什么要研究世界通史》。——编注

③ 著名的历史学大师]指兰克，但这里引文出处不明确。——编注

类行为都服从于这种隐微的经常不被注意但却强大的不可阻挡的事物的进程”。在此类论断中，我们体会到的不是[①]晦涩难懂的真理，而更多是显而易见的谬误[②]，就像歌德笔下的宫廷园丁所说：“自然可以让自己被推进，但却不被强制”[③]，或者就像斯威夫特笔下定期市场的公告板上写道：“这里可以看到除它自己以外全世界最大的大象。”因为这里哪有人类行为与事物的进程之间的对立呢？在我看来，就像我们上面引述的那位历史学者那样，只要历史学者们开始归纳，他们就不会有什么教益了，并在模糊不清之处暴露了他们的虚弱感。在其他科学中，归纳是至关重要的，至少它们 292
蕴含着规律；但是，如果前面引用的那样的论断被视为规律的话，那么我们必须反对说，在这种情况下，历史学者的工作只能是在浪费时间；因为这些论断在去掉那些模糊难解的东西以后，如果还剩下什么真理的话，那也是人尽皆知，乃至是鸡毛蒜皮的真理；因为任何人只要稍微有一点经验，它也是不言自明的。因此，要全世界人民劳心劳力，耗费数十年时间在这上面，无异于在自然科学中，一个规律已经有充足的证据作为支撑，但却仍然要不断地做实验。在泽尔纳[④]看来，今天的自然科学就饱受这种无意义的过度实验之苦。如果一部戏剧的价值完全在于它的最后一幕，那么戏剧本

① 不是]校样：同样多的。罗德注：?? 和？“同样多的”可以体现“像”，但是在哪里体现“比”呢？上帝知道！——编注

② 真理……谬误]打印稿、第一版：真理……谬误；誊清稿：大八开版：智慧……不明智。——编注

③ 就像歌德……强制”]歌德 1798 年 2 月 21 日致席勒的信。——编注

④ 泽尔纳（Johann Karl Friedrich Zöllner，1834—1882）：德国天体物理学家。——译注

身只会成为实现这种价值的一条最遥远、最曲折和最耗费精力的途径；因此，我希望，历史学的意义不在于这些归纳性的论断，仿佛它们是一切努力的花和果；它的价值恰好在于，它能够对一个为人熟知，乃至是习以为常的主题，一个日常的旋律，做出激动人心的变奏和升华，使其上升为一个广泛的象征，从而展示出蕴含在原来主题中的一个充满深意、力量和美好的世界。

然而，要做到这一点，首先需要一种伟大的艺术才能、一种创造性的眼界，对经验性材料的醉心研究，对特定类型的诗性阐发——客观性也是必需的，但是作为一种积极的属性。所以，客观性通常只是一个词而已。假装的镇静取代了艺术家那样的表面不动声色、内里却如电光火石般闪烁的眼睛；缺乏情感和道德的力量，却经常佯装成深刻的冷峻和超脱。在某些情况下，陈腔滥调的

293 思想、老生常谈的智慧是因为其沉闷乏味[①]而给人一种看似平静和安宁的印象，并且似乎敢于显露出这样一种艺术状态[②]，即主体变得沉默和完全不被人注意。随后，一切无法激发情感的事物受到青睐，最为枯燥的词语才是正确的词语。确实，人们甚至相信，只有一个过去时刻对某个人而言**毫无意义**，他才是描述这一时刻的合适人选。古典语文学家与他们研究的希腊人之间常常就是这样的关系：他们之间毫无关联，对其研究对象冷漠超然——这样的一种状态就被称为“客观”！恰恰是在最崇高和最珍贵的事物需要被描述的地方，这种故意炫耀的漠不关心、这种蓄意显露的肤浅的

① 沉闷乏味]校样：由于乏味。罗德修正：长时间的。——编注

② 艺术状态]誊清稿：艺术的冷漠。——编注

动机最为令人愤怒——因为这正是历史学者的虚荣心的产物，使他表现出一种作为客观性的冷漠。对于这些历史著述者，我们最好基于这样的原则去评判，即一个人有多大的虚荣心，那么他就在多大程度上缺乏智力。不，你至少要保持诚实！如果你没有被委以正义者的可怕职务，那么你们就不要假装正义，不要假装拥有真的称得上是“客观性”的艺术力量。仿佛对曾经存在之物都必须保持公正是每一时代的任务！但可以说，每一个时代和世代甚至都没有权力去评判过去的时代和世代：这个令人不适的任务永远都只会落在某些人身上，而且是极其少有的人身上。[1] 谁强迫你做评判吗？况且，如果你真的想做评判，那么你首先要检验自己能否做到公正。要成为评判者，就必须站在比被评判者更高的地方；但你不过是比他们来晚了一些而已。最后走向餐桌的客人本应坐在末座，而你却想坐到首座？那么，你至少要做出一些最高尚和最伟大的行为；这样的话，即使你来得最迟，他们也可能会把座位让给你。

你只有从现在的最高力量出发才可以解释过去；只有尽最大 294
可能地发挥你最高贵的品质，你才会发现过去有什么是值得了解和保存的伟大东西。惺惺惜惺惺！否则[2]，你就是让过去低就了你。如果一本历史著述不是从稀世天才的头脑中诞生的，你就不要相信它；当你看到一个人被迫说出某些普遍的东西，或者重复一

[1] 但可以说……身上。]准备稿：不是每个时代都有去做过去所有时代的裁判者的任务：而我们的时代肯定最没有这样的任务，因为它与那些伟大时代的关系就像评论家与艺术品的关系一样。——编注

[2] 否则]誊清稿：否则你们就输了。——编注

些人尽皆知的东西，你就知道他思维的品质了。真正的历史学者必须能够将人尽皆知的东西重新铸造成前所未闻的东西，将普遍的东西能如此简单而深刻地表达出来，以至于我们会忽视简单隐于深刻之中，深刻隐于简单之中。一个人不可能是一位伟大的历史学者、一位艺术①家，但同时又是一个平庸之辈：另一方面，人们不应该因为那些搬运、堆积和筛选材料的工匠永远不能成为伟大的历史学者而贬低他们；但人们更不应该将他们与伟大的历史学家混淆在一起，而是应该将他们视作为大师服务的必要的学徒和熟练工：就像是法国人常常比德国人可能具有的更好的天真谈论“梯也尔先生的历史学家们”。这些工匠会逐渐成为伟大的学者，但却不会因此成为大师。伟大的学者和伟大的庸人常常会②在同一个人身上无缝结合。

总而言之，历史③是由饱经世故和天赋异禀的人书写的。如果一个人不比其他人经历过更伟大和更高尚的事，他就不会知道如何解释过去的任何伟大和高尚的事。过去喃喃低语的永远是一道神谕：只有你是未来的建筑者，并且了解现在，你才会理解它。德尔斐神谕之所以能够在极为广泛的范围里发挥异常深刻的影响力，现在一种主要的解释是德尔斐祭司对过去有一种准确的认识；现在，我们可以相当确信地说，只有未来的建设者才有权力评判过去。如果你往前看，并为自己设定一个伟大的目标，那么在此同
295 时，你就抑制了那种强烈的分析冲动，这种冲动正将现在变成一片

① 艺术]打印稿、第一版：艺术的。誊清稿：艺术家的(künstlischer)。——编注
② 常常会]誊清稿：经常。——编注
③ 历史]誊清稿、打印稿：历史需要行动之人。——编注

荒漠，使得一切安稳的、平心静气的成长和成熟都变得几乎不可能。在你的周围立起一个藩篱吧，让伟大的、无所不包的希望充盈其中，并在这种充盈的希望中努力奋斗。[①] 在你的内心创造一幅与未来相适应的景象，并且忘记自己只是追随者的错误信念。当你想到未来的生命时，你就有足够的东西要思考、要发明了；但不要问计于历史，不要让它告诉你“怎么做”“用什么去做”之类的东西。相反，如果你开始走进伟大人物的历史，你就会从中学到一个至高的命令：成熟起来吧，逃离这个时代使人瘫痪的教育魔咒——这个魔咒的作用就是阻止你成长，在你尚未成熟之时支配你、利用你。如果你想读传记，那么请不要读那些标有“某某先生与他的时代”的传记，而要读扉页上印有“一个反对自己时代的斗士”的传记。用普鲁塔克的传记来款待你的心灵吧，当你相信他笔下的英雄时，也要敢于相信你自己。当有一百个人以这种非现代的方式接受教育——也就是变得成熟，并且熟悉英雄的事迹——那么，现在就可以让这个时代喧嚣的、虚假的教化和教养永远销声匿迹了。

七[②]

这种历史感，如果不加控制地主导着一切，并被允许产生其所有后果，那么它就会彻底根除了未来，因为它摧毁了幻象，并夺走

① 如果你……奋斗。]准备稿：我想说，人们是怎样抑制历史感的：向前看！设立一个伟大的目标！以[德国的]普鲁士的政策为你的模范！——编注

② 参见29[56、51]。——编注

了现存事物只有在其中才能生存的大气[1]。历史的公正，哪怕是带着纯粹的态度真正地加以追求，也会是一种可怕的德性。因为它总是会削弱和毁掉活生生的东西；它的判断总是一种灭杀。如
296 果在历史的冲动背后没有建设性的冲动在起作用，如果破坏和清除不是为了留出空地，好让已经在我们希望中显现的未来去在上面建造起自己的房屋，如果只有公正在主导一切，那么创造性的本能就会被削弱和阻遏[2]。例如，如果一种宗教被以纯粹公正的原则而转变为历史知识，并彻底地从科学来加以认识，那么，这些目的实现之日，便是这个宗教被摧毁之时。[3] 其原因在于，每一次的历史审核都会揭示宗教中存在的众多的错误、粗糙、不人道、荒谬、残暴，从而使得宗教作为幻象的虔诚的大气丧失殆尽，而一切生命只有在这种幻象之中才能存活下去。因为只有在爱之中，在爱的幻象的阴影之下，也就是说，只有对完善和正义有着无条件的信仰，人类才会有创造力。如果一个人被迫不再无条件地去爱，那么这就切断了他的力量之根，他必会枯萎、堕落，变得不真诚。相反，艺术则是历史的对立面，会产生与历史相反的效果；只有当历史被允许转化为纯粹的艺术品时，它才可能保持甚至激发本能。这样的历史描述会与我们时代分析的和非艺术的趋势完全相反，甚至

① 并……大气］誊清稿：在其中他们能够生存。——编注

② 如果……阻遏］誊清稿：在只有公正主导一切的地方，创造性的本能就会被削弱和阻遏。——编注

③ 如果在历史的冲动背后……摧毁之时。］准备稿：历史感作为清扫的、毁灭的因素具有最高的价值，如果在它背后有一种建设性的冲动的话：因为凡是在某种东西被理解和把握的地方，创造的本能就被消解了。一种寻求变为科学的宗教，就是在寻求毁灭自己。——编注

会被认为是虚假的。但如果历史研究没有一种内在的建设性冲动来加以引导，那么它就只会产生破坏，从长远来看，会使它的生产工具变得厌倦和不自然。因为这样的人摧毁了生命的幻象，而“谁摧毁了对自己和他人的生命幻象，谁就会受到最严厉的暴君——自然——的惩罚”。当然，一个人可以在某一段时间内，以完全天真和无害的方式从事历史研究，就像他从事其他研究一样。

特别是，最近的神学似乎已极其天真地与历史结伴为伍了，并且，它几乎不愿意去注意到，它这样去做，也许会违反其自身意志地在为伏尔泰的“打倒一切”[1]服务了。没有人会认为，神学与历史学的结伴是建立在新的、有力的建设性冲动之上；因为如果是这 297
样的话，那我们不得不把所谓的新教联盟当成一种新宗教的摇篮，而法学家霍尔岑多夫[2]，即那本更加可疑地被叫作《新教圣经》的编者及作序者，就必须被认为是约旦河边的施洗者约翰。也许，仍然盘旋和翻腾在某些老人头脑中的黑格尔哲学，在一段时间内会有助于扩展这种天真状态，因为黑格尔哲学会教导人们如何从其各种不完美的“表现形式上”中辨别出“基督教理念”，甚至使之相信，“理念的偏好”就是在越来越纯洁的形式中表现自己，并最终在其最纯洁、最透明、实际上几乎是看不见的形式中，在当代“俗世中的自由神学家”的头脑之中，来展现自己。但是，如果未曾加入基督教的旁观者听到这些最纯洁的基督教谈论其早先不纯洁的基督教，那么，他经常会产生这样一个印象，即他们根本就不是在谈论

① 暗指伏尔泰的“打倒一切无耻的事物，即教会”。——译注

② 霍尔岑多夫(Franz Von Holtzendorf，1829—1889)：德国法学家。——译注

什么基督教，而是在谈论别的其他什么事情——那么，好的，我们会想到什么呢？如果“本世纪最伟大的神学家”[①]把基督教描绘成是这样一种宗教，即允许我们去“同情性地理解所有实际的宗教，甚至某些仅仅是可能的宗教”；如果“真正的教堂”被认为是这样一种东西，即“它可以变成一种液体，没有固定的外形，每个部分一会儿在这里，一会儿在那里，而且，其中的每个部分都和平地融合在一起”——再问一遍，我们会想到什么呢？

我们现在能够知道的是，基督教在这种历史性考察中已经失去本性了，变得无力而不自然[②]，甚至变成了一种完全历史化的宗教，也就是说，这种公正的历史性考察已经把基督教变成一种关于基督教的纯粹知识，并因此摧毁了基督教。这一点可以在每一个生命体中观察到：当有生命的事物被完全解剖之时，它就失去了生命；而且，历史的解剖一旦开始，它就已经生活在苦恼和剧痛[③]之
298 中了。有些人相信德国音乐在彻底改变和转化德国人的天性方面有着拯救力量；因此，他们就会变得暴怒，并怒斥对待我们文化的这种不公，认为这是对我们文化中最有生命的事物犯了罪。当他们看到诸如莫扎特和贝多芬这样的人开始被溅上传记作家的博学的污泥，并被迫在历史批判的拷问台上去回答上千鸡毛蒜皮的问题时。当我们将我们的好奇心转向生命和作品的细枝末节处，并在本该学会生活、忘记所有问题的地方去寻求认识的问题时，对于任何其生命影响力现在还未被耗尽的事物来讲，这难道不是在使

① 这里指德国神学家和哲学家施莱尔马赫。——译注

② 变得无力而不自然]修正前的校样中“ist”改为“sei”。罗德修正。——编注

③ 剧痛]打印稿、第一版：痛苦的；誊清稿、大八开版：痛苦的和。——编注

之夭折，或至少也是加以残害吗？这里想象一下，如果几个这样的现代传记作家试图探讨基督教或是路德改革的起源地，那么，他们对于事情的严肃而实际的兴趣将足以使得每个精神上的“远距离影响”成为不可能，就像最卑小的动物只要吃光橡子就能阻止最强大的橡树的生成。所有活的事物都需要一种氛围，一层最神秘的云雾围绕在它们四周。如果那个云层被消除了，如果一种宗教、一种艺术或一个天才被迫像一颗没有大气层的星星在运转，那么，他们很快就会枯萎，变得坚硬而且贫瘠。对此，我们就不必感到惊奇。所有伟大的事物都是如此，正如汉斯·萨克斯在《工匠歌手》中所说，“没有幻象就没有成功”。[1]

但是，甚至每个民族，甚至每个人，如果要变得成熟，就需要这样一层笼罩性的幻象，这样一种保护性、围绕性的云层；可是，今天我们憎恶变得成熟，因为他们尊敬历史学更甚于尊敬生命。是的，我们胜利地欢呼，“科学要开始统治生命了”。这也许是可能的，但一种被这样统治着的生命肯定是没有多大价值的。因为那是一种被减损的生命，而且，与从前那种不是由科学而是由本能和强有力的幻象所主导的生命相比，这种方式在未来只能保障更少的生命。299
但是，就像之前所指出的那样，我们的时代不是能产生完全成熟的[2]和谐的个性的时代，而是一种产生普遍的尽可能有用的工作的时代。也就是说，人们必须被按照时代的需要来加以塑造，从而使其尽可能早地投入工作。他们在变得成熟之前，就应该在共同

① 参见瓦格纳：《工匠歌手》，第3场，第1幕。——译注

② 成熟的］大八开版：变得成熟的；第一版：变得自由的。——编注

利益的工厂里劳作，而且，这样的话，他们也不会变得成熟。因为允许他们变得成熟会是一种奢侈品，这会从“劳动市场”中抽走大量的力量。人们会把有些鸟弄瞎，以使它们唱得更好听。但我认为，今天的人们并不比他们的祖先唱得更好听，尽管我知道他们很早就被弄瞎了。不过，他们被弄瞎的手段，可耻的手段，是使用**过于明亮、过于突然和过于变换的光**。青年人被鞭打着走过数千年的历史。他们对战争、外交和贸易政策都还一无所知，但人们却认为他们应该开始学习政治史了。但我们现代人匆匆跑过艺术画廊，匆匆去听音乐会，也如同这些青年人匆匆跑过历史一样。我们当然能够感觉到一件事与另一件事不同，感觉到这件事与那件事有着不同的效果；但我们会日益丧失这种惊奇感，以至于对任何事物都不会过于惊奇，最终，我们会对每件事都感到满意。这就是人们所说的历史感和历史教化。毫无粉饰地说，涌入的印象洪流是如此之大，奇怪的、野蛮的和狂暴的事物如此有力地“团成令人恶心的团”[1]，侵入到年轻的灵魂之中，以致年轻人只能采取用故意的迟钝来自我拯救。在一种更精细、更强大的意识存在的地方，也最可能出现另一种感觉：恶心。年轻人变得如此没有家园，以至于
300 他们怀疑所有的习俗和概念。现在他们知道：在每个时代，情况都不相同；你是什么样的，并不重要。[2] 他们在这种忧郁的无感觉中让意见跟着意见从旁溜走，他们理解荷尔德林在阅读拉尔修·第

① “团成令人恶心的团”]见席勒：《潜水鸟》(1798)，第 116 页。——编注

② 年轻人……并不重要。]对于“年轻人变得如此没有家园……你是怎样的”这两句，罗德注：句子结构笨拙！——编注

奥根尼论希腊哲学家的生平和学说时的话和心情："在这里我再次经验到以前我多次遭遇到的事情：人类的思想和体制的易逝和变换，比我们通常称作是唯一现实的命运更具悲剧性。"[①]不，对于年轻人来说，这样一种泛滥的、麻醉人的、粗暴的历史化，如古人所指出的，肯定是不必要的；如现代人所指出的，甚至是极端危险的。但现在，让我们看一看实际的学习历史学的大学生吧，他们未成年之前就已经明显地承继了一种过早的烦腻与厌倦。现在，他已经获得了完成自己工作的"方法"、正确的技巧和其导师的高贵腔调；历史中一个完全孤立的小章节沦为他的敏锐和学来的方法的牺牲品；他已经能够生产某种东西了，或，用更骄傲话来说，他已经能够"创造"某种东西了；他现在凭借自己的行动成为了真理的仆人，历史世界的主人。如果说，他在孩童时期就已经"成熟"了，那么现在他已经过分成熟了：你只需要摇一摇他，就会有智慧果实噼里啪啦地落入你的怀中。但这智慧果实是腐烂的，而且每一个果实里面都有虫子。相信我吧：如果人们在成熟之前就被迫在科学的工厂里劳作，而且成为有用的劳动者，那么，科学以及在这个科学工厂中过早就被剥削的奴隶，都会在很短时间里被摧毁。令我惋惜的是，已经出现了这样一种需要，即使用奴隶主和雇主这样的行话来
描述本应该摆脱功利和生活急需品的关系。但是，如果人们想去 301
描绘年轻一代的学者，那么，"工厂""劳动市场""供给""有用"这些语词，以及所有描述自私自利所使用的助动词，都会不知不觉地

① "在这里……悲剧性。"]荷尔德林1798年12月24日致辛克莱(Issak von Sinclair,1775—1815)的信。——编注

涌到嘴边。[①] 名副其实的平庸变得越来越平庸，科学在经济学的意义上变得越来越有用。实际上，这些最新的学者们只在某一方面上是聪明的，也就是，他们在这一点上比过去的一切人都更聪敏，但在其他所有方面，谨慎地说，只是与一切老派学者极为不同罢了。尽管如此，他们还是为自己索要名誉和利益，就好像国家和公共舆论负有义务要视新钱币与旧钱币等值似的。这些零工们相互间达成了一种劳动协议，并通过把每个零工都戳上天才的印记，从而宣布真正的天才是多余的[②]；但后来的时代可能会看出，他们的建筑作品是拼凑在一起的，而不是整体建构起来的。对于那些不知疲倦地把现代战争口号和牺牲口号如“分工！列队！”挂在嘴边的人们，我们要清晰而且直率地告诉他们：如果你们想尽可能快速地促进科学，那么你们也将尽可能快速地摧毁科学，这就像你们人为地强迫母鸡尽可能快速地产蛋，那么也会尽可能快速地使母鸡完蛋。是的，科学在最近几十年以惊人的迅速得到推进，但你们也看一看这些学者，这些精疲力竭的母鸡吧。他们真的不是天性“和谐的”物种；他们之所以能比以往多叫几声，因为他们产了更多的蛋。当然，他们下的蛋也越来越小了（尽管他们的书却越来越厚）。这种情况最后和自然的结果就是科学的被普遍欢迎的“通俗化”（还有“女性化”和“童稚化”），也就是，把科学的外套无耻地加

① 相信我吧……嘴边。]准备稿：这应当不再是和谐的人格的时代，而是“共同劳动”的时代。这只是说：人们在完成事情之前，是要在工厂中劳动的。但你们要相信，不久学者将被毁灭，就像这种工厂劳动的人一样。——编注

② 这些零工们……多余的]对于“零工们……被盖上天才的印记”这句，罗德注：表达得不机智！——编注

以裁剪以适应“混杂的公众”的身体：为了一种剪裁活动，我们这里也追求一种适合裁缝的德意志风格。歌德在这种现象中看到了一种滥用，并要求科学应该只有通过一种提高了的实践来影响外部世界[①]。此外，老一代学者有充分理由认为这种滥用是艰难的和 302
沉重的；年轻一代学者同样有充分理由认为这种滥用是轻松的，因为在他们细小的知识角落外，他们本身就是那个“混杂的公众”的一部分，他们在自身中就承载着这个公众的需求。他们只需要找机会舒适地坐下来，以能够把他们狭小的研究领域对那种混杂的普通公众的好奇心开放。他们在回顾时把这种舒适行为界定为“学者谦逊地俯就他的人民”。而从他们并不是学者，实际上只是愚氓这点来看，他们只是俯就他们自己，俯就他们自己的水平。为你们自己创造一个“人民”的概念吧，但你们永远不能把这概念设想得足够高贵、足够崇高。[②] 假如你们准备把人民设想得伟大，那请你们要仁慈地对待人民，而且要防止把你们的历史学的硝酸当作提神的饮料提供给人民。但是，你们在内心深处是看低人民的，因为你们对人民的未来不可能有真正的和坚定的尊敬，你们是作为实践上的悲观主义者在行动。我的意思是，你们像这样的人：受将要到来的灾难的预感所主导，因而对他人的，甚至对自己的福祉都漠然以待。只要大地还承载着我们！而如果它不

① 歌德……世界]参见第 29 页第 84 行；还请参见歌德：《准则与反思》，第 694 条，第 693 条。出自《威廉·麦斯特的漫游年代》(1829)中的《在漫游者意义上的观察思考》。——编注

② 崇高。]誊清稿：把它设想得足以高贵和高尚！但不能轻易从最卑鄙和庸俗的意义去设想你们的“混合观众”。——编注

再承载我们，那也没关系——这就是他们的感觉；他们冷嘲地生存在大地上。

八①

这个时代如此清晰可感地和持续地对其历史学教养爆发出最无顾忌的欢呼，因此，我把一种冷嘲的自我意识归因于它，这看起来有点奇怪，但却并不自相矛盾。在我看来，在这种自我意识上存在一种萦绕其上的预感，即这里不应欢呼；这个时代还存在着一种
303 恐惧，即历史学知识的一切快乐也许很快就会终结。对于个别的人物，歌德通过他对牛顿的值得关注的刻画向我们提出了一个类似的可比的谜：歌德在牛顿的本质的深处（或者更正确地说，在高处）发现了“一种其自身错误的预感”，一种只有在某些少见的时刻才能观察到的似乎是更高的批判的意识；牛顿就是借助这种意识来对其必然的固有本性进行某种冷嘲的概览。因此，正是在更加伟大、更加发展了的历史人物那里，我们发现了一种经常被缓和为普遍的怀疑的意识，即认识到相信一个民族的教育必须像今天的时代这样，主要是历史学的教育，这是多么巨大的荒唐和迷信啊；毕竟，恰恰是那些最强大的民族，而且是在行动和成就上都强大的民族，就曾以不同的方式生活，以不同的方式教育过他们的青年。但正如那种怀疑性的异议所显示的那样，那种荒唐、那种迷信正适合我们，适合我们这些历史的后来者，那些更加强大和更加欢乐的

① 参见29[46]页。——编注

种族之苍白的最后苗裔；那种荒唐和迷信正适合我们似乎是在应验赫西俄德[①]预言。按照这预言，人类总有一天会生来就满头白头，而且只要这个生来白发的标记一旦在某个种族出现，宙斯就要灭绝这个种族。历史学教育和教化，的确是一种生而具有的白发，而且，那些从童年起就有白发标记的人们，必定会本能地信仰**人类的老年时代**；但今天就有一种适合老年时代的工作，也就是，借助记忆来沉溺于回顾、估算、结算、在过去中寻求慰藉，简言之，沉溺于历史学教养的工作。但是，人类是一个坚韧而又固执的东西，它不喜欢从千年期，甚至十万年期来考察它的进步（向前或向后），也就是说，它**绝对拒绝**被无穷小的原子即个体之人作为整体来加以考察。到底是什么在允许我们把两千年（或换句话说，若 60 年为 304
一个世代，那么总计 34 个前后相继的世代）这样一个时间段的开头视为人类的“青年时代”，其结尾视为人类的“老年时代”！[②] 认为人类已经在衰退这样一种使人麻痹的信念中，难道不是蕴含着一种从中世纪继承来的基督教神学观念的误解，也就是，蕴含着关于世界末日临近以及惊恐地期待的末日审判的误解吗？这种对于历史判断日益提高的需要，不就是这个相同观念的改头换面吗？因为我们对历史判断的需要，就好像我们的时代是最后可能的时代，应该有权对整个过去进行最后的审判。而在基督教信仰中，这样的审判决不期待由人自身，而是由“人子”做出。从前，那个既是

① 赫西俄德（Hesiod，约公元前 700 年）：古希腊诗人，以长诗《神谱》及和《工作与时日》而闻名。——译注

② 历史学教育……“老年时代！”］参见 29［48］。——编注

对人类总体也是对人类个体的“人皆有死”的告诫，是一根永远折磨人的刺，仿佛就是中世纪知识和良心的顶端。现代与它相对的“人皆须生”[1]的回应，坦率地说，听起来相当胆怯，不是源于放声直言，甚至差不多有点不真诚。因为[2]人类仍然受缚于“人皆有死”。这体现在对历史学的普遍需要之中；知识虽然强有力地鼓动翅膀，却不能挣脱出来去自由飞翔。一种深刻的绝望感保留了下来，并展现出了那种历史学的色调。今天一切较高的教育和教养都阴沉沉地笼罩在这种色调之中。

一种把人生最后的时刻视为最重要的时刻，预测尘世生活的终结，并判决一切生者都生活在悲剧的第五幕里的宗教，肯定会激发起最深刻的和最高贵的力量，但它对于一切撒播新种子、进行大胆的试验和欲求自由的尝试抱有敌意。它反对向未知者的任何飞翔，因为它对那里没有爱，没有希望：它只是不情愿地让生成者加于自己之上，为的是在适当的时候，把它当作此在的诱惑者、当作
305 此在价值的说谎者排挤到一旁或者牺牲掉。佛罗伦萨人在萨沃纳洛拉[3]牧师忏悔布道的影响下，为了纯洁基督教，对绘画、手稿、镜子、面具进行了一场著名的大焚毁；他们的所为，就是基督教对每一种激励人继续努力[4]、把“人皆须生”当作座右铭的文化所做的

---

[1] “人皆须生”]“记住你是活生生的人”，参见歌德：《威廉·麦斯特的学习年代》，第 8 章，第 5 页：“记住你是活生生的人。”——编注

[2] 不真诚。因为]打印稿中后面还有一句话：就像一个瘫子坐在那里晃动自己的大腿，以便显示他能够跑得多么快。——编注

[3] 萨沃纳洛拉（Hieronymus Savonarola，1452—1498）：意大利基督教修士、改革家和殉道士。——译注

[4] 继续努力]誊清稿：继续生活。——编注

事情。如果基督教不能通过强权直接去做，那么，它也可以通过其他方式来做到这一点，例如，只需与历史学教育和教化进行联合，而且通常情况后者甚至都没有意识到这一点。于是，基督教便以这种历史学教化的名义说话，耸着肩膀拒绝一切生成者，并把生成者烙上迟到者和后继者的印记，简言之，烙上生来白发的印记，从而加以抑制。对一切已发生事情的无价值以及对世界能够做出审判的成熟性的严肃而深刻的沉思，都挥发成那种怀疑的意识，即知道一切已发生过的事情，无论如何还是好的，因为去做某种更好的事情，已为时太晚了。这就是历史感如何使他的仆人们变得被动消极和喜欢回顾；只有在那种历史感暂时缺位之时，只有在瞬间的遗忘之际，患有历史学热病的人才会去积极行动；但这个行动一旦完成，就会受到分析和解剖，因此，这种反思性的分析阻止了这个行动继续发挥作用，最终，这个“行动”变成了光秃秃的“历史学”。在这种意义上，我们仍然生活在中世纪，历史学仍然是一种伪装的神学，恰如非科学的外行人对科学等级的敬畏继承了从前教民对教士阶层的敬畏。人们今天给予科学的——尽管更加吝啬了一些——就是过去人们给予教会的东西；但是，人们所给予的，要归功于过去的教会，而不是现代精神。众所周知，现代精神虽然有其他一些好的品质，却比较小气吝啬，在慷慨这一高贵的德性上经验不足。

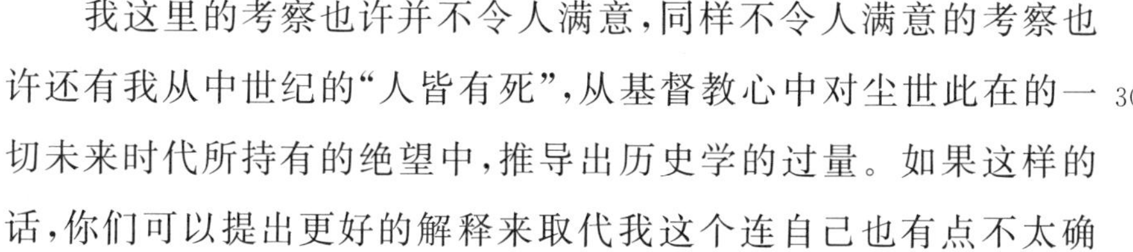

我这里的考察也许并不令人满意，同样不令人满意的考察也
许还有我从中世纪的“人皆有死”，从基督教心中对尘世此在的一 306
切未来时代所持有的绝望中，推导出历史学的过量。如果这样的话，你们可以提出更好的解释来取代我这个连自己也有点不太确

定的解释[①]。因为要考察历史学教化的起源以及它为什么与一个“新时代”、一种“现代意识”的精神存在着内在的激进的冲突，这必须同样要用历史学的方式来加以认识，历史学自身必须解决历史学的问题，知识必须使自己的刺转向自己——这三重“**必须**”是“新时代”的精神的命令，如果在它里面确实存在某种新颖的、强大的、促进生命的以及独创的东西的话。或者，我们德国人——且不说罗马语系的各民族——也许真的在所有较高级的文化事务上永远不得不只是“跟随者”，因为我们只能够这样；瓦克纳格尔[②]曾说过这样值得深思的话：“我们德意志人就是一个跟随者的民族；在我们的一切较高级的知识方面，甚至在我们的信仰方面，我们都永远只是古代世界的跟随者；就连对古代世界怀有敌意之人，除了呼吸着基督教的精神之外，还不得不呼吸着古典教化的不朽精神。如果一个人能够从包围着内在心灵的生命大气中去除这两个要素，那么，就不会再剩下多少东西来维持其精神的生命了。”但是，就算我们乐于接受我们作为古代的后来者的职分，就算我们决然地认真对待并努力履行这种职分，并把这种决然视为我们卓越的和独特的特权——尽管如此，我们也不得不问我们是否注定永远充当**那个沉沦的古代世界的学徒**。在某些时候，我们也许可以被允许
307 去逐渐把我们的目标设置得更高些，更远些；在某些时候，我们应

① 提出……解释]打印稿：提出更好的方法来取代这个连我自己都不太确定的方法。——编注

② 瓦克纳格尔]出自瓦克纳格尔(Wilhelm Wackernagel)的《德国文学史的论文》(较小的字体，第2卷)，由莫里茨·海涅(Moritz Heyne)编辑，莱比锡，1873年。此书是尼采的个人图书馆中的一本。——编注

当赞颂我们自己，因为我们在我们里面——甚至也借助我们的普遍历史学——以如此富有成果和规模宏大的方式，重塑了古希腊的、古罗马的文化的精神，以至于，作为最高贵的奖赏，我们现在可以给自己提出更为巨大的任务，努力跟随并超越这一古代世界，并在伟大的自然的和人性的古希腊最初的世界中去寻求我们勇敢目光的典范。但在那里，我们也发现了一种本质上非历史的教育和一种尽管如此或者毋宁说正因如此而极为丰富并充满活力的教育形式。假若我们德意志人只能是跟随者——那么，如果我们把这样一种教育看作一个我们将要接受的遗产时，我们根本不可能找到比作为跟随者更伟大和更骄傲的使命了。

我借此要说的只是这一点：即使经常想到作为跟随者会令人痛苦，但如果往伟大处想，那么，作为跟随者也能够为个体及民族确保伟大的影响和对未来的一种充满希望的欲求：也就是说，只要我们把自己视为古代世界的令人惊奇的力量的跟随者和继承人，并把这视为我们的荣耀、我们的激励。因此，这并不意味着我们要成为那些强大世族的苍白的凋萎的苗裔，作为那些[①]世族的古董商和掘墓人竭力维持着一种战栗哆嗦的生活。这样的跟随者当然会过着一种冷嘲的生活：毁灭会紧随着他们瘸行的生命行迹；当他们从过去中感到欢快时，他们会战栗恐惧地想到毁灭，因为他们是活着的记忆；不过，如果没有人继承他们，那他们的怀念又有什么意义呢。因此，阴郁的预感包围着他们，因为他们的生活是一种不义，没有一种未来的生活能够为其提供合理性。

① 那些]校样：他们的。罗德注：我不懂。应该称为“那些”吗？——编注

但是，我们设想一下，如果这些好古的苗裔突然把那种冷嘲的
308 和痛苦的谦逊掉换成无耻；设想一下，他们尖声地宣布："我们族类现在已达到其巅峰，因为直到现在它才获得关于自己的知识，自己才被揭示给了自身。"——那么，就会出现这样一出戏剧：在这戏里，某种特定的非常著名的哲学，就像一个隐喻一样，其对于德意志文化和教化的神秘意义就将解开了[①]。我相信，在这个世纪里，对于德意志文化来说，没有任何其他的危险的偏离或者转变，比这个有着巨大的、扩展到今天的影响的特定哲学，亦即黑格尔哲学，更具危险性。确实，相信自己是以前时代的苗裔，是令人麻痹和苦恼的，但如果这样一种信念某一天以无耻的颠倒去把这个苗裔神化成过去一切事件的真正意义和目的，如果某一天把它自己贫乏的认知等同于世界历史的完成，那么，这就肯定会令人恐怖，且具有破坏性。正是这样一种看待事物的方式使得德意志人习惯于谈论"世界进程"，而且把自己的时代当作这个世界进程的必然结果来辩护。这样一种观察方式使得历史取代了其他精神力量、艺术和宗教，确立了其唯一主权地位。历史就是"自己实现自己的理念"[②]，是"各民族精神的辩证法"和"世界法庭"。

从这种黑格尔方式来理解，历史就被讥讽地[③]称作上帝在尘世的行走，尽管这样的上帝在他那方面而言却是历史的产物。不过，这个上帝在黑格尔的脑壳里，变得显而易见和易于理解，而且

---

① 在这戏里……解开了]校样：……被解开了。罗德注：不好，因为人们不知道这是第一格还是第四格。捉摸不定的把戏！——编注

② 理念"]打印稿："自己实现自己的理念"，具有可证明的必然性。——编注

③ 讥讽地]打印稿中"讥讽"是"正义"。——编注

已经历经其生成过程的所有辩证的可能的阶段，攀登到了自我启
示阶段，[①]以至对于黑格尔来说，世界进程的巅峰和完成正好与他
自己在柏林的存在相契合。确实，他甚至可以说过，在他以后出现
的一切事物[②]实际上只能被看作是世界历史回旋曲的一个尾声，
更准确地说，只能被看作是多余的。他没有这样说过，但他却把对 309
于“历史的权力”的那种惊赞种植在那些受其哲学所喂养的时代之
中，从而使得人们几乎每个时刻都转向对成功的赤裸裸的惊赞，转
向对事实的偶像崇拜。对于这种事实崇拜，人们现在普遍使用非
常神话的[③]、同时也是非常德意志式的表述：“要考虑事实”。但
是，那些先是学会了在“历史的权力”面前卑躬屈膝和点头哈腰之
人，最终会像中国木偶一样对任何权力——不管这权力是一个政
府，还是一种公共舆论，抑或是一个数量上的多数——点头说
“是”，并准确地按照某个“权力”用线牵动的节拍扭动自己的肢体。
如果每个成功都在自身包含着一种理性的必然，如果每个事件体
现了逻辑或者“理念”的胜利，那就只有赶快跪下来，对这些“成功”
的每个阶梯顶礼膜拜。什么，再也没有占统治地位的神话了吗？
什么，宗教都在消亡吗？你们只消去看历史权力的宗教，注意一下
理念神话的教士们及其伤痕累累的膝盖！难道一切德性都不是事
实上在追随着这种新的信仰吗？或者，如果历史人让自己被做成
客观的玻璃镜，这不是大公无私吗？他借助在每一种强力中只崇
拜强力自身，来放弃他自己在天上和地上的一切强力，这不是慷慨

① 参见第11卷29[51]页。——编注

② 事物］誊清稿：事物，例如当前的幸福和胜利者的桂冠。——编注

③ 神话的］誊清稿：非神话的。——编注

大度吗？一直手持天平，并仔细地观看哪一边会更强更重，这不是正义吗？这样的历史观察是一种何等温文尔雅的学校啊！客观地对待一切，无所怒，无所爱，理解一切——哦，这多么使人温和柔顺！即使在这种学校教育出来的人公开发怒，这也会使我们感到高兴，因为我们知道，毕竟，这只是一种艺术表达，它是愤怒和热诚，但却完全无愤怒和无热诚。①②

310 对于历史神话和德性的这样一种复合体，我心中的想法是怎样过时啊！但它们已经表达出来了，即使它们只会使人发笑。因此我想说，历史给人的印象总是："从前有一次"，道德却说："你们不应该"或者"你们本不应该"。这样，历史就成为事实上的不道德的一个概要。如果我们同时把历史看作是这种事实上的不道德的裁判者，那我们的错误是多么的严重啊！例如，一个像拉斐尔这样的人不得不在36岁时死去，这是对道德的侮辱：这样的人物根本不应当死。现在，如果你们想作为事实的辩护者，去为历史作辩护，那么你们会说：拉斐尔已经把自己心中的一切都表达出来了，即使活得再长些时间，他也只能创造出更多的同样类型的美，而不是新类型的美，或诸如此类的话。这样一来，你们成为了魔鬼的律师，成功地使事实变成你们的偶像；但事实永远是愚蠢的，在一切时代都更像一头牛犊而不是一个神。此外，作为历史的辩护士，你们相互之间把无知提示给对方吧。因为只是由于你们不知道像拉斐尔这样一个人的基本的创造本性是什么，因此，你们听说拉斐尔

① 客观地……热诚。]参29[57]。——编注

② 塔西佗(Tacitus，55—116)将自己的编写历史原则界定为"无恨亦无爱"，即追求冷静客观地看待历史。——译注

曾经活过并将永不再生时，并不会感到愤怒。最近有人寻求教导我们说，82 岁的歌德活够了，达到了自己才华的极限。但我却宁愿高兴地用满载新鲜的非常现代的生命时光与“活够了的”歌德的几年交换，以便参与像歌德与爱克曼之间所进行的那样的谈话。这也是我借以躲避大量时刻所带来的合乎时宜的教导。相比于这样伟大的死者，有权活着的人多么稀少啊！许多人活着，而那些少数人却不再活着，这不得不是一个残忍的真理，也就是，一个无可救药的愚蠢，一种“事实是这样”与道德的“不应当是这样”之间的无耻对比。是的，与道德相对！因为如果让你们谈论任何你们喜 311
欢的德性如正义、慷慨、勇敢、智慧和同情，那么，在任何情况下，人之所以是有德性的，恰恰因为他起而反抗事实的盲目权力，反抗现实的东西的专制，服从于法则，但不是服从那些历史沉浮的法则。他总是逆着历史的潮流劈波斩浪，或是把自己的情欲当作最切近于他的生存的愚蠢事实而与之斗争，或是在谎言围绕他编织起闪烁之网时致力于诚实和真诚。假如历史在根本上无非是“情欲与错误的世界体系”，那么，人将不得不以歌德建议我们阅读《维特》的方式来阅读这个体系：似乎历史在向他召唤：“做个男子汉吧，别学我的样子！”[①]不过，幸亏历史也保存着伟大战士**反对历史**也就是反对现实的盲目权力的记忆；而且，历史还会通过恰恰把那些很少顾及“就是这样”、以骄傲地追求“应当是这样”的人物颂扬为真

① 以歌德……样子！”］由于歌德《少年维特的烦恼》出版后，有人模仿主人公为情自杀，因此，歌德在 1775 年第 2 版中提出了一个告诫：做个男子汉吧，别学我的样子。——编注

正的历史人物，从而[①]把它自己绑在了耻辱柱上。[②] 历史不是把这些人物拖进坟墓，而是要去建立一个驱动他们不断前进的新时代：这样，即使他们生为后来者，但有一种生活方式会使人忘掉这一点，未来的时代会把他们只认作是先到者。

九[③]

我们的时代也许就是这样一个先到者？事实上，它的历史感是如此强烈，而且这种强烈是以如此普遍且完全没有界限的方式表现出来，以至于在这一点上至少未来时代会把它赞颂为先到者，
312 前提是确实会有文化意义上的**未来时代**的话。但恰恰在这里存在着一种严重的怀疑。紧挨着现代人的骄傲的，是他的自我冷嘲；他意识到他必须生活在一种历史化的、仿佛是黄昏的情绪里，他担心他任何青年的希望和青年的力量根本不能存活到未来中。在有些地方，有些人走得更远，堕入了**犬儒主义**道路之上，以一种完全对现代人日常有用的方式，按照犬儒主义的教条来为历史进程、为世界的全部发展进行辩护：万事恰恰必然以其现在所是的方式发生，人类必然成为[④]现在人所是而不是别的样子，因为无人能够反抗

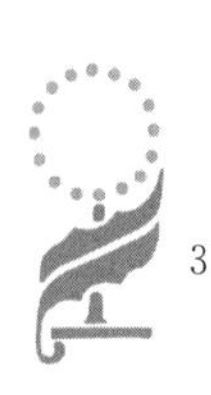

① 从而]誊清稿：由于。——编注

② 耻辱柱上。]准备稿后面还有：在这方面，历史是一个自相矛盾的、自己消耗自己的、自己扬弃自己的荒唐东西，而每一个仅仅由于杀死前一个瞬间才是瞬间的瞬间，都提供了这种教训。——编注

③ 参见 29[72、59、51、40]。——编注

④ 成为]校样：再次成为。罗德注：? ——编注

这个必然。那些不能忍受自我冷嘲的人就逃避到这样一种犬儒主义的舒适感之中；此外，在过去 10 年，他们收到了一个奉献给他们的最美好的发明，即一句描述这种犬儒主义的圆满周全的妙语：它把犬儒主义合乎时宜但完全不加反思的生活方式称为“把人格完全奉献给世界进程”①。人格与世界进程！世界进程与跳蚤们的人格！但愿人们不得不总是听到这种夸张中的夸张，因为在每一个诚实正直的人看来，“世界、世界、世界！”这个词语，应该说成“人、人、人！”是希腊人和罗马人的继承者？是基督教的继承者？这一切在犬儒主义者看来都不算什么，他们是世界进程的继承者！是世界进程的顶点与目标！一切生成之谜的意义和解答都体现于现代人身上！他们是知识之树的最成熟的果实！——这就是我所谓的一种高涨的自我肯定！这是一种可以被识别为所有时代的先到者的标志，而不管他们是否也同时是最后到来的。历史的考察从未飙升得如此高远，哪怕在梦中也没有如此高远，因为现在，人类历史只不过是动物和植物史的延续罢了。的确，甚至在大海的最深处，历史学的普世论者也发现了其自身的痕迹，即有生命的黏 313
液；他们回望人类已经走过的漫长道路，并视之为令人惊异的奇迹，他们的目光战抖地凝视着更加令人惊异的奇迹，即现代人自身，因为现代人能够把这条道路一览无余。现代人高高地、骄傲地站立在世界进程的金字塔上；当他们在那上面砌上其知识的顶石时，似乎在向四周倾听着的自然大声喊道：“我们到达了目的地；我

① “把人格完全奉献给世界进程”]参见哈特曼：《无意识的哲学》，柏林，1872 年，第 748 页。哈特曼是一位形而上学的哲学家，他的作品《无意识的哲学》1869 年一出版，就一版再版。这里只标页码的引用，均来自本书。——编注

们就是目标；我们是完善了的自然。”

过于骄傲的[①] 19 世纪欧洲人啊，你在发狂！你的知识并没有完善自然，而只是在杀死你自己的自然。去测量一下你认知能力的高大与你行动能力的低下吧。是的，你攀援你的知识的阳光直到天空，但也向下直到混沌。你走路的方式，亦即作为认知者的攀援，是你的厄运；因为，对你来说，根基和大地已崩坏而不确定；你的生活再也没有支柱，只有一些被你每一认知的新动作而撕裂的蛛网。——但关于这一点，我不再说这些严肃的话了，因为还有可能更轻松愉快地去说。

现代人，这一宇宙之网上的伟大的蜘蛛，对一切基础的疯狂不加反思地肢解和摧毁，把它们消融进一种永远流动和流散的生成之中，把一切生成了的东西不知疲倦地进行拆解和历史化：所有这些也许会让道德主义者、艺术家、虔信者，甚至由政治家去关注和忧虑吧，而今天，如果我们从一位**哲学滑稽者**的闪闪发光的魔镜来看它，它会让我们一度感到开心好笑。在这位滑稽者的头脑里，时代如此清晰地达到了一种冷嘲的自我意识，以至于可以用歌德的话来说，黑格尔[②]曾教导我们，“只要精神要产生飞跃，我们哲学家们就会出场了”。我们的时代一飞跃到自我冷嘲，瞧吧，哈特曼也
314 就出场了，并撰写了他著名的无意识的哲学，确切说，他的无意识的冷嘲哲学。我很少读过比哈特曼的东西更为好笑的发明和更多哲学的把戏了；谁若不被他关于生成的本质方面的论述有所启蒙，

① 过于骄傲的]誊清稿、打印稿中把“过于骄傲的”改为“开玩笑的”。——编注

② 黑格尔]参见 29[72]。——编注

甚至，在内心中有所清理并有所矫正，那么他就真的是过时了。世界进程的开端和目标，从意识的最初惊异直到被抛回到虚无，以及对我们这一代在这个世界进程中任务的精确描述，所有这些都源于那被聪明发现的无意识的灵感源泉，所有这些都沐浴在启示性的华丽的光芒之中，所有这些又都如此欺骗性地在模仿那如此正直的严肃性，似乎它是一种真正的严肃哲学，而不仅仅是一种哲学笑话。——这样一个整体显示出它的创造者是所有时代第一流的哲学戏仿作家之一：因此，让我们在他的祭坛上献祭吧，让我们给他这个真正的万应灵药的发明者献祭上一缕卷发——这里盗用一句施莱尔马赫表达赞美的用语。因为对于历史文化和教化的过量来说，什么药能比哈特曼对一切世界历史的戏仿更有效呢？

哈特曼从无意识冷嘲的香烟缭绕的三足宝鼎出发向我们宣示了什么？如果简明了当地说，那就是：他向我们宣示，如果人类真的会对这种人生此在感到厌倦了，那我们的时代就必须恰恰如其所是的样子：我们从心底里相信这一点。我们时代的那种可怕的僵化、骨骼的那种不安的嘎嘎作声——大卫·施特劳斯天真地将其描述为最为公正的事实——在哈特曼这里不仅从后面、从作用因，而且从前面、从目的因得到了辩护。

这个滑头让末日审判的光照耀我们的时代，并且从这种光芒来看，我们时代显得很好，亦即对愿意遭受生命的尽可能严重的不消化症的人、末日审判还没有很快到来的人来说是很好的。虽然 315
哈特曼把人类现在所接近的生命年龄称为“成年”；不过，按照他的描述，这是一种幸运的状态；在这种状态中，只有“坚固的平庸”，艺术就是“为柏林交易所买卖人提供的晚间的消遣”，这个时代“不再需要天才，因为这是在把珍珠丢在母猪面前，甚至因为时代已经超越了天才所适合的阶段而前进到了一个更为重要的阶段”，也就是，前进到社会发展的那个阶段，其中每个劳动者“都过着舒适的生活，因为他的劳动时间使他拥有从事自己的精神修养的充分闲暇”。滑头中的滑头，你说出了现在人类的渴望，但你同样知道一个什么样的幽灵会出现人类这种成年的末尾——恶心。这是那种达到“坚固的平庸”的修养的结果。事情显然已经处于可怜的状态了，并将变得更为可怜。

“反基督者的影响在明显地不断扩展”——但这必然是如此，必然会如此发生，因为我们带着这一切，正在迈向体验所有存在之恶心的道路上。“因此，作为上帝葡萄园中的工人，我们要在世界进程中奋勇前进吧，因为唯有这个进程才能够导向拯救。”①

上帝的葡萄园！进程！导向拯救！谁在这里看不出和听不出，只知道“生成”这个词的历史学教养在怎样故意伪装成模仿的畸形，又是怎样通过躲在这个怪诞面具之后去做出关于自己的最放肆的表述的啊！因为上面最后向葡萄园里工人们的滑头的呼喊，到底向他们要求什么呢？他们被要求在什么样的工作中奋勇前进呢？或者，这里可以换个问法：对于这些富有历史学教养之人，对于这些游泳在、浸泡在生成的河流中的世界进程的现代狂热者来说，在有朝一日收获那种恶心，也就是葡萄园中珍贵的葡萄之

① 哈特曼从无意识……拯救。”]参见第 29 页第 59 行；第 66 行；第 51 行。——编注

前，还剩下什么要做呢？——他无事可做，除了像他一直生活的那样继续活着，继续去爱他一直爱的东西，继续去恨他一直痛恨的东 316
西，并继续去读他一直在读的同样的报纸；对于他来说只有一种罪，即活得与一直以来的生活不一样。但恰恰他一直以来是怎样生活的，被哈特曼在那著名的一页中以过分清晰的大号石印字体[1]的句子向我们做了描述。对于这些句子，全部合乎时宜的有教养的滑头们都陷入了盲目的狂喜和狂喜的癫狂之中，因为他们相信他们在这些句子中发现了他们自己的辩护，确切地说，是一种沐浴在启示之光中的辩护。因为这位无意识的戏仿作家要求每一个体都“把他的人格完全奉献给世界进程，为了它的目标，为了世界的拯救”；或更为清楚明白地说，“对生命意志的肯定被宣布为目前唯一正确的东西；因为只有在完全献身于生命及其痛苦，而不是怯懦的个人的退隐和出世，才能对世界进程有所贡献”，“个体追求否定这种意志与自杀一样愚蠢且无用，如果不是比自杀更愚蠢的话”。“能思维的读者即便没有进一步的阐明也理解，一种建立在这些原则之上的实践哲学将会以什么形式出现，而且，这样一种哲学必然包含与生命的完全和解，而不是与生命的分离。”[2]

能思维的读者将理解这一点：似乎人们可能会误解哈特曼！他被误解，这会是多么搞笑啊！现在的德国人非常细腻了吗？一个诚实的英国人[3]认为，德国人身上缺乏细腻的感觉；一个英国人

---

① 石印字体］誊清稿：楔形文字。参见哈特曼：《无意识的哲学》，柏林，1872 年，第 748 页。——编注

② 因为这位无意识的……分离。”］参见哈特曼：《无意识的哲学》，柏林，1872 年，第 748—749 页。——编注

③ 一个诚实的英国人］引文出处不明确。——编注

甚至敢于说，“德国人头脑确实显得有点笨拙、不锋利，不灵巧和不贴切”。这位伟大的德国戏仿者是否要对此提出反驳呢？按照他的解释，我们肯定在接近“人类完全有意识地创造自己的历史的那种理想的状态”[①]。但是显然，我们人类离完全有意识地阅读哈特曼的书的这个也许更为理想的状态仍然相当遥远。如果一旦达到
317 这种状态，那么将再也没有一个人让自己双唇不带有微笑地说出“世界进程”这个词；因为这样做时，他们会想到一个时代：在这个时代，人们以那种“德国人头脑”的全部质朴，甚至如歌德[②]所说的那样，以“猫头鹰般的夸张的严肃”，来倾听、吸收、争论、崇敬、传播和神圣化哈特曼的滑稽模拟的福音。但是，世界必须前进，那个理想的状态不能靠梦想来实现，而是必须靠奋斗和争取，而且唯有通过喜悦才能通向拯救，通向摆脱那种误解的猫头鹰的严肃的拯救。这样的时代将会到来，彼时，我们会明智地避开世界进程或人类历史的所有建构，我们根本不再去关注大众，而是再次只关注个体，关注那些在湍流的生成之河上形成一种桥梁的个体。这些个体并不延续一个进程，而是不受时间影响并同时地生活着，由于历史，他们被允许形成这样一种连接。他们生活在叔本华[③]曾经讲过的天才共和国里。一个巨人穿越时代间的荒芜地带向另一个巨人呼喊，继续着他们之间高等的精神对话，而不会被在他们下面爬行的肆意吵闹的侏儒们所搅扰。历史的任务就是在他们之间充当媒

① “人类……状态”］参见哈特曼：《无意识的哲学》，柏林，1872 年，第 333 页。——编注

② 歌德］引文出处不明确。——编注

③ 叔本华］《叔本华遗稿选》，6 卷本，许布舍尔编，法兰克福，1970 年版，第 3 卷，第 188 页。——编注

介，永远不断地激发并给予力量产生伟人。不，人类的目标不可能在其末尾阶段发现，而只能存在于人类的最高范例里。

相反，我们这个搞笑的哈特曼当然会求助于那种值得钦慕的辩证法。他那种辩证法恰恰是如此真实，就像它的钦慕者是值得钦慕的一样。他告诉我们，“赋予世界进程在过去有种无限的存续，这与发展的概念是不相容的，因为那样的话，任何一种可以设想的发展都必然是已经发生过了的，但实际上却绝非这样。”（啊，无赖！）“同样，我们不能承认这个世界进程在将来有种无限的存 318
续；二者都会取消向着一个目标的发展的概念，”（啊，更是无赖！），“并把世界进程等同于达那伊得斯姊妹[①]的无望的汲水努力。但是，逻辑对于非逻辑的完全胜利”（啊，无赖中的无赖），“必须与世界进程在时间上的终结亦即世界末日同时发生。”[②]不，你这个清晰而又爱搞笑的精灵，只要非逻辑的东西还像今天这样统治着，只要例如人们能够像你那样谈论“世界进程”，并获得普遍的赞同，那么，世界末日就仍然遥远：因为人们在这个地球上还是太快乐，许多幻象仍然活跃繁荣，例如你的同时代人关于你的幻觉。我们还没有准备好被抛掷到你的虚无之中：因为我们相信，一旦人们开始理解你，理解你这个被误解的无意识的解读者，他们会过得更愉快一些。但如果尽管如此，恶心还是强力地汹涌而来，就像你曾向你的读者预言过的那样，如果你对当前和未来的描述被证明是正确

① 根据古希腊神话，达那伊得斯姊妹是达那俄斯的 50 个女儿，奉父命分别嫁给叔父埃古普托斯的 50 个儿子，其中有 49 人于新婚之夜谋杀了自己的丈夫，在阴间被判用竹篮汲水。——译注

② “赋予世界……同时发生。”]哈特曼：《无意识的哲学》，第 747 页。——编注

的——没有人像你带着如此的恶心蔑视当前和未来——，那么我将愉快地愿意以你所建议的形式与大多数人一起投票赞同，在下个星期六晚12点整，你的世界就会毁灭。我们的法令可以包括这些文字："从明天起，时间将停止存在，将不再有报纸出版。但我们的法令是白费力气，不会起作用。好的，不管怎样，我们有足够的时间来做一个精彩的实验。我们拿来一架天平，一边放哈特曼的无意识，另一边放哈特曼的世界进程。有些人会相信，两边的重量相等，因为每一边都放着一个同样坏的表述和一个同样好的玩笑。[①] 如果哈特曼的玩笑被理解了，那么，他的"世界进程"除了作
319 为笑话，就再不会在其他地方被使用了。事实上，早就该用全部讽刺恶意的大军去攻击历史感的过度，去攻击以存在和生命为代价而过分陶醉于世界进程，去攻击一切视角的轻率的移动。无意识哲学的作者应该始终得到表扬，因为他率先敏锐地认识到了"世界进程"概念中的可笑，而且，他的阐述特别认真，有助于我们更敏锐地认识到这种可笑。"世界"为什么存在，"人类"为什么存在，我们暂时根本不应当去关注，除非拿来开玩笑：因为渺小的人类蠕虫的傲慢自负，如今是世界舞台上最可笑和最令人愉快的事情。但是，你要问自己，作为一个个体，你为什么存在；而如果没有人能够告诉你，那你就尝试为你的此在的意义做一种似乎是后天的辩护吧，即你为你自己预设一个目的、一个目标、一个"为了这个目的"，一

① 但我们的法令……玩笑。］见哈特曼：《无意识的哲学》，第637页。誊清稿中有："惩罚，即重新被卷入哈特曼的世界进程。"这种手段自然是非常有力的——因为你会随之沉沦；与你一起沉没的还有关于世界进程的闲言碎语。除了这个词，这个概念以外，谁没有取得无限多的收获呢！——编注

个崇高的和高贵的"为了这个目的"。去做吧，哪怕为此而毁灭——在完成某种伟大而不可能的事情的努力中作为伟大灵魂的浪子而毁灭，除此之外，我不知道还有什么更好的人生目的。相反，如果关于自主生成的学说，关于一切概念、类型和种类的流变的学说，关于人和动物之间缺乏一切根本差异的学说——这些学说我认为正确但却是致命的——在今天变得流行的追求教诲的狂热中再经过一代人被抛掷到民族中去，那么，倘若那个民族毁灭在自私主义的渺小和不幸上，毁灭在僵化和利己上，也就是说，这个民族先是解体，并不再是一个民族，那就没有人会对此感到惊奇。那么，取代未来舞台的也许就是个人自私自利的制度、以贪婪剥削非兄弟为目的的兄弟关系和功利主义卑鄙下流的类似创造。为了给此类创造铺路，我们只需要继续从**大众**的立场出发写历史，继续
去在历史中搜寻能够从这些大众的需求中提取出来的那些法则， 320
也就是，去搜寻主导社会的较低[①]阶层即黏土层和陶土层的运动法则。在我看来，大众仅仅在三个方面值得一顾：首先作为伟大人物的褪色副本，而且是用磨损的雕版印在劣质的纸上，其次是作为对伟人的阻抗，最后是作为伟人的工具。至于其他方面，那就让魔鬼和统计学把他们带走吧！什么？统计学能够证明历史中有法则？法则吗？是的，它证明大众是多么平庸和令人恶心地千篇一律。我们应当把愚蠢、模仿、爱和饥饿这些重力的作用称为法则吗？那么好吧，我们愿意承认这一点，但这样一来这个命题也是成立的，即只要历史中是有法则的，法则就是毫无价值的，因此，历史

① 较低]大八开版：最低。——编注

本身就是毫无价值的。但是，恰恰是这样一种历史学现在普遍受到欣赏，它把大众的广大动机视为历史上的重要的和主要的东西，把一切伟大的人物仅仅看作大众的最清晰的表达，似乎是看作洪水表面变得可见的小水泡。据此，大众被认为从其自身中生产出伟大，也就是，秩序被认为产生于混沌。最后，这种历史学当然就会给产生它的大众唱起颂歌了。这样一来，凡是有一段较长的时间推动过这些的大众，并因此被他们称为“一种历史力量”的东西，都被称为“伟大”。但这岂不是在蓄意地混淆量和质吗？如果粗糙的大众发现某一种思想如某一宗教思想，适合他们的口味，并坚韧地捍卫它，长达若干个世纪地拖着它同行，这时，而且只有这时，那种思想的发现者和首创者才被认为是伟大的。但是为了什么！最高贵的和最高尚的东西根本影响不到大众。基督教的历史成功、

它的历史力量、坚韧和持续，幸运的是，没有一样东西可以证明它

321 的首创者的伟大方面，因为这在根本上会证明在反对他[①]。但是，在他和那种历史成功之间，还存在着一个非常世俗和晦暗的层次，一个情欲、错误、对权势和荣誉的贪婪的层次，一个罗马帝国发挥着持续有效的影响的层次。基督教从这样一个层次中获得了使自身可能持续生存并似乎给予了它可维持性的那种尘世味觉和尘世余留。伟大不应当取决于成功。德摩斯梯尼[②]尽管未曾成功，但却很伟大。最纯粹和最真诚的基督教的信徒总是倾向于质疑和阻

① 反对他]准备稿还有：但是，这里原始的东西显得完全丧失了，对于大众和许多沽名钓誉和自私自利的个人的倾向来说，所保留下来的就是名称。——编注

② 德摩斯梯尼（Demosthenes，公元前384—前322）：古希腊演说家和政治家，反对马其顿入侵，失败后服毒自杀。——译注

碍而不是促进它的世俗成功、它的所谓的“历史力量”,因为他们习惯于置身“世界”之外,不关心“基督教理念的进程”。这就是他们大多不为历史学所知道,也不为历史学所称道。用基督教的话说,魔鬼是尘世的统治者,因此是成功和进步的大师[①],是一切历史力量之中真正起作用的力量,而且,这就是为什么根本上将一直如此,尽管对于一个习惯于膜拜成功和历史力量的时代来说,这听起来相当刺耳。因为事实上,恰恰在这一点上,这个时代学会如何重新命名事物,甚至为魔鬼重新命名,重新洗礼。这当然是有一种巨大危险的时刻:人们似乎接近于发现,个人的、团体的或者大众的自私自利在所有时代都是历史运动的杠杆,但同时他们却丝毫不会对这一发现而感到不安,相反,他们宣称:“自私自利主义应该是我们的上帝。”[②]他们带着这种新的信仰,以一种最清晰的蓄意把未来的历史建立在自私自利主义上面。只不过这应当是一种聪明的审慎的自私自利,一种给自己加上一些限制以维持其恒久的自私自利主义,一种恰恰为了辨识不聪明的自私自利而去研究历史的自私自利主义。人们在这样的研究中学到,在将要建立的自私 322
自利的世界体系中,国家应当有一个完全特殊的使命:它应当成为一切聪明的自私自利的保护神,以用它的军队的和警察的暴力去防止不聪明的自私自利主义的可怕爆发。历史学——确切地说是作为动物的和人的历史学——正是带着同样的目的被小心翼翼地灌输到那些因为不聪明而危险的大众和工人阶层之中,因为人们知道,一小粒的历史学教养就能够制伏粗糙的晦暗的本能和欲望,

① 用基督教……大师]参见 29[49]。——编注

② 在我看来,大众……上帝。”]参见 29[40、41、139、149]。——编注

或者至少能够把它们引导到精致的利己主义的渠道上。总之，用哈特曼的话说，人们现在“把思考的目光投向将来，考虑在这个尘世家乡建立起实用的舒适的居所”。正是这位作家把这样的时代称为“人类的成年”，并以此嘲笑今天被称为“成年”的东西，就好像这个概念指的只是冷静的自私自利者似的，就像他同样预言，在这种成年之后会有一个相关的老年时代，但他同样明显地只是在以此发泄他对于我们时代合乎时宜的白发老人的嘲笑：因为他谈到，成熟的内省是“纵览他们过去生命历程的全部风暴般涌过的苦难，并把握到他们曾经自以为是其所有奋斗的目标的虚幻”。不，在那种狡猾的、历史学教育而形成的自私自利的成年之后，是一种对于生命怀着令人厌恶的贪婪和毫无尊严的老年，然后是最后一幕的到来：借助这最后一幕，

终结这一奇特地变换着的历史的，
是童年的再现和完全的遗忘。
没有牙，没有眼，没有味觉，没有一切。[①][②]

不管威胁我们的生命和我们的文化的危险是否来自这些荒芜的、没有牙齿和味觉的老人，还是来自哈特曼所谓的“成年人”，对这二者，我们要咬紧牙关坚持我们的**青年人**的权利，永不疲倦地捍
323 卫我们青年人的未来，反对那些摧毁未来的圣像破坏者。但在这

① 总之，用哈特曼的话说……一切。]参见 29[51]；哈特曼：《无意识的哲学》，柏林，1872 年，第 726、734 页。——编注

② 参见莎士比亚：《皆大欢喜》，第 2 幕，第 7 场。——译注

场斗争中，我们被迫发现一个特别令人痛苦的事实：**当代所遭受的那些历史感的过度，是被人蓄意地加以促进、鼓励——甚至利用的**。

但是，人们利用过度的历史感来对付青年，为的是训练青年去适应到处都在追求的那种自私自利的成熟成人的模式；人们利用过度的历史感，为的是破坏青年对那种成年的和非成年的自私自利的天然反感，其方式就是将其美化从而使之出现在魔幻般的科学光照之中。人们已经熟知，而且是太过精准地知道，历史学的某种过量能够带来什么，那就是，根除青年的最强的本能，如热情、执拗、忘我和爱；窒息其奔放的正义感；抑制其慢慢成熟的欲望，代之以尽可能快速地完成、尽可能快速地有用、尽可能快速地有成果的反欲望；用怀疑去感染其感觉的诚实和勇敢。它甚至能够骗走青年最美好的特权，骗取他们以满怀信心地在其自身孕育一个伟大的思想，并使之长成一个更为伟大的思想的力量。正如我们所见，历史学的某种过量能够做到这一切。它之所以能够做到，是因为它不断地移动人的视线和视角，清除一个笼罩着保护性的大气层，并借以阻止人**无历史地**感觉和行动。这样一来，人就会把无限的视野撤回到他自己身上，撤回到那最为渺小的自私自利的王国，并且必然在其中凋萎和干枯。他也许会有小聪明，但达不到大智慧。他听从理性，妥协折中，经营算计，适应事实；他保持冷静，他懂得在他人的有利和不利中去寻找他自己或者他的派别的利益；他忘却了多余的羞耻，就这样一步步地迈向哈特曼的“成年”和“老年” 324
阶段。但是，那是他被认为应当变成这样，这恰恰就是今天犬儒主义所要求的“把人格完全奉献给世界进程”的意义——为了它的目

标，即世界的拯救，就像哈特曼这个滑头使我们所确信的那样。如今，那些哈特曼式的“成年”和“老年”的意志和目标很难说恰恰就是世界的拯救，但如果世界被从这些成年和老年那里拯救出来的话，世界肯定会被更好地拯救。因为只有如此，青年之国才会来临。

十

此时此刻，想起青年人，我高呼：“陆地！陆地！”在这陌生、漆黑的大海上，怀着满腔热情地寻觅，但终究一无所获，这样的航行我已经受够了，太够了！如今，海岸线终于出现在我们眼前：不论它是什么样的，我们都必须在那里登陆；避风港再差，也好过回到那怀疑主义的漫无边际的绝望之海里漂泊。让我们首先抓住陆地；我们以后会找到更好的港口，让我们的追随者更容易地到达陆地。

这段航行充满危险，但却令人振奋。我们现在离我们最初借以驶向大海的宁静考察是多么遥远啊。在追逐历史的危险中，我们发现自己早已彻底地暴露在这种危险中；我们遍体鳞伤，这就是过量的历史在现代人身上留下的痕迹；我无意向自己隐瞒，正是在其过度的批评中，在其人性的不成熟中，在其从冷嘲热讽到犬儒主义、从傲慢自大到怀疑主义的不断转换中[①]，我这篇论文揭示出了它的现代性，一种以软弱的人格为特征的现代性。然而，我信任那

① 正是在……转换中]参见 27[80]。——编注

种激励的力量，它代替了天才来为我的船掌舵；我信任**青年人**，我相信，这种力量驱使我现在**反抗现代人在青年时所要接受的历史** 325
教育，并驱使我这个反抗者要求，人首先要学会生活，只有在**服务于他学会的生活**时才去运用历史；我相信，它使我调转船头，驶向正确的方向。只有青年人会理解这种反抗；确实，我们今天的青年人过早地衰老，他们根本不够年轻去感觉和理解我反抗的是什么。我会用一个例子帮助阐明我的意思。差不多一个世纪以前，一种被称之为“诗歌”的自然本能在一些德国的青年人身上觉醒了。我们是否就应该假设他们之前的世代，乃至是与他们同时代的人，就从来没有谈论过那种对其内心陌生且不自然的艺术？当然，恰好相反：他们全力以赴地反思、书写和争论“诗歌”，他们使用的是文字，文字，文字，以及更多的文字。赋予文字以生命，并不意味着写作者的即刻死亡；在某种意义上，他们仍然活着，如果吉本[①]所言非虚，世界的灭亡只是一个时间问题，虽然它需要很长时间[②]，那么在德意志这个“渐变之邦”，一个错误的观念要消亡也只是一个时间问题，虽然它需要更长的时间。无论如何，相比一百年前，现在可能多了一百人知道什么是诗歌；在一百年以后，可能又会多了一百人知道什么是文化，知道德意志至今还不曾拥有文化，不管人们怎么夸夸其谈、炫耀张扬。在这些人看来，德意志人对其“教化”的普遍满意是多么愚蠢和难以置信，比如戈特舍德[③]一度被视为

① 爱德华·吉本(Edward Gibbon，1737—1794)：英国杰出历史学家，著有《罗马帝国衰亡史》。——译注

② 如果吉本……时间］出自准备稿“但很明显，他们会灭亡”，参见 29［142］。——编注

③ 戈特舍德(Johann Christoph Gottsched，1700—1766)：德国文学理论家、诗人。——译注

公认的经典，或者拉姆勒[①]一度被誉为德意志的品达。他们会认为，这种教化仅仅是一种关于教化的知识，而且根本就是一种虚假
326 而肤浅的知识。虚假而肤浅，是因为德意志人忍受着生命与知识的矛盾，因为他们完全感知不到一个真正有文化的民族的教化的特征——只有植根于生命，文化才会生长和繁茂；而德国人只是将文化当作是纸花佩戴在身上，或者当作是糖衣覆在身上，因此永远只能是一个贫瘠的谎言。然而，德意志青年的教育，正是从这种虚假而贫瘠的文化观念出发的：如果完全从其纯粹且高尚的角度来理解，就会知道它的目标绝不是培养自由的有教养者，而是培养学者、科学人，而且是尽可能快地产生效用的科学人，他们远离生命，就是为了更清楚地观察生命；从普遍的经验的角度看，它的结果只是培养出受过历史教育和审美教育的文化庸人，带着早熟和新知去咕哝着国家、教会和艺术的空谈家，是对上千种二手感觉的感觉中枢，是不知真正的饥渴为何物的永不饱足的胃。[②] 一种有着这样的目标和结果的教育是违背自然的；只有还没被它完全塑造的青年人能够感受到这一点，只有青年人的本能才能感受到这一点；因为他们仍然拥有自然本能，直到这种教育人为地、暴力地将其粉碎。反过来，谁想粉碎这种教育，他就必须帮助青年人发声，他就必须用清晰的概念，照亮他们至今为止的无意识的反抗道路，将其转化成一种有意识的、勇敢地表达出来的觉醒。但这样一个非同寻常的目标如何能够达成呢？

① 拉姆勒(Karl Wilhelm Ramler,1725—1798)：德国诗人、翻译家。——译注

② 胃。]准备稿后面还有：简而言之，是活生生的和健康的文化人的丑化，文化人首先是人，从里到外都是完整的，独特的。——编注

首先，他要破除一种迷信，即这种教育**必不可缺**的信念。普遍的想法是，除了当前这种令人极度厌恶的现实，再没有其他可能了。如果对此有疑问，只需考察一下过去数十年的关于中等教育、高等教育和教育机构的文献，我们就会沮丧而惊愕地发现，在迥然不同的建议中，在所有异议的激烈交锋中，人们设想的 327
教育目标是多么相似；我们就会发现，人们是如何坚定不移地将至今为止的教育结果，即现在所理解的、培养“有教养的人”，设想为所有进一步教育必不可少的理性基础。这一单调的教育信条的本质大概就是：青年人必须从关于教化的知识出发，而不是从关于生命和生活的知识出发，更加不是从生命和体验本身出发。而且，这种关于教化的知识被以历史知识的形式灌输到青年人的头脑中；也就是说，青年人的头脑塞满了一大堆观念，这些观念来自过去时代和民族的极其间接的知识，而非对生活和生命的直接感知。他渴望亲自体验一些事情，感受一个完整的、有生机的体系如何在他的内心不断滋长，但这样的渴望却被麻痹了，仿佛是被那个诱人的承诺给灌醉了，即他可以在短短几年内将过去的时代，尤其是那些最伟大的远古时代之中最高级和最宝贵的经验搜集到自己的内心。正是用同样疯狂的方式，我们年轻的画家被带进了艺术展馆和画廊中，而不是带往大师的工作室，尤其是大自然，这位独一无二的大师的独一无二的工作室中。仿佛一个人只需匆匆地走过历史的画廊，他就能运用过去时代的技艺和手法，就能收获过去生活的真正果实！仿佛生命本身不是一门手艺，但如果我们不想生活中全是笨嘴笨舌和笨手笨脚的人，生命的手艺就必须从零学起，就

必须勤学苦练。[1]

柏拉图[2]认为，他的新社会（理想国）中的第一代人的教育，必须借助一个强有力的“**必要的谎言**”；要让孩子们相信，他们都曾经 328 沉睡在地下，做了很长时间的梦，在那里，大自然的造物主将他们揉捏成形。想要反抗过去，反抗造物主的安排，是不可能的！这要被视为一个颠扑不破的自然法则：谁生为哲学家，他有黄金的体质；谁生为护卫者，他有白银的体质；谁生为工匠，他有铜铁的体质。柏拉图解释道，这些金属不可能融合在一起，所以等级的秩序也无法混合或者杂糅在一起。相信这种秩序是永恒的真理，这是新教育因此也是新国家的基础——如今，现代的德意志人也是这般相信他们的教育系统、他们的文化是永恒的真理：然而，一旦这个必要的谎言遇上了**必要的真相**，即德意志人并不拥有文化，仅是因为他们的教育不允许他们拥有文化，那么就像柏拉图的理想国已经破灭那样，这种信念也终将破灭。他想要花朵，却不想要根

① 勤学苦练。］这段话被尼采从校样中删去：如果不是从外国政党政治学来的甚至是偷来的概念，不断地轰鸣在德国人的脑袋之中，那么是什么使得整整十年来德国政治领导人的统治如何困难呢？因为这些概念与德国自己的观点并不相适应，只是出于语词和图式的需要，而非出于鲜活的困境的需要。那种在国外受到讥讽的可耻的冲突的真正原因是什么呢？我们德国人和我们时代的创造性的艺术天才一起生活在这种冲突中；这个时代的荣耀恰恰会因为这些天才的名字而被刻画到后世的记忆之中。除了学来的空洞语词和历史学的灰丝织成的概念蛛网之外，还有什么呢？德国人那充实而又深刻的本性深陷在这蛛网之中，而且，一旦被捕获，他们就从自己活生生的现实中吸取鲜血。因为这正是“教养”所要的：坐在一张概念之网中，毫无血色地坐着，对所有朝这大网吹气并不时吹走一些丝絮的人心怀仇恨。罗德在该段结尾加注指出：整个画面是不可能的、夸张的和完全不可理解的：怎么会是“毫无血色的”，因为它吸吮着德国的鲜血。“坐”这个词的莱辛式首词重复法是为了什么目的？因为人们很容易就过多地使用它！——编注

② 柏拉图］《国家篇》，Ⅲ，414b—415c。——编注

茎:所以他终将一无所获。这是一个简单的真理,一个粗鄙且令人不快的真理,但却是一个真正的必要的真理。[①]

然而[②],我们必须用这个必要的真理去教育**我们的第一代**;他们必然会深受其苦,因为他们必须用它来教育自己,乃至是用它来对抗自己,使自己摆脱那陈旧的第一天性和习惯,获得一种崭新的天性和习惯。这样,他们就可以用一句古老的西班牙谚语对自己说:"上帝保护我不受自己的伤害",也就是说,不受那个被教化到他们身上的天性的伤害。[③] 他们必须一点一滴地品尝这个真理,就像是品尝一剂苦涩却刚烈的良药,这个世代的每一个人都必须克制自己,以对自己做出判断,如果这个判断针对的是整个时代,他可能会觉得更容易接受:我们没有教化,我们没有文化;更甚的是,我们被毁掉了,失去了生命的能力,无法正确地和单纯地去看、去听,无法欣然地把握那些对我们最切近和最自然的事物;至目前为止,我们从未拥有过一个文化的基础,因为我们甚至不确信我们的内心拥有真正的生命。完整的存在被机械地撕裂成外在与内 329
在,支离破碎;四处播撒概念,仿佛是在播种龙牙,孕育出概念的恶龙;饱受文字的痼疾,不相信自己的任何感觉,只要这种感觉没有

① 真理。]罗德在此作注:"关于下一页直到结尾,我会再改写一下,使之更加简明!"尼采未能考虑罗德的这一注释以及罗德在最后校样印张上的其他注释。参见尼采 1874 年 2 月中旬致罗德的信:"遗憾的是,我恰恰在这最后印张上未能再次采纳你的帮助。我相信,出自许多理由,人们忘记把最后的印张寄给你了,并且,事情紧急。幸运的是,我自己消除了这最恼人的障碍,包括通过删去校样的一页文字,并使结尾部分更容易理解一些。"——编注

② 准备稿:对第一代,自我矫正的机构是必要的。治疗,能够忘记。(不过量是不可能的,我们必然会承受治疗的痛苦。)——编注

③ 这样,他们……伤害。]参见 29[182]。——编注

打上文字的印记：作为这样的一个无生命的，但却在令人难以置信地不断生产概念和文字的工厂，我可能仍然有权利说“我思故我在”，却不能说“我生故我思”。我被赋予的是空洞的“存在”，却不是繁茂且葱郁的“生命”；我原初存在的感觉，只能保证我是一个思考的生物，但不能保证我是活着的生物，不能保证我是动物，而至多是“思想实体”。赋予我生命，我就能从中为你创造出一个文化！——第一个世代的每个人都如此呐喊，他们在这样的呐喊中互相认识。但谁赋予他们这样的生命呢？

不是神，也不是人，只能是青年他们自己。打开束缚着青年的枷锁，解放了青年，你也就解放了生命。因为生命只是被藏进了监狱中，它还没凋零而亡——你可以问一下自己！

但它是病了，这个解除了枷锁的生命，它需要接受治疗。它患上了多种疾病，而不仅仅是带上枷锁的记忆使它痛苦——我们这里关心的主要是它遭受的**历史病**。过量的历史已经损害了生命的可塑力，它不再知道如何将过去作为一种强力的养分加以利用。这是一种可怕的疾病，但尽管如此！如果青年没有一种自然的洞悉一切的天赋，那么没人会知道那是一种疾病，也没人会知道我们已经失去了健康的乐园。但也同样是这些青年人，有着自然的治愈本能的青年人，他们已经预测到如何让这个乐园失而复得。他们知道治疗历史病，治疗历史的过量的创伤药水和灵丹妙药：可这种药叫作什么呢？

330 现在，如果你发现这些灵丹妙药居然有着毒药的名字，你不要大惊小怪：历史的解毒剂被称为“**非历史**”和“**超历史**”。带着这些名字，我们又回到了我们考察的开端，并且平静地走向我们的主旨。

我用“非历史”这个词来指代一种能够**遗忘**的艺术和力量，它能够将自己封闭在一个有限的视野之内；我用“超历史”这个词来指代这样一种力量，它能够使**目光**不再注视生成的过程，而是转向那些赋予人生此在以永恒与稳定的特定的事物之上，转向**艺术和宗教**。[①] **科学**，正是在这里称为毒药的科学，在上述能力和力量中看到了与之对抗的力量和能力。因为科学认为，只有一种观察事物的方式是真实的和正确的，也就是科学的观察方式；在它看来，四处皆是完成的、历史的事物，但看不到持久存在的、永恒的事物。科学生活在一种与艺术和宗教的永恒力量之间的内在矛盾中，因为它痛恨遗忘，遗忘意味着知识的死亡；它希望破除一切视野的限制，将人掷入到所认识的生成的无边无际的光海之中。[②]

但愿人能在这光芒的大海中存活！就像城市在地震中崩塌而变得荒芜，人在畏惧和慌乱中在火山之上建筑他的房屋，当科学引发的“**概念的地震**”摧毁了人安身立命的基础，摧毁了他对持久和永恒之物的信念，生命本身也就崩塌了，变得萎靡不振、惶惶不可终日。是生命主宰知识和科学，还是知识和科学主宰生命？两种力量哪一种更高，更具有决定性？毋庸置疑，生命更高，生命是主宰的力量，因为摧毁了生命的知识，也必将连它自身也一同摧毁 331

① 我用“非历史”……宗教。]参见29[194]。——编注

② 科学……光海之中。]准备稿：科学把二者都看作是毒药：但这却是科学的一种缺陷，即把这二者仅仅视为毒药，却不把它们视为治疗。科学缺少一个分支：一种更高级的卫生学，以考察科学对生活的影响，并从一个民族、一种文化的健康的立场出发来评判所允许的科学规模。药方：非历史的东西教人遗忘，限制、创造大气氛围和视域；超历史的东西使人对历史学的诱惑更为漠然，有安抚和排解的作用。自然、哲学、艺术、同情。——编注

掉。知识以生活和生命为前提，因此就像任何生物都想维持自己的生存一样，知识也有同样的动机去保存生命。因此，科学需要一种更高的监视和督察：与科学紧密相邻的是“**生命健康学**”。这种生命健康学的一个原理是：非历史和超历史的东西是一剂自然的解药，用于治疗历史对生活的压制，治疗历史过度的疾病。也许，我们这些患历史病的人，也不得不受这种解药之苦。但我们感到苦涩，并不能证明我们所选的治疗方法是错误的。

正是在这里，我认识到我前面讲过的青年人的使命，他们是第一代的勇士和屠龙者，他们将会促进一种更幸福、更美好的文化和人性，但他们自己至多能瞥见那个幸福美好之未来的富有希望的征兆。这些青年将既受疾病之苦，又受解药之苦：但不论如何，他们相信自己有资格去宣告，比起他们的先辈，也就是今天的有教养的“成人”和“白发老人”，他们更加健康，拥有一种更加自然的天性。但他们的任务是粉碎现在的关于“健康”和“文化”的概念，唤起对这些概念杂交而成的怪物的嘲讽和恨意。[①] 保证青年会更加强健的迹象是，青年能够不再从当前正在流通的语言和概念的货币中找出什么概念和党派口号，来标榜自身的存在，而是用他们体内的一种斗争、明辨和分析的积极力量，用一种无时无刻不在增强的生命感，来证明自身的存在。有人可能会不承认这些青年是有教养的——但对青年来说，这算得上是一种非难吗？有人可能会
332 指责他们蛮横粗鲁、肆无忌惮——但他们确实不够世故老练，也不够精明圆滑，所以不懂谦逊和节制自己；但是，重要的是，他们无须

① 但他们的任务……恨意。]参见 29[195]。——编注

假装接受过既有的教育，更无须为其辩护，他们只需享受年轻人的一切慰藉和特权，尤其是勇敢且不假思虑地保持正直的特权，还有令人奋进的希望的慰藉。

这些充满希望的青年，我知道，他们能够从亲身的经验去理解所有这些普遍性，并将它们转化成对自己有意义的教诲；其他人这时候可能只看到了一排盖住的碟子，这些碟子似乎是空的。直到有一天，他们用自己的眼睛惊讶地发现，碟子盛满了东西，攻击、需求、生命的冲动和激情都被混杂和压缩在这些普遍性中，但它们不可能被隐藏很长时间。我把那些怀疑者留给时间，时间会让一切真相大白。在本文的结尾，我转向那些怀有希望的人，用一个寓言来告诉他们从历史病里得到治疗和解救的步骤和过程，直到他们足够健康，能够重新探寻历史，并且以服务生命为目的，在前面讨论过的三种意义上运用历史，即丰碑的、崇古的和批判的。在那个时候，他们会比现在的“有教养的人”更加无知，因为他们会忘记很多事情，他们甚至失去了所有欲望，就连这些有教养的人特别想知道的事情也不屑一顾；在这些有教养的人看来，他们最鲜明的特征就是“缺乏教养”，他们对很多有声望的东西，乃至是善的东西都漠不关心，拒不接受。但当他们到达其被治愈的终点，他们又再次成为了人，而不再是似人的特征的集合体——这是多么了不起的成就！希望尚存！你们这些怀揣希望的青年，难道没有在心里开怀大笑吗？

我们如何才能达成这个目标呢？你会问。当你踏上朝向这个 333
目标的征途之时，德菲尔之神向你大声地说出他的神谕：“认识你自己。”这是一句艰难的神谕：如赫拉克利特所言，神“不隐瞒，也不

明言，只是暗示”①。他向你暗示什么？

曾经有过几个世纪，希腊人发现他们处于一个类似于我们今天的危险境地中：他们快要在过去和外来的洪水中溺亡，快要在“历史”中沦亡。他们从来没有生活在骄傲的封闭和不可侵犯性中。相反，他们的“文化”在很长的一段时间里都是一大堆外来形式和概念构成的混沌：闪米特的、巴比伦的、吕底亚的，还有埃及的；而他们的宗教就是名副其实的东方诸神之战。这个情形就类似于今天的“德意志文化”和宗教，也是一切外来的和过去的事物都杂糅在其中的战斗着的混沌。但尽管如此，多亏了阿波罗的神谕，希腊文化没有成为单纯的集合体。希腊人谨遵德尔菲的教诲，反思自身，亦即反思他们真正的需要，让他们虚假的需要消失，这样他们逐渐学会了**驾驭混沌**。于是，他们又重新掌控了自己；他们没有长时间地成为整个东方文化的不堪重负的继承者和追随者。基于对阿波罗神谕的实用解释，经过与自己的一番苦战以后，他们甚至成为了其所继承的财富的最幸福的丰富者、增值者和提升者，也成为了一切未来文化的先到者和模范。②

我们每个人都应该听取这个寓言：一个人必须反思他真正的需要，从而驾驭内心的混沌。他的正直、他明智和真实的品格，总有一天必须反抗他自己身边充斥的一味地随声附和，反抗一味地效法和模仿。然后，他才开始明白，文化还可能是别的东西，而不

① “不隐瞒……只是暗示”]参见赫拉克利特残篇第93，第尔斯-克兰茨编：《前苏格拉底哲学家残篇》。——编注

② 曾经有过几个世纪……模范。]罗德注：“如果相似情况中完全只以确定的事实为充分依据，那么这种情况就会非常美妙：对此我表示怀疑。倘若这样，这种情况将会再次丧失所有力量。”参见29[191]；29[192]。——编注

仅仅是“**生活的装饰**”。因为按照过去那种理解，文化在根本上不过是一种伪装和掩饰；因为一切装饰都是为了掩盖被装饰之物。334
因此，与罗马的文化概念相反，希腊的文化概念向他揭开面纱，文化的概念是一种新的、更美好的自然物，没有内在和外在之分，没有传统和伪装，是生命、思想、表象与意志的统一体。因此，他从亲身的经验中明白到，正是凭着他们**道德品性**中更崇高的力量，希腊人才能获得超越其他一切文化的胜利；每增添一分真实性，都必然朝向一种真正的教养和文化多迈进了一步，即便这一分真实可能会严重地伤害到当今备受尊崇的教养和文化，即便它甚至可能会加快整个装饰文化的崩塌[1]。[2]

① 即便……崩塌]打印稿：这种真诚也许经常会削弱一种恰恰受人敬重的“教化”、一种仅仅是“装饰性的文化”，并使其覆灭。——编注

② 崩塌。]校样中这段话后被尼采删去了：“那么，对于我们又会发生什么呢？历史学家可能会对我这一番考察的结尾不满地提出异议。历史学这门科学，我们著名的、严格的、冷静的有条不紊的科学应当去哪里呢？——去尼姑庵吧，奥菲莉亚，哈姆雷特说道；但是我们希望把历史学和学者逐到哪个尼姑庵去呢？这个谜底却要交给读者自己去解开，如果读者太没有耐心来等待作者所许诺的在另一个观察给出的解决方案的话。”尼采这里许诺作一篇《论学者及其对现代社会无思想地归属》，但尼采并没有完成这篇考察。——编注

335 # 第三篇　作为教育者的叔本华[①]

337 ## 一

一个游历过许多国家、民族，到过若干大陆的旅行者，在被问及所发现的各地之人所具有的特性时回答说，他们都有一种懒惰的习气。在很多人看来，这个旅行者可以做出更为正确的、更加普遍有效的回答，即“他们都很胆怯。他们将自己隐藏在风俗和意见之下”。但在根本上，每一个人清楚地知道，他作为一个独特的存在，只在这个世界上存在一次。他几乎没有机会第二次将自己如此奇特的色彩缤纷的小块聚拢为一个像他现在那样的统一体。[②]

---

① 尼采《不合时宜的考察》第三篇即《作为教育者的叔本华》的准备稿，可追溯至1874年春。这篇考察的写作及其完成相当费力（参见尼采致罗德的信，1874年7月4日，KGB Ⅱ/3，第238页），并持续到1874年8月底。在这之间，尼采有了新的出版商：Schloßchemnitz的Ernst Schweitzer。这位出版商于8月19日至9月期间收到了多次邮寄的打印稿。排版和印刷进展很快，最后的校样于9月26日抵达。尼采在10月7日至15日之间收到了第一本完成了的样书。

《作为教育者的叔本华》的打印稿并不完整，缺少开头和最后的部分。校样已经不存在了。一部带有修正的手稿样本留存了下来，其中的修正只有一部分确定出自尼采之手。

尼采未刊稿中与《作为教育者的叔本华》有关的内容见科利版第11卷。——编注

这里的“教育者”，指生命导师、人生导师。——译注

② 但在根本上……统一体。］参见拉迦德（Paul de Lagarde，1872）：“每个人在自己的方式中都是唯一的，因为每个人都是唯一的、不会再重复的过程的结果。”《德语作品集》，二卷本，哥廷根，1878—1881年，第一卷，第72页。——编注

他知道这一点，但他却像隐藏坏心眼那样把自己隐藏起来。这是为什么？这是出自对那些要求因循习俗并遵从习俗的邻人的恐惧。不过，是什么迫使单一个体恐惧自己的邻人，是什么迫使他们跟风式思考和行动而感受不到自身的快乐？在极少数人那里是因为害羞，而在绝大多数人那里是因为懒惰和贪图安逸，也就是旅行者所说的懒惰的习气。他是对的：人们的懒惰甚于恐惧，绝大多数人惧怕由于自己无条件的真诚和赤诚而给他们带来的麻烦和不便。只有艺术家憎恨这种懒惰的跟风，憎恨他们蹈袭别人的方式和意见。他们揭露每个人的秘密和坏良心，揭示每个人都是一个 338
独特的、一次性的奇迹这个规律，他们敢于向我们宣称，直至我们每个肌肉运动都是独特的，而且，只有当我们严格与这种独特性一致时，我们才是美丽的，才值得一顾，才能像自然的每件作品一样，新颖且不可思议，绝不单调乏味。当伟大的思想家蔑视人时，他蔑视的是人的懒惰，因为人由于自己的懒惰成为了类似工厂产品之物，从而不值得交往和教诲。凡是不想沦为庸众之人，必须停止追求安逸和懒惰，他必须追随其良心的呐喊：成为你自己！做你自己！你现在的所为、所思和所求都不是你自己。

每一年轻的灵魂昼夜都能听到这种呐喊，并为之战栗不已。因为他们一想到自己的现实解放时，他们就会预感到那恒久以来就存在的幸福之境。但只要他们受制于意见和恐惧的锁链，就绝不会臻于这种幸福之域。没有这种解放，生命将会多么阴郁，多么无意义！世界上没有比偏离自己的天赋，瞻前顾后、左顾右盼之人更令人厌恶、更单调乏味的造物了。人们最终根本不能再去攻击这种人，因为他们只有外在，没有内核，他们像是一件破烂的、被涂

上色彩的衣服，像是一个既不能引起人恐惧甚至也不能引人同情的、被装点粉饰的幽灵。如果人们说懒人杀死时代是正确的，那么，这样的时代把自己的救赎建立在公共意见，也就是建立在私人懒惰[①]之上，就令人深为忧虑了，而且，它真的会有一天被杀死：我的意思是它真的会被从生命的真正解放的历史中删除出去。后世之人将会多么不情愿地去处理那个不是由活生生的真人统治而是
339 由公共舆论的伪人统治的时代的遗产！我们的时代之所以对某个遥远的后世是最黑暗和最无名的时代，也许是因为它是历史上最无人性的一段。我穿过我们城市的新街道，想到这些公共舆论的伪人为自己建造的所有这些令人厌恶的房子在百年之后将怎样难以寻觅，然后这些房子的建筑者们的意见也将怎样随之崩塌！与此相反，所有并不感到自己是这个时代的公民的人们会怎样满怀希望！因为假如他们是这个时代的公民，他们就会帮助杀死他们的时代，并连同其时代一起沦亡。但是，他们[②]更是想唤醒这个时代的生命，以便在这种唤醒了的生命中继续生存。

但是，即使未来不让我们有所希望，我们存在于此时此地的这一事实，也最强有力地鼓励我们按照自己的尺度和法则去生活：一种难以阐释的事实，即尽管我们可能会在无限的时间之中产生，但

① 公共意见……懒惰］尼采这里改写了曼德维尔（Bernard Mandeville，1670—1733）《蜜蜂的寓言》的副标题，即“私人的恶，公众的益”，参见《人性的，太人性的》（1878 年版）第 482 页。——编注

也可以参见中文版，（荷）B. 曼德维尔：《蜜蜂的寓言》（两卷本），肖聿译，商务印书馆，2016 年。——译注

② 与此相反……他们］誊清稿：与此相反，让我们不作为这个时代的公民而存在！因为如果我们是这个时代的公民，我们会协助于杀死他们的这个时代——我们作为行动者。——编注

我们恰恰只活在今天；我们只拥有一个短暂的今天，并在这个今天之中，去展示我们为什么、为了什么目的在此时而非彼时存在。我们应当在我们自己面前为我们的人生此在负责；因此，我们也要担任这种此在的真正舵手，不允许我们的实存就像是一种没有思想的偶然性。人们必须勇猛而不惧危险地对待自己的实存。因为无论是在最糟的情况下，还是在最好的情况下，人们都将永远失去它。我们为什么要依恋这种乡土，为什么要依恋这种生活方式，为什么要在意邻人所说的话？受那些超过一百里外就没有约束力的观念的约束，这是多么目光狭隘。在东方和西方，都有人给我们描画了许多禁止的粉笔道道，来愚弄我们的胆怯。年轻的灵魂对自己说，我要尝试获得自由。这里存在着阻碍：或偶尔有两个民族彼此仇恨和争战，或一片汪洋隔离了两块陆地，或在他周围有着不断谆谆教诲的宗教，而实际上这个宗教数千年前还不[①]存在。年轻 340
人对自己说，这一切都不是你自己。没有人能够给你建一座恰恰是你必须从上面跨过生命之河的桥梁，除了你自己没有其他人。尽管存在着无数的小径、桥梁和想把你渡过河去的半神，但这都是以你自己的丧失为代价：你将会把自己抵押出去，并会失去自己。这个世界上只有一条除了你没有人能走的道路。这条路通向何方？不要问，只管去走吧。是谁说过这样一句话：一个人永远不能升得更高，除非他知道他的道路会把他引向何方！[②]

但是，我们如何重新发现我们自己？如何能够认识自己？人

① 不]第一版：不，誊清稿和大八开版：还不。——编注

② 是谁……引向何方！]克伦威尔语，载于爱默生《尝试》，法布里齐乌斯译，汉诺威，1858年，第237页，尼采藏书。尼采在所引用的地方做了若干标记。——编注

是一桩晦暗的和被掩藏的事物；如果兔子有 7 层皮，那么人就能够脱下 490 张皮，且仍不能够说“现在，这不再是外壳，确实是你了”。此外，通过这种方式发掘自己，并沿着最近途径强行下降到自己的本质的深井之中，是一种痛苦的、危险的开始。一个如此做之人会轻易地伤害自己，以致没有一个医生能够治愈他。而且，这又有什么必要呢！因为我们的友谊和仇恨、我们的目光和握手、我们的记忆和我们遗忘的东西、我们的书籍和我们的笔迹等，都是我们的本质的见证。但为了进行这种最重要的审讯，这是最有效的手段。年轻的灵魂用这样的问题来回顾自己的生命和生活①：你直到现在所真诚地爱着的是什么，是什么牵动着你的灵魂向上，是什么支配着你的灵魂并使它幸福？把这些受崇敬的对象的序列排放在你的面前，其本质及其后果也许会向你表明一个法则，即你的本真的自我的基本法则。把这些对象加以比较，看看它们如何一个补充、扩展、超越和美化另一个，看看它们如何构成一个你直到如今仍在上面攀登的阶梯；因为你的真实本质不是深深地隐蔽在你里面，而

341 是不可测量地高于你，或者至少高于你通常认为的自我。你的真正教育者和教化者揭示给你的，是你的本质的原初意义和基本材料，是某种绝对不可教育和不可教化的东西，但无论如何是备受束缚、陷于瘫痪和难以接近的东西：你的教育者所能为者只有当你的解放者。这是一切教育、教化和文化的秘密：它并不授予人工的四肢、蜡制的鼻子、戴着眼镜的眼睛——毋宁说，能够给予这些赠品的，只不过是教育的冒充②罢了。相反，教育就是解放，是清除一

① 一个如此做之人……生活］誊清稿：用一种无法治愈的方式。他应该选择了另一种方式来认识自己和看待他的……——编注

② 教育的冒充］誊清稿：“教育的阴影和戏仿”。——编注

切杂草、瓦砾和侵犯植物嫩芽的害虫,是光和热的散发,是充满着爱的夜雨的播撒,是对自然母亲般的仁慈一面的模仿和崇敬。如果教育能防止自然残暴和无情一面的发作并使之转向善,如果它在自然继母般的倾向及其可悲的不理智之上蒙上一层面纱,那么,它就是对自然的完善。

当然,还有别的办法去发现自己,以使人从像通常陷入的乌云中的晕眩中回到自我。但我不知道还有比思量自己的教育者和教化者更好的办法。因此,我今天就要想到我可以夸耀的一位教育者,一位教化大师:**叔本华**。我后面还会思量其他人。

二

如果要我描述是什么事件让我对叔本华的作品投去第一束目光,那么我必须首先略加陈述下我青年时代的一个比其他想法更加频繁、更加迫切出现的想法。在早年时期,我总是沉溺于我内心
的愿望,我总是想象,命运会把教育我自己这种可怕的操持和责任 342
从我肩上移走:我会及时地发现一个哲学家来做我的教育者,一个真正的哲学家,一个我们可以不用多加考虑就听从他的人,因为人们信任他甚于信任我们自己。然后我会问自己:这位哲学家将会根据什么样的原理来教育你呢?而且,我也在想,他对在我们时代里流行的两个教育原理会有什么样的看法。一个原理要求,教育者应当尽快认识到受教育者的独特长处,然后把他的一切努力和能量,一切阳光都直接引向那里,为的是帮助那种德性达到真正的成熟和丰产。相反,另一个原理则要求教育者培养和保护受教育

者一切现有的力量，把它们纳入一种彼此间和谐的关系之中。[①] 但是，对于一个对金匠手艺有着坚定倾向的人，难道要根据这个原理去粗暴地迫使他学习音乐吗？切利尼的父亲一再强迫他的儿子去修习“可爱的小号角”，而他儿子则称之为“该死的吹奏”，难道人们应当认可他父亲的做法吗？[②] 鉴于他儿子表现出如此强烈的、确定的天赋，人们不会说切利尼的做法是正当的。也许，那个和谐地培养所有力量的原理只适用于天分较弱的人了？——这些人身上虽然有一大堆需求和偏好，但它们无论是总的来说还是个别来说都没有什么重要意义。但是，我们一般来说到哪去找到像切利尼这种拥有令人钦佩的和谐整体及多声部合唱之人呢？到哪去找到像切利尼这种人，其认识、欲求、爱、恨等所有一切力量都努力朝向一个中心，一种根源性的力量，并通过这个富有活力中心的强迫性的和主导性的超强力量，形成一个上下往复运动着的和谐体系呢？也许这两个原理根本就不是相互矛盾的？也许一个原理只是
343 说，人应当有一个中心，而另一个原理则说，人也应当有一个圆周？我所梦想中那个作为我的教育者的哲学家大概不仅能够发现核心力量，而且还知道防止它对其他力量产生摧毁性的作用；毋宁说，他的教育任务，我觉得，就是把整个人转化为一个有生命的、运动着的太阳系和行星系，并发现它的更高的力学原理。

我青年时代并未找到这个作为我的教育者的哲学家，我做过了这样或那样的尝试；我发现，相对于希腊人和罗马人来说，我们

① 参见30[9]。——编注

② 切利尼……做法吗？]参见切利尼(B. Cellini)的自传《生命》Ⅰ，第2章。尼采是在歌德的翻译中读到切利尼的自传。——编注

现代人，甚至仅仅在严肃和严格理解教育的任务方面，都显得何其贫乏。人们可以心中怀着这样一种需求跑遍整个德国，尤其是跑遍所有的大学，都不会找到所寻找的东西；在这里，更低级、更简单的愿望也依然没有实现。例如，在德国人中间，谁若认真地想受教成为一名演说家，或谁若打算进一所作家学校，他会在任何地方都找不到这样的大师和学校；在这里，人们似乎还都没有想到过，演说和写作是没有极其精心的指导和极为费力的数年学习就不能掌握的艺术。但是，再也没有什么比当代人对教育者和教师的那种半是吝啬、半是漫不经心的要求和理解，更清楚和更令人羞惭地表现出他们自以为是的自我满足了。在这里，甚至在我们最高贵和受过最好教育的人中，几乎任何人都不足以担当家庭教师这个名称；怪癖的大脑和过时的机构的大杂烩常常被称为人文中学，而且这种学校还被大加颂扬；再看看那些令我们所满意的最高学府和大学；但是，与把一个人教育成人这种任务的困难相比，这是些什么样的导师，这是些什么样的机构啊！甚至德国学者从事科学研究的那种备受赞赏的方式，也首先表现出，他们想的更多的是科学 344
而不是人性；他们像是迷惘的群体，被教会为科学牺牲，并反过来再去教育年轻一代去做这种牺牲。如果这不是由更高的教育原理来加以引导和限制，而是按照“越多越好”原则不断加以放任和放纵，那么，对于学者们来说，与科学打交道毫无疑问是有害的，就像放任主义经济原则对于整个民族的道德有害一样。谁还不知道，这些学者在接受教育而不同时干枯和放弃其人性，是一个极为困难的问题！我们会更加清晰地看到这种困难，如果人们留意到那些由于毫无思想地和过早地献身于科学而被扭曲并变得弯腰驼背

的无数学者样本的话。但是，对于这种更高的教育的缺乏来说，这里还有更为重要的证据，更为重要、更为危险，也更加普遍的证据。如果要立即弄清楚为什么现在不能教育出来一个演说家、一个作家，其原因恰恰在于他们缺乏这样的教育者；如果要立即弄清楚为什么今天的学者必然怪诞和畸形，这是因为他要接受科学的教育，一种无人性的抽象的教育。因此，人们最终会问自己：对于我们大家来说，对于那些学者和非学者、高贵的和低贱的人来说，我们时代的道德榜样和名流、我们时代的一切创造性道德的可见典范到底在哪里呢？其他时代的高贵群体和名流曾对道德问题进行过热切反思，但我们时代对于这些道德问题的一切反思到底在哪里？我们时代不再有那种名流和榜样，我们不再有那种反思；人们实际上在消耗着继承来的道德资本，我们的先人积累起这资本，而我们
345 却不懂得去增加它，只知道挥霍它；在我们的社会中，人们要么是根本不谈论这些事情，要么是以一种必然激起反感的自然主义的不熟练和无经验来谈论。这样就出现了这种情况，即我们的学校和教师要么是简单地忽视道德教育，要么只满足于做表面的形式化的功夫："德性"对于教师和学生来说，不再是个引人思考，而是个引人嘲笑的老派的词语。而且，要是人们不作嘲笑，则情况就更糟，因为这意味着他正变得虚伪。

要对一切道德力量的这种懦弱和低水平做出解释，是困难且复杂的；然而，如果人们考察胜利的基督教对我们古代世界的影响，他们就不会忽视基督教衰败的反作用——基督教走向衰弱是其在我们这个时代愈加可能的命运。基督教借助其高尚的理想如此超越了古代的道德体系以及在所有这些体系中同等存在的自然

主义，以至于人们对这种自然主义变得冷漠和厌恶了；但后来，尽管人们认识到这些更好的东西和更高尚的理想难以实现，但再也不能回到古代德性的那种美好和高贵了，无论他们多么愿意这样做。现代人就生活在这种在基督教和古代之间、在被恫吓出的或者虚伪的基督道德和同样懦弱和拘谨地复兴古代之间的摇摆之中，并深受这种摇摆之苦，生活得不愉快；那种继承来的对自然的东西的恐惧，那种另一方面对复苏这种自然的东西的兴趣，那种想在某个地方找到坚固的立足之地的渴望，那种由于认识无能导致的、在善和更善之间的摇摆不定，所有这一切导致在现代灵魂中产生了一种不安宁、一种混乱，判定了现代灵魂不会有生产能力，也不会快乐。人们从来没有像现在这样需要道德上的教育者，也从来没有像现在这样更少可能地找到他们；在大瘟疫流行的时代里，
在最需要医生的时候，医生自己也同时遭受最大的危害；现代人的 346
医生在哪里呢？那种自己能够如此坚定和稳健地立足，以至还能够支持他人并以手引导他人的现代人的医生在哪里呢？甚至我们时代拥有最好人格之人，也有某种阴郁和麻木，对在他们内心中伪装和诚实之间的交战感到永恒烦恼，对自己缺乏一种稳定的信任。这样的话，他们就完全没有能力成为他人的指路人和教化大师。

因此，我真的沉溺于自己的愿望之中，想象我能找到一个真正的哲学家做我的教育者。他能够把我从我在某种程度上作为时代产品的不足中提升出来，再次教导我在思维和生活中保持**质朴和真诚**，也就是说，保持“不合时宜”，在这个词最深刻的意义上去保持“不合时宜”。因为人们现在变得如此多面且复杂，以至一旦他们要说话、提出主张并照此行动，就必定不真诚。

就是在这样的困顿、需求和愿望中，我遇到了叔本华。

我属于那种在读了叔本华作品第一页之后就确信将读完每一页并且倾听他说过的每一句话的读者。我立即对他产生了信任，一如九年以前。可以说，我理解他，就好像他是为我写作似的，尽管这样说有点自负，甚至愚蠢。因此，我从未在他那里发现一处似是而非的论断，虽然这里那里会有些小错误。因为似是而非的论断恰恰就在于它不会激发和产生信任，因为做出这些论断的作者自己都不够自信①，因为作者不过想借以引人注目、诱惑他人，且一般而言是想通过出风头来表现自己！叔本华从未想过去出风头：因为他是为自己而写作，而且没有人会乐意被骗，更何况一个

347 把“不要欺骗任何人，更不要欺骗你自己”作为准则的哲学家。叔本华甚至不会使用几乎每次谈话都会自然带有的、有些作家几乎是无意识模仿而来的礼貌性的社交欺骗；当然也更不用说使用演说台上所表现出来的有意识的欺骗以及人为的刻意的论辩术。相反，叔本华是在与自己说话；或者，如果人们坚持要设想一个听众的话，那就设想是父亲在教导儿子好了。这是一种在满怀爱意的听者面前的真诚、直率和和蔼的言说。这样的作家，正是我们所缺乏的。从他发话的第一声起，一种强有力的舒适感就包围了我们；我们像是走进了森林高地，我们深呼吸，重又感到身心舒畅。我们感到，这里有一种总是使人精神振作的空气；这里可以感到某种不可模仿的自在和自然，就像在自己的家中做主人，而且是在很富有的家中做主人。与之相反，有些作家因为偶然说出几句俏皮话就自我陶醉，因此，其风格带有某种不安的和不自然的东西。当叔本

① 不够自信］誊清稿和大八开版：正当的。——编注

华说话时，我们同样很少想到那种天生的肢体僵硬笨拙、心胸狭窄畸形、步态忸怩夸张的学者；而另一方面，叔本华那种粗糙的笨熊一般的灵魂，与其是教人怀念，不如说是教人鄙夷那些优秀法国作家的那种圆滑和宫廷式的优雅，没有人会在他身上发现德国作家所如此沉迷的、刻意模仿过来的镀了银的假法国派头。叔本华的表达方式偶尔会让我想起歌德，但除此之外，根本想不起其他别的德国原型[①]。因为他懂得如何简单讲出意义深刻的东西，懂得不用论辩术讲出感人的东西，不用学究气地讲出科学上严格的东西。叔本华能够从哪个德国人学到这些东西呢？他也使自己远离那种莱辛所表现出的过于微妙、过于灵活的——如果我可以这样说的 348
话——相当非德意志的风格。这可是个了不起的功绩，因为在所有德国的散文作家中，莱辛的风格最具诱惑力。我要是能给叔本华的风格给出我的最高赞扬，那就必须用他自己的话：“如果一个哲学家拒绝使用任何诗艺的或者论辩术等手段，那他就必须非常真诚。”认为这世上存在某种叫作真诚的事物，甚至认为真诚是一种德性，这在公共舆论当道的时代里，当然属于被禁止的私人见解；这就是为什么当我重复说“叔本华是真诚的，即便是作为作家也是真诚”的时候，我并不是在赞扬叔本华，而只是刻画了他的特征；而且，真诚的作家是如此之少，以至我们真的不应该信任一切从事写作的人。我知道只有一位作家，在真诚方面能够与叔本华相媲美，甚至高于叔本华：这就是蒙田。这样一个人的写作，的确增进了在这个大地上生活的乐趣。不管怎样，自从我开始认识这

① 我……德国原型]出自誊清稿：更多地想到英国作家，而不是其他德国原型。——编注

个最自由和最有活力的灵魂以来，我就不得不说他谈及普鲁塔克所说的那句话：“我的目光一投向他，我就长出了腿或者翅膀。”①如果我被赋予在大地上自由自在的任务，我必然以他作为榜样。

① “我的目光……翅膀。”]手稿本空白处记载着（尼采手迹）：[翻译有误]。关于翻译错误的这一处，鲍姆嘉登夫人（Marie Baumgartner）在1875年4月7日致尼采的信中这样说道：“我在他（蒙田）现在年老的时候才认识他，这也许是件好事。因为如若放在过去，也就是当年我在好奇心驱使下涉猎孟德斯鸠、帕斯卡或笛卡尔这些人的作品的时候，兴许我就不能如现在这样理解蒙田或欣赏蒙田。现在，我读到了蒙田《随笔集》第三卷第五章，这个较长的谈论维吉尔的篇章在大约一半的位置有一段是这样开始的：‘当我写作时手边不放书，也不去回忆书；等等’，与之相隔不远的地方，这一段又继续写道，‘但是我要摆脱普鲁塔克却不容易。他博大精深，任何时刻不论你谈到什么怪僻的论题，都可以加入你的工作，向你伸出慷慨之手，文采炳蔚，让人取之不尽，用之不竭。令我气恼的是人家在剽窃普鲁塔克时也很可能附带剽窃到我，我在转述他的一点东西时也不免要偷上一只鸡腿或鸡翅。’（此处出自《蒙田随笔全集》（第三卷）中‘论维吉尔的诗’，译文取自马振骋的译文，参见：《蒙田随笔全集》，上海书店出版社，2018年版，第862—863页。——译注）。我把这一处完整列举出来给您，以便您能够看到多么好的一件事情，那就是我们仍然可以及时纠正这一处错误翻译，因为此处德语的翻译让我产生了错误的理解（我迫不及待地想要在您的蒙田身上找到这一处原文的影子）。对我来说，意义不在于蒙田自己长出一只腿或翅膀作为他与普鲁塔克交往而在能力和厚度上有所提升的标志；相反，意义在于：普鲁塔克有如此取之不尽的来源和财富，以至于那些抱着碰运气的心态快速汲取财富的人，毋庸置疑地从他那里抢夺了一些好东西，这就好比有人盲目地把叉子插进盘子里，却（从一整个家禽身上）意外叉住一条‘大腿或翅膀’（好大一块），由此证明盘子里装的都是好东西。相比于那种认为精神之翼自己长出的德式理解，这种诠释更加现实，也远没有那样诗意；然而，这种想法可能却足够贴切蒙田这个财富汲取者和猎人的身份。就我迄今为止所观察到的情况而言，我认为，要严肃认真地翻译蒙田的文字必须非常小心，以避免将蒙田原始的朴素和洒脱理想化；这种方法肯定会把他完全扭曲。虽然我们能让蒙田的表达变成德语，但他却是一众法国人中最不应该以德意志的方式被作出诠释的那一个。因为他的思考方式太法式了！”尼采在当天回信说：“蒙田这一处文字制造了一定的困惑，这是因为，此处的德语翻译与我在《叔本华》中的引用完全不同，但这处翻译确实与我的理解一样都是错误的，只是错误的方式完全不同。非常感谢你，我的错误的发现者；我的法语比较糟糕，而且在我对蒙田理想化之前我至少应该先正确理解他。”尼采遗留的藏书中有两个版本的蒙田《随笔集》：一本是巴黎1864年版（*Essais avec des notes de tous les commentateurs*）；另一本是莱比锡1853/54年版（*Essais/ Versuche: Nebst des Verfassers Leben*），该版是Peter de Coste先生最新版本的德译本，共三卷。——编注

除了真诚之外，叔本华与蒙田还有第二个共同特性：一种真正让人喜悦的快乐。使他人快乐，让自己智慧，也就是说，有两种类型迥异的快乐。真正的思想家永远令人快乐和振奋，不管他是在表达严肃抑或幽默之事，还是在表达其属人的洞见还是其属神的宽容。他并无阴郁易怒的表情、颤抖的双手和湿润沮丧的眼睛，而总是表现出自信和质朴、勇气和力量，也许有点豪侠和严厉，但无论如何都是一个胜利者。看到胜利的神灵立于所有被制伏的巨怪 349
之间，这恰恰让人感到最深刻和最内在的快乐。相反，我们有时在平庸的作家和鲁莽的思想家那里所发现的那种快乐，则会使我们这样的人在阅读他们时感到痛苦，比如说，就像我在施特劳斯的快乐那里所感受到的那样。与这样的快乐的同时代为伍，让人备感耻辱，因为这些人使我们和我们的时代在后世面前丢脸和出丑。这样一些快乐的啦啦队长根本看不到思想家所看到的并准备进行战斗的苦难和巨怪，因此，他们的快乐让人厌恶，因为他们在欺骗我们，因为他们试图诱使我们相信他们在这里夺取了一场胜利。实际上，唯有在有胜利的地方才会有快乐；这对真正的思想家的作品，对每个艺术作品都是如此。即使像人生此在问题一样可怕和严肃的主题，也只有在半吊子思想家和半吊子艺术家在上面喷洒他们能力不足的迷雾时，其作品才会令读者感到压抑和痛苦。相反，除非在胜利者那里，否则人们感受不到什么是更美好和更令人喜悦的事物，因为那些胜利者思考过最深刻的事物，因此，必然热爱最富有活力的事物，作为智者，最终迈向美的事物。他们真实地说话，既不结结巴巴，也不人云亦云；他们真实地行走和生活，不像常人那样神秘怪异，惯于虚伪。这就是为什么我们一旦在接近这些胜利者时，就会感到人性和自然，并禁不住像歌德那样喊道："每一有生命的事物是怎样美妙和珍贵啊！它与自己的状态是多么契合，多么真实，如其存在！"①

我这里所描述的只是叔本华给我的最初印象，像是最初的生理印象，像是由于第一次最轻微的接触，一个自然生物最内在的力量魔幻般倾注到另一个自然生物身上。当我事后分析时，我发现
350 这种印象由三种要素组成，这就是他的真诚、他的快乐以及他的坚韧。叔本华是真诚的，因为他只对自己并且为自己说话和写作；叔本华是快乐的，因为他通过思考克服了最困难的东西；叔本华是坚韧的，因为他必须这样。他的力量就像是在没有风状态下的火焰那样，笔直和轻盈地向上，不受干扰，从不颤抖和摇曳。他在任何情况下都能找到自己的道路，甚至我们都不会注意到他曾经为此摸索过一番；相反，他就像是被重力法则驱使而行，迈着坚定、敏捷和必然的步子。谁若身处我们当代薮羚羊般的人群中，一旦发现一种完整和谐、自由自在、无拘无束但仍然围绕自己的枢纽运动的自然生物，那么，他就会理解当我发现叔本华时我的快乐和惊奇了。因为我预感到，叔本华就是我长久以来寻找的那位教育者和哲学家。当然，我只能在书中发现他，这是一个很大的缺陷。因此，我要更加努力地透过他的书去看他，去想象他这个有生命的人，我要阅读他的伟大遗嘱，而且叔本华也承诺把自己的遗嘱只留给那些愿意而且能够成为不仅仅是其读者的继承者，也就是，他的儿子们和弟子们。

① "每一……如其存在！"]参见歌德《意大利之旅日记》，第四卷，1786 年 10 月 9 日。——编注

三

我在多大的程度上受益于一个哲学家，取决于他能否以及在多大程度上做一个榜样。毋庸置疑的是，一个哲学家通过自己的榜样能够吸引整个民族追随自己。印度的历史——实际上几乎就是印度哲学——就是这方面的证明。但是，哲学家必须通过其可见的生命而不仅仅是著作来提供这种榜样。因此，就像古希腊的哲学家们所教导的那样，这个榜样必须体现在表情、举止、着装、饮食和道德上，而不能仅仅体现在言说上，更不能说只体现在写作上。哲学家对于这种哲学生活勇敢的可见性，在德国是多么的缺乏啊！在这里，精神早已获得解放之后，肉体的解放才刚刚开始。351
如果这种已经争取到的、对限制的胜利（其根本上不过是创造性的自我限制），没有从早到晚通过每一道目光和每一个步伐重新得到展现，那么，所谓精神是自由的和独立的，就只是一种妄念。康德依附于大学，臣属于政府的权威，维持着一种宗教信仰的表象，并忍受着同事和学生：康德的这种榜样就自然首先造就了大学教授和教授哲学。叔本华很少与学者阶层打交道，显得落落寡合，追求着对国家和社会的独立。这就是叔本华的榜样，叔本华的典范。这里只是从最外在的事情说起。但是，哲学生活中许多程度不同的解放在德国人中间仍不为人知，不过，情况不可能永远这样。相比之下，我们的艺术家们的生活则更为大胆和更为真诚。我们眼前最有力的榜样就是瓦格纳的榜样。瓦格纳的榜样表明，天才如果想揭示其内在的更高的秩序和真理的话，那么，他就必须不惮与

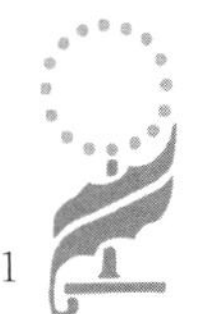

现存的形式和体制陷入最有敌意的冲突之中。我们的教授们经常说到的“真理”，却显然是一个更为谦逊的要求不高的造物，因此，不用害怕它会制造什么混乱或什么出格之事。因为这种“真理”只是一个自我满足的令人惬意的造物，它不断地对一切现存权力保证，它不会带来任何麻烦；毕竟，它只是“纯粹的科学”而已。换句话说，我想指出的是，哲学在德国必须越来越忘记成为“纯粹的科学”。正是因为这个目的，我才认为，叔本华作为人能够成为一个榜样。

但是，叔本华能够成为这样的人的榜样，不啻是一个奇迹，而绝非一桩小事。因为他承受着种种来自内部和外部的巨大危险，
352 个性稍弱的人将会被这些危险压垮或粉碎。在我看来，叔本华这个人很可能会沉沦毁灭，甚至只有在最好的情况下，才会留下“纯粹的科学”，而最有可能的是，叔本华和“纯粹的科学”都不会留下。

一个近代英国人这样描述生活在受寻常事物制约的社会中的不寻常之人所面临的最普遍的危险：“这些不寻常之人先是会被威吓，然后会变得忧郁，再后病态，然后早逝。像雪莱这样的人是不可能在英国活下去的，而整个雪莱这样的种族则是不可能的。”① 我们的荷尔德林和克莱斯特②，以及谁知道还有其他多少人，就是

---

① 一个……不可能的。”]Jörg Salaquarda，不可思议的雪莱，尼采研究 8(1979 年)，第 396—397 页；这里的近代英国人指的是巴吉霍特(Walter Bagehot)，尼采引用的是他的著作《物理学和政治学》中论“各民族的起源——关于自然选择和遗传对政治共同体的形成之影响的考察”，莱比锡，1874 年，第 167 页。尼采引用有误，把“英格兰”写成了“新英格兰”，因为雪莱将不会在新英格兰生活。——编注

② 克莱斯特(Heinrich von Kleist，1777 —1811)：德国诗人，自尽于柏林万湖。——译注

被他们自己的这种不寻常的性格所摧毁，他们不能忍受所谓的德国文化的环境气候。唯有钢铁般的人物如贝多芬[1]、歌德、[2]叔本华和瓦格纳，才能够经受得住，才能够坚定站立。但尽管如此，这些铁汉脸上的特征和皱纹里，却也展现出使人极其疲惫的斗争的痕迹：他们的呼吸更加沉重，他们的声音很容易变得粗暴。那位只是偶尔短暂见过歌德并与之谈过话的老练的外交官对他的朋友们说道：Voila un homme, qui a eu de grands chagrins! 歌德把这句话翻译为："这也是一个历尽苦难的人！"歌德补充道："如果所经受过的苦难和从事过的活动的痕迹不能从我们的脸上去除，那么，我们和我们的努力所遗留的一切都带有同样的痕迹，这本没有什么好奇怪的。"[3]这就是歌德。我们的文化庸人把歌德称为最快乐的德国人，为的是证明如下命题：生活在他们中间，获得快乐肯定是可能的——其隐含的意思是，如果有人在他们中间感到不快乐和孤独，那也是他自己的错，怪不得别人。因此，这些文化庸人从这个命题引出并在实践上阐明了这样的定理：任何孤寂之人，必有隐秘的罪责。[4] 如今，可怜的叔本华在其良心上也有这样的隐秘 353
的罪责，也就是，珍视自己的哲学甚于他的同时代人。此外，叔本华是如此的不幸，从而恰恰是通过歌德的案例认识到，为了拯救自己哲学的生命，不让其湮没，他必须不顾一切代价地抗拒他的同时代人的无视，因为这里有一种审判似的书报检查，即牢不可破的沉

① 贝多芬］打印稿：路德。——编注
② 贝多芬、歌德、］准备稿中缺失。——编注
③ 那位……奇怪的。"］参见《善恶的彼岸》第209节。——编注
④ 因此……罪责。］参见《朝霞》(1881年版)第499节。——编注

默。按照歌德的判断，德国人尤其精于此道。这一招数是如此的有效，以至于让叔本华代表作第一版的绝大部分不得不被捣成了纸浆。叔本华的伟大业绩仅仅因为遭受无视就给他带来了威胁和危险，使他陷入一种可怕的和难以抑制的不安之中；他连一个重要的追随者也没有。看到他在寻找他被人认可的蛛丝马迹，让我们深感悲哀。而当他的书终于确实有人阅读时，他发出的响亮的和太多响亮的胜利欢呼，则让人感到悲凉的揪心和唏嘘。所有那些有悖于哲学家尊严的特性恰恰表现出，叔本华这个遭受苦难的人在担心自己最高贵的所有物的安全。因此，他害怕失去自己微薄的财产，也许还害怕自己不能再坚持对哲学那种纯粹的和真正古典的态度。这种种忧虑折磨着他。于是，叔本华渴望遇到可以完全信任和具有同情心的人，但却经常失算，因而总是带着忧郁伤感的眼神，返回到自己的爱犬旁边。他完全是一个孤寂的人，没有一个志同道合的朋友来安慰他。在一个人和没有人之间，就像在存在与虚无之间，横亘着一个无限。凡是有真正朋友的人，即使整个世界都与他为敌，都不会知道什么是真正的孤寂。——唉，我非常清楚，你们不知道什么是孤寂。凡是有强大的社会、政府、宗教、公共舆论的地方，简言之，凡是有专制、独裁的地方，那里的孤独的哲
354 学家都会受到仇视。因为哲学给人打开了一处独裁不能侵入的避难所，即内在的洞穴，心灵的迷宫，而这会激怒独裁者们。孤寂者藏身于自己的洞穴，但那里也潜伏着对孤寂者的最大危险。这些为了自己的自由而遁入内在的人，必须也在外在世界里过着可见的生活；他们由于出生、居住、祖国、巧合、他人的纠缠等原因而处于无数的与人的联系之中；同样，他们被认为拥有无数的意见，仅

仅是因为这些意见是时代的主导意见。任何表情，只要不是明确的否定，都被解释为肯定；任何手势，只要不是破坏，都被解释为赞同。任何不是用来击毁的手势都被解释为认可。这些孤独者和精神自由者必须不断地在某个地方表现得与他们的思考不同。尽管他们除了真理和真诚之外一无所求，他们却陷入到周围的误解之网中。他们热烈地渴望真理和真诚，但并不能阻止错误的意见、顺应、模糊的认可、任性的沉默、错误的解释的迷雾盘踞在他们所做的每一件事情之上。在他们额头上聚集起抑郁的乌云。因为这样的人物憎恨被迫在世界上出现，甚于憎恨死亡；而且，他们对此的持续怨恨使其如同火山一样容易爆发，具有危险性。他们不时地为自己强烈的自我掩饰、为自己的被迫克制而寻求报复。他们走出自己的洞穴，脸上带着可怕的表情；此时，他们的话语和行为是爆炸性的，而且他们有可能毁灭自己。叔本华就是这样危险地生活着。恰恰是这样的孤寂者需要爱，需要志同道合的同伴，因为在这些人面前，他们可以像独处一样敞开心胸，保持率真，也无须遭受沉默和伪装之苦。如果你把这些同伴从他们身边移走，那么你就是在创造一种与日俱增的危险；克莱斯特就因为缺乏爱[1]而被
摧毁[2]。对于这些不同寻常之人来说，最可怕的解药就是迫使他 355
们如此深入地退到自身里面，以至于他们的每次重新走出，都是一种火山爆发。但毕竟总是有些半人半神的铁汉，他们能够在如此可怕的条件下生活，而且能够胜利地生活着。而如果你们想听听

① 缺乏爱］准备稿：孤独。——编注

② 被摧毁］准备稿中有：［并写了一封感人至深的信，这封信是由一位艺术家写的］。——编注

他们孤独的吟唱，那就去听贝多芬的音乐吧。

陷入孤独，这是叔本华在其阴影中成长起来所面临的第一个危险。第二个危险是对真理的绝望。这个危险伴随着把康德哲学作为出发点的每一个思想家，但前提是，他在其苦难和渴望中是一个有活力的和健全的人，而不仅仅是一个吱吱作响地思考和计算的机器。现在，我们当然都很清楚地知道，这个前提具有怎样一种令人羞愧的含义。确实，在我看来，康德哲学只对极少数人产生了鲜活的脱胎换骨的影响。尽管人们到处都能读到这样的说法，即这位安静的学者的作品，在所有精神领域都引发了一场革命；但我却不能相信这一点。我并没有清晰地看到一点迹象，因为一般而言，在某一整个领域爆发革命之前，这个领域的人士必须首先在自身身上爆发革命。不过，一旦康德哲学开始产生一种广泛影响，那么，我们就会在一种起腐蚀和分裂作用的怀疑主义和相对主义的形式中觉察到它。相反，唯有在最活跃和最高尚的精神那里，唯有在不能忍受处于怀疑状态的人那里，才会出现像克莱斯特所体验到的康德哲学的结果，即对一切真理的动摇和绝望。“不久前”，克莱斯特以动人的笔触写道：随着我对康德哲学有所熟悉，我现在可以告诉你我的一个想法。因为我不用害怕这一想法将会像震撼我那样，也会如此深入且痛苦地震撼你。我的想法是，我们不能决定
356 我们称之为真理的是否真的是真理，或者是否只是对我们显得是真理。假如是后者的话，那么我们在这里所搜集的真理在我们死后将不复存在，所有想赚得一笔财富带进我们坟墓的一切努力也都将付之东流。如果这一尖锐的想法并不刺伤你的心，那么，请不要嘲笑另一个在他的最神圣的内心深处被这一想法重

伤的人。我唯一的、我最高的目标已经消失，而我已再无其他目标了。[1]

是的，人们什么时候能再像克莱斯特这样以如此自然的方式去感受事物呢？什么时候再学会以他们“最神圣的内心深处”来衡量一个哲学的意义呢？然而，这样的感受和衡量却是必要的，以便评估一下在康德哲学之后，叔本华哲学对于我们能有什么意义？叔本华是引导者，他将引导我们从那怀疑主义的闷闷不乐以及批判性的断念弃绝的洞穴走出，一直登上悲剧的静观的高度，把我们引向在我们头顶上无限延伸的繁星密布的夜空，而他自己则第一个走上这条道路。叔本华的伟大之处在于，他把生命的图画当作一个整体来面对，目的是把生命作为整体来加以解释；而最精明的头脑也不能免于犯这样的错误，即，认为只有通过认真细致地研究这幅画所使用的色彩及材料，就会更加明确地揭示这幅图画的意义。这些人或许会得出这个结论，即这是一幅组织上复杂难弄、色彩上无法搞清楚化学构成的图画。为了理解这幅画，人们必须探究它的作者。叔本华是知道这一点的。不过，今天，整个科学的行会都在追求理解那块画布和那些色彩，而不是这幅图画。是的，人们甚至可以说，唯有对生命和此在的整体画卷具有清晰视野的人，才能运用各门具体科学而不带来特别的损害，因为没有这样一种调节性的完整图像，各个具体科学就是永远扯不到头的线团，并只会使我们的生命显得更为混乱、更为扑朔迷离。就像我所说的那样，叔本华的伟大就在于，他追踪着生命的总体图画就像哈姆雷特

① 不久前……目标了。]参见克莱斯特 1801 年 3 月 22 日和 23 日写给岑格(Wilhelmine von Zenge)的信。——编注

357 跟踪老王爷的鬼魂那样，而没有像一些学者那样，心有旁骛；也不会像疯狂的辩证法家那样，让自己陷入到抽象的经院哲学的泥沼之中。一切半吊子哲学家的研究之所以还有吸引力，是因为我们认识到，这些人可以即刻进入到伟大的哲学殿堂中的一些地方安坐，因为这里也容许他们进行学术的正反争论、苦思冥想、怀疑和反对，而且，他们由此就避免了每一种伟大哲学的要求。每种伟大哲学在整体上都不过是在要求：这就是一切生命的图像，从中去学习你自己生命的意义吧！或，反过来说：只去阅读你自己的生命，并由此去理解一般生命的象形符号吧！叔本华哲学也应该总是首先这样来被加以解释：个体性地去解释，通过个体并只为了个体自身去解释，以获得对自己的痛苦和欲求、对自己的局限性的洞识，以认识解救之药和获得慰藉，也就是说，牺牲那个自我，服从于最高贵的目标，尤其是服从正义和仁慈。叔本华教导我们要分清对人幸福的真正促进者和表面促进者：不管怎样，财富、荣誉和博学都不能使个体摆脱他对自己的存在的无价值的懊恼；而对财富、荣誉和博学的追求唯有通过一个高尚的和神圣的整体目的才能获得意义：去获得力量，以便帮助自然的进化，并成为愚蠢和笨拙的自然的某种矫正者。这最初也仅仅是[①]为了你自己，但通过你自己最终却是为了人人。当然，这样一种追求会深刻且由衷地引向断念：因为无论是对于个体还是群体，究竟又能做出什么以及多少改善呢！

如果我们把这些话运用于叔本华身上，那么，我们就接触到了

① 也仅仅是]打印稿、大八开版：虽然也仅仅是；1872 年第一版：虽然也；准备稿：也仅仅是。——编注

他面临的第三个，也是最独特的危险。叔本华生活在这危险中，而且这危险就隐藏在他的存在的整体结构和骨架中。每个人都会在自身中发现某种局限性，或是他的天赋的局限性，或是他的道德意欲的局限性。这种局限性使他充满了渴望和忧郁；就像一个人感 358
觉有罪便会渴慕自身的神圣一样，作为理智的存在者，他也会深刻地渴求自身的天才。这是一切真正的文化的根源；如果我把“根源”理解为人**重生**为圣者和天才的渴望，那么我知道，人们不需要成为佛教徒，也能理解这个神话。在我们发现天赋却没有发现那种渴望的地方，比如在学者圈子或甚至在所谓有教养人士的圈子，我们都会感到反感和恶心，因为我们感觉到，这样一些人，即便以他们的全部精神，也不是在促进而是在阻碍着文化的生成和天才的产生。而产生天才是一切文化的目标。这样一些人处于一种僵化的状态，在价值上如那种习惯性的、冷漠的和洋洋自得的德性。但这种德性也最远离真正的神圣，并与之保持着最远的距离。叔本华的本性里蕴含着一种独特的极其危险的双重性。很少有思想家像叔本华那样，能够如此强烈地，并以无法比拟的确定性感受到自己身上涌动着的天才；叔本华的天才给予了他至高的许诺：叔本华的犁头在现代人性的土地上犁过后，再也没有其他更深的犁沟了。因此，叔本华知道自己一半的本质都得到了满足和实现，欲望得到了平复，自己的力量得到了确信，于是，他带着伟大和尊严胜利地完成了自己的使命。在叔本华的另一半本质中，活跃着一种炽烈的渴望；当我们听到他带着痛苦的表情将其目光从特拉伯隐修院的伟大创办者郎克的画像移开，并说出“那是神的恩赐”时，我

们理解了他的另一半热望。[①] 天才更加深刻地渴慕神圣，因为他站在自己的瞭望塔上比其他人看得更加辽远、更加清晰，看到了认识和存在的和解，看到了意欲被否定与和平的王国，看到了印度人所说的彼岸。但是奇迹恰恰就在这里：叔本华的本性必定是如此
359 不可思议地完整和坚韧，才不会被这另一半的渴望所摧毁，也没有被其所僵化和硬化！这是什么意思，每个人都将根据他自己的存在以及存在的多少来加以理解。但我们中间还没有人在其所有的重要性上完整地理解它。

人们越是反思我上面所叙述的三种危险，就越是惊奇于叔本华如何精力充沛地战胜了这些危险，捍卫了自己，如何健康和腰杆挺直地走出战斗。当然，他显然也有许多伤疤和未愈合的伤口，而且情绪上也有点过于苦涩，有时也过于好斗。[②] 不过，他自己的理想甚至超越了最伟大之人。毫无疑问，叔本华可以成为我们的一个榜样，尽管他也有着这样那样的伤疤和瑕疵。我们甚至很想说，叔本华身上那些不完善的和过于人性的东西，恰恰可以在最人性的意义上把我们拉近到他的周围，因为我们看到他是受难者和难友，而不仅仅只是遥不可及和高高在上的天才。

威胁着叔本华的那三种气质危险，也威胁着我们所有人。每一个人都在自身中带有某种独一无二的创造性，这是他的本质的内核；而当他意识到这种独特的创造性，那么，他的周身就显现出

---

① 他带着……热望。]参见格维讷(W. Gwinner)《我所亲见的叔本华》，莱比锡，1862年版，第108页。——编注

② 人们……好斗。]准备稿：正如我所说，叔本华能够针对我所描述的这三种危险捍卫和拯救自己，是一个奇迹；但是，只有从整体和宏观上来看，这才是他的胜利和拯救。而在过程之中，他受到很多伤害和打击，没人应该为此感到惊讶———。——编注

一个奇异的光环，非同寻常之人的光环。对绝大多数人来说，这是某种令人无法容忍的东西，因为正如之前所观察到的那样，他们是懒惰的，因为与他们独特的创造性相连的是一连串辛劳和重负的链条。毫无疑问，对于背负着这个链条的非同寻常之人来说，生活几乎丧失了人们在其年轻时都渴求的一切：快乐、安全、轻松、荣誉；其邻人所给予他的就是孤寂的命运；不管他在哪儿生活，跟随他的总是沙漠和洞穴。现在，他需要注意的是，力求自己不被征服，力求自己不被压制、不变得抑郁。为此，他必须把叔本华那样的优秀和勇敢的斗士形象放置在自己的周围。但是，甚至威胁着 360
叔本华的第二种危险也并非罕见。自然不时地会给某人配备上敏锐的洞察力；他的思想倾向于以辩证的双重步伐运动；他很容易去放任自己的天赋，很容易作为人而沉沦毁灭，并像幽灵那样只生活在“纯粹科学”的世界之中，或者他习惯于在事物中搜寻赞成和反对，并很容易在根本上对真理表示怀疑，从而不得不生活在丧失勇气和信任之中，充满否定、怀疑、怨恨和不满，希望多渺茫，失望却可期。“连一条狗都不愿意长久地如此生活下去！”[①]第三个危险就是在道德上或理智上变得僵化。他斩断了把他与自己理想联结起来的纽带；他不再拥有在这个或那个领域的富有成果、继续扩展的能力；他在文化的意义上变得衰弱[②]或无用了。他的本质的独特性变成了不可分的、不可交流的原子，变成为冰冷的僵硬的岩石。这样一来，一个人会毁于他的这种独特性和唯一性，但也会毁于对这种独特性的惧怕；会毁于他的自我，但也会毁于他对自我的

① “连……生活下去！”]歌德《浮士德》，第 1 部，第 376 行。——编注

② 衰弱]准备稿、打印稿和大八开版：有害的。——编注

放弃;会毁于自己的渴望,但也会毁于自己的僵化。他一般而言是生活在危险之中的。

像叔本华这种个性构成,无论生活在哪个世纪都会遭遇上述这些危险,但此外他也遭受一些来自他的**时代**的特定危险;如果我们要理解什么是叔本华本性中属于榜样的和属于教育者的东西,那么对气质危险和时代危险加以区分则是必要的。让我们设想哲学家的目光注视着人生此在之上,并寻求重新确定此在的价值。因为这一直是一切伟大的思想家的独特使命:成为事物的尺度、币值和重量的立法者。如果他最初看到的人性恰恰是一种孱弱的被虫子啃咬了的果实的话,这必定会严重妨碍他的使命!为了公正
361 地对待所有的此在,他必须给当前时代的无价值再添加多少价值啊!如果对过去的民族或者别的民族的历史进行研究是有价值的,那么,这对哲学家来说则最有价值,因为哲学家要对人类的总体命运给出一个公正的判断,也就是说,哲学家不是仅仅对人类的平均命运,而且还要首先对可能降临于个体和整个民族的最高命运做出判断。但现在,现时代的一切总是纠缠不清的:它影响着和规定着他的眼睛,即使哲学家不愿意这样;这样,现时代会在哲学家的最终考察中被不自觉地高估了。这就是为什么哲学家必须在与其他时代的比较中来评价自己的时代,要在他自身之中克服现时代的不足,要在他描述生命的图画时克服现时代的不足,也就是说,使现时代不那么引人注目,像是用颜色把它覆盖掉。这是一个困难的,甚至无法完成的任务。古希腊哲学家们对人生此在的价值的判断所说的东西比现代的判断要更多,因为他们在眼前和周围存在着丰腴和完美的生活本身,因为与我们这里不同,在他们那

里，思想家的感觉还没有迷失在这种不一致之中：一方面是对生命的自由、美和伟大的欲求，另一方面是只问“此在究竟有什么价值”的真理欲求。理解恩培多克勒在希腊文化中生命乐趣最有力和最充沛时期关于此在所说的话，对所有时代依然重要；他的判断极具分量，特别是同时代其他伟大的哲学家也没有做出哪怕一个与之相悖的判断。恩培多克勒的表达最为清晰，但只要我们竖起耳朵认真倾听，这些哲学家的表达基本相同。正如我所说的，一个现代思想家将永远受苦于未能实现的愿望；他将要求人们首先重新把生命呈现给他，把真正的、鲜红的、健康的生命呈现给他，这样他才可以对此做出他的判断和评判。至少对他自己来说，他认为自己有必要先成为一个活生生的人，然后才可以相信自己能够成为一 362
个公正的法官。这就是为什么恰恰近代哲学家属于生命、生命意志的最有力的促进者，这就是为什么他们自己不仅渴望从自己的疲乏的时代解放出来，而且还渴望一种文化，渴望一种升华了的自然。但是，这种渴望也是他们的**危险**：生命的改革者和哲学家亦即生命的法官在他们里面处于交战状态。无论哪一方获胜，那都将是一种自身包含着失败的胜利。现在，叔本华又是怎样避免这种危险的呢？

[①]既然每一个伟大人物都喜欢自己被视为其时代的真正产儿，既然伟大人物比所有渺小人物更加严重地遭受且更加敏感地感受到时代的弊病，那么，这样一个伟大人物**反对**他自己时代的斗争，显然只不过就是这个伟大人物与其自身的疯狂的死战。但这

① 以下参见 34[8]。——编注

只是从表面来看的确如此。因为他在这个时代中是与阻止他变得伟大的东西作斗争，这个斗争对他来说仅仅意味着：与那些阻止他自由地并完全地成为他自己的东西作斗争。由此可以得出，他的敌意其实恰恰是针对虽然在他自己身上，但实际上并不是其真正的自我的东西，亦即针对不可结合和永远不相容之物的不纯洁的杂乱拼凑，针对合乎时宜的东西与不合时宜的东西的虚假焊接；最终，所谓的时代的产儿却证明自己仅仅是时代的**继子**。因此，叔本华从少年时代开始就在与那个虚假的、虚荣的、配不上他的“母亲”即时代作斗争；他把这位“母亲”逐离了自己，洗清和治愈了自己的本质，并发现自己重新找回他那属于他自己的健康和纯洁。因此，叔本华的作品可以被用作时代的镜子。如果我们从镜子里看到一切合乎时宜的东西显现为丑陋的病态，显现为羸弱和苍白，显现为深陷的眼眶和疲惫的面容，显现为时代继子的可辨识的苦难，那么，这毫无疑问并不是镜子的错误。对强有力的本性的渴望、对健
363 康和质朴的人性的渴望，对叔本华来说，就是对自己本身的渴望；而一旦他在自身中战胜了他的时代，他就必定以惊奇的目光发现栖身于己的天才。他的本质的秘密现在已被揭示给他，那个继母即时代那掩盖他的天才的意图被挫败了，升华了的自然的王国被揭示出来了。如果此刻他把自己无所畏惧的目光转向这个问题：生命究竟有什么价值？——那么，他就不再会根据一个混乱的和苍白无力的时代及其虚伪的含糊的生活来对生命做出评判。他清楚地知道，在这个大地上还能够发现和达到比这样一种合乎时宜的生活更高级和更纯洁的东西，而如果要按照这种可憎形态来认识和评价，那就会对整体的此在做出不公正的判断。不，天才自身

现在已经受到召唤，那么，我们要来听听，这个天才，这一生命的最高成果，是否能够为生命做如此的辩护；这个庄严的、创造性的人现在应当回答这个问题："你在内心最深处肯定这种人生此在，对它说'是'吗？它足以令你满意吗？你愿意做此在的促进者和解放者吗？因为你就只需要从你的口中对生命说出一个真正的'是'——生命，现在面临如此严重指控的生命应该是自由的。"他将如何回答？——用恩培多克勒的话来说。[①]

四[②]

上文最后的暗示也许难以理解，但这里暂时放下。我现在要转向一些很好理解的东西。我们将解释一下我们如何在叔本华的帮助之下教育我们自己，**抗拒**我们的时代，因为我们拥有通过叔本华来真正地**认识**这个时代的优势。也就是说，如果这是一种优势的话！至少，再过几个世纪，这个优势就不再可能了。[③] 我对这个想法感到高兴，即人们很快就会厌倦阅读而且作家们也是如此，也许有朝一日，学者会想起来而立下遗嘱，指示他的尸体应当在他的 364
书中间，尤其是在他自己的作品中间被烧掉。而如果森林真的不断减少，岂不是将来有一天图书馆会被当作柴火、麦秸和引火柴吗？不过，如果大多数的书是那些大脑的烟雾的产物，那么，它们

---

① 用恩培多克勒的话来说。]手稿（尼采的手稿？）：用恩培多克勒的话来说？——编注

② 誊清稿中的标题：时代的描述。——编注

③ 以下参见29[225]。——编注

也就应当被重新化为烟雾。如果这些书自身之中没有火焰，那么就应当用火焰来惩罚它们。因此，我们的时代可能会被一个后来的世纪视为“黑暗的世纪”，因为我们这个世纪产生的图书能把炉子烧得最旺，烧得最久。从这种情况来看，我们能够认识我们自己的时代，我们是多么幸运啊。毕竟，如果关注和研究自己的时代总有些意义的话，那么，尽可能彻底地研究它，不留任何疑问，这无论如何都是一种幸运的好事。而恰恰由于叔本华，我们才能做此种研究。

当然，如果在这种研究中揭示出，像我们这样高傲和充满希望的时代，在过去还根本不曾存在过，那真是幸运百倍了。现在，在地球的某个角落，比如在德国，有些明显幼稚天真的人们准备相信，而且还非常认真地宣称，若干年以来，世界已经被纠正了，有些人对人生此在沉重和阴郁的疑虑，已经被“事实”所反驳。因为新德意志帝国的建立就是对所有“悲观主义”哲学思考的一种决定性的和毁灭性的打击。对他们来说，这是毫无疑问的。——现在，谁要想回答“哲学家作为教育者在我们时代到底意味着什么”这个问题，那他就必须反对这个流传很广，尤其是在大学里被宣传的观点。我们必须说，这样一种如此令人恶心的对时代偶像的谄媚，能够被所谓有思想的值得尊敬之人说出，并不断加以重复，实在是一
365 种耻辱和丑闻。这也证明，人们对哲学的严肃和报纸的严肃之间的巨大差异已经没有一点概念了。这些人已经不仅失去了仅剩的一点哲学思想，而且也失去了仅剩的一点宗教敏感性。但这种丧失所换来的绝不是乐观主义，而是新闻主义，是今天的日报式的精神或缺乏精神。任何一种相信通过一桩政治事件就能转移乃至解

决了此在问题的哲学，就是一个笑话，或一种假哲学。自从世界产生以来，有许多国家建立起来了，那是一件老掉牙的故事了。一场政治革新怎么可能足以使人一劳永逸地变成地球上的快乐居民呢？如果有人真的相信这是可能的，那么他就应该报上名来，因为他确实有资格成为德国大学的一个哲学教授，就像柏林的哈尔姆斯、波恩的迈尔和慕尼黑的卡列尔。[①]

不过，我们在这里正在经历的是最近从所有屋顶上大喇叭宣传的那种教义的后果。这种教义宣称国家是人类的最高目标；对于一个人来说，除了为国家效劳之外，没有任何更高的义务了。在这种教义中，我看到的与其说是向异教信仰的倒退，不如说是向着一种愚昧的倒退。也许，那些把为国效劳视为自己的最高义务的人，确实没有认识到其他更高的义务；但是，也存在其他一些人，也存在其他一些义务，比如，在我看来，其中的一个义务就高于为国家效劳，即号召我们去根除所有形式的愚蠢，当然，也包括上述所谈论的愚蠢。我这里关注的是其目的超越了国家福祉的这样一类人，也就是，哲学家；而且，我关注的仅仅是他们那种与国家的福祉几乎无关的领域：文化的问题。在那些相互联系从而构成人类共同体的圈子中，有些人是黄金做的，而另一些人则是冒牌的黄铜
做的。 366

① 自从……卡列尔。］准备稿：我告诉你，为什么从 1871 年以来不应当被认为一个新纪元的开始！或者，这个问题怎么会因为地球某一个角落里的一个民族重新汇聚在一起而得到解决呢？认为一场政治革新足以使人永远成为快乐的地球居民的人，则配得上在一所德国大学里当哲学教授。我不得不羞愧地承认，柏林的哈尔姆斯、波恩的迈尔那样的教授就做出如此愚蠢的表述，但他们的大学却从未对这样一种偏离表示过抗议。——编注

那么，哲学家又是如何看待我们时代的文化呢？当然是非常不同于对国家深感满意的哲学教授们。当哲学家想到生活中那普遍的匆忙、加速的堕落，想到所有静观和质朴的消逝，他几乎像是看到了文化遭受全部灭绝和根除的征兆。宗教的洪水正在消退，留下了一片片泥沼和池塘；各民族再次相互分裂，彼此之间充满敌意和仇恨，必欲撕碎对方而后快。各门科学以毫无节制和极盲目的放任主义方式发展，正在动摇和消解所有曾经坚信不疑的信念；受过教育的阶层和国家正在被一种极为卑鄙的金钱经济所冲垮。这个世界从来不曾如此世俗，从来未曾这么缺乏爱和仁慈。[①] 在这种世俗化的躁动和喧闹中间，有教养阶层不再是灯塔和避难所；他们自己每天都变得更加不安、更加没有思想和缺乏爱意。所有一切，包括现在的艺术和科学在内，都服务于正在到来的野蛮。受过教育的人蜕化为教育的最大敌人，因为他要用说谎来隐瞒普遍的弊病，因此，也妨碍了医生们的救治工作。如果人们谈到他们的弱点，反对他们那些有害的谎言，他们就会恼羞成怒。这些可怜的无赖！他们实在是太乐意于使我们相信，他们的世纪超过了所有其他世纪，他们带着虚假的快乐到处游荡。不过，他们伪装幸福的方式也有些动人的东西，因为他们的快乐是完全让人不可理解的。我们甚至不愿像汤豪舍问彼得罗尔夫那样问他们“你到底享受过什么，你这个可怜的人？”[②]因为，啊，我们自己知道得更清楚，我们知道情况不是这样。冬日就在我们头上，而我们却住在冰雪高山

① 这个世界……仁慈。]誊清稿：到处都缺少爱和自我牺牲的奉献。——编注

② “你到底……的人？”]见瓦格纳的《汤豪舍》(1845 年)，第 2 幕，第 4 节。——编注

之上，危险而又窘迫；每一个欢乐都是短暂的，从雪白山头上悄悄投在我们身上的每束日光都是苍白的。此时，音乐响起，一个老人摇起那手摇风琴，舞者旋转了起来。——目睹这一切的流浪者被深深触动了；一切都是如此荒凉、如此封闭、如此暗淡、如此没有希 367
望，而现在突然响起了一种欢乐的声音，一种十足的毫无思想的欢乐的声音！但是，黄昏的雾色已悄悄降临，喧闹声逐渐减弱，流浪者的脚步在雪地里吱呀作响；他极目所见，唯有自然的荒凉、残酷和狰狞。

但是，如果仅仅强调现代生活的画面上线条的孱弱和颜色的呆板，这有点片面的话，那么图像另一方面也绝不令人更加宽心，而且只会令人更加不安。毫无疑问，那里存在着力量，存在着巨大的但却是野蛮的、原初的和毫无怜悯心的力量。我们带着恐惧不安的期待盯着它们，就像巫婆盯着自己的煮锅：每一刻都可能有火星的闪烁和飞溅，预示着可怕的景象。自一个世纪以来，我们就已经在期待和迎接天翻地覆的动荡；如果最近人们尝试用所谓民族国家的组织力量去反对、内爆或炸毁这一现代社会最深刻的倾向，那么，民族国家在很长时间里，只会增加业已存在的普遍的不安全、忧虑和威胁。有些个体的行为表现就好像他们对于这些忧虑一无所知似的，但我们不会被他们欺骗；他们的不安表明他们恰恰对这些忧虑知道得多么清楚。他们匆忙地思考自己，而且只思考自己；人类之前还从未这样思考自己。他们为自己的日子去建筑和种植，他们对幸福的猎取更为激烈，如果猎物必须在今天和明天之间被逮住的话，因为也许后天狩猎季节永远结束了。我们生活在原子的时代，原子的混乱时代。在中世纪，各种互有敌意的力量

多少是被教会聚拢在一起，在某种程度上也通过教会所施加的强大压力被相互同化。当宗教纽带撕裂、压力减弱之时，这些力量就相互为敌。宗教改革宣称许多事物无关宏旨，对宗教本身不重要，
368 这些领域不应当由宗教来规定；这就是宗教为了自己可以生存下去而付出的代价[①]，例如，基督教在面对更有宗教性的古代世界时，为了保证自己的生存也不得不付出了类似的代价。自那以后，分裂就不断地在扩展。现在，几乎地球上所有一切都仅仅由最粗野和最邪恶的力量，由自私自利的逐利者和军事独裁者来控制。国家掌握在后者手里，就像掌握在前者手里一样，当然会试图从自身出发重新组织一切，并提供控制那些敌意力量的纽带和压力。这就是说，国家想要得到这些势力之前曾给予教会的那种盲目崇拜。但成效如何呢？我们还需要观察。但不管怎样，我们甚至现在还处在中世纪的冰封河流之中；冰河融化了，并以毁灭性的力量奔涌着。河水里的冰块堆积着冰块，所有的河岸都被淹没，面临着崩溃的危险。革命绝对无法避免，而且是原子式的革命：但是，什么是人类社会最小的、不可分的构成材料呢？

毫无疑问，人性在崩溃和混乱的旋涡的时代临近之时，比起在这样时代的实际到来，几乎是处于更加危险的状态。对恐惧的期待以及对每一分钟时间的贪婪利用，滋生了灵魂的一切卑鄙怯懦和自私冲动；而人性一旦处于实际的困厄，特别是一种巨大的困厄之时，通常反而会得到改善，也更加温情。鉴于我们时代所面临的这些危险，谁将作为**人性**的声援者和捍卫者，去守护如此多样的世

① 代价]手稿：买卖价格；1872年第一版：赎金价格。——编注

代所积聚起来的、不可侵犯的神圣财富？当所有人都在自身中感到自私的蛆虫和卑躬屈膝的恐惧，并因此从人的形象堕落到动物或机器水平的时候，谁将会树立起**人的形象**呢？

有三种人的形象，是我们在现代以来相继树立起来的，而且， 369
这三种形象毫无疑问将长久地激励必死之人去提升和圣化他们自己的生命。这就是卢梭式人、歌德式人和叔本华式人。在三种形象中，第一个形象拥有最大的火力，无疑能发挥最广泛的作用；第二个形象只为少数人而设，亦即为具有伟大风格的沉思型的思想家而设，这些人会被大众误解；第三个形象要求一种只有最积极行动的人才可能进行的沉思：只有这样的人才能够不受损伤地进行沉思，因为第三种形象会使沉思者疲惫，并吓退大众。第一种形象所发出的力量，曾经激发并仍将激发暴力革命，因为在每一次社会主义的动荡和地震中，总是有卢梭式人在那里鼓动和参与，像被压在埃特纳火山下的老堤丰那样在暴怒。卢梭式人被傲慢的特权阶层、为富不仁的财富所压迫和压榨，为教士们和坏的教育所毁坏，而荒谬的习俗又让其深感羞辱。于是，他在其困厄之中呼唤着“神圣的自然”，并突然感到这种自然宛如某个伊壁鸠鲁主义的神灵一样离他如此遥远；因此，他的呼唤和祈祷无法上达于自然，他如此深地陷入到非自然的混乱之中。他嘲讽地抛掉所有五光十色的首饰，这些他刚刚之前还觉得是最为人性之物。他还扔掉了他的艺术和科学、他的生活的精细和精致；他用拳头捶打着墙壁，并在墙壁的阴影中如此蜕化和堕落；他要求光、太阳、森林和高山。而当他喊道“唯有自然才是好的，唯有自然人才是具有人性的”之时，他是在鄙视自己，并渴望超越自己：这是一种心境；在这种心境之下，

其灵魂已经准备做出可怕的决定，但其灵魂从其内在深处，也会呼唤出最高贵的和最罕见的东西。

370 歌德式人不具有这样的威胁力量；相反，在某种意义上，对于危险、骚动的卢梭式人来说，他恰恰是一种矫正剂和镇静剂。歌德本人年轻时曾倾其满富爱意的心灵依恋“自然本善”的福音；他的浮士德曾是卢梭式人之最高和最大胆的写照，至少从歌德对浮士德对生命的渴望、他的不满和欲求、他与心灵的魔鬼的交往等方面的描述而言，是这样的。但是，所有这些聚集起来的乌云究竟产生了什么结果，去看一眼吧，但肯定不是闪电！而这恰恰展示出一种新人形象，一种歌德式人的新形象。人们也许会认为，浮士德过着一种到处都受到压迫的生活，是生命的叛逆者和解放者，是出自善意的否定力量，是真正的有宗教感的和魔鬼般的颠覆天才；这与他绝对没有魔性的同伴形成鲜明的对比，尽管他无法摆脱这个同伴，同时还不得不利用和鄙视后者的怀疑主义的恶意和否定。——这是每一个叛逆者和解放者的悲剧性命运。但是，如果对这类人做这样的期待的话，那我们就错了；歌德式人与卢梭式人就是在这里分道扬镳了；因为歌德式人仇恨任何暴力，仇恨任何飞跃，这意味着，仇恨任何行动；这样一来，作为世界的解放者的浮士德不过是一个世界旅行家。生活和自然的一切王国、所有过去的时代、所有艺术、神话、一切科学，都看着这位永不知足的观赏者从它们身旁飞掠而过；最深刻的欲望被激起，继而被平息，就连海伦也无法留住他稍长些的时间。接着，他那恶意冷嘲的同伴一直暗中期待的时刻必然来临。在地球的任意一个地方，飞行终结了，翅膀掉落了，靡非斯特胜券在握。如果德国人不再是浮士德，那么，最大的

危险莫过于他成为一个庸人，并落到魔鬼的掌中。而且，只有天国的力量才能把他从中解救出来。如我说过，歌德式人，是风格高雅的沉思者。他之所以能够避免在地球上凋零和耗尽，只是因为他把一切伟大的和值得纪念的东西，无论是曾经存在过的还是仍然 371
存在的，都聚拢起来作为他的营养；他就是这样生活的，实际上，也只是过着一种从这个欲望到另一个欲望的生活；歌德式人不是积极行动之人，相反，他若是在某个地方参与由积极行动之人建立的现存秩序时，人们可以确定的是，这不会产生什么好结果。歌德本人热情参与戏剧却未有结果，便是一例。而且，首要的是，歌德式人不会推翻任何“秩序”。歌德式人是一种保持性的、调和性的力量，但就像我提到过的那样，其危险是他有可能堕落为庸人，就像卢梭式人容易堕落为喀提林主义者[①]一样。歌德式人倘若再多些肌肉力量和天然野性，那他的所有优点将会更加突出。歌德似乎也知道他这种人的危险和弱点之所在，他用雅诺斯对威廉·麦斯特的话来暗示了这一点：“您感到生气和愤懑，这很好；但您如果真的爆发愤怒，哪怕是一次，那就更好了”[②]。[③]

因此[④]，坦率地说，为了使事情变得更好，我们真的有必要怒

① 喀提林主义者(Catilinarier)；喀提林(Catiline，约公元前108—前62)：罗马共和国没落贵族，曾因竞选执政官失败而策动武装政变，并战死。——译注

② 更好了”]誊清稿：生活在德国人中间的任何人，都肯定在自己心中对这些话有一种解释。叔本华式的人不可能只是有时不开心、情绪差，而是整体上相当恼怒——而我至少认为，他因此要比威廉·麦斯特更好。他不再赞美什么自然之善，他嘲笑那些自认为生来快乐的人。——编注

③ “您感到……更好了。”]歌德《威廉·麦斯特的学习年代》，第8卷，第5页。——编注

④ 因此……]以下参见34[4]。——编注

发冲冠一次。而叔本华式人的形象就是在这点上鼓励我们。**叔本华式人自愿承担起内在于真诚的受难**;这种受难有助于他熄灭他自己的个人意欲,并为他自己本性的完全的翻转和颠倒做好准备;而迈向那种翻转和颠倒,就是生命的真正意义。对于他人来说,这种真诚的直言不讳就是倾泻怨恨与恶意,因为他们把保持和坚持他们的半真半假和胡诌谎言视为人类的一种义务,并认为谁要是破坏他们的游戏和把戏,那必定是恶毒的。他们就会尝试对这种人吼出浮士德对靡非斯特说过的话:“你这是在用冰冷的魔鬼之拳去对抗那永恒活跃的、有益的创造性的力量”[①];而任何想以叔本华的方式生活的人,也许会看起来更像一个靡非斯特而不是一个
372 浮士德——这是对那些弱视的现代人而言,因为他们总是在否定的话语中看出恶的迹象。但是,有一种否定和毁坏,恰恰充盈着对圣化和拯救的强有力的渴望,叔本华就是以这种方式出现在我们这些被非圣化的、被完全世俗化了的人中间的第一位哲学教师。[②]一切能够被否定的此在,都也理应被否定[③];迈向真诚,就是相信一种根本不可能被否定,并且本身是真实不虚的人生此在。因此,真诚之人会感到自己的活动具有某种形而上学的意义,而且这种意义只有从另一种更高的生命法则才能加以解释。这种人在最深刻的意义上是在肯定生命,尽管他所做的一切看上去都是对这种生命法则的破坏和违背。在这一点上,他的作为必定成为一种连续不断的受难;但像爱克哈特大师一样,他知道“最快地把你驮向

① “你这是……力量”]参见歌德《浮士德》,第1部,第1379—1381行。——编注
② 此处开始以下,及誊清稿中说明:第四章的结论。——编注
③ 一切……被否定]参见歌德《浮士德》,第1379—1381行。——编注

完善的坐骑，就是受难。”①我可以设想，任何把这样一种生活方向置于自己灵魂面前之人，都必定会感到自己心胸开放，由衷地产生一种炽烈的愿望，即做这样一个叔本华式的人：也是说，对于自己和他个人的福祉，有着少见的泰然自若；在其对知识的追求中，充满着炽烈的吞噬之火，远离所谓的科学人的那种冷冰冰的和可鄙的中立性，远远地超越了所有阴郁寡欢和令人讨厌的反思；永远把自己作为被认识到的真理的第一个祭品，并深刻地沉浸到从他自己的真诚中必定产生的受难意识之中。毫无疑问，他自己的勇敢毁掉了他自己的尘世幸福；他必然要敌视他所爱的人类，敌视从其母腹中产生的制度和机构；他既不宽恕任何人，也不宽恕任何事，尽管他对他们受难也感同身受；他被误解，长期被视为他所憎恶的
势力的同盟；由于其洞见的那种属人的局限，他无论怎样追求公正 373
也必定是不公正的：但是，他可以用他伟大的教育者叔本华曾经使用过的话来安慰自己：“幸福的生活是不可能的——人生所能达到的最高境界，就是一种**英雄般的生活历程**。拥有这种生活历程之人，不管以什么方式，基于什么原因，都会为了在某种意义上有利于所有人的东西而与巨大的困难作斗争；他会最终取得胜利，但他得到的回报却很少甚至根本没有。因此，他像高齐的《乌鸦国王》中的王子一样，最终发现自己变成了岩石，但却保持着高贵的慷慨的姿势和神态。他的纪念碑依然在，并且被当作一个英雄的纪念碑来纪念；由于终生遭受艰难困苦、缺乏成功以及世人的不感恩，

① 爱克哈特大师……受难。”]引用自叔本华《作为意志和表象的世界》，第2卷，第726页。——编注

他的意志备感屈辱，熄灭在涅槃之中。”[①]这样一种英雄般的生命历程，连同其遭受的屈辱，当然与芸芸大众谈论最多的贫乏概念毫无关联：这些人通过节日来纪念伟大人物[②]，并且错误地认为伟大人物之所以伟大，就像他们之所以渺小一样，即他们的伟大似乎是一件来自上天的赠礼，或是为了自己的乐趣，或是由于一种机械作用，或是对这种内在强制的盲目服从，因此，那些没有获得这件赠礼或者没有感到这种强制的人，就有同样的权利成为渺小之人，就像伟大人物因此成为伟大人物。但是，“得到赠礼”或者“受到内在强制”，是人们要逃避一种内在督促所使用的可鄙字眼，也是对于听从这种督促之人，也就是伟大人物的侮辱。伟大人物恰恰是最不愿让自己获得馈赠或受到强制之人，他和每一个渺小之人一样清楚地知道如何使生活轻松安逸，知道他可以伸展四肢躺在多么柔软的床上，如果他乖巧地按照习俗对待自己和他的邻人的话；因为人的一切秩序都如此加以安排，以不断分散人们的思想，让他们
374 **感受**不到生命。那么，为什么他要如此强烈地欲求相反的东西，恰恰想去感受生命，也就是说，去遭受生命的苦难呢？因为他发现，其他人希望他欺骗自己，并合谋引诱他离开他自己的洞穴。他起而反抗，竖起双耳，并且决定“我要坚持我自己！”这是一个可怕的决定；他也只是慢慢地明白了这一点。因为他现在必须下潜到此

① “幸福的生活……涅槃之中。”]叔本华：《附录与补遗》，第 2 卷，第 346 页，172a。——编注

② 这样一种……伟大人物]打印稿：我们都应当是真实性的英雄；而且，我们都能够做到这一点。当然，这不是要遵照现在庆祝节日、重视纪念伟大人物的那些人的不充分的概念。——编注

在的深处，嘴里叨念着一系列不寻常的问题：我为什么活着？我应当从生活中得到什么教训？我如何变成现在这样的人，为什么我会因为成为现在这样的人而遭受苦难呢？他折磨着自己，而且，举目望去，其他人没有像他这样折磨自己，相反，他的同时代人对政治舞台上演的那些奇异事件狂热地伸出双手；或，他们自己以百种面具扮作青年人、成人、老人、父亲、市民、教士、官员、商人等趾高气昂地走来走去，完全沉迷于他们共同的喜剧，而根本不关注他们自己。对于“你的生活的目的是什么？”这个问题，他们都会迅速且骄傲地回答说，“为了**成为**一个好公民或学者或政治家。”但他们毕竟是某种东西，而且绝不会成为别的东西。为什么他们恰恰是这样呢？哎呀，为什么就不能成为某种更好的东西呢？谁若是把自己的生活仅仅理解成为一个种族或者一个国家或者一个知识领域的发展中的一个点，并因此寻求把自己完全纳入到生成的历史之中，完全纳入到历史学之中，那么他就没有理解人生此在教给他的教训，因此，他就必须重新学习它。这个永恒的生成是一出骗人的木偶戏。人们在观看这出木偶戏时，忘记了自身。这是一场真正的消遣，个体被消遣得四处飘摇。这是一场由时间这个伟大的孩童在我们面前并与我们一起玩的无穷无尽的胡闹游戏。那些真诚的英雄会在某一天不再充当时间的玩具。在生成的过程中，一切都是空洞的、骗人的、单调的和值得我们鄙视的；人应当去解答的
那个谜，他只能在存在之中加以解决，只有在他是其所是，而不是 375
在他是其所非之中，也就是说，只有在永恒的不变的东西中来加以解决。现在，他开始检验他根植于“生成”有多深，根植于“存在”有多深。于是，一个巨大的任务摆在他的灵魂面前：摧毁一切生成着

的东西，揭露一切事物中虚假的一面。他也要认识一切，但他与歌德式人不一样，他不是为了一种高贵的柔韧，目的是保存自己，流连和纵情于大千世界的多样性；相反，他自己就是他献出的第一个祭品。英雄人物蔑视自身的安逸或艰难，蔑视自身的美德和恶习，而且，一般而言，也蔑视按照他自己的尺度来度量事物；他对自己不再抱有任何希望，唯想穿透一切事物，洞见这种绝望的深度和根底。他的力量在于他忘掉自身；而如果他真的想起自身的话，那么，他是在想测度他自己和他的高大目标之间的距离，而且，他在自己身后和身下似乎只看到一堆不重要的渣滓。古代的思想家们竭尽全力寻找幸福和真理，但自然的邪恶原则却是，应该去寻求的东西永远不会被找到。但是，如果谁要是在每个事物中寻找非真理，并自愿与不幸福结伴和结盟，自然也许给他准备另一种令他失望的奇迹：某种不可名状的东西，某种幸福和真理只是它偶像式的摹本的东西，就会接近他；大地失去了它的重力，大地上的事件和统治性力量变得梦幻和朦胧，就像在夏日的晚上，一种美妙的光芒开始扩展。对于观察者来说，就好像他刚刚开始醒来，在他周围飘动着残梦的云朵。这些云朵也将在某个时候烟消云散，然后是朗朗晴日。

五[①]

然而，我许诺过，我会根据我的经验来描述作为教育者的叔本

① 参见35[14]；34[25、14、21]。——编注

华，不过，我的经验，再加上我的不完善的描述，是不足以去勾画那 376
个理想人的。因为这个理想人，即柏拉图意义上理念的叔本华，似乎在叔本华里面和周围左右着叔本华。但这种描述的最困难的方面始终是：如何从这个理想引出一系列新的义务，以及人们如何能够通过一般性的行动去迈向那个如此雄心勃勃的目标，简而言之，如何去证明那个理想对我们具有教育性，即叔本华式人能够**教育**我们。否则，我们也许会认为，这种令人欣喜的，甚至令人陶醉的观察，不过是向我们提供一个个片段，并马上把我们置于更加痛苦的境地，甚至使我们陷入到一种更加深刻的不满与懊恼之中。不可否认，**这**就是我们**开始**与这个理想交往的情形：感受到光明与黑暗、陶醉与恶心的迅即交替；而且，这种经验不断重复，就像理想人物本身那样古老。但我们不应该长久地停留在门槛之外，应当很快越过开端，升堂入室。而且，我们必须认真并坚定地问：有可能把那个高高在上的目标向我们拉近，从而使它在提升我们的同时教育我们吗？这样，歌德那伟大的话[①]就不会在我们身上实现了："人生来处于一种受限制的境地；他能够理解简单的、切近的、确定的目标，并习惯于利用自己马上够得着的手段；但一旦他走出自己的界限，他就既不知道他想要什么，也不知道他应当做什么；他是因为目标众多而分心还是因为这些目标的高大和尊严而惊呆，其结果都没什么差别。如果他被促进去追求他通过一般性的自我活动不能达到的目标，那么，这永远是他的不幸。"

这种反对如果指向叔本华式的人物，那么似乎有一定的道理：

① 歌德那伟大的话]《威廉·麦斯特的学习年代》，第5卷，一个美丽灵魂的坦白。——编注

他的尊严和高大只能够使我们惊呆，并由此把我们排除在任何的行动王国之外；系列的责任义务，甚至生命活力的流动，都会消失
377 殆尽。某些人也许最终会习惯于怏怏愦懑，并按照双重标准去生活。这就是说，与自己相矛盾，并不知道如何行动，因此，日渐软弱和缺少创造力；另外有些人甚至会原则上放弃所有行动，并几乎对其他人的行动丧失了关注。因此，当困难实在太大，人们根本无法履行自己的任何责任义务之时，由此造成的危险总是异常巨大。天性稍强者会被摧毁，而天性较弱的数目更为众多的人，将陷入到一种懒惰的静观之中，并最终在懒惰中甚至丧失他们的静观能力。

针对这样一些异议，我愿意承认，关于这方面，我们的工作几乎刚刚开始呢，而且，从我自己的经验来看，我可以确定的一点是，从那个理想形象那里引入一系列加在我们身上的可履行的义务链条，这是可能的，而且，我们中的一些人已经感受到了这个链条的分量。但是，在我能够负责任地把这个系列义务归纳为一种公式之前，我需要做些预先考察。

在任何时代，那些更为深刻的人们都会对动物抱有某种同情，因为它们饱受生命的煎熬，却没有力量把扎向自己的刺倒转过来，没有力量形而上学地理解自己的此在；的确，甚至在最深的底层，看到无意义的苦难也使人愤怒。这就是为什么在这世上不止一个地方产生了这样的猜想，即，在这些动物的躯体之中隐藏着有罪之人的灵魂。这就使得初看起来令人愤怒的无意义的受苦挣扎，从永恒正义的视角来看，是作为惩罚和赎罪，因此，就获得了某种合理性和意义。生活在动物这种状态之中，受制于饥饿和欲望，却不能对这种生活的本质有任何的洞见，这的确是一种残酷的惩罚；我

们无法想象出还有什么比这更加残酷的命运:这些猎物遭受着苦痛的噬啮和驱使,在荒野中奔走和寻觅,却很少得到满足;而且,即使有所满足,因为与其他动物的相互厮杀,或因为贪吃的恶心、过 378
饱,其满足还会转化为痛苦。对于生存盲目且疯狂的依恋,没有更高的目的,就是为了生存;不知道自己在遭惩罚,不知道自己为何招致这种惩罚,而且还带着可怕的欲望和愚蠢去渴求这一惩罚,就像是在渴求一种幸福似的。这就是成为动物的真正含意。如果整个自然是向着“人”而竞取,那么自然这样做就是让我们明白:为了自然能够从动物生存的诅咒中被救赎出来,那“人”是必需的;也只有最终到了“人”的层次,此在才可以把镜子放在自己面前,并在镜中窥见,生命不再显得没有意义,而是在其形而上学的意义上显现出来。可是,让我们思考一下:动物从哪里结束,人又从哪里开始?——我们所说的“人”,是自然唯一的关切!只要人们渴求活着就像渴求幸福一样,那么他的眼光就还不曾超越动物的视野,因为人比动物更为清醒地追求的,不过是动物在盲目冲动驱使下所追求的东西。但我们所有人在我们大部分生命的时间里都是这样做的。通常,我们脱离不了动物性,我们本身就是在毫无意义地受苦的动物。

但会有某些瞬间,**我们认清了这一点**:遮蔽的云层被撕破了,我们看到了我们以及整个自然,都在向“人”竞取,就像向那高于我们之上的东西竞取一样。在那些突然的明亮瞬间,我们战栗地向前后左右观望:我们看到较为文雅的猎物在奔跑,而我们就在它们中间奔跑。人类在地球上那巨大的荒野上大规模地迁移和动荡,他们建起城市和国家,发起战争,永不停歇地聚拢或散开,令人不

解地融合，互相模仿和学习，互相欺骗和践踏，在困境中哀嚎，在胜利后狂欢——所有这些都是动物性的延续。这情形就好像人是故意被拖着往后倒退，被骗走了形而上的天资；就好像自然在如此长
379 时间地渴望“人”并为之努力之后，现在却在“人”的面前恐惧地后退，宁愿退回到本能的无意识状态。啊，自然需要认知，却又对需要的真正的认知感到恐惧。因此，那认知的火焰不安地跳动和闪烁，好像是自己在害怕自己，胡乱抓取许许多多的事物，但就是不会抓取那自然真正需要认知的东西。在某些瞬间，我们所有人都知道，我们在生命中进行了最广泛的布置和安排，只是为了从我们真正的任务逃离开来；我们多么希望随便找个地方把我们的脑袋埋藏起来，就好像为了让我们那长着百只眼睛的良心不会发现我们似的；我们多么急迫地把我们的良心交付给赚钱、社交，或者科学，纯粹只是为了不再拥有这颗良心；我们超越了实际谋生所需要的程度，更加狂热、更加不动脑筋地沉湎于日常工作，因为似乎不动脑筋、停止反思，是我们更为迫切的需要。我们到处都是匆匆忙忙和迫不及待，因为每个人都在逃离自己；我们到处也都是羞答答地掩饰这种匆忙和迫不及待，因为我们想显示出一副满足的样子，想去迷惑那目光锐利的旁观者，不想让他们发现自己的可怜处境；我们到处都需要那些新奇、悦耳的语词铃铛，以装点我们的生活，使我们的生命呈现出某种嘈杂的喜庆。但是，我们每个人都熟悉这样的奇特情形：令人不快的回忆突然降临到我们身上；我们以剧烈的手势和激烈的声音，尽力把这些硬闯进来的记忆从头脑中赶走。但恰恰是生命中的这些手势和声音表明，我们永远会发现我们处于害怕回忆和收心内视的状态。那么，如此频繁袭击我们的

是什么呢？那不让我们安眠的又是什么样的轰鸣的蚊子？我们的周围存在着一些精灵，它们在生命中的每一时刻都想告诉我们些什么，但我们不想倾听这些精灵的声音。当我们单独和安静的时候，我们担心某些声音会悄悄地钻进我们的耳朵。因此，我们憎恨安静，用社交谈话来堵塞我们的耳朵。

正如我已经说过的那样，我们有些时刻都会认识到这一切，并 380
且会对所有这些令人眩晕的恐惧和匆忙，从而也会对我们一生中那全然如梦的状态，感到相当惊奇。我们似乎对醒来怀有恐惧，而且，越是接近醒来时分，所做的梦就越加生动、越加令人不安。但同时我们感觉到，我们是太过脆弱了，从而无法长时间承受那至深的沉思时刻；我们也不是像整个自然为了自身的拯救而全力竞取的那种人。我们如果能有时尽力把我们的脑袋提升出水面，去看看我们如此深陷其中的河流，就已经了不起了。把脑袋提升出水面、达到瞬间的清醒，我们甚至借助我们自己的力量也无法做到这点。我们需要被举起。但是，能够举起我们的会是谁呢？

他们就是那些真正的**人，不再是动物的人，是哲学家、艺术家和圣者**；随着这些人的出现，借助这些人的出现，那从来不会跳跃的自然，做出了它唯一的跳跃，而且是一次欢快的跳跃，因为自然首次感觉它达到了它的目标。也就是说，到了这时候，自然认识到它必须学会不去拥有目标，认识到它在冒着极大的风险在玩这生活和生成的游戏，也玩的太久了。自然也因获得这一认识而变得美化了，那一丝温柔的黄昏倦意，亦即人们所称的“美景”，在其脸上伸展。自然现在以这样美化了的表情所表达的，是对人生此在的伟大**启蒙**。凡人所能有的最大愿望，就是持续地、竖起耳朵去聆

听这一启蒙。如果我们想想如叔本华在其一生历程中所必然听到了的一切，那么回想下自己，我们就很有可能会对自己说，“啊，你这失聪的耳朵，你这愚笨的脑袋，你那闪烁不定的理解力，你那枯萎的心！啊，我是多么鄙视所有这些能称得上是‘我的’一切！没有能力飞翔，而只会扑打翅膀！能看到了你头顶之上的东西，但却
381 无法攀登上去！知道了通往哲学家那无限广阔的视野的路径，并且几乎就要启程踏上这条路径，但才迈出了几步就踉跄着倒退回来！如果真有一天，这个最大愿望得以实现，那我们将会多么乐意用余生去交换！争取能像那曾经的思想家一样，登上阿尔卑斯山高峰，呼吸那冰清玉洁的纯净空气——在那里，再没有了烟雾和遮蔽，事物的根本属性，以质朴、坚定且无比清晰地表现和呈现出来！仅仅想一想这些，灵魂就会变得孤独、孤寂和无限；如果那愿望能够实现，如果那目光像一束光线一样，垂直、明亮地照射在下面的事物；如果羞耻、恐惧和欲望能够消失，那么，什么样的词语能够描述灵魂的状态啊，一种全新的、神秘的没有骚动和波澜的活力状态。这种灵魂状态就像叔本华曾经拥有的那样，去照射那此在的巨大象形文字，还有那已经石化了的生成[①]学说；不是作为夜的黑暗，而是作为拂晓泛红的光亮，洒向全部世界。而另一方面，在充分领会了哲学家那特有的确定和快乐以后，再去感觉那些非哲学家，那些欲求却又无望实现其欲求之人的所有不确定和不快乐，那我们会遭遇一种怎样的命运啊！知道自己就是树上的一颗果子，但却不能长大成熟，因为所处太过阴暗，同时却看到咫尺之外就有

① 生成］打印稿：死亡。——编注

自己所缺乏的灿烂阳光!”

这种命运的折磨足以使那些欠缺天赋之人变得嫉妒和恶毒——如果他们还能嫉妒和恶毒的话。但也有可能，他们的灵魂最终会调转方向，不去在无望的追求中耗尽自己。如果是这样的话，那他们将会**发现**一系列新的义务。

现在，我可以回答之前所提出的问题了，亦即是否有可能借助一般性的自我行动去追求叔本华式人物的伟大理想。首先，这一点是肯定的：这些新义务，并不是一个孤立个体的义务。相反，通 382
过这些义务，个体被整合到一个强大的共同体之中。这一共同体并不是被外在的形式和规则粘合起来，而是以某一根本思想建立起来。这一根本思想就是关于**文化**的一个根本思想，它赋予我们每一个人的，就只是这样的一个任务：**促进在我们自身之内与自身之外生成哲学家、艺术家和圣者，并以此致力于帮助自然的完善**。这是因为自然需要哲学家也需要艺术家来达到其形而上的目的；自然需要一个对自身的启蒙，这样，自然才会最终获得一幅纯粹和完备的自我图像。而在这之前，自然在其不断生成的喧闹中，是永远没有机会看清楚这幅图像的。简言之，自然需要哲学家、艺术家和圣人，就是为了其自我认识的目的。正是歌德曾以傲慢而深刻的言词表达出这样的意思：自然的所有努力和试验，只有在艺术家最终理解了自然结结巴巴想要说出的意涵，只有在艺术家走过去助自然一臂之力、帮它说出其所有那些努力和试验真正想要表达的意思之时，才是有价值的；“我已经说过很多次，”他有一次大声说道，“我要经常重复这个观点，即自然和人的活动的目的，就是戏剧诗歌艺术。因为不是这样的话，那这些艺术就绝对是没有

用处的。”[①]最后，自然也需要圣者。圣者的“自我”是完全消融了的，圣者受难的一生，不再或者几乎不再是作为他个体的苦痛加以承受，而是作为某种与所有生物共有、共享与一体的深切感受；在圣者的身上，出现了转化的奇迹，而这样的转化，自然那种不断生成的游戏是永远无法获取的。变化成为“人”，是整个自然为了把自己从自己拯救出来所全力争取的最终和最高的目标。[②] 毫无疑问，我们所有人都与圣者相关和相连，正如我们与哲学家和艺术家相关和相连一样。有些瞬间，仿佛是至为明亮的至爱之火溅出了
383 火花；在那光亮中，我们不再理解个体性的“我”，某种超越我们存在的东西在这些瞬间从那里转入到“我”这里。所以，我们从内心深处热切地渴望能有一道连接这里和那里的桥梁。当然，在我们通常的精神状态下，我们对拯救者的产生无能为力。因此，我们憎恨处于这种状态下的我们。这种憎恨就是那悲观主义的根源。叔本华再次对我们这个时代的教导，就是这种悲观主义，尽管这种恨意与对文化的渴望一样古老。当然，这种恨意是文化的根，而不是它的花朵；是它的底层，而不是它的顶部；那是道路的开始，而不是它的终点：因为在某个时候，我们必须学会憎恨某些别的东西，某些更普遍的东西，而不再是憎恨我们的个体性及其可怜的局限、可变和不安；在那被提升了的状态下，我们也会爱上某些我们现在不能去爱的别的东西。只有当我们在现在或未来被纳入到最崇高的

① “我……没有用处的。”]歌德致夏洛·冯·施泰因的信，1785年3月3日。——编注

② 此处开始及以下，准备稿中在这些话之前有：为产生这种人而工作，我称之为为文化而工作的唯一事情。——编注

哲学家、艺术家和圣者的秩序之中时，我们才会为我们的爱和我们的恨确立新的目标[①]。在此期间，我们有我们的工作、我们的特定义务、我们的恨和我们的爱。因为我们知道文化到底是什么。具体到叔本华式的人物，文化要求我们为促进叔本华式人物的不断产生而持续努力，发现敌视其产生和发展的障碍，并清除这些障碍。简言之，我们要进行不倦的持续斗争，去消除所有妨碍我们自己成为叔本华式人物的一切；成为叔本华式人物是我们实存的最高使命。

六[②]

有时候，认可一件事情要比理解一件事情更加困难。这正是大多数人反思这样的主张时会产生的经验："人类就是要持续不断地努力，以产生伟大的个体。这，只有这，才是人类的任务。"如果 384
人类能把通过考察动、植物世界所获得的知识——自然唯一的关注就是产生更高级的种类范例，更不同寻常、更强有力的、更复杂、更能结出果实的范例——应用到社会及其目的之中，那该是多么令人愉快啊！如果那灌输给人们头脑的关于社会目的的错误见解，不会产生顽固抵制的话，那该会多么令人兴奋啊！实际上，这一认识很容易理解：在某一物种的进化目标达致其界限时，就开始向更高一级的物种过渡；其进化的目标，并不在于物种的绝大多数及其福利，也不在于那在时间上最新出现的物种。相反，其目标恰

① 新的目标]准备稿中还有：而悲观主义将经历一种复活。——编注

② 参见 35[12]；29[13]；34[22、24、29、37]。——编注

恰在于那些在这里或那里的有利条件之下，似乎是分散和偶然出现的范例。同样，这个要求也很容易理解，即人类能够意识并认识到自己的目标，因此，人类应该去寻找和创造有利和合适的条件，以使那些伟大的拯救者得以出现和生存。但当今时代所有的一切，都在对抗这一要求。有些人认为，人类的最终目标在于所有人或者说大多数人的幸福；另一些认为，人类的最终目标在于伟大共同体的发展。这样，人们会迅即下定决心去为了某一国家而奉献自己的一生；但同样是这些人，如果为之牺牲的不是一个国家，而是某一个体的话，那他们就会迟疑不定，犹豫不决。一个人应该为了另一个人而存在，这显得有些荒谬；“不，我们应该是为了所有人，或者至少是为了尽可能多的人而存在！”但是，我的令人尊敬的好人啊，在涉及价值和意义方面，以人数来决定会更少荒谬吗！这里的问题是：你那个体的生命如何才可获得最高的价值、最深的意义？如何才可以不会被浪费掉？确定的方式只能是，为了那最稀有的、

385 最有价值的范例的利益，而不是为了大多数的利益，因为就个体而论，那大多数是最没价值的。因此，应该从小在年轻人的头脑中培植和培养这种观点和态度，从而使得他们把自己视为自然的失败的作品，但同时却又见证了作为艺术家的自然的最伟大和最美妙的目标：“就我来说，自然是做的很不成功，”人们应该对自己说，“但我会对自然伟大的目标致敬，为其服务，这样，它未来会更加成功”。

如果有人有了上述的认识和决心，那么，他就把自己置于了**文化**的圈子之中，因为文化就是每个人的自我认识和对自己的不满以后的产物。每一个信奉文化之人实际上都会说，“我看见了在我之上，有着某些比我更高级、更具人性的东西；你们所有人，请帮助

我达致这些吧，就像我也会帮助每一个有着与我这同样的认识和同样的痛苦的人；这样一来，一个在知识和爱、视野和能力方面都感受到自身的圆满和无限的人，最终就会诞生；这样一个完美之人，与自然密切关联，浑然合一，是所有事物的判断者和评判者”。要把一个人置于这样一种无所畏惧的自我认识状态之中是很困难的；这是因为爱是不可能被教授的；这是因为唯独只有在爱之中，灵魂才会不仅获得对自己的清晰的、解剖性的和鄙视的眼光，而且还会产生把目光超越自身的渴望，并全力寻觅那隐藏在某处的更高的自我。因此，只有那些心系某一伟大人物的人，才由此**初次领受文化的庄严圣礼**；领受文化圣礼的特征是，对自己感到羞愧但并不愤怒；憎恨自己的狭隘和干瘪；深切同情从我们的迟钝、冷漠和干裂中一次又一次把自己提升出来的天才人物；怀着同样的情感期待那些正在斗争和形成中的人物，并深刻而坚定地相信，几乎在任何地方，自然在其需要和方式上都在全力争取成为“人”；自然多么痛苦地感到它的作品再次失败了；但自然仍然成功产生了最为奇妙的附肢、线条和形状，而所生活在其中的我们，就像雕刻时留 386
在场地的很多珍贵碎片。这些碎片到处在向我们呼喊：来啊！帮助我们！把本属一体的东西拼凑起来！我们无限渴望能够成为一个完整体！

我把这些内心状态称之为对文化的初次领受；但现在，我要描述对文化**第二次**领受的结果。我清楚地知道我的任务将更加困难。这是因为现在，我要从描述内在状态转到对外在发生情形的评判；我们的眼光也将转向外面，以在纷繁的行动世界里重新发现那种对文化的渴望——我们可以根据前面描述的内在经验来识别

这一渴望；我们个体不得不把自己的奋斗和追求作为手段，就像作为字母那样，去阅读和理解人类的总体渴望。但我们却不应就此停步不前。我们必须从这个台阶去攀登下一个更高的台阶。文化所要求我们的，不仅是前述的内在体验，不仅是对我们周围外在世界的评判，而且最终并首要的是，要求我们做出行动，也就是或，为了文化而斗争，对抗那些妨碍以及不认可“产生天才”[①]这个目标的种种风气、习惯、法令和机构。

那些有能力把自己提升到第二层次之人，首先会发觉**人们对文化目标的认识是多么的稀有和不足**，相反却对文化的追求又是多么的普遍，对文化事业而付出的精力又是多么的巨大。我们会惊讶地自问：“对文化目标的认识，或许根本就不必要？就算大多数人错误地设定了他们自己的努力目标，自然也仍然可以达到自己的目的？”那些习惯赞赏自然无意识的目的之人，或许毫不费力地回答，“是，的确如此！让人们对他们所希望的最终目标爱怎么想就怎么想，爱怎么说就怎么说去吧；在其晦暗不明的本能作用
387 下，他们仍然会明白哪一条才是正确的路径。”[②]要反驳这个观点，我们必须曾有所经历。但是，谁要是真正相信文化的目标就是要帮助产生出真正的“**人**”，谁要是认识到，甚至在当今时代，在所有的文化消费和浮华中，真正的“人”的生成与那延续到人类世界的动物争斗和痛苦并没有多大的区别，那么，他就会认为很有必

① “产生天才”]准备稿中有：促进天才的生产。如果叔本华的精神及其教诲———。——编注

② “是……路径。”]参见歌德《浮士德》，第1部，第328—329页：“一个好人，在其模糊的驱力中，清楚地意识到了正确的道路。”——编注

要以有意识的意志，最终去替代那“晦暗不明的本能”。而且，这里还有另一具体理由，也就是，那并不清楚其目标的本能，那著名的晦暗不明的本能，就不再可能被运用于完全不同的目的，也不会被引往绝无可能实现“产生天才”这个最高目标的歧路。这是因为还有**一种被滥用和服务于其他目的的文化**[①]。只需环顾一下四周，我们就会明白这一点！恰恰是当今时代那些最积极于促进文化的力量，携带着其他的企图；他们并非纯粹和无私地与文化打交道。

这些促进文化的力量中，首先是那些**赚钱者的自私和贪欲**。这些人需要文化帮助他们赚钱，同时作为回报，他们满怀感激地帮助文化。当然，他们同时也给文化指定目标和标准。从他们的角度来看，他们偏爱的主张和结论大致是这样的：“要有尽可能多的知识和教育，因此，要尽可能多的需求，因此，要有尽可能多的产出，因此，要有尽可能多的收益和幸福。”这就是其诱人的公式。这样的教育被其追随者定义为获取一种认识，并借以使受教育者在需求及其满足方面完全与时代相符，同时能够掌控所有赚钱之道，以最可能轻松地去赚取钱财。这种教育的目标就是培养尽量多的“通”才。这里“通”的含意类似货币作为“通货”的“通”的含义。按照这种观点，一个民族拥有越多这样的“通”才，那这一民族就越幸 388
福。因此，这就是为什么现代教育机构的目的，应该是帮助每一个人竭尽其自身所能地成为“通”人，好让他们根据其所拥有知识和教育的程度，获得尽可能多的收入和快乐。因此，个体会被要求必

① 文化]准备稿：文化，[完全不是为了最高目的]。——编注

须能够按照所接受这样的一般教育来对自己进行精确估价，以便知道他可以对生活提出什么样的要求；最后，按照这种理解，“智力与财产”“财富与文化”被认为有着一种天然的和必然的联系，而且，这种联系存在着一种**道德上的**必然性。任何让人孤独、孤寂、让人拥有超越金钱和报酬之上的目标、费时很长的教育，在此都是遭人鄙视的。这种更加严肃的教育，却常常被贬为“精致的利己主义”“不道德的文化伊壁鸠鲁主义”。当然，根据这里主导的现行道德，恰恰与这些严肃教育相反的，一种能帮助人尽快成为一个挣钱人，同时要使他足以能够挣很多钱的快速教育，才是受欢迎的，才是令人尊重的。个体被允许只接受对他挣钱谋生以及商业社会交往所需要的恰好足够的文化数量，但这些文化数量也是对他的要求。简言之，“人们对尘世的幸福，有着必然的期望和要求，因此，这就是他需要教育的理由，但也是唯一的理由。”

其次是**国家的私欲**。同样，国家也追求尽可能地扩展和普及文化和教育，而且，国家拥有达成其愿的最有效手段。如果国家自信其自身足够强大，不仅可以放松控制，并能在恰当的时候施加控制，如果国家基础牢固且广大，能够承载起完全的教育大厦，那么，
389 在公民中扩展教育，就只会让这国家在与其他国家的竞争中获得益处。不论在哪里，现在一旦说起“文化国家”，这意味着国家要面对这样的任务：广泛地解放一代人的精神力量，使之服务于和有用于现行的体制，不过，解放的程度也就以此为限。这就好比一条森林河流，经由水堤和水闸分流以后，减弱了力度的水流可以用来推动磨坊的轮子，而河流最初的全部力量，则会给磨坊带来更多危险而不是用处。因此，这一精神力量的解放，同时也是，或，更多的则

是，给精神力量“带上镣铐”。只需回忆一下在国家的自私利益[1]驱使下，基督教逐渐变成了何种样子，我们就能理解国家实行的精神解放的含义。基督教当然体现了一种对文化，特别是对不断产生圣者的纯粹渴望。但基督教由于被无数次利用去推动国家权力的磨坊，虚伪与虚假不断侵入，渐已病入膏肓，甚至已堕落至背叛其原初的目的了。甚至最近发生的事情，也就是，德国宗教改革，也不过是基督教的回光返照而已——如果它不是从民族国家间的斗争和战火中窃取了新的力量和火焰的话。

第三，所有那些认识到自己有着**丑陋或者无聊的内涵**，并想通过所谓的“**漂亮形式**”来进行伪装的人，他们也要求和支持文化。他们希望通过外在的东西如言辞、手势、装饰、做派、仪式和礼貌，来让观察者对自己的内涵得出错误的结论，因为他们知道，人们通常都是根据外表来评判内涵。有时我觉得，现代人相互间感到无比的沉闷和无聊，因此，他们也就被迫需要借助各种花样和手段，使自己变得有趣一点。因此，他们让他们的艺术家们装扮成一道道辛辣刺激的菜肴，然后端到桌上来；他们身上也浇满了所有东方和西方的调料，必定会这样！现在，他们肯定会散发出东西方的有趣气味。他们准备满足每一种口味；每个人都必须得到服务，不管 390
他喜好是芳香佳肴还是恶臭滋味，是崇高庄严还是土气粗野；是希腊菜肴还是中国烹饪；是悲剧还是低俗的垃圾剧。众所周知，在现代人当中，最负盛名的大厨，那些不惜代价要变得有趣、要吸引人、同时也让人吸引自己的是法国人，而在这方面做得最差的则是德国人。这一事实对于我们德国人而不是对法国人来说，从根本上更是

① 自私利益］打印稿：拳头。——编注

一个安慰。而如果法国人嘲笑我们缺乏趣味和优雅，或，如果某些德国人欲求趣味和优雅时会让法国人想起那些想在鼻子上穿个环然后又嚷着要文身的印度人，那我们可不要因此怨恨这些法国人。

这里，我不得不离题做些陈述。自从上次与法国的战争以来，德国有了很多的变化和改变；明显的是，在德国文化方面，人们认识到了一些新的希望。对于很多德国人来说，这次的普法战争是到更加优雅的另一半世界的首次旅行。当胜利者不耻于向被战胜者学习点文化，那战胜者心胸是多么广阔而不带偏见啊！特别是德国手工匠人不断地被鼓励去与那更有修养的邻国做竞争；德国房子也按照类似法国房子来加以装修和装饰；甚至德国的语言，也经由依照法国模式而建立的学院而获得了“健康的趣味”，去除掉了据称是歌德对德语的可疑影响——柏林的院士杜布瓦·雷蒙最近这么认为①。我们的戏剧也已经长时间以来默默地和令人尊敬地争取着同样的目标；甚至优雅的德国学者也已经发明出来了。
391 照此下去，我们现在可以期待，至今为止还并不曾打算去迎合那优雅法则的所有一切，如德国音乐、悲剧、哲学，等等，从现在开始会被视为非德意志特性的②而不得不沦为边缘状态③。但如果德国把它仍然所缺乏的文化以及仍然渴求获得的文化，只理解为装扮和美化生活之用的艺术和工巧，理解为包括舞蹈高手、装潢能人的

---

① 甚至……这么认为］参见瓦格纳《日记》第 1 卷，慕尼黑，1976 年，第 843 页，1874 年 8 月 6 日：“尼采教授讲道，杜布瓦莱蒙德先生在柏林提出建立科学院的建议，其中，相对于莱辛，歌德被说成是败坏德国语言的！”——编注

② 从现在开始会被视为非德意志特性的］准备稿：逐渐作为“非德意志的”或者人们更常说的“敌对国家的”。——编注

③ 边缘状态］准备稿中还有：遵从国家就是优雅——愿上帝赐福两者。——编注

技艺和精巧；甚至在语言方面，人们也只是关乎那些被学术批准的规则以及某种表达上的普遍优雅——如果是这样的话，那我们就的确不值得为德意志文化尽哪怕是举手之劳了。经过上一次的战争以及与法国人的个人比较，德国人似乎还没唤起对文化的更高期待。相反，我经常怀疑，德国人现在是否急于摆脱掉其奇妙禀赋、对严肃和深刻的独特天性所加于他们的古老义务。现在的德国人更宁愿做滑稽小丑或猩猩猴子；他们更愿去学那些好让生活变得有趣的艺术和礼仪。但是，把德意志精神当作是可以任意塑造的蜡块那样来对待，从而能够把它捏造为“优雅”的形状，在我看来，对德意志精神的侮辱莫此为甚。如果很不幸真的有相当一部分的德国人愿意按照这种方式被塑造和打造，那我们应该不停地告诉他们，直至他们倾听我们的言说：德意志精神已不在你们那儿栖居了。它坚硬、粗糙、坚固、不易形塑但却是至为宝贵的材料，也只有最伟大的雕塑家才被允许对它加工，因为唯独这些伟大雕塑家才配得上这样的材料。相反，你们是软绵绵、黏糊糊的材料，可以由此做出任意的样子，可以创造出优雅的木偶和有趣的偶像。对此，理查德·瓦格纳的话[①]仍然是对的，“德国人想要显示出文雅和风度时，会是笨拙和僵硬的；但一旦德国人燃烧起来，那他们就是高贵的和优越的”。对这种德国火焰，优雅之士有着种种理由要倍加小心，否则，万一有朝一日，这大火会将他们吞噬，连同那些 392
蜡做的木偶和偶像亦将遭受毁灭。当然，关于目前在德国流行的对“漂亮形式”的喜好，我们或许可以找出其他更深的根源：德国人

① 理查德·瓦格纳的话］见《论指挥》，载于《著作与文学创作全集》，莱比锡，1871—1873年，第8卷，第387页。——编注

现在的那种匆匆忙忙，那种永不停歇地抓取眼前瞬间，那种迫不及待要从树上摘取所有仍是青涩的果实，那种在其脸上留下刻印、在其所有行动留下相同印记的奔跑和追猎。他们沦为了瞬间（Moment）、舆论（Meinung）和时尚（Mode）这三个 M 的备受折磨的奴隶，就像吃了兴奋剂，再也难以平静呼吸，到处焦躁、有失体面地狂奔。这种有失尊严和有失镇定会令人痛苦地展现出来，因此，现在需要某种虚假的优雅去遮掩那毫无尊严的匆匆忙忙的病态。这种对漂亮形式的时髦欲望是与当今人们那丑陋的内涵密切相关：漂亮形式是为了遮掩，丑陋内涵则需要被遮掩。因此，在今天，文化教养就意味着不让其他人注意现在的德国人是多么的卑劣可怜，在欲求上是多么的掠夺成性，在占有上是多么的永无餍足，在享用上是多么的自私无耻。当我向人们指出我们缺乏一种德意志文化时，我经常会得到这样的回应："但这样的文化缺乏是很自然的，因为德国人至今为止是太贫穷、太简朴了。只要让我们的同胞富裕起来，有了自我意识，那我们也会拥有文化的。"尽管信念总是被认为会带来幸福，但这样的信念却无法让我幸福起来，因为我感觉到，人们这里所有相信的未来的德意志文化，也就是财富的、文雅的以及伪饰的文化，恰恰是我所相信的德意志文化的最大敌人。①

① 当然，关于……最大的敌人。]较早的准备稿：那些呼吁优雅的人确实值得我们生气；因为他们对德国人心中一直以来的高贵的深刻的忧虑做出了一种即兴的、无耻的回答。这听起来好像人们对他喊：学跳舞吧——而他却被激起浮士德的那种渴望[第 1 部，第 1064—1099 行]，即沐浴在微红的晚霞中。荷尔德林曾表达过[《德国人之歌》]德国人的态度，"你还是犹豫无言，想一件将会为你带来确证的欢乐的事吧，想一个像你自己一样独特的新创作吧，就像你一样从爱中产生，像你一样善良"。由于心中的这种意识，他肯定会对当代感到恶心；作为德国人，他几乎无法忍受生活在德国人中间。——编注

确实，谁要是不得不生活在德国人当中，那他会因为德国人的这些表现而深感受罪：他们的生活和心灵声名狼藉，单调灰暗，愚笨、迟钝和缺乏形式，在细腻、敏感交往中所表现出来的粗鲁和生硬，特别是，德国人性格中的嫉妒以及某些遮遮掩掩、并不纯粹的成分。393
他会对德国人骨子里喜好虚假、不真、恶俗模仿以及败坏从异邦引进的好东西，深感痛心和屈辱。如果再加上那些最令人厌烦的东西，如那种发烧般的烦躁不安、对成功和利润的狂热追求以及对瞬间此刻的过分看重，那么，所有这些怎能不令人沉痛不已呢。所有这些病态和弱点，单靠那种“具有有趣形式的文化”，是永远无法得到根治的，而只会得到掩饰和掩盖！而所有这些竟然发生在产生**叔本华**和**瓦格纳**，并且未来还会产生出更多这样人物的民族！或者，我们是在无望地自我欺骗？这里所列举的**叔本华**和**瓦格纳**，或许并不足以保证像他们的那些力量①仍然存在于德意志精神和心灵之中？或，他们只是个例外，只是以前被认定的德意志特性的回光返照？对此，我承认我也无法确知。那么，让我们还是回到我一般性考察的轨道上来吧。那些让我忧心忡忡的问题太过频繁地使我的讨论偏离了轨道。所有那些要求文化但却并不能认清“产生天才”这个文化目标的力量，我还没完全列出来。我已探讨了三种：赚钱人的自私、国家的自私以及所有那些有理由去伪饰伪装并试图隐藏在形式后面的人的自私。第四种力量，我认为，就是**科学和知识的自私**，以及科学和知识的仆人亦即**学者**的特殊本性。

科学与智慧的关系，犹如德性与圣者的关系。科学是冰冷和

① 或者……力量]打印稿：由于这句话，我被唤回到我现在要一直跑到终点的轨道上来。——编注

枯燥的，没有爱，对不足和渴望也没有深刻感受。科学对自己是有用的，但对其他人却是有害的，因为它会把自己的特性加到其他人
394 的身上，并由此僵化了他们的人性。只要文化是被理解为本质上不过就是促进科学，那么文化就会无情、冷漠地忽视人类的巨大苦痛，因为科学眼光所到之处，只看到知识方面的问题，因为在科学的世界里，痛苦就是某种不相关和不可理解的东西，至多，它不过是另一个问题而已。

但是，如果一个人习惯于把他的每一经验都转化为一种问答的辩证游戏，转化为一种纯粹的大脑中的事情，那么，让人惊讶的是，他会在这样的活动中瞬间变得枯萎，被缩减为一副走起路来嘎吱作响的骨架子。每个人都知道和洞察这点。尽管如此，看到这样只剩一副骨架子的人，我们的年轻人却居然没有恐惧地离开，相反却是径自盲目地、不加选择、不顾一切地献身于科学的追求。那么，为什么会是这样呢？这不可能源于所谓“追求真理的本能”，因为怎么可能会存在追求那冰冷、纯粹、没有结果的知识的本能呢！到底是什么在驱使他们去为科学和知识服务，只有不带偏见的人，才能一目了然；这里非常值得对那些学者进行一次分析和解剖。这些学者自己已经习惯于放肆地触碰和分解这世上的一切，而不管它们是多么神圣和令人尊崇。如果我可以直抒胸臆的话，那我不得不这样说：学者追求科学的动机和刺激诱因纷乱如麻，差异巨大，他们根本就不是一块纯净、无杂质的金属。第一，是强烈和不断加强的好奇心；寻求智力冒险的狂热；新的稀有之物而不是旧的乏味之物，对他们的持续的刺激和吸引；还有就是某种程度上对辩证考察的游戏趣味；对在思维领域中寻求狡猾狐狸行踪的捕猎快

感。因此，这些人所追求的实际上并不是真理，而是追求行为本身；其主要乐趣就在于捕猎过程中巧妙的隐蔽、包抄以及刺杀猎物的技巧。第二，是唱反调的动机，寻求在与所有其他人的对抗中感 395
觉自己，并让自己被感觉到。斗争变成了一种快感，寻求个人的胜利就是所追求的目标。而为真理而战则不过是借口而已。第三，学者们会在很大程度上去发现**某些特定的**“真理”，是因为他们屈从于某些统治人物、阶层、舆论、教会或政府，因为他们觉得把“真理”带到他们那一边，他们会从中获益。下面这些素质和特性，尽管不太普遍，但也经常见于学者们身上。1.诚实和追求简单。这些品质本来是值得高度赞许，如果这种诚实和简单不是表现在伪装方面的不灵活和没经验的话，因为要善于伪装，那毕竟也需要一些聪明机智。事实上，无论在哪里，如果一个人的机智和灵活表现得太过显眼，那么人们就会被建议要对他防备着点，并对其性格是否正直保有怀疑。另一方面，其诚实的品质也大都没有什么价值，对于科学而言，也没有什么建设性，因为这种诚实之人只习惯于在简单事情或者无伤大雅之事说出实情。这是因为在这类事情上说出实情要比保持沉默，更合乎其懒惰的特性。而且，因为所有新的东西都要求某种程度的重新学习，因此，这种诚实之人在需要时会对旧的观念表示尊崇，并会责备宣扬新东西的人对什么是正确的缺乏感觉。毫无疑问，这种诚实之人会反对哥白尼的学说，因为他们知道常识和习惯在他们这一边。在学者之中，憎恨哲学的并不少见，但他们最憎恨的，实际上是那长串的推理和巧妙的论证。的确，每一代的学者对那些**可以被允许的**探讨和认识，基本上都会有一种直觉的标准和限制；一旦越出这个限制，都会受到怀疑，甚至

会被质疑人格是否诚实。2.明察近在眼前的事物，却对遥远和普
396 遍的事物高度短视。学者的视野范围通常都相当狭小，眼睛必须密切盯住所视之物。如果这种学者从一观察点转到另一观察点，那他们就必须把全套观察器械搬到另一观察点才行。他们把一幅图画分解成一块块的颜料斑迹，就像人们用观剧望远镜观看舞台演出，一会儿看见一个脑袋，一会儿看见衣角，但就是无法看到整体。他们从来不把那些图画的斑迹联系起来观看，却只能去推断那些斑迹之间的关系。因此，这就是他们为什么对所有普遍性的东西都缺乏强烈的印象。例如，由于缺乏整体的视野，他们就根据文中的一些段落或句子或者错处来评判一篇文本。他们被诱惑去宣称，一幅油画也不过是一堆杂乱的污迹而已。3.在好、恶方面所表现出来的冷静和平庸。这个特性尤其有利于他们对历史的研究，因为这使他们有可能根据他们自己所熟悉的动机，去追踪历史人物的行为动机。鼹鼠只有在鼹鼠洞里才会感觉最惬意。学者们躲在自己的洞里，远离一切别出心裁的过度的假设；如果他们持续下去，那他们会挖掘过去所有那些平庸动机，因为他们相信他们与这些东西心有灵犀。当然了，也正因为这样，他们通常无法理解和赏识那稀有的、伟大的和不同寻常的东西，亦即重要的、根本性的东西。4.情感的贫乏和干枯。这个特性让学者们甚至做起了解剖。他们感知不到与特定知识密切相关的苦痛，因此也并不害怕进入别人会感到战栗的领域。他们是冷漠的，并因此会显得有点残酷。他们也被人视为胆大，但实际上，他们的胆子并不比那不知眩晕为何物的骡子更大。5.低自尊，甚至谦虚。甚至困于可怜的一隅时，他们也不会有被牺牲或白费气力的感觉；他们似乎经常在

内心最深处知道，他们是不能飞翔而只能爬行的小动物。他们这
样的特性甚至让人心生恻隐。6.对他们的老师、导师和领袖忠心 397
耿耿。他们是从心底里想帮助自己的导师，他们也知道得很清楚，用真理来帮助他们是最好的。这是因为他们对自己的导师充满着感激之情，他们知道，唯有依靠这些导师，他们才得以进入了科学的威严殿堂，而仅凭他们自己是永远无望踏进此门。任何能够开辟一个领域的教师，都会迅即成为名人，哪怕在此领域中，甚至那些头脑欠佳的人也能凭借苦干取得某些成绩；人们马上蜂拥而入这个新领域，追随那个作为开辟者的导师。当然，对于导师来说，这些忠心和感激的追随者，同时也是一个不幸，因为所有这些人都在模仿他，结果，导师的缺陷由于体现在这些小人物的身上，就会被不成比例地放大；相反，导师的优点如果也体现在这些小人物的身上的话，则会被相应地缩小。7.因循勤勉地行走在那条被迫踏上的学者之路上。学者们对真理的感觉，源自其缺乏思想以及对习惯的遵循。他们是收集者、解释者、目录和标本的编制者；他们在某个单一的领域中反复耕作，就是因为他们从未想到过还有其他的学术领域。他们的勤勉带有那种巨大的愚钝和重力，这也是为什么他们经常也能取得一些业绩。8.逃避无聊。真正的思想家最渴望闲暇，而平庸的学者则逃避闲暇，因为他们不知道用闲暇来干什么。他们想在书本里去寻找安慰，也就是说，他们想去看看别人是怎么想的，并用这种方式来消磨长日。他们尤其喜欢挑选一些能在某种程度上激发他们兴趣和同情的书籍。这些书籍会唤起他们的好恶，让他们体会某些感情。换句话说，他们所挑选的书里与他们本人或他们的阶层、他们的政治、美学或者甚至他们的语法

信条密切相关。只要他们还有自己的学科和领域，那他们就不会
398 缺乏娱乐的手段和对抗无聊的有效的苍蝇拍子。9.挣面包的动
机，也就是说，其根本是那闻名的“饥肠辘辘”。学者们愿意为真理
效劳，如果这能够直接提高收入和职位，或者至少能够赢取掌控面
包和荣誉的人的青睐。但他们也只为*这样的*真理效劳。这就是为
什么在多数人为之效劳的有利可图的真理，与只有极少数人为之
效劳的无利可图的真理之间可以划出界线。在极少数人那儿，“饥
饿激发天才”的原则并不适用。10.对同行毕恭毕敬、害怕同行的
蔑视。与之前的动机相比，这个动机在学者之中要少些，但高级一
些，不过，也比较常见。行业的所有成员怀着嫉妒之心互相监察，
以确保真理准确地以其发现者而命名，因为面包、职位和荣誉与真
理太过相关了。每个学者给予真理发现者以应有的尊重，目的就
是有朝一日自己发现真理时，索回同类尊重。不真、谬误的东西被
响亮引爆，以减少竞争者的数目，但真正的真理也不时被引爆，从
而起码在短时间内，可以给那些无耻、顽固的谬误腾出位置，因为
到处都不缺乏“道德愚蠢”——人们也称之为“恶作剧”。11.出于
虚荣去做学者。不过，这一类学者更加稀有。如果可能的话，这类
学者想独占某一学术领域。因此，他们会选择一些稀奇古怪的研
究领域，尤其是那些需要不菲开支，需要旅行、挖掘并在不同的国
家建立无数联系的研究领域。被人当作稀奇怪物地注视，他们通
常会觉得骄傲荣幸。他们不会梦想以自己的学术研究赚取面包。
399 12.出于游戏去做学者。他们的乐趣就来自于在科学中寻找并解
开一些难解之结。不过，他们也不会用力太过，以防失去了游戏的
乐趣。所以，他们对自己的领域不会钻得太深，但却能经常察觉到

那些挣面包学者睁大眼睛、勤苦搜索也无法发现的东西。

最后，我把追求正义作为学者的第 13 条动机。也许会有人反驳说，这一高贵的而且必须要在形而上层面上才能理解的动机，太难与其他动机区别开来了；对于凡人的眼睛，这一动机根本上是不可理解、不可确定的。正因为如此，所以我特意在这个动机上还要增加一个虔诚的愿望：但愿这一动机在学者当中比看上去的更加普遍和更有效。这是因为正义之火哪怕一点点火星，一旦投进了学者的灵魂里面，就足以点燃和纯净他们的生命和奋斗，这样，他们再也不得安宁，并永远被逐离了那种不冷不热或冷漠的心境，而那些平庸、一般的学者就是带着这样的心境去做他们每天的工作。

现在，我们试想一下，把以上所有成分或大部分或甚至少许一部分用力搅拌混合，那我们就合成了为真理服务之人。这里令人奇怪的是，为了服务于一种从根本上是非人性的事业，为了那些纯粹的、无足轻重的、因此毫无激情的认识，一群微小的、相当人性的动机却混合起来形成了一种化学混合物；同样令人惊奇的是，这种混合起来的结果，也就是学者，在那超凡、高尚和完全纯粹的事业的光线下，被神化和美化了，以致人们完全忘记了这些人最初其实是由些什么材料混合而成的。

但总有些时刻，特别是我们提出学者之于文化的意义这个问题的时候，我们都被迫去思考和想起这一点。任何懂得如何观察之人都会发现，学者在其本质上是**没有独创性**的，这是由生产他们的过程所决定的！同时，学者对有独创性的人怀有某种天然的恨意。这也解释了为什么天才与学者在任何时代总是相互不和。学 400

者想要杀死自然,要拆解和弄明白自然;天才则以新的、活生生的自然去扩展和提升自然。因此,学者和天才无论是在信念上还是在做事上,都是对立和冲突的。在完全幸福的时代,人们不需要学者,也不认识他们;在完全是病态和阴郁的时代,人们就会把学者看作是最高、最值得尊敬的人,并赋予他们最高的等级。

现在,从健康还是病态角度看来[①],我们时代的情况是怎样的,哪有医生能够做出充分诊断!可以确定的是,甚至在今天,学者在太多的方面获得了太高的评价,因此,产生了有害的效果,尤其对天才的出现构成了危害。学者并不具有心肝去理解天才的困顿。他们用冷漠和挖苦的声调谈论天才,耸耸肩轻易地打发掉这一话题,就好像天才是某种怪诞、有悖常情的东西。学者对此既没有时间也没有兴趣。因此,在学者身上,难以找到对于文化的目的的认识。

但是,从所有这些思考和考察,我们会获得些什么呢?现在,人们似乎到处都在尽全力促进文化的发展,但对文化的目的仍然晦暗不明。不管国家如何大声宣传它对发展文化所做的贡献,但国家促进文化的目的,不过就是为了国家自己;国家也无法理解任何高于国家利益和存在的目标。当那些对教学和教育不断提出要求和需求的生意人,他们想要的归根到底就是赚钱。当那些声称他们需要形式的人认为自己的工作就是为了文化,例如,误以为所有的艺术都属于他们,必须为他们的需要服务时,这不过是在清楚显示,他们肯定文化的时候,其实只是在肯定他们自己;他们也没

① 现在……看来]准备稿:在我看来,现在,当学者的月亮看起来处于下弦的时候。——编注

有摆脱对文化的误解。至于学者之于文化，我们已经说得够多的了。因此，尽管国家、生意人、形式需求者以及学者这四种力量都热切地考虑如何利用文化为**自己**服务，不过，一旦他们的利益没有 401
涉及其中，那他们马上就会变得没精打采、头脑空空。这就是为什么在新时代产生天才的条件**并未得到改善**；对于具有原创性和独创性的厌恶已经到了那样一种地步，以至苏格拉底在我们当中是不可能存活的，而且，无论如何也活不到70岁。

在这里，让我回想一下我在第三节所阐明的主题：我们整个当代世界绝不像它看上去那样的稳固和永恒，因此，我们不可以预言它的文化概念能够持续永远。在下个千年里，甚至很可能会产生一些新的、能让我们今天这些人头发直竖起来的想法。**对文化的形而上的意义的信念**，最终也不会那么吓人了；不过，从这个信念引申出来的关于教育和我们学校教育的一些结论，或许听起来仍然吓人。

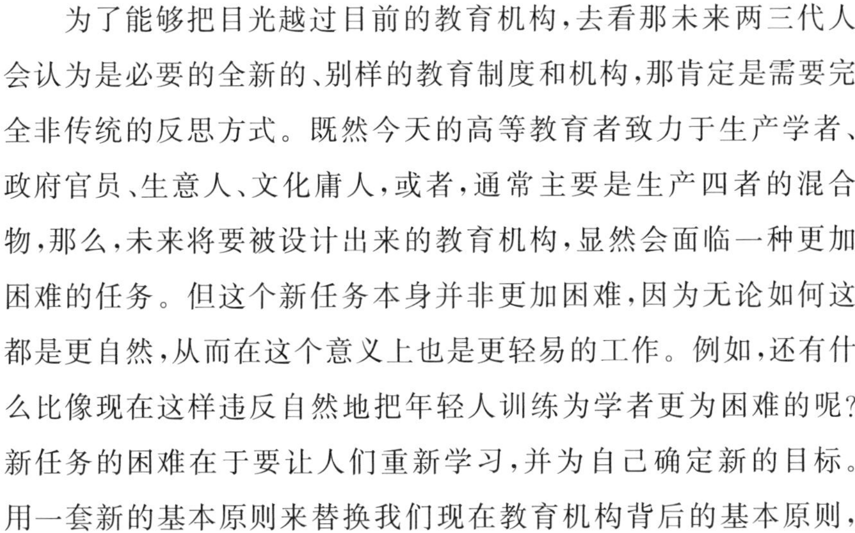

为了能够把目光越过目前的教育机构，去看那未来两三代人会认为是必要的全新的、别样的教育制度和机构，那肯定是需要完全非传统的反思方式。既然今天的高等教育者致力于生产学者、政府官员、生意人、文化庸人，或者，通常主要是生产四者的混合物，那么，未来将要被设计出来的教育机构，显然会面临一种更加困难的任务。但这个新任务本身并非更加困难，因为无论如何这都是更自然，从而在这个意义上也是更轻易的工作。例如，还有什么比像现在这样违反自然地把年轻人训练为学者更为困难的呢？新任务的困难在于要让人们重新学习，并为自己确定新的目标。用一套新的基本原则来替换我们现在教育机构背后的基本原则，

是需要做出无尽的努力的。目前教育机构的基本原则根源于中世
402 纪，并把培养中世纪式的学者视为完美教育的目的。现在是时候
认真检视这两种对立的根本原则了，因为一代人必须开始战斗，后
一代人才可能会收获胜利。甚至现在，明白了文化的新的根本原
则之人，已经站在了十字路口。如果他选择走上第一条道路，他会
受到他的时代欢迎，会获得奖赏和花环；强有力的同类会支持他，
前后站着众多志趣相投之人。前排的人喊出战斗口号，整个队列
都会齐声应和。走上这条道路，其首要的义务就是“协调一致地战
斗”，第二个义务则是把所有那些不愿意加入自己队列的人都视为
敌人。而如果他选择走上第二条道路，那么他的同路人会极为少
数，道路也更加难走、更加曲折、更加陡峭。那些走上第一条路的
人会取笑他，因为他在那里步履更为艰辛，也更多危险，同时，走在
第一条路上的人会引诱他改弦易辙，加入他们的阵营。如果两条
道路偶然相交，那么，第一条道路上的人会对走在第二条路上的人
敬而远之，避之不及，并加以恶待、排挤或孤立。那么，对于走上这
两条不同道路的不同类型的人而言，文化机构意味着什么呢？对
于在第一条路上蜂拥奔向他们的目标的巨大人群来说，文化机构
就是一些可以帮助他们进入阵营并向他们的目标挺进的设施和法
律，而这种文化机构则会把走在第二条道路上所有盯着更高和更
远的目标的孤寂的反对者，淘汰出局，放逐驱离。对于第二条道路
上的极少数人而言，教育机构当然必须服务于一种全然迥异的目
的。他们寻求一种坚固的机构的保护，以防被第一条道路上的人
潮冲散和赶走，以防由于过早耗损而殇逝，以防被迫放弃他们的伟
403 大任务。这些极为少数的个体必须完成他们的工作。这是他们团

结在一起的意义所在。而所有参与这一教育机构的人，都应努力通过持续净化、互相关怀在自身、在周围为天才的产生、为其作品的成熟而铺平道路。许多人，甚至拥有二流、三流天赋的人，都要注定为此目标服务，也只有通过投身于这样的使命，才会感到他们的生命拥有一种义务，一种目标，才能感到生命具有意义。但现在，正是这些具有一定天赋的人，受到那种时髦文化的声音诱惑而偏离了其正道，疏离了其本能。这种诱惑瞄准他们的自私冲动、弱点和虚荣。那种时代精神就热心、谄媚地对他们低声说道，“跟我来吧，别到另条道路上去！跟我来吧！在那里，你们是仆人、帮手和工具，在更高的天性面前会黯然失色；你们从不会对你们自己特殊的天性感到舒心愉快，就像奴隶和木偶被绳索牵着，被链条锁着。但是，在我这儿，你们会像主人一样享受你们的自由人格，你们的天赋可以为自己闪耀，你们还可因此而自己走到我们队伍的前列，无数的追随者将陪伴着你们，公共舆论的掌声会比天才从冰冷的高处下达的称赞更让你们愉悦得意”。甚至最优秀者也会屈从于这样的诱惑。在这些事情上，不是人们那天赋的稀有和强力，而是某种基本的英雄气质的影响以及对天才的内在的亲密程度，在根本上发挥着决定性的作用。因为他们**是**这样的人：当他们看见天才在艰难地斗争并身处自我毁灭的险境，或者当他们看到天才的著作因为国家的短视自利、因为生意人的浅薄肤浅和因为学者阶层枯燥乏味的自我满足而受到冷遇和漠视时，他们把天才的困厄视为他们自己的遭际，并**感同身受**。所以，我也希望，有一些人能理
解我这里借助描述叔本华的命运到底是想说些什么，能理解按照我 404
的思路，叔本华作为**教育**者，到底是为了什么样的目标在**教育**我们。

七

但是，我们暂时先把所有关于遥远未来的想法和我们教育制度的可能革命放在一边。我们现在必须要问：对于一个正在出现的哲学家，我们现在希望什么样的条件，或如果必要，提供什么样的条件，以使他能够呼吸，或在最好的情况下，像叔本华那样能够生存？叔本华式的实存绝不轻松，但起码可以是可能的。更进一步，我们需要做些什么，以使这位哲学家更有可能对其同时代人产生影响？最重要的是，我们要清除哪些障碍，以使他的榜样能够充分发挥作用，以使这种哲学家能够教育其他哲学家？在此，我们的考察进入到实践以及艰难的现实。[①]

自然永远寻求为普遍的利益而工作，但却不知道如何发现最好和最巧妙的手段、方法以达到其目的。这是自然的伟大痛苦及其阴郁的原因。从自然自身迫切的拯救需要来看[②]，可以确定的是，它通过生产哲学家和艺术家来使人生此在对人来说变得可以理解，并具有意义[③]。但是自然用哲学家和艺术家所产生的效果，却是多么不确定、多么微弱和多么无力！自然所产生的效果是多么少见！自然的失败尤其表现在它利用哲学家来实现普遍的利益；它的手段似乎是摸索性的试验、突发奇想，以至于她无数次没

① 最重要的是……现实。]誊清稿：换句话说，清除对天才的阻碍，为天才的产生做准备，只有这样才叫为文化而战。让我们为了未来哲学家的产生制订实际指南：必须为他们清除哪些道路障碍？当然，以下便是。——编注

② 从……来看]誊清稿：自然的善良行为。——编注

③ 可以理解，并具有意义]誊清稿：更有意义的，并由此更可忍受的。——编注

有实现目标，绝大多数的哲学家都没有带来普遍的利益。自然的行事看起来铺张浪费，但其浪费不是源于放肆的奢华，而是因为笨拙和没有经验[①]。如果自然是一个人的话，那么可以确定的是，她 405
绝不会停止对自己及其笨拙恼火。自然像箭一样把哲学家射向人群[②]；自然也不瞄准目标，只是希望射出的箭必会射中某处。但自然在这样做时却失败了无数次，并因此恼火。自然在文化领域，就如同她在种植和播种方面，是同样的浪费。她是以低效的广种薄收的方式去实现其目标，耗费了太多太多的气力。艺术家与其鉴赏者和爱好者之间的关系，犹如一门重炮之于作为目标的一群麻雀之间的关系。为了扫除一点点雪，却引起一场雪崩；为了打掉鼻尖上的苍蝇，却把人也打死了。这都是幼稚的行为。艺术家和哲学家作为证据，证明了自然所使用的手段违背她的目的，尽管艺术家和哲学家也是最好的证据，证实了自然的目的具有智慧性。自然只命中少数目标，但她本来应该击中所有目标。甚至这些少数目标，也不是以哲学家和艺术家射出其子弹时的全部火力而被击中。通过评估得出艺术作为原因和艺术作为效果之间的巨大差异，这是令人悲哀的。艺术在作为原因时其威力何以巨大，而其效果却是多么蹩脚和微弱！艺术家秉承自然的意志，为了他人的利益而创作他的作品。这点是毋庸置疑的。但他知道，任何其他人都不会像他那样理解和热爱他的作品。因此，鉴于自然的笨拙，更高和更独特的热爱和理解，对于产生更低程度的热爱和理解，是必要的；更伟大和更高贵的，被用作产生那不太伟大和不太高贵的手

① 它的手段……没有经验]参见《瓦格纳在拜罗伊特》，第6节。——编注
② 人群]誊清稿：拥挤的人群。——编注

段。自然并不是个好管家：她的支出远远超出了她的收入。自然终有一天会把自己所有的财富挥霍殆尽。这管家本可以更明智地
406 管理她的账本，如果她遵循这样的原则：削减开支，提高百倍的利润。例如，如果只有少量的艺术家，而且还是能力较弱的艺术家，但却有大量比艺术家本身更强大、更有力的具有接受性和回应性的受众。这样一来，艺术作品作为原因，就能得到艺术作为效果的百倍回响。或者，人们至少可以期待原因与效果能够力量相等。但自然却远远落后于这样的期待！常见的情形是，艺术家，尤其是哲学家，像是**碰巧**生于他们的年代，恰似隐者或走失者和掉队者。我们只需诚心地去感受一下，叔本华是多么伟大，多么纯粹，在所有方面都是那么伟大，但他的影响又是多么微小、多么荒谬！对于我们时代任何一位诚实的人来说，没有什么比这更令人羞耻了：叔本华像是偶然生存于我们这个时代，不知是哪些力量或欠缺力量在削弱和阻碍他的影响。[①] 首先，而且是相当长的时间内，一个阻碍就是没有人读他的书。这是我们这一时代文坛永恒的耻辱。然后，读者有了，不利的情况则是叔本华最初的公共支持者[②]的不足。在我看来，甚至更加重要的是现代人对书籍的日益增加的麻木。现代人根本不再愿意认真对待书籍了。慢慢又增加了一个新的危险，即人们设法使叔本华适应这贫乏的时代，或，把叔本华当作一种具有异国情调、富有刺激的调味品，似乎他是某种形而上的胡椒面。通过这种方式，叔本华逐渐赢得了名声，为人所知。而

---

① 影响。]誊清稿中还有：人们应该相信，这种敌对如此微小，以至于一根手指便足以清除它。——编注

② 公共支持者]誊清稿：文学的先驱。——编注

且，我相信，现在知道叔本华名字的人，已经多于知道黑格尔名字
的人。但尽管如此，叔本华至今仍然是个遁世者，至今仍然没有什
么影响！阻止叔本华产生影响这一殊荣，却一点都不属于叔本华
那些文坛的对手和诋毁者。这首先是因为很少有人能够坚持阅读
叔本华的书；其次是因为他的书会把坚持读完叔本华著作的人，直 407
接拉到了叔本华的那一边去了。因为尽管驾驴车的人尽力诋毁骏
马，赞美驴子，谁又会让一位驾驴车的人阻止他跨上一匹漂亮的骏
马呢？

谁要是认识到这时代的自然所特有的非理性，那他就不得不寻求手段以帮助自然。他的任务就是，把叔本华引介给那些自由思想的人和深受这个时代之苦的人；把他们聚拢起来，通过他们发起一股强大潮流，以克服自然在利用哲学家方面所普遍表现出来的笨拙无能。这样的人将会认识到，正是那种同样的阻力在妨碍伟大哲学发挥作用，在妨碍伟大哲学家的产生。这就是为什么他应该把目标定在为叔本华的再生铺平道路，也就是，为哲学天才的再生铺平道路。但那些从一开始就抗拒叔本华学说的影响和传播的人，那些到最后想尽手段以阻碍哲学天才的再生的人，一言以蔽之，都是当今时代人性中的乖僻、反常的部分。这也是为什么所有形成中的伟大人物，都必须耗费令人难以置信的精力，以把自己从当代人性怪癖、反常的重压中解放出来。他们现在所踏进的世界充满了胡说和谎言。这些胡说并不必然是宗教教条，而是那些具有误导性的荒唐概念："进步""普及教育""民族主义""现代化国家""文化斗争"等等。确实，我们可以说，今天时代所有那些泛泛的概念，都带有某种人为的、非自然的粉饰。因此，这就是为什么

更加清醒的后世会指责我们时代的严重畸形和颠倒[1]，而不管我们如何高声吹嘘我们是多么的健康。在叔本华看来，古代器皿的美，就在于它以如此天真质朴的方式表达了它们是什么以及有何
408 用途；同样，古代生产的其他器具，亦是如此。看着这些器具，我们会感到，如果自然真要创造出这些花瓶、陶罐、灯具、桌子、椅子、头盔、盾牌、盔甲，等等，那它们就应该会是这个样子。[2] 反过来也是一样：谁要是在今天看看几乎每一个人是如何忙碌于艺术、国家、宗教、教育等事务——这里由于显而易见的原因，就不提我们的“器皿”了——那么，他就会发现，人们是如何以某种程度上的野蛮的任性和夸张在表达自己。而形成中的天才所要面对的，恰恰就是充斥着奇异概念和畸形需求的时代。这些铅一样的重压，经常在天才想拉动犁头开始耕作时，会不知不觉地按压在他的双手之上；甚至他最高的作品，也不得不费力破土而出，因此，在某种程度上也打上了这种重压之下的痕迹。

我现在要去考察天才出现的条件，因为在这些条件的帮助下，在最有利的时候，一个天生哲学家至少可以避免遭受这里所描述的合乎时宜的乖戾风气的碾压。在我的考察中，我注意到了某些奇特之处：天才出现的条件，从总体上而言，部分恰恰就是叔本华成长起来所赖以的条件。当然，也不缺与此相反的条件，例如，时代的那种乖戾风气，借助他那虚荣做作的爱好文艺的母亲，可怕地逼向叔本华。但是，叔本华父亲性格中那种高傲的、自由的共和精

---

① 颠倒]誊清稿：人为的。——编注

② 在叔本华看来……这个样子。]参见叔本华《附录与补遗》，第 2 卷，第 460 页。——编注

神把叔本华从他母亲那里解救了出来，并给了他一个哲学家所需要的首要东西：硬朗、不屈的男子汉气概。叔本华的这位父亲既不是官员，也不是学者。他经常带着他的儿子去国外旅行。所有这些，对于一个注定要认识人而不是书、要敬重真理而不是政府的人而言，都是有利的条件。在国外旅行时，叔本华学会了冷漠对待或过于敏感地对待各民族的局限性。他在英国、法国和意大利居住 409
过，不过，那与他居住过的自己的祖国没有什么两样；他对西班牙的精神也感到亲近。总的来说，叔本华对生为德国人并不认为是一种荣耀；我不能确定，在新的政治条件下，他是否会改变他的看法。众所周知，叔本华认为国家的唯一目的就是提供保护，使人民不受内部敌人和外部敌人的侵犯，同时也不受保护者的侵犯，除此之外，给予国家保护目的之外的任何其他目的，都会轻易地危及国家的真正目的。这就是为什么叔本华立下遗嘱把自己的全部财产留给了 1848 年为维护社会秩序[①]而在斗争中倒下的普鲁士士兵的遗孀。此举震惊了所有所谓的自由主义分子。很有可能从现在开始，人们会越来越把能够简单地理解国家及其义务，视为一个人智力优越的标志[②]。这是因为谁要是怀着“哲学的激情”的话，那他就不会有时间再有那“政治的激情”；并且，他会明智地克制不要每天[③]阅读报纸，或者，更不要服务于任何一个党派，虽然一旦他的祖国处于真正的危难之中，他就会毫不犹豫地站在他的岗位上。在任何一个国家，如果政治家以外的人都必须去关心政治的话，那

① 社会秩序]誊清稿：公共秩序。——编注
② 标志]誊清稿：真正的标志。——编注
③ 每天]誊清稿中其后还有“推动政治和”。——编注

这就是一个管理糟糕的国家，而且，这个国家活该因为这么多的政治家而灭亡。

叔本华成长的另一个有利条件是[①]，他并不是从一开始就确定要成为一名学者，也并不是为此而接受教育；叔本华确实在商行中工作了一段的时间，尽管这个工作违反了他的心意，但无论如何，他还是在整个青少年时期都能呼吸着大贸易商行的更为自由的空气。学者是永远不会成为哲学家的，甚至康德也未能成为哲学家。尽管康德有其内在的天才的涌动，但他终其一生都仿佛处于一种真正的蛹的状态[②]。谁要是认为我这么说是对康德不公
410 平，那他就是不知道哲学家是什么。哲学家不仅是一个伟大的思想者，而且还是一个真正的人；而谁又见到学者成为了真正的人呢？谁要是让概念、意见、过去的事件、书籍横亘在自己与事物之间[③]，也就是说，谁要是在最广泛意义上为历史研究而生，那么，他就永远不会直接看视事物，他自己也永远不会成为直接被看视之物。但这两个特征则必须交织在哲学家身上，因为他必须从他自身来获取他的大部分的教诲，因为他必须把自己视为整个世界的写照和缩影。如果一个人是通过其他人的看法来察看自己，那毫不奇怪的是，他从自身所看到的就不过是其他人的看法！学者正是这样子的人，正是这样子地生活和观察。相比之下，叔本华却有着难以言说的好运，他不仅近距离地从自身，而且还在自身之外、在歌德的身上看到了天才。借助这两重的映照，叔本华彻底认识

① 叔本华……是]誊清稿：但叔本华最大的幸运却是。——编注

② 尽管……状态]誊清稿：一个研究哲学的学者。——编注

③ 概念……之间]誊清稿：让书籍，甚至是最好的书籍，来。——编注

到了所有的那些学者的目标和文化，并变得富有智慧。由于这些经历，叔本华知道了，每种艺术的文化所渴望的自由和强有力的人，应该是个什么样子。有了这样的眼光以后，叔本华还会有多少兴致以现代学者的或者虚伪的方式去探讨所谓的“艺术”呢？毕竟，叔本华看到过更为高级的东西：一幕可怕的、超越尘世的审判场景，在那里，所有的生命，甚至是最高级的和最完美的，也会被放在天平里称量一番，并被发现分量不够[①]；他看见，圣者就是此在[②]的审判者。这里无法确定叔本华是在什么年龄阶段就已经看到了这幅生命的景象，并稍后在其所有作品里都试图对此加以描绘。但可以证明的是，叔本华在其年轻的时候，可以进一步推测，他甚至还是个小孩的时候，就已经看见了这可怕的一幕。叔本华稍后从生活、从书本以及从所有的科学领域所吸收的一切，对于他而言，都只不过是他表达的颜料和手段而已。甚至康德哲学给他的也主要是一套非凡的修辞工具而已；借助这套工具，叔本华相信他
能够更加清晰地表达他所看到的生命景象；佛教和基督教神话在 411
他那里也是服务于同样的目的。叔本华只有一个任务，但拥有成千上万的方法来完成这一任务；他只有一个意思，但拥有无数的象形文字来表达这一意思。

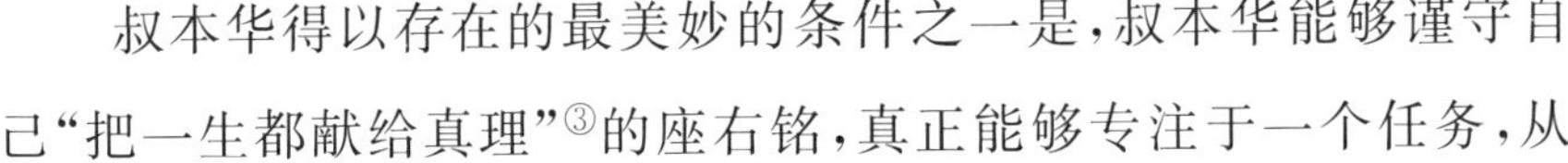

叔本华得以存在的最美妙的条件之一是，叔本华能够谨守自己“把一生都献给真理”[③]的座右铭，真正能够专注于一个任务，从

① 也会被……分量不够］暗指《圣经·但以理书》(5:27)。——编注

② 此在］誊清稿：在一个视野里的此在。——编注

③ “把一生都献给真理”］叔本华引自玉外纳(Juvenal)的《讽刺集》(4,91)，作为《附录和补遗》的题词。——编注

未受到任何日常生活的平庸压力的压迫。众所周知的是，叔本华曾以多么辉煌的方式感谢他的父亲。而在德国，理论工作者通常以自己人格的纯粹为代价，来完成其学者的职业生涯，贪求名声和地位，成了一个“思虑周全的乞丐”，对拥有影响力和高位之人，则谨小慎微、曲意逢迎。叔本华对无数学者的最大冒犯，就在于这样一个事实：叔本华与他们断无相像。

八

我们时代的哲学天才，在我所列举的几个条件下，尽管面对一些有害的相反因素，但起码也能够得以生成。这些条件是：自由的男子气概、早年就了解人性、没有接受过学者式的教育、摆脱了狭隘的爱国主义、不用为稻粱谋、与国家没有牵连，一句话，自由，除了自由，再无其他：这是古希腊哲学家赖以繁荣的奇妙和危险的要素。谁要想像尼布尔指责柏拉图那样，指责哲学天才不是好的公民，那就让他们这样指责吧，只要他们自己是好公民就行了。他们这样指责是对的，柏拉图那样做，同样也是对的。有些人认为，拥有如此巨大的自由意味着狂妄自负，那他们也是对的，因为他们自
412 己不知道如何使用这样的自由；因此，假如他们为自己要求这种自由的话，那他们当然相当自负。那样的自由确实是一笔沉重的债务，也只能通过伟大的事情才可以偿还。的确，每一个凡夫看到有人受到如此优待，都有权心怀怨恨。不过，但愿上天保佑，他自己千万别受到这样的眷顾，也就是说，不要背负如此可怕的义务。他会因那自由和孤独而迅即毁灭，会因无聊而变成一个傻瓜，并且还

是一个恶毒的傻瓜。

或许，某些父亲会从我们现在为止所说的，学到某些东西，并以某种方式应用一二于其儿子的教育之中。但我们可千万不要真的期待父亲们会希望拥有哲学家的儿子。更可能的情况是，所有时代的父亲们通常都最为坚定地抗拒其儿子成为哲学家，就像是抗拒一桩极其悖逆的事情一样。众所周知，苏格拉底就成为了父亲们愤怒的牺牲品，其罪名是“败坏青年”；正是出于这一原因，柏拉图认为有必要建立一个全新的国家，以使哲学家[1]的生成不再依赖于父亲们的非理性。现在看来，似乎柏拉图真的实现了他的梦想。这是因为今天，现代国家把促进哲学当作是自己的任务，每次都试图让一部分人幸运地得到“自由”，亦即获得一种被认为是哲学家得以生成的根本条件。从历史上来看，柏拉图的遭遇是非常的不幸：一种体制基本上是根据柏拉图构想而产生，但进一步地细看后，却始终发现，那是一个丑陋怪胎，而柏拉图真正的孩子却被掉包了。例如，比较一下中世纪的教士国家与柏拉图所梦想的“神之子”统治的国家，就会发现的确是这样。今天，现代国家是绝对不会任命哲学家为统治者。“啊，感谢上帝！”每位基督徒都会补 413
上一句。但是，甚至国家所理解的对哲学的促进，也必须加以检视，以看看国家的理解是否为柏拉图式的，也就是说，看看国家是否在严肃和认真地促进哲学，就好像国家的最高任务就是产生新的柏拉图。如果哲学家通常像是偶然出现在他的时代，那么，国家现在是否真的要被赋予这样的任务，即有意识地把那个偶然转化

① 哲学家]誊清稿：哲学家，正如其影响一样。——编注

为必然，并助自然一臂之力？

不幸的是，经验更好地或毋宁说是更糟地显示了：在那些本性上属于伟大哲学家的人的产生和繁衍方面，最大的阻碍就是国家所支持的拙劣哲学家。这是一个让人困窘的问题，不是吗？我们知道，叔本华在其著名的《论大学的哲学》中最先注意到了同样的问题。回头我会再讨论此问题，因为我们必须迫使人们严肃对待此问题，也就是说，促使他们做出某些行动。如果我所写的每一个字没有包含这样的行动呼吁，那么，我认为它们都是无效的，无用的；再次展示叔本华在《论大学的哲学》中提出了永远有效的主张，特别是将其提供给我们最紧密的同时代人参考，无论如何都是一件好事，因为有些善良的人会误以为，自从叔本华提出那些严厉指控以后，德国所有的一切都有好转了。即使在这一点上，叔本华的工作尽管微不足道，但仍未完结。

更进一步的考察显示，同时也正如我所说的，国家现在为促进哲学而赐予某些人的“自由”，根本不是自由，而不过是某种供养人的职位。因此，促进哲学在今天不外乎是，国家让一部分人能够靠
414 哲学而生活，亦即，把哲学变为一种挣面包的职业。相比之下，希腊的古老智者并不从国家那儿领取薪水，国家至多不过像对芝诺那样授予一个金冠以及在凯拉米克斯的一块墓碑。总的来说，我无法确定，通过指出人们如何利用真理而谋生，是否会为真理带来好处，因为在这种情况下，一切都取决于选择这条道路之人的素质和品格。我很能想象，有人带着几分骄傲和自尊心对其同类说：“好好照顾我吧，我有更高的事情要做，那就是，我要照看着你们。”如果是柏拉图和叔本华，这样大的雄心和口气，并无什么不合适，

这也是为什么在所有的哲学家中，他们可以成为大学哲学家，正如柏拉图曾一度做过宫廷哲学家而不会有辱哲学的尊严一样。但甚至康德也像我们学者所习惯了的那样，谨小慎微、卑躬屈节，其对国家的态度并无什么伟大之处，因此，如果有一天大学哲学受指责的话，那么他无论如何也难以为它辩解。即使有人能为大学哲学加以辩护，例如像叔本华和柏拉图之类的人物，但我仍然担心他们将永远没有这样做的机会，因为永远不会有国家敢于眷顾他们[①]，使其拥有大学哲学家的位置；但为什么呢？因为每个国家都害怕他们，并且永远也只会眷顾那些国家不用害怕的哲学家。当然，一般而言，国家对这样的哲学是恐惧的，并且，如果这是事实，那么国家就会尽力试图把哲学家赢取到它那一边，以显示哲学是站在国家的一边，因为国家拥有一些顶着“哲学家”之名，但又不用害怕的人站在自己一边。但如果有人现身，并表现出一副手握真理标准去衡量包括国家在内的一切事物的架势，那么，国家由于首先是捍卫自己的存在胜于其他一切，因此有理由驱逐这样的人，将其视为 415
敌人，正如国家会同样对待那凌驾于国家之上、想成为国家的裁判官的宗教一样。因此，如果有人能忍受成为一名国家支持的哲学家的话，那他也就得忍受被国家视为放弃真理、不再对真理刨根问底的人。起码，只要他受国家恩惠而获取职位，那他就必须承认在真理之上还有着更高的东西——国家；并且，不仅仅有国家，还有国家为了自身利益所要求的一切，例如，某种形式的宗教，社会的秩序，军事法规——所有这些东西都被写上了“不要碰我！”[②]的字

① 他们]眷清稿：哲学家们。——编注

② “不要碰我！”]语出《圣经·约翰福音》，第20章，第17节。——编注

样。大学哲学家对其所有的责任和限制弄清楚了吗？我不知道；但如果他对此已经弄清楚了但仍然去担当国家的服务者，那他无论怎样说都是真理的坏朋友；如果他对此从未弄清楚，那么，在我看来，他仍然不是真理的朋友。

这只是些至为泛泛的议论，对于坚持如其所是的现代人来说，也是最微弱、最不相关的议论。绝大部分人对此只会满足于耸耸肩，并说道，“好像伟大和纯粹的东西用不着对人类的卑贱作出让步，而照样能够在这世上活下来似的！难道你们宁愿国家迫害哲学家，而不是给他们发薪水、要求为自己服务吗？”在回答这个问题之前，我这里想补充几点：目前，哲学对国家所做出的让步太大了。首先，国家挑选出它自己的哲学仆人，并恰好挑选其机构所需要的数量；国家这样做，给人的假象就是国家能够鉴别好的哲学家与坏

416 的哲学家；并且，它还假定永远会有足够数量的**好的哲学家**，以填满它所有的教席。国家现在不仅在好哲学家的质量而且还在数量方面，都已经成了权威。其次，国家强迫它所挑选了的人，在特定的地方，在特定的人群中，从事特定的活动；他们必须每天在固定的时间里给那些寻求指导的大学生授课。这里的问题是：一个讲良心的哲学家，会真的致力于每天都有东西可教吗？并且是教给任何想聆听的学生？难道他不需要假装他懂得比实际上的要多？难道他不需要在一群陌生人面前，大谈一些他与最亲近的朋友才能安心谈论的事情？总而言之，难道他没有被剥夺了自己那至为荣耀的自由，被剥夺了自由地听从随时随地会发生的他自己的天才召唤[①]？

① 随时随地……召唤］出自《圣经·约翰福音》，第3章，第8节。——编注

而现在，他必须在预先设定的时间里对一门预先设定的科目公开进行思考，而且是对着一帮年轻人！这样的思考难道不是从一开始就被进行阉割了吗！如果某一天他这样感觉那该怎么办：“我今天不能思考，也没有什么智慧美妙的想法。”但是，他还是不得不假装正在思考的样子！

有人也许会提出异议：“但是，他没有被要求成为一个思想家，而是被要求去跟着别人思考或反复思考，并展示已经被思考过的东西罢了。重要的是，他被要求成为一位对所有以前思想家有学问的鉴赏家，并对这些思想家总能讲述一些他的学生不知道的东西。”但是，为了生存必须显示出博学多识，这正是哲学给国家作出的第三个至为危险的让步。这个危险尤其表现在通晓哲学史这个方面，因为相比之下，天才，就像诗人那样，是以爱和纯粹的目光注视事物，尽可能深入地沉浸到事物之中。而在那无数的稀奇古怪的意见中翻寻，对天才来说，却几乎是所能想象的最让人厌恶、最不适合的职业。对过去历史[①]的博学，不管是在印度还是在希腊， 417
从来都不是一个真正哲学家的工作；如果一个哲学教授专注于这样的工作，那么，他必须接受人们在最好情况下对他的看待：“他是个能干的古典语文学家、古物学家、语言学家、历史学家，”但“他永远不是个哲学家。”正如我提到的那样，这只是对他们所说的最好的话语，因为对大学哲学家的大部分学术工作，在古典语文学家看来，都做的不好，缺乏科学的严谨，让人厌恶和无聊。例如，谁又能

① 历史]誊清稿中将“Historie”改为“Geschichte”。——编注

够把希腊哲学的历史,从里特、勃兰迪斯和策勒[1]等学者喷在上面的令人昏昏欲睡的烟雾中解救出来？这几人的学究工作并不那么科学,同时不幸地是,又太过单调。我喜欢阅读拉尔修·第奥根尼更甚于策勒,因为至少在前者那里活跃着古老哲学的精神,但在后者那儿既没有古老哲学家的精神也没有其他任何人的精神。最后,哲学史与我们的年轻人到底有什么关系呢？要用那些众说纷纭来让他们失去拥有自己看法的勇气？要教导他们一起参与庆祝我们已经取得了多么伟大的进步？要让年轻人学会憎恨或者蔑视哲学？当我们知道那些学生为了应付哲学考试是如何折磨自己,他们如何把人类头脑中至为疯狂和至为尖刻的观念,连同那些最伟大的和最难理解的思想,硬是塞进他们可怜的脑子里面,那么,我们禁不住会相信他们真的会憎恨哲学。对任何哲学所能做唯一可能的评判,并且是能证明一些东西的评判,就是争取去考察一下人们是否能够根据此哲学而生活,但大学从来不传授这种评判;大学所传授的只是语词对语词的评判。现在我们想象一下,一个年轻人并无多少人生经验,但头脑中却塞满了、并存着、混合着五十种语词表述的体系以及对这些体系的五十种评判。这是怎样的荒
418 漠！怎样的野蛮！对哲学教育又是怎样的嘲讽！事实上,人们也承认这里存在的不是哲学教育,而是训练学生如何通过哲学考试的教育。众所周知,这样做的结果通常就是,那些被考试的年轻

① 里特(Heinrich Ritter, 1791—1869):哥廷根大学哲学教授,著有《用哲学史来教育哲学家》(1871);勃兰迪斯(Christian August Brandis, 1790—1867):波恩大学哲学教授和古典语文学家,著《希腊罗马哲学手册》和《希腊哲学发展史》;策勒(Eduard Zeller, 1814—1908):海德堡大学哲学教授,著有《希腊人的哲学的历史发展》。——译注

人——啊，那些只是被严格考试的年轻人——如释重负地承认，“感谢上帝，幸好我不是个哲学家，而只是个基督徒，只是一个我的国家的公民！”

但如果学生这一如释重负的叹息正好就是国家的目的，哲学教育不过是引导学生离开哲学的教育，那情况又如何呢？请你们自问一下。如果事情真的就是这样，那么唯一需要担心的就是：年轻人最终会发现哲学实际上被扭曲的目的是什么。那最高的目标即产生哲学天才，难道就只是一个托词吗？或许，真正的目标正是要阻止哲学天才的产生？其意义完全倒转了，走向了其反面？好的，这样一来，那国家和教授的整套复杂的精明把戏就要大事不妙了啊！

这种机密已经走漏了风声吗？我不知道，但无论如何，大学哲学已经陷入普遍的蔑视和怀疑之中。这部分原因在于，现在占据教授讲席的是尤其贫弱的一代[①]；如果叔本华今天去写其论述大学哲学的文章，那他不必再用棍棒，只需一根芦苇即可战胜他们。他们是那些伪思想家的继承人和后裔。叔本华曾经痛击过其先辈那变形扭曲的脑袋。现在，这伙人言行就像婴儿和侏儒，让人想起一句印度谚语：“人根据其所为而生为愚蠢、聋哑、畸形。”根据那谚语[②]，他们的父辈因其所为，活该得到这种样子的下一代。因此，毫无疑问的是，没有大学所教的哲学，大学生们很快就能够照样生活，就像大学之外的人在今天没有哲学而照样生活一样。人们只

---

① 一代]有理由谨慎的一代。——编注

② 谚语]誊清稿中还有：如果就像最近一个公共论坛所主张的那样，即，如今的思维能力是通过五个伟大的名字来体现，那么，这个一度被称为“思想家的国度”又会怎么样呢。参见30[20]。——编注

419 需回想一下自己的学生年代。例如，我[①]就曾对那些学术哲学家完全漠不关心。那时在我看来，他们把其他学科的成果大概拼凑在一起，闲暇时则读读报纸、听听音乐会；在其余时间，他们则被其学术同事以某种巧妙伪装的鄙视来加以对待。他们被认为知识甚少，但却永远擅长以模糊的语词来掩饰自己的无知。因此，他们喜欢流连于、徜徉于那些昏暗的、有着良好视力的人无法长时间忍受的地方。他们中的一位会这样抱怨自然科学："没有一门自然科学能够向我彻底解释最简单的生成过程，因此，它们对我有什么意义？"另一位则这样评论历史学："对我这样有思想的人，历史学根本没有新东西。"一句话，他们总能找到理由解释为何一无所知却比学习某种东西更有哲学味道。但是，如果他们真的投身于学习的话，那么，他们的秘密动机就是要逃离科学，并在某一空白或模糊地带建立起一个晦暗王国。因此，要说他们走在科学的前面的话，那意思就只能是像猎物跑在追捕的猎人前面。最近，他们开始喜欢宣称自己其实只是科学前沿的护卫者和看守者。康德的学说在此对他们尤其有用。他们尽力把康德的学说弄成某种无意义的怀疑论，从而使人很快对它丧失兴趣。偶尔在这里或那里，他们中有人还能攀登到一点形而上学的层次，并抛出一个小哲学体系，但通常的后果是：眩晕、头痛和鼻子流血。[②] 在他们这些奔往云里雾里的旅行经常遭受失败以后，在被那些学习真实科学的粗野和固

---

① 就像大学……我］誊清稿：甚至，他们已经在这样做了。对他们的鄙视日益增长，并且，由于很好的理由。大多数年轻人是。——编注

② 因此，毫无疑问……鼻子流血。］尼采在空白的对页上写道：他们认为自己很深刻，但这不过是肤浅而已。参见 34[46]。——编注

执的弟子，不断地抓住头发从云里雾里拽下来以后，他们的脸上就表现出一副拘谨、敏感以及谎言被识穿后的习惯性表情。他们完全失去了那种欢乐的自信，一点也不愿意为自己的哲学而活着。420
他们中一些人曾经相信他们自己创造了一种新宗教，或者用自己的哲学体系取代旧的体系；现在呢，他们已经丧失了所有这类自负，大都变得虔诚、腼腆和暧昧，永远不会像卢克莱修那样的勇敢，为压迫人类的痛苦而勃然大怒。我们再也不能从他们那里学习逻辑思考了。在对他们自己的能力进行精确评估以后，他们停止了那过去常常进行的普遍的论辩练习。毫无疑问，人们今天更加谨慎、谦虚和富有创造性地探讨单个学科。简言之，他们在自己的具体科学比在所谓的哲学中拥有更多的哲学方法，因此，都同意那个不怀偏见的英国人巴治赫特[1]对今天那些哲学体系制造者所说的话："谁不是几乎从一开始就已确知，他们的前提包含着真理与谬误的奇妙混合，因此，耗费精力去反复思考他们的那些结论值得吗？体系的建构或许能够吸引年轻人，并给那些没有经验的人留下印象，但受过教育的人，却对此深为怀疑。他们永远准备接受暗示和猜想，并欢迎最微小的真正的真理。但满纸演绎的哲学大部头，则大可怀疑。无数未经证明的抽象原理，却被乐观轻信之人匆匆收集起来，然后精心编制成书籍和理论，以解释整个世界。但这个世界的运转却完全不理会这些抽象原理。这毫无奇怪，因为这些抽象原理之间是相互矛盾的。"如果以前的哲学家，特别是德国的哲学家，是如此深入地陷入抽象思考之中，以至于总是面临头撞

① 巴治赫特(Bagehot)]引文出处同上，217，216—217，216。——编注

横梁的危险，那么，正如斯威夫特[1]对勒皮他岛人的叙述那样，现
在的哲学家则被配置了成队的拍手，以不时地给他们的眼睛或随
421 便哪里来个温柔的一击。有时候，这些拍击可能用力大了点，这些沉思恍惚、离开大地之人会很容易忘了自己而进行回击，但结果总是他们丢脸。“没看到那横梁吗[2]，你这昏昏沉沉的家伙！”那些拍手就会这样冲着他们喊道。哲学家有时的确看到了横梁，然后就重新冷静温顺了。这些拍手就是自然科学和历史学。这些学科逐渐威胁德国“梦与想的营生”（这“梦与想的营生”在很长时间里被混淆为“哲学”）到这样的程度，以至于那些“梦与想”贩子乐于放弃独立自主的努力。但如果他们意外地阻碍了自然科学或历史学，或，想要把一小带子系在这些学科上以图牵引它们[3]，那么，这些拍手们就会马上[4]给予他们痛击，似乎想说：“你这样的一个思想贩子，竟然想来玷污我们的自然科学和[5]历史学，是可忍孰不可忍！滚！”这样，这些思想贩子就又摇晃着回到他们自己的不确定和迷惘之中：他们绝对想去掌握一点自然科学如经验心理学，就像赫尔巴特[6]门徒那样；他们也绝对想去掌握一点点历史学。这样，他们至少可以公开显示自己忙于科学的样子，尽管他们私底下又

---

① 乔纳森·斯威夫特（Jonathan Swift，1667—1745）：英国作家，著有《格列佛游记》，参见第3部分，第2章。——译注

② 没看到那横梁吗]《圣经·马太福音》，第7章，第3节。——编注

③ 牵引它们]誊清稿：盲目地向他们屈服。——编注

④ 马上]誊清稿：通常。——编注

⑤ 自然科学和]誊清稿：有些思想贩子如大卫·施特劳斯玷污自然科学，一个思想贩子玷污历史学！把他们从这拖出去！可怜的思想贩子。——编注

⑥ 赫尔巴特（Johann Friedrich Herbart，1776—1841）：哥廷根大学哲学、教育学教授，经验心理学家。——译注

巴不得让所有哲学和所有科学都去见鬼。

虽然我承认这帮低劣的哲学家是很可笑的，谁又不承认这点呢？但是，在什么程度上，他们又是**具有危害性**呢？简短的回答就是：在他们把哲学变成了某种可笑的事情这个程度上，他们具有危害性。只要国家[①]认可的伪哲学继续存在，那么，真正哲学的任何伟大的作用就会被抵消，至少就受到了阻碍。其原因在于它们作为那种哲学的代表所招惹的可笑诅咒，现在又重击了哲学自身。这就是为什么我把国家和大学取消对哲学的承认，并完全免除其那无法完成的把真正哲学与虚假哲学区分开来的任务，视为促进 422
文化的要求。就让哲学家无拘束地恣意生长吧，不再让他们抱有希望能在公民职业中被收编并获得职位，不再以薪俸刺激和勾引他们；甚至也许更好的，那就是迫害他们，厌弃他们——这样，你们就会看到奇迹！这样，那些可怜的假冒哲学家就会作鸟兽散，就会寻找地方栖身。一些人会去做教士；另一些人会去学校当教师；还有一些人则躲进了报纸的编辑室，做起了编辑；再有一些则给女子学校编写起教科书。他们中最富理性的则会扶起犁头，而最虚荣的则去宫廷[②]谋生。突然之间，人去楼空，一切都变得冷冷清清。因为很容易就可以清除那些虚假的哲学家，只要不再优待他们就可以了。这样做，无论如何比国家公开庇护某一哲学更为明智——而不管这一哲学是什么。[③]

---

① 国家］誊清稿：国家和大学资助的。——编注

② 去宫廷］誊清稿：去剧院。——编注

③ 是什么。］誊清稿中还有：——在此，我来到了提出实用建议的部分：因此，作为首要的措施，我提议，取消一切高级学府中的哲学教席。我现在要直截了当地证明，对哲学的任何官方认可对于一个国家来说都是多余的，而对于哲学本身都是有害的。——编注

国家从来不会对真理感兴趣，它永远只会关心对国家是有用的真理，或，更精确地说，只会关心所有对国家有用的东西，而不管它是真理，抑或是半假的真理，抑或是谬误。因此，国家与哲学的结盟，只有在哲学承诺对国家绝对有用的时候，才有其意义，也就是说，哲学把国家的利益放在比真理更高的位置。如果国家能够雇佣真理，使真理为其效劳并接受其薪水，那肯定是美妙的事情。不过，国家自己非常清楚地知道，真理的本质，是永远既不会受任何人指使，也不会接受薪水。因此，国家所拥有的，永远只是虚假的“真理”，是个戴着面具的角色；而这角色却不幸地无法提供国家异常渴望从真理那得到的东西：对国家进行合法化和圣化。当中世纪的王侯要想得到教皇的加冕却无法获得教皇的赞同时，他通常会委任一伪教皇来为他提供这一服务。这在某种程度上或许行得

423 通，但如果现代国家委任一伪哲学，来为其提供合法化的论述，那是不会得逞的，因为真正的哲学会永远与这一伪哲学处于对立状态，而且，两者之间的对立现在更加激烈。我真诚地相信，如果国家完全不去染指哲学，也根本不要欲求从哲学那儿得到什么，并尽可能地漠然视之，那么，哲学会对国家更有实际好处。如果这种漠然状态没有得到保持，如果哲学对国家构成威胁和损害，那国家尽可以去迫害哲学。既然国家对大学的兴趣，不外乎就是使之培养出顺从的、有用的公民，那么，国家应该谨慎行事，不要损害它的这种目的，也就是说，不要要求年轻人进行哲学考试。尽管这种魔鬼般的考试会是吓走那些懒惰和能力不足的学生、使之离开大学学习的不错手段，但这样做的得益，终究无法抵偿这种强制的苦役给

那些轻率莽撞、躁动不安的学生所造成的损害。他们开始了解那些禁书，开始批评他们的老师，并最终甚至看穿了大学哲学及其考试的目的，更不用说那些年轻的神学家因为这样的考试而产生的疑虑，并因此导致神学家在德国开始越来越少，就像野山羊在蒂洛尔越来越少一样。我清楚地知道国家对我这里的整个思考所能提出的反对意见，只要那美丽的、绿油油的黑格尔主义的庄稼还在所有田地里生长。但是，现在，这些庄稼的收成毁于冰雹，粮仓空空如也，当时就此所许下的诺言无一兑现。此时，那人们就宁愿不只是提出反对意见了，而是要抛弃那种哲学本身了。现在，国家拥有了力量，但在黑格尔时期，国家只是想拥有力量。这是一个巨大差异。国家不再需要经由哲学而获得认可，哲学因此对于国家来说

已变得多余。当国家不再供养它的[①]教授，或者，就像我所预想的 424
那样，在很近的将来，国家虽然供养着他们，其方式实际是半心半意，敷衍冷漠，这样会对国家反倒有利。但在我看来，更重要的是，大学也会把国家这样做视为对自己有利。起码，我认为，一所真正追求科学的学术院校会不得不相信，它会从脱离那种半科学或半半科学的共同体中得到益处。此外，大学的声望是如此的欠佳，以至于必须去剔除那些连学术人自己也看不起的学科。因为非学术人士有很好的理由给予大学某种程度的普遍蔑视；他们指责大学怯懦，小的害怕大的，大的则害怕公共舆论；指责大学在所有涉及更高文化的事情方面并未领路在前，而是跛行在后；不再遵循那些

① 它的]誊清稿：哲学的。——编注

享有较高声誉的科学的根本方向。[①] 例如，人们比以往都更积极投身于语言研究，但却没人认为需要对写作和演说[②]的技能进行严格的训练和培养。印度的古典学向我们打开了大门，但这方面的研究者与印度那些不朽著作、印度哲学的关系，就跟一只动物与竖琴的关系没有什么两样，尽管叔本华[③]认为，认识印度哲学，是我们这一世纪相对于其他世纪所能拥有的最大优势之一。古老的经典已变成了人们随意取舍的古旧之物，不再对我们发挥经典和模范的作用。那些学习经典之人就体现了这一点，因为他们确实不是榜样性的人物。沃尔夫[④]的精神今天去了哪里呢？弗兰茨·帕索[⑤]说，沃尔夫的精神表现为一种真正爱国、真正人道的精神，

① 因为非学术人士——根本方向。]誊清稿较早版本：谁了解那种精神，那种当代大学的哲学课所追寻的精神，他就会知道，这肯定不是主导和统一着各学科的那种精神；相反，它常常无非是对当代最强有力的科学、对各门自然科学的一种怯懦的矛盾精神，为的是用“唯物主义”这个声名狼藉的称呼来贬低它们。一个学院学者，如现在经常发生的那样，讲授对唯物主义的批判，由此就唤起这样的印象：好像现代自然科学的整个考察方式和处理方式在他的大学里还没有自己的位置，似乎像过去那样，仍然在探讨人格不休或者上帝存在之证明的经院哲学问题。不管他与此类事情距离有多远，一旦他批判现代科学的基础时，他就有意识地或者无意识地成为与哲学迥异的力量的盟友，亦即成为国家和教会的盟友。即使他是否作为一个个体唤起一种误解，是完全无所谓的，但如果整个大学以这样的方式唤起了误解，那就不是无关紧要的。我认为，那些不被任何共同的流行思想捆在一起的人们，也应当不被任何机构捆在一起：如果人们这样做，那么，他们必定会摧毁这种机构。当然，国家有一种兴趣，让这样的模糊保持下去：而且很久以来，它就在利用“哲学”来模糊一个国家机构亦即大学的意义。在这些地方许多事情应当被阻止：每个在那里生活的人都知道这一点；尤其在我看来，那些受人尊敬的学术学科的真正基本方向，已经根本无须去探讨了——确切地说，是因为整个教育机构被认为沿着运行的路径已经消失了。——编注

② 写作和演说]誊清稿：风格和修辞学。——编注

③ 叔本华]《作为意志和表象的世界》，第1卷，XII（第一版前言）。——编注

④ 沃尔夫（Friedrich August Wolf，1759—1824）：德国著名的古典语文学家。——译注

⑤ 帕索（Franz Passow，1786—1833）：德国古典学者；曾编纂希腊文词典。——译注

如果需要，它的力量足以让一个大洲激动和燃烧起来。相反，一种新闻主义的格调却在我们的大学中日益蔓延，而且还常常打着哲学的名义。那是一种华丽、光鲜的表述方式，经常引用浮士德和智 425
者纳坦[①]，遵循那些让人恶心的杂志和报纸的语言和观点；最近甚至还开始唠叨起我们神圣的德意志音乐，甚至还要求设立研究席勒和歌德的教授席位——所有这些症状都显示出，大学的精神开始与这个时代的精神混淆和混合起来。在我看来，如果在大学之外建立一种更高的评判机构，以监督和评判这些大学机构在促进教育方面的作为，那将具有无比的价值；一旦哲学从大学分离出来，并清除其自身所有那些没有价值的顾虑和晦暗，那它恰恰就能够成为这样的评判机构了。去除了国家的权力支持、薪水和荣誉，这种评判机构就能自由地履行自己的职责，不受这个时代精神的影响，亦不畏惧这个时代精神。简言之，哲学家就像叔本华那样去生活，成为一个对他周围的所谓文化的评判者。以这样的方式，哲学家仍然可以对大学有所裨益，也就是说，哲学家不再隶属于大学，而是与大学保持着某种有尊严的距离，对其进行观察和评判。

最后，如果哲学在这地球上的存在对于我们是首要的事情，那么，国家的存在、大学的发展与我们又有什么关系呢？或者，为了不让人对我的想法产生任何疑问，我想澄清下我的前半句话的意思，也就是，如果哲学家在这地球上的出现要比国家或者大学的持续存在具有更加无比的重要性。对公共舆论越是屈从，自由所面临的危险越大，那么，哲学的尊严就相应程度地提高。在标志罗马

① 莱辛剧作《智者纳坦》(1779)中的主人公。——译注

共和国走向衰落的地震时期，在罗马帝国时期，在哲学与历史学成为“让王侯不快的名字”的时期，哲学的尊严是最高的。在体现哲学的尊严方面，布鲁图[①]要比柏拉图还要出色；他生活在伦理学不再处于平庸地位的时代。如果哲学现在并不怎么特别受尊重，那
426 我们只需自问，为什么现在没有伟大的将帅和政治家[②]信奉哲学？其原因恰恰在于他们寻求哲学时，出现在他面前的却是一个挂着哲学之名的虚弱幽灵，是那种在学术讲堂和报告厅上的学者的智慧和谨慎处世。简言之，因为哲学在他们那变成了某种可笑的东西，而哲学本应该会令他们敬畏；那些注定要去寻找权力之人，应该知道在哲学里流淌着怎样的英勇气概的源泉。让一个美国人来告诉他们，一个伟大思想家作为一个巨大力量的中心来到这个世界时，这到底意味着什么。“你们要当心，”爱默生说道，“如果伟大的上帝让一思想家来到这个地球上，那么，一切事物就都处于危险之中。这犹如在一个城市中燃起了大火，无人知道什么是安全的，或，大火将在哪里熄灭。在科学中没有什么可以保证明天不会反转；也没有什么文学的名声和所谓的永恒的声誉是不会被修正和批判。一些东西之所以此时此刻在这些人眼中是很珍贵美好的，那是因为出现在他们的思想视野中的观念所致，也是这些观念导致了事物现在的秩序，就正如一株苹果树结出了苹果。**一种新的**

① 布鲁图(Marcus Junius Brutus，公元前85—前42)：曾参与策划谋杀恺撒。恺撒死后，他希望重建旧的共和国秩序，失败后逃离意大利，试图在其他地方实现共和制理想，后在战争中败给安东尼(Antonius)，说“我是要逃跑，但这次是用手而不是用脚”，遂自杀。——译注

② 和政治家］誊清稿：政治家，政客。——编注

文化会立即颠覆人的整个追求体系。”[①]因此，如果这样的思想家是危险的，那么，为什么我们那些学术思想家不具有危险性，是再清楚不过了。因为他们的思想是从传统的土壤中和平地生长出来的，就像苹果树上结出了苹果。这些学术思想家是不会带来恐惧的，不会引起震荡。对于他们所有的忙碌和追求，我们这里可以用第欧根尼所提出的同样问题来质问他们：当有一个哲学家被赞扬时，第欧根尼问道，“他显示了什么样的伟大呢？他做了那么长时间的哲学，但却从未使任何人**苦恼**！”的确，在大学哲学的墓碑上应该写着：“它不曾让任何人苦恼”。然而，这种赞语当然更适合于一 427
位老妇而不是真理女神。毫不奇怪的是，那些把真理女神看成是老妇人的人，本身就没有什么男子汉气概，因此也是活该遭受有权力之人的完全漠视。

但如果在我们的时代现实就是如此，那么，哲学的尊严已被踩在脚下，哲学本身已经变成了某种可笑的，或可以被漠视的东西。因此，哲学所有真正的朋友就都有责任对这混乱进行证实和见证，首先至少要表明，只有哲学的虚假的和毫无尊严的仆人才是可笑的，才是应该遭受漠视的；其次，更好的则是，他们通过自己的行动去证明：对真理的热爱是某种可怕和有力的东西[②]。

叔本华证明了这两点，而且，将日复一日地做出更多的证明。

---

① “你们要当心，”……体系。”]参见爱默生的散文《论圆》。——编注

② 和有力的东西]誊清稿中无此表达。——编注

429 # 第四篇　理查德·瓦格纳在拜罗伊特①

431 ## 一②

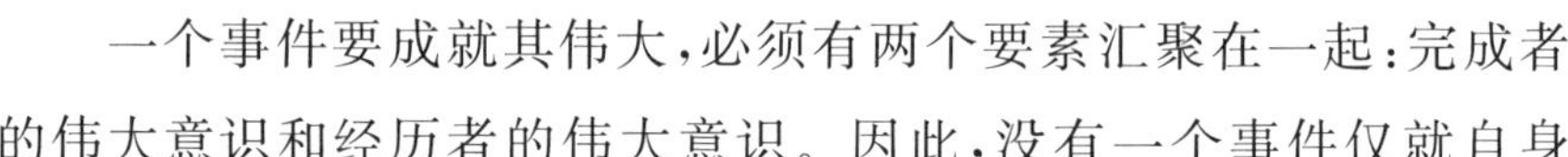

一个事件要成就其伟大，必须有两个要素汇聚在一起：完成者的伟大意识和经历者的伟大意识。因此，没有一个事件仅就自身

① 《不合时宜的考察》第三篇和第四篇《瓦格纳在拜罗伊特》(WB)的出版之间，有大约20个月(1874年10月至1876年7月)；尼采在这段时间里，产生了其人生中最重要的内在转变之一，这种转变的各阶段，可以在其这段时间的书信(见编年史)中去追溯，但我们在他这个时期的残篇作品中(第7、8卷)可以更精确地追溯这些阶段。在尝试撰写一篇题为《我们古典语文学家》的考察文章失败后(参见第8卷，第9—127页)，尼采在1875年夏秋之际撰写《瓦格纳在拜罗伊特》，这个题目在1874年初就已出现；关于瓦格纳的一些准备稿也出自这段时间(参见第7卷，第753—775页，第787—792页)。不过，1875年夏，当尼采决定写瓦格纳时，其视角却不再是1874年1月在拜罗伊特事业失败时(见编年史)的视角。到1875年9月，尼采又誊抄完了一些他的笔记(D 10a)，这个誊抄本包括现在《瓦格纳在拜罗伊特》的第1—6节。9月底至10月初，他中断了自己对《不合时宜的考察》第四篇的高强度工作(在这期间，他写下了第7节和第8节)，并把他到那时所写的东西视为"不可出版的"(见编年史)。直到1876年春，在拜罗伊特事件来临之际，尼采才开始继续写作；他首先让海因里希·克塞里茨即彼得·加斯特誊抄已经完成的8节，并在5月中旬送去付印。在1876年5月底和6月11日之间，"一种好心情……给予了"尼采"执行原计划的勇气"(见：致施迈茨纳(Schmeitzner)的信)；于是就产生了《瓦格纳在拜罗伊特》的最后3节；克塞里茨也完成了这个部分打印稿。1876年7月初，《不合时宜的考察》的第四篇在施迈茨纳那里出版。鲍姆嘉登夫人(Marie Baumgartner)的法文译本也于1877年初在施迈茨纳那里出版。

第四篇《不合时宜的考察》的思想范围亦可参见第8卷，第186—276页。——编注

② 参见第8卷：11[44]；11[34]；11[43]。——编注

而言就有伟大之处，即便全部星辰陨落，民族毁灭，大国新立，抑或，爆发规模宏大、损失惨重的战争。历史的微风吹拂过诸多此类之上，好像吹走一些柳絮和蛛丝。但也有这样的情况：一个强大之人朝一块坚硬的石头挥拳猛击，却毫无影响，除了一声短暂而尖锐的回响，一切都过去了。历史几乎不会记载这样一些平庸之事。因此，每一个看到一个事件临近之人，都满怀这样的忧虑，即经历此事件之人是否与之相称、相符。当我们行动时，不管是在最微末的事情上还是在最伟大的事情上，都总是期望并旨在获得行动与其接受的这种相符；那些希望付出的人，必会留心找到能够欣赏其馈赠的接受者。这就是为什么即便一个伟大人物的个别行为，如果它本身是短暂的、平庸的和徒劳的，就也没有伟大之处；因为在他做出这个行为的那个时刻，他无论如何没有深刻地认识到，这个行为恰恰在那个时刻是必然的。他没有足够鲜明的行为目的，没

有足够确定地认识到和选择恰当时间：偶然性主宰了他，而伟大和 432
认识到必然性总是密不可分。

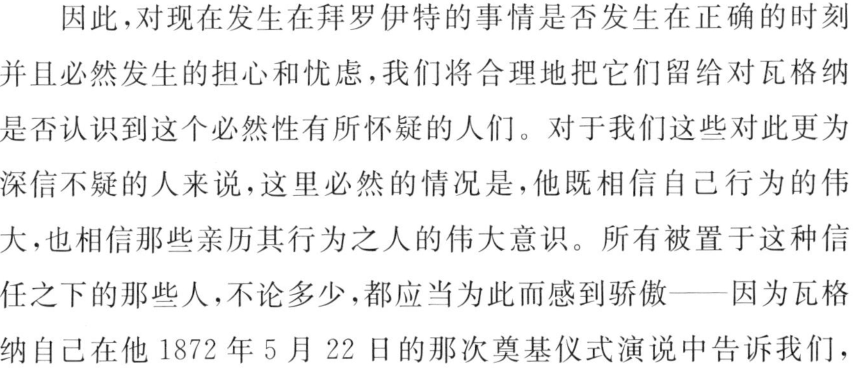

因此，对现在发生在拜罗伊特的事情是否发生在正确的时刻并且必然发生的担心和忧虑，我们将合理地把它们留给对瓦格纳是否认识到这个必然性有所怀疑的人们。对于我们这些对此更为深信不疑的人来说，这里必然的情况是，他既相信自己行为的伟大，也相信那些亲历其行为之人的伟大意识。所有被置于这种信任之下的那些人，不论多少，都应当为此而感到骄傲——因为瓦格纳自己在他1872年5月22日的那次奠基仪式演说中告诉我们，这种信任并不指向所有人，并不指向于整个时代，甚至也不指向新近构成的整个德意志民族。恰恰在这一点上，我们中间没有一个

人可以以令人慰藉的方式反驳他。“我只拥有你们，”他当时说道，“热爱我的特殊的艺术、我最独特的工作和创作的朋友们，我向你们寻求对我的构思的同情；只有从你们那儿我才能够获得我所需要的支持，从而能够向那些对我的艺术作品表现出严肃兴趣之人，纯真且毫无歪曲地展示我的工作，尽管迄今为止它们还只能以不纯真和被歪曲的形式展现给他们。”①

毫无疑问，在拜罗伊特，就连观众也是值得观赏的一道景观。一个睿智、敏锐的文化观察者，一个从一个世纪漫游到另一个世纪以比较那些非凡的文化冲动和运动的观察者，会在拜罗伊特发现许多值得观看的东西；他肯定会感觉到，他在这里突然陷入一汪更为温暖的泉水中，就像一个在湖中游泳之人偶遇一股温暖的热流。这股热流必定从其他更深的源泉涌出，他对自己说道；毫无疑问，来自其他更浅的源泉的周围水流，不能解释这股热流。因此，所有

433 参与拜罗伊特庆典之人都将被感受为不合时宜的人：他们的家园在别处，而不在自己当代的时髦和合乎时宜之中；他们也要在其他地方寻找他们的解释，他们的辩护。我越来越清楚地认识到，“有教养者”只要完全彻底地是这个当代的产物，就唯有通过戏仿作品的形式——正如所有一切被戏仿的东西一样——才能理解瓦格纳所做和所想的一切；这种人宁愿借助我们时代的揶揄诙谐的新闻记者的非魔力之灯来让自己理解拜罗伊特的事件。而且，如果他

① “热爱……他们。”]参见瓦格纳，拜罗伊特戏剧节剧院，见于：《作品与诗歌全集》，莱比锡，1871—1873年，第9卷，第392页；见尼采档案。“人们有……人民在哪里？”准备稿：尼采在准备稿中以这段关键词式的引文关联到瓦格纳的同一段讲话的另一处：“我们最近做的事常常被称为建造‘拜罗伊特国家大剧院’。我不能承认这一判断。建造这一剧院的那个‘国家’在哪里呢？”同上，第390页。——编注

停留在戏仿的层次上，那我们该多么幸运啊！因为在戏仿里面，还会爆发出一种异化和敌意的精神，这种精神会去寻求，或[①]有时已经在寻求完全不同的手段和途径。那位文化观察者同样把内在于这些对立中的非同寻常的紧张和激烈纳入眼中。一个个体，在其平常的人生的进程中竟能够做出某种全新的东西，这会大大激怒所有那些坚信渐进发展学说如同坚信某种道德法则的人们：他们自己是缓慢的，他们就要求别人也必须缓慢。因此，他们看到某人很快，却不知道他是怎样做到的，他们就会生他的气。对于像在拜罗伊特所发生的这类事件来说，没有预兆，没有过渡，没有中间阶段；除了瓦格纳之外，没有一个人知道通往目标的漫长道路，甚至目标本身。这是艺术王国里的第一次环球航行：在这次航行中，看起来不仅发现了一种新艺术，而且发现了艺术本身。其结果是，迄今为止的所有现代艺术，或是因为其孤立性和缺乏活力，或是因为浮华奢靡，都几乎完全丧失其价值；甚至对我们现代人从古希腊那里继承而来的、对一种真正的艺术的不确定的、拼凑在一起的那些记忆，如今也只能安息了，除非它们本身现在能够在一种新的理解中闪耀光芒。对于许多事物来说，其丧钟已经敲响；这种新的艺术所预言的不仅仅是现代艺术的即将消亡。一旦戏仿所激发的哄笑沉寂下去，新艺术的惩戒之手就必定会使我们当今的整个文化界感到毛骨悚然：让这种嬉戏和哄笑再多 434
些时候吧！

① 而且……或］准备稿：他可以让人幸灾乐祸，人们甚至可以向他建议，用戏仿的方式展示节日和节日同伴。这样就给他带来了快乐，且没有干扰我们的快乐。因为人们必须知道，在戏仿作品中，只是释放了一种敌对的精神。——编注

与此相反，作为这种重生的艺术的门徒，我们对于严肃、对于深刻的神圣的严肃拥有时间和意志！迄今为止的文化对艺术所做的大话和噪音，我们现在不得不视之为一种不知羞耻的纠缠；这一切都迫使我们有义务沉默，有义务作毕达哥拉斯式的五年的沉默。我们中间有谁不曾在现代文化令人作呕的偶像崇拜上弄脏双手和心灵！谁不需要纯洁的水，谁没有听到惩戒的声音：沉默并保持纯洁！沉默并保持纯洁！我们只有听到这种声音，才能被赐予能够用来观察拜罗伊特事件的那种伟大的目光：而且，唯有在这种目光中，才有那个事件的**伟大未来**。

1872 年 5 月的那个日子，大雨倾盆，天空晦暗，当奠基石被安放在拜罗伊特的山丘上之后，瓦格纳和我们中间的一些人驱车回城；他沉默无语，久久地以一种难以描述的目光审视着自己的内心。在这一天，他来到了其生命的第 60 个年头：他之前的一切努力都是为这个时刻做准备。我们知道，人们在一种异乎寻常的危险时刻或者当人们要对其生活作出一个重要的决定时，他们会以一种无限加速的内省审视，把所有经历都聚拢起来，并以最罕见的敏锐对最切近的和最遥远的事物重新加以认识。当亚历山大大帝让人从一个酒杯里痛饮出亚洲和欧洲时，他在那一刻可曾看到过什么？但是，瓦格纳那一天从内心中审视到了什么——他如何成为他现在这个样子、将会成为什么样子——我们这些瓦格纳身边的人能够在一定程度上有所领悟。而且，只有从瓦格纳这一眼光
435 出发，我们才能够理解瓦格纳行为本身的伟大——**为的是以这种理解担保其伟大行为的多产和丰硕**。

二[1]

如果一个人最能够做和最喜欢做的事情却不能在其整个生命形式中重新得到显现，那会是非常奇怪；相反，在具有杰出能力之人那里，生活不仅必须像在每一个人那里一样，成为他们性格的反映，而且尤其还必须是其理智及其最独特的能力的反映。史诗诗人的生活将带有某种史诗般的特性——例如，在歌德那里，情况就是这样。顺便说一句，德国人很不公正地习惯于[2]把他首先看作抒情诗人型剧作家[3]，而剧作家的生活将带有戏剧性。

自从瓦格纳内心占统治地位的激情意识到自己并主导了他的整个天性那一刻起，他成长中的戏剧因素[4]就完全不可能被忽视[5]了。从这一刻开始，摸索、漫游、旁枝斜出和枝蔓丛生，便结束了；那些最为蜿蜒曲折的道路和转型，其计划的经常不切实际的变化，现在被一个单一的内心法则所主导，也就是，被一种使这些可以得到解释的意志所主导，尽管这些解释经常听起来有些离奇。不过，瓦格纳生命中有一个前戏剧的阶段，即他的童年和少年期，人们不可能越过这个部分而不遇到谜和矛盾。他本人显得还根本

① 参见第8卷：11[42]；11[27]；12[10]。——编注

② 习惯于]DmN（出自尼采的VM和WS付印稿的一种变体，简称"尼采付印稿"）、大八开版：惯常的。——编注

③ 例如……剧作家]参见8[5]。——编注

④ 自从……戏剧因素]参见尼采致瓦格纳的信，1875年5月24日：当我想到您的生活的时候，我总是感到您的生活戏剧性地在我眼前上演……——编注

⑤ 忽视]准备稿：[瓦格纳，他是如何变化的！]瓦格纳的生活自身有着戏剧的东西。——编注

没有被预示要成为现在的**自己**。回顾来看，这些事情现在也许能够被理解为一种预示；再进一步考察，它们是一些[1]与其说必然激起希望、倒不如说必然激起疑虑的特性的杂乱集合：一种不安、易激发的精神，一种攫取上百个不同事物的神经质的匆忙[2]，一种对
436 几乎病态的高度紧张的精神状态的热衷，一种从最深切的心灵宁静的时刻到狂暴和喧闹[3]的状态的突然转变。没有任何严格的继承的和家族的艺术训练来限制他投身于一种特定的艺术方向：[4]他也许可以轻易地捡起绘画、诗艺、戏剧、音乐作为学术教育或未来职业；肤浅之人还会认为，他天生就是个浅薄的半吊子。影响他成长起来的那个小世界，并不是那种有人期望一个艺术家有幸拥有的家园。肤浅地涉猎精神世界里不同事物的危险乐趣向他逼近，同样逼近他的还有多方面肤浅的知识——学究之城的典型特征——所产生的自负。他的感情易被激发，但未得到彻底满足；这个少年的眼光飘游所及，他发现自己被一种奇特地早熟的，但活跃的本质所包围，并且，这本质与喜剧浮华的、五光十色的世界处于可笑的对立中，与音乐那征服心灵的声音处于不可理解的对立中[5]。现在，

① 一些]准备稿：经常且到处都能发现，并且。——编注

② 匆忙]准备稿：那种脑中的病态畸形之物。——编注

③ 一种……喧闹]准备稿：一种喧闹的、呼喊的、喋喋不休的东西，对平静、勤奋和一种深刻心灵宁静的逃避。——编注

④ 方向：]准备稿：[生活漫不经心，在对完全不同的职业工种的热情中没有方向地摇来摆去]。——编注

⑤ 他……对立中]出自准备稿：他看起来是为爱好而生的。对莱比锡这样的出生地，就没人能指望幸福；因为在那里，在一种市民的精干但却狭隘的道德基础上，形成了一种奇特的软弱、早慧、但上进的特征，这个特征在德国文明史中不可被忽视和低估，但却很难得到崇敬。这种特征包括普遍被传授的精神上浅尝辄止的乐趣、感受的敏感和不彻底性、在作家般的和书商式的交谈之间的变换、时尚的变化，以及撒克逊人普遍带有的随机应变的特质。——编注

进行比较研究的专家会发现这样一种令人惊奇的通常现象，即获得一种伟大天赋的现代人，恰恰在其青年和少年是多么罕见地拥有朴素的独特感、自我感和天真等属性。确实，现代人鲜能拥有这种属性；相反，像歌德和瓦格纳这样极为罕见之人更多的是在成人阶段而不是少年和青年阶段，达到了这种天真。特别是那些拥有非凡的天生模仿力的艺术家，必定患上现代生活衰弱的无力的多面性，就像患上一种严重的儿科疾病；作为少年和青年，他与其真正的自我相比，看起来更像一个老人[①]。只有在其生命的晚期才发现自己的青年时代的人，才能够创造出那个精彩的极其严格的青年原型，即《尼伯龙根的指环》中的齐格弗里德。[②] 后来，就像瓦格纳的少年来得较迟一样，他的成年也来得迟一些，因此，他至少在这方面[③]恰恰是一种早熟儿的对立面[④]。

一旦他达到其精神上和道德上的成年，他的生活的戏剧也就 437

开始了。他现在看起来是多么不同啊！他的本性似乎以可怕的方式被简化了，被撕裂成两种冲动或者两个领域。在其最下面，一种强烈的意志奔涌咆哮，仿佛要穿越所有水渠、洞穴和沟壑，奋求光

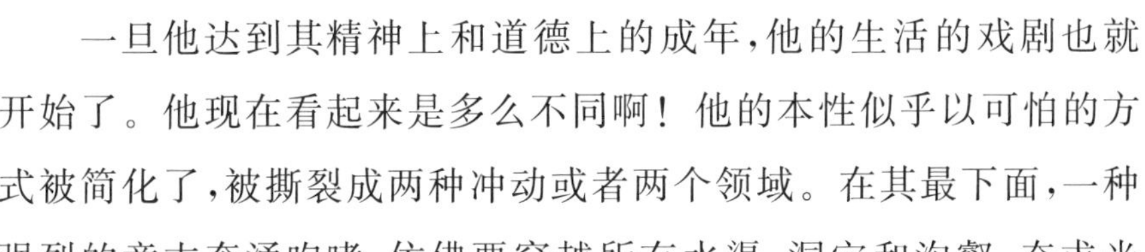

① 特别是……老人]出自准备稿：瓦格纳在极高程度上拥有现代本性的那种古怪：他作为少年没有天真过，他像他笔下的齐格弗里德，胜过任何人。齐格弗里德在较早版本的准备稿中：瓦格纳把他塑造为所有时代的青年原型，这是源于他对这个青年本质的内在体验。——编注

② 只有……齐格弗里德。]出自准备稿：他的身体的青年时期早已过去了，但他那时才变得年轻，并且从此保持了很久。参见《查拉图斯特拉 Ⅰ》(1883 年版)《从自由的死亡中》。——编注

③ 他至少在这方面]校样中写的是：如他总的作为人来说。——编注

④ ……对立面]准备稿：[而且我想在之前已经叙述的那个前戏剧性部分中去认识瓦格纳生活中一个被特别延长了的童年，一个在上千件事情上沉迷和享乐的童年，当然这些事情通常根本不会进入儿童的世界]。——编注

明，欲求权力①。唯有一种完全纯粹的和自由的力量才能指导这种意志进入良善的和有益的道路；如果这种意志与一种狭隘的精神相结合，其不受限制的暴虐的渴求就会酿成灾难；因此，无论如何，必须很快就找到一条通向广博、明亮的天空和阳光的道路。这种强力追求不断遭受失败，就会令人恼怒；获取成功手段的不充分性，可能在于环境，可能在于不可改变的命运，而并不在于他缺乏力量；但是，那些尽管缺乏充分的手段却仍不放弃追求之人，会变得怨恨、愤怒和不公正。他也许会从其他人身上寻找自己失败的理由；他甚至满怀强烈的仇恨，认为整个世界都有罪过；也许，他还胆大妄为，走上歧路，手段卑鄙，实施暴力。于是，好人在追求最好目的的道路上变得粗鄙野蛮。甚至在仅仅追求自己的道德纯洁的人们中间，在隐士和修士中间，也能找到这样一些野蛮、病态之人，被失败侵蚀和掏空。有一种精神在对瓦格纳说话，这是一个充满爱的精神。它满含亲切和甜美，温柔地劝说着，它痛恨暴力行为和自我毁灭，不愿看到任何人处在桎梏之中。这种精神降落在瓦格纳身上，用它的双翼慰藉他，保护他，它给他指点道路。② 我们现在想看

① 欲求权力］在准备稿中如下：跳跃、攀爬、放肆地撞墙、起舞；在隐藏着的岩石上受伤、暴躁、伤害自己和他人——瓦格纳天性的一面看上去就是这样。就像荷兰的航海家，他似乎被诅咒了，要永不知疲倦地在海上漂泊，这是对内心的此在的诅咒。准备稿中另一种从“就像”到“内心”的版本是：“命运女神给我一种永不知足的精神。”这里他说的就是他自己。参见第 8 卷第 11 页及其注释。——编注

② 它满含……道路。］参见瓦格纳《给我的朋友们的一个通告》：“关于音乐的本质，我最近说得够多了；在这里我只想把音乐作为我的好天使来怀念，这个天使守护着作为艺术家的我，实际上，甚至是他才使我成为艺术家。”引文出处同上 4，325；参见第 8 卷：11[42]。——编注

一看瓦格纳的本性的另一面，但是，我们应当如何描述它呢？[①]

一个艺术家所创造的种种形象，并不是他自己，但是，他以最热忱的爱所投入创作的系列形象，很明显确实传达了艺术家本人 438
的某种东西。现在，让我们用心想一想黎恩济、漂泊的荷兰人和森塔、汤豪舍和伊丽莎白、罗恩格林和伊尔莎、特里斯坦和马可、汉斯·萨克斯、沃坦和布伦希尔德[②]：他们都被一条道德的高贵和高大的隐秘暗流联结起来，而且，这条暗流还越来越纯净，越来越清澈——，我们站在这里，带着羞怯的沉默，面对着瓦格纳自己的灵魂中最内在的成长。我们可以在哪个艺术家身上感知到类似的东西，某种类似的伟大呢？席勒创作的诸形象，从强盗们到华伦斯坦和退尔[③]，经历了这样一条高贵化的类似道路，同样表达了其创作者的成长的某种东西，但在瓦格纳这里，其规模更大，道路更长。一切都参与并表达着这种净化过程，不仅有神话，而且有音乐；《尼伯龙根的指环》中就包含有我所知道的最合乎道德的音乐，例如布伦希尔德被齐格弗里德唤醒的那一段[④]；在这里，瓦格纳达到了如此巍然的情绪的崇高和神圣，以至于我们不禁想到阿尔卑斯山冰

① 描述它呢？]准备稿：描述它呢？也许当人们选择这条路的时候。——编注

② 黎恩济（Rienzi）是瓦格纳同名歌剧的主人公；漂泊的荷兰人和森塔（Holländer und Senta）是瓦格纳歌剧《漂泊的荷兰人》中的一对恋人；汤豪舍和伊丽莎白（Tannhäuser und Elisabeth）是瓦格纳歌剧《汤豪舍》中的主要人物；罗恩格林和艾尔莎（Lohengrin und Elsa）是瓦格纳歌剧《罗恩格林》中的一对恋人；特里斯坦和马可（Tristan und Marke）是瓦格纳歌剧《特里斯坦和伊索尔德》中男主人公及其叔父；汉斯·萨克斯（Hans Sachs）是瓦格纳歌剧《纽伦堡的工匠歌手》中的主人公；沃坦和布伦希尔德（Wotan und Brünnhilde）是瓦格纳歌剧《尼伯龙根的指环》中的众神之王和重要人物之一。——译注

③ 强盗、华伦斯坦和退尔是席勒作品中的人物。——译注

④ 《尼伯龙根的指环》……那一段]参见第8卷，第27页。——编注

山雪峰的炽烈和灼人：在这里，大自然显得如此纯粹、孤寂、凛然和无欲，沐浴在爱的光芒之中；云朵、风暴甚至崇高都远在它之下。从这个角度来回顾一下《汤豪舍》和《漂泊的荷兰人》，我们就能感觉到瓦格纳这个人是如何形成的：他在黑暗和不安中开始探索，他如何猛烈地寻求满足，追逐权力和令人陶醉的享受，但常常带着厌恶逃回，他如何寻求抛掉自己的负担，渴望去遗忘、去否定、去弃绝——整个洪流时而跌入这个山谷，时而跌入另一个山谷，遁入最阴暗的沟壑[①]：此时，在这种半地下的奔腾之流的夜里，在他头顶之上，闪耀着一颗放着悲伤的光芒的星星；他按照自己的认识去称呼它：**忠诚，无私的忠诚**！为什么这颗星在他看来比一切[②]都更明亮、更纯粹？对于他的整个本质来说，忠诚这个词包含着什么秘
439 密？因为在他所思考和创作的任何东西里面，都被烙上忠诚的图画和问题之印；在他的作品中，我们可以发现一套所有可能种类的，几乎完备的忠诚的系列，其中有最光荣的和最珍贵的忠诚：兄弟对姐妹的忠诚，朋友对朋友的忠诚，仆人对主人的忠诚，伊丽莎白对汤豪舍的忠诚，森塔对荷兰人的忠诚，伊尔莎对罗恩格林的忠诚，伊索尔德、库尔维纳尔和马可对特里斯坦的忠诚，布伦希尔德对沃坦的内在愿望的忠诚。这不过是系列的开始。这是瓦格纳自己所体验的最本己的原初经历，他把它们尊为某种宗教体验。他用"忠诚"这个词来表达这种经历[③]，不知疲倦地在上百个形象中

① 沟壑]准备稿：沟壑，[岩石和森林猛烈地撞击，砸碎，肆虐]。——编注

② 一切]一切？手稿样本[？]；大八开版。——编注

③ 他把它们……经历]准备稿：他把这种体验归功于自己，并视为自己的宗教，他崇拜他的宗教。——编注

把自己投射出去，并以充溢的感恩之情把他所拥有和能够给予的最美妙的东西赋予这些形象——这是奇妙的经历和认识：他的本质的一个领域对另一个领域保持忠诚，一种出于自由的、最无私的爱的忠诚；创造性的、纯洁的和更加明亮的领域①对隐晦的、难以控制的和暴虐的②领域的忠诚。

三③

在两种最深刻的力量的相互关联中，在一种力量对另一种力量的献身中，包含一种伟大的必然性。单凭这种必然性，瓦格纳保持着自己的完整和自我。同时，当他在看到自己一再受到不忠的诱惑及其对自己的可怕危险的威胁时，这种必然性是他无力支配，又不得不观察和接受的唯一东西。在这里，淌流着成长之痛的极其充沛的源泉，即不确定性。他的每一个冲动都想无限制去欲求，每一个享乐生存的天赋都想挣脱限制，并获得个体满足；它们越是丰沛，就越是动荡喧哗，它们相互遭遇时就越多敌意。而且，偶然和生命刺激着他去获取权力、光荣以及最热烈的欢乐；不得不生存下去的无情的必然性更为经常地折磨着他；到处都是枷锁和陷阱。 440
如何可能在这种环境之下保持忠诚，保持完整？——这种怀疑经常侵袭他，而且就像艺术家经历怀疑那样，这种怀疑表现在他的艺术形象之中。伊丽莎白只能为汤豪舍受难、祈祷和去死，她通过自

① 领域]手稿样本[?]；大八开版：领域？——编注

② 暴虐的]准备稿：不公正的——在这里也有恩典。——编注

③ 参见第8卷：11[27]；11[45]；11[39]；11[38]。——编注

己的忠诚拯救了这个善变和狂放不羁的男人,但并不是为了今生。每个被抛入当今时代的真正艺术家的生命,都充满危险和绝望。他能以多种手段获取荣耀和权力,安定和满足不断地被提供给他,但始终只是以现代人所熟悉的形式提供给他,一种对诚实的艺术家来说只能是成为令人窒息的毒雾的形式。他的危险就在于这些诱惑,同样在于对这些诱惑的抵制,在于对获得乐趣和名望的现代方式的厌恶,在于对当代人特有的所有自我寻求的满足的愤怒。想象一下瓦格纳担任一种官职——就像瓦格纳不得不担任城市剧院和宫廷剧院的乐队指挥的职务一样;我们将会看到,最严肃的艺术家如何在现代机构上强行加入严肃,而这些之前基本上是按照轻浮娱乐和要求轻浮娱乐的原则建成的;他如何部分地成功而在整体上总是失败;他如何感到厌恶,并想要逃遁;他如何找不到他能够逃往的地方,而且总是又不得不返回到我们文化的流浪者和受排斥者那里,并自认为是他们中的一员①。即使从一种境遇中挣脱出来,他很少能发现一个更好的境遇,有时还陷入极深的贫困之中。这样,瓦格纳不断地变化着城市②、伙伴和国家,而且人们

① 而且……一员]参见瓦格纳《关于戏剧节剧目〈尼伯龙根的指环〉上演至其创作发表的情况和命运的报告》:"对我来说,我在现代市民阶级社会的这些迷茫的孩子中,发现了戏剧令我欣慰的地方。……而对于我看到像吉卜赛人一样游荡过一个新的市民的世界秩序的这些人来说,我想现在竖起我的旗帜……"引文出处同上 6,370。——编注

② ……城市]准备稿:[这是]在两种最深层次的力量的关系中,在一种力量对另一种力量的奉献中,包含着瓦格纳的巨大必要性,这对他来说是唯一必要的事情,通过这件事情他得以保持完全并保持自身;同时,这是唯一不受他控制的、在他看到不忠的诱惑和可怕的危险多次来临时必须以灵魂恐惧来观察和接受的事情。这儿有着他的苦难的最大来源:他的每一个冲动都陷入不当,一切天赋都想挣脱束缚和独自满足,它们越大,就越骚动,它们的交集就越带有敌意。生活促使人去获取权力和乐趣,但活下去的需求更加折磨人,到处都是镣铐和陷阱。怎么可能保持忠贞,保持完整!这种怀

几乎不清楚，他是在什么样的非理性要求和环境之下总是不得不在那些时间里忍受下去。在他迄今生命的一大半，一直笼罩着一种沉闷的空气；看起来，他不再感受到一种总体的希望了，而只是得过且过，从这个希望走向下一个希望，尽管并不绝望，却放弃了 441
信念。瓦格纳也许经常感觉自己像是整夜漫行那样，负担沉重，精疲力竭，却彻夜激愤。这就是他常态的心境；此时，突然的死亡对他来说并不可怖阴森，而是富有诱惑和吸引力的幽灵[①]。这样，负担、道路和黑夜，全都一下子消失了！——这听起来确实有诱惑力。他千百次地怀着短暂的希望重新把自己抛入生活，把一切精灵抛在身后。但是，他这样做时几乎总是有一种无度，这显示他并未深入地和坚定地相信那个希望，而是仅仅陶醉沉迷于它。他的

(接上页)疑经常侵袭他，并像一个艺术家的怀疑那样，表现在艺术形象中：伊丽莎白为了汤豪舍只能受难和死亡，她通过自己的忠诚拯救无常，但拯救不了性命。最高贵种类的好奇心不停地把各种天赋引诱到一边；他的创造能力要走自己的路，有朝一日会自己远去。只举一个例子：从他晚期音乐的最高造诣中，会听的人能感受到关于戏剧形式的残酷性的抱怨，这几乎不可抗拒地把他拉入交响乐，他只以苦涩的决定来服从戏剧的进程，这进程就像无情的命运，暴戾地支配着纯音乐那对着缰绳嘶吼的飞马。——在瓦格纳的整个生活道路上，这是危险的和绝望的。他本可以多种方式达到荣耀和权力，他拥有现代人所理解的那种宁静和满足。在这里，但也在与之相反的地方，在对获取乐趣和威望的现代方式的厌恶中、在针对一切舒适感的愤怒中，存在着他的危险。在某个时候着陆在德国戏剧的地界上之后，他就努力地、带着许多懊恼坚守在这个不稳定的、轻浮的世界里，接受很多事情，也做很多事情，为的就是能够在里面活下去，但总是一再发现自己被厌恶所侵袭，这种厌恶如此强烈，使得一种隐蔽的爱把他与我们的文化的流浪者和被驱逐者联结在一起。他从一种状态中挣脱出来后，却很少能连接到一个更好的状态，有时他陷入极深的贫困；他不断地变化着城市。——编注

① 一个……幽灵］参见瓦格纳《给我的朋友们的一个通告》："对我来说，我们的现代艺术状态和生活状态，迫使自由心灵成为坏人，这种可恶的迫使从来没有比那个时刻更清楚。在这里，能给孤单的人找一条出路吗——除了死亡？"引文出处同上 4,371 及以后。——编注

欲求与他满足这种欲求的通常的低能或无能之间的对立[①],使他如芒刺在背,饱受折磨;持续的匮乏刺激着他,因此,一旦匮乏突然减弱,他的想象走向过度和放纵,并丧失其中。他的生命变得越来越错综复杂,但他借以应对的手段和应急办法也越来越大胆,越来越别出心裁,尽管它们不过是些戏剧性的权宜之计,是些假托的动机,是被设计出来欺骗一时的,但也只能欺骗一时。他闪电般迅速地抓住它们,但它们也同样迅速地被耗尽。完全贴近地、不带情感地来看,瓦格纳的生命带有很多喜剧色彩,确切地说,带有明显的荒诞的喜剧性,这让人回想起叔本华的一个见解[②]。对其全部生命荒谬的、缺乏尊严的感受、认识和承认,如何必然影响着比其他任何人都更能在崇高的和超崇高的气氛里自由呼吸的艺术家——这值得每个思想家思考。

在瓦格纳这样一些唯有通过最精确的描述才能唤起应得的那种程度的同情、恐惧和崇敬的活动中间,**一种学习的天赋**展开了。
442 这种天赋甚至在德意志这个真正的学习民族[③]那里都是非同寻常的;但从这种天赋中又生长出一种新的危险,这种危险甚至大于那种被不安的幻象所疯狂引领的无根的、不稳定的[④]生活所带的危险。瓦格纳从一个尝试的新手发展成为音乐和舞台的一个完美大

---

① 与他……对立]准备稿:满足于对欲望和现实无能的对抗,满足于所有他的希望的令人陶醉的东西。——编注

② 叔本华的一个见解]参见《作为意志和表象的世界Ⅰ》,第380页:"每个人的生活,如果从整体和一般上来看……都是悲剧;但从个别上来看,每个生活都有喜剧的特点。"参见《悲剧的诞生》10。——编注

③ 真正的学习民族]准备稿:学习的民族。参见第8卷:5[65]。——编注

④ 那种……不稳定的]准备稿:在公民看来不可能的和无法相信的。——编注

师，并在所有基本的技术方面都成为发明者和推进者。他为大型舞台的所有艺术都提供了最高榜样，对这一殊荣无人再提出异议。但是，他的发展比这要多得多，为此，他比其他任何人都更不遗余力借助学习，以掌握最高形式的文化。他是如何做到的啊！看到这一点倒是一种乐趣。最高文化从四面八方在他上面、在他里面生长，知识结构越大、越重，用来组织和控制的思维的拱架上的压力就越大[①]。不过，朝向科学和技能的通道，是如此地难以发现；瓦格纳经常是自己不得不临时创造这样的通道。瓦格纳，简单戏剧的革新者、艺术在真正的人的社会中的地位的发现者、过去的生命哲学的诗化阐释者、哲学家、历史学家、美学家和批评家；瓦格纳，语言大师、神话学家和神话诗人，第一次用一个指环围住这个美妙的、古代的巨大结构，并在上面刻下自己精神的神秘符号——要能够成为所有这一切，他必须汇聚和囊括多么丰富的知识啊！然而，所有这些的重量既没有压垮他的行动意志，其个别方面的诱惑也没有把他引向歧路。为了判断瓦格纳的这种行为是多么独特，这里把歌德作为伟大的相反例子来与他比较。作为学习者和认知者的歌德，像是一个分支众多的河系，但这个河系并未把自己的全部能量都带入大海，它在其路途和转弯上失去和散落的能量至少如同它注入海口时所携带的一样多。确实，像歌德这样一个 443
存在者，拥有和造成了更多的惬意；其周围洋溢着脉脉的温情和高贵的挥霍，而瓦格纳的铁流的力量和方向也许会让人害怕、让人退避三舍。但是，让这些愿意害怕的人害怕去吧；我们这些其他人则

① 知识……越大]准备稿：辩证思维的弦越来越紧。——编注

愿意能够亲眼看到瓦格纳这样一个英雄，来使我们变得更勇敢些，尽管这个英雄甚至在现代教化方面也“不曾学会害怕”[①]。

瓦格纳同样从未学会通过历史学和哲学使自己平静、安定下来，没有让其软化温顺和劝阻行动的魔力效果在自己身上起作用。无论作为创造性的艺术家，还是战斗性的艺术家，瓦格纳都没有被学习、教育和教化拖离自己的生命轨迹。一旦创造性力量攫取了他，历史就变成了他手中可塑的橡皮泥；在这种情况下，他与历史的关系完全不同于其他学者和历史的关系。这种关系更类似于希腊人对自己的神话的关系，也就是说，类似于一个人对他可以进行塑造和诗意创作的事物的关系。当然，这种关系带有爱意和某种羞怯的虔诚，但艺术创造者的主权却从未丧失。恰恰由于历史对他来说比任何梦幻都还更可塑和更可变，因此，他把全部时代的典型方面通过创造注入到个别事件之中，从而达到历史学家从来达不到的、表征中的真理。中世纪的骑士精神在哪里会有血有肉地转化为罗恩格林这个形象？工匠歌手们难道不是向未来时代讲述德意志精神的本质，甚至不止是讲述；难道他们不是这种精神的最成熟的果实之一吗？这种精神总是不断地寻求改革而不是革命[②]，在其广泛的安逸舒适的基础上，也未曾忘记最高贵的不满和革新行为。

瓦格纳对历史学和哲学的投入恰恰驱使他进入了这种不满：

---

① “不曾学会害怕”]如齐格弗里德；参见瓦格纳《齐格弗里德》，第一幕，引文出处同前，6，152以下。——编注

② 总是……革命]校对稿：只有……能；参见瓦格纳《贝多芬》：“因此德国人不是主张革命的，而是主张改革的……”引文出处同前，9，105。——编注

他在历史学和哲学中不仅发现了武器和盔甲，而且尤其感到了从 444
一切伟大的战士、一切伟大的受难者和思想者的墓地吹来的令人振奋的气息。对瓦格纳来说，除了利用历史和哲学的方式外，再也没有任何别的更有效的工具来使他自己超越整个当前时代了。但就像普遍所理解的那样，在现代，历史似乎被分配给这样一个任务，即让气喘吁吁、筋疲力尽地奔向自己目标的现代人有机会喘上一口气，从而使他们能够在一个时刻感到自己仿佛是被卸下了轭具。一个蒙田对于宗教改革的精神激荡意味着什么？意味着达到一种自身的宁静，一种安宁的自为存在和放松——他最好的读者莎士比亚肯定是这样看待他的——这就是历史学现在对于现代精神的意义。如果说德国人自一个世纪以来特别热衷于历史研究的话，那么这表明，在近代世界的激荡和运动中，他们代表了一种阻碍、拖延和抚慰的力量[①]：一些人也许会把这视为对它们的褒扬。但总的来说，如果一个民族的精神追求主要指向过去，那么这就是一个危险的征兆，是一种疲惫、倒退和衰败的标志，以至于他们对所暴露于其中蔓延的狂热如政治狂热，有着危险的易感。我们的学者与所有的革命运动和改良运动相对立，恰恰代表了现代精神的历史中这样一种孱弱的状态；他们没有给自己提出最自豪的任务，而是为自己确保某种安宁的幸福。每一个更自由、更男子汉的步伐肯定会带领我们超越他们，——尽管绝不是超越历史本身！这种历史应该具有完全不同的力量，就像恰恰是如瓦格纳这样的人物所直觉感知的：历史需要一次以一种更加严肃、更加严格的方

① 阻碍……力量]参见《瓦格纳事件》后记：德国人，历史上卓越的延缓……——编注

式来进行写作，这种写作要源于一个强有力灵魂的深处，尤其不再以迄今总是如此的乐观主义方式[①]，换句话说，必须以不同于德国学者们到现在所做的方式来进行。他们的所有工作都有一种美化
445 的、顺从的和自我满意的色彩，而且，他们对事物的进程心满意足。如果他们中的一个人使人认识到，他之所以心满意足，仅仅是因为事情还可能会更糟糕，那么，这已经说明了很多；他们中的大多数本能地相信，只要事情如现在这样发生，那就是好的。如果历史学不再仅仅只是一种伪装的基督教神义论[②]，如果它是用更多的正义和热烈的情感写就的，那么，它就会确实很少能够提供像它现在所提供的那种服务功能，即，作为针对一切革命的和革新的事物的鸦片。这在哲学那儿也有类似的情况：大多数人想从哲学学到的东西无非是粗略地——十分粗略地！——理解事物，以便他们能使自己适应事物。甚至哲学的最高贵的代表人物也如此强力地强调它的抚慰和慰藉的力量，以至懒散者和那些向往休息和惬意之人必定认为，他们所寻求的正是哲学所寻求的。相反，在我看来，所有哲学的最重要的问题是，事物在多大程度上拥有一种不可改变的本性和形式，因此，一旦这个问题得到回答之后，我们就能以最无畏的勇气着手**改善世界中被认为可改变的方面**。真正的哲学家也通过他们的行为，通过他们致力于改善人类大可改变的判断和见识而不是把自己的智慧保留给自己，来向我们教导这一点[③]；

① 方式]参见第8卷：5[12]。——编注

② 是……神义论]套用了费尔巴哈的话（哲学是一种伪装的神学），这是尼采在瓦格纳身上看到的，参见瓦格纳，第三、四卷的引言，引文出处同前3，4。——编注

③ 相反……这一点]参见第8卷，9[1]。——编注

就连真正哲学家的真正门徒们也教导这一点，他们和瓦格纳一样，知道如何从这些哲学吸取一种提高和增强了的意志的决心和坚定，而不是吸吮让人沉睡和麻醉的汁液。瓦格纳在最精力充沛、最具英雄气概的地方，他就最是哲学家。而且恰恰是作为哲学家，他不仅毫不畏惧地穿过了不同哲学体系的烈火，而且穿过了知识和博学的烟雾[①]，始终对其更高的自我保持忠诚。这种更高的自我要求他**多方面的特性作为整体去做出行动**，并命令他去承受和学 446
习，以便能够完成那些行动。

四[②]

自希腊人以来文化发展的历史实际上极为短暂，如果人们只考虑真正走过的道路，不考虑停滞、倒退、踟蹰和偏离的时期的话。世界的希腊化以及为使希腊化成为可能的希腊世界的东方化——亚历山大大帝的双重任务——仍然是最后的伟大事件；是否能够在根本上同化一种外来文化的古老问题，始终还是现代人奋力要解决的问题。正是这两种因素之间有节奏的互动，决定着迄今的历史进程。例如，基督教在这里似乎为东方古代文化的一个部分，并由那些过于勤奋之人进行过彻底地思考和行动，以达到其逻辑结论。随着基督教影响的式微，希腊文化的力量再次增长了；我们所经历的种种现象如此奇特，以至于如果我们不能回顾并穿越巨大的时间段，把这些现象与古希腊的类似现象联系起来，那么它们

① 知识的烟雾]参见歌德《浮士德》第 395 页："知识的浓烟"。——编注
② 参见第 8 卷：11[22]；11[23]；11[26]；11[20]；11[1]。——编注

就会变得虚无缥缈,难以理解。这样,在康德和爱利亚学派之间,在叔本华和恩培多克勒之间,在埃斯库罗斯和瓦格纳之间,就存在这样的接近和渊源,以至于我们会被清晰地提醒一切时间概念极其相对的本质。看起来几乎许多事物相互联系,而时间只是一丛乱云,使我们难以看到它们之间的这种联系。特别是,作为严格科学的历史也尤其唤起了这种印象:我们现在最接近亚历山大的希
447 腊世界,好像历史的钟摆再次摆回到它开始摆动的那个点,进而摆向神秘的远方,并逐渐消逝。我们当前世界的画面绝不是新的;那些了解历史之人越来越感觉到,他们正看到一张脸上过去的熟悉的特征。古希腊文化的精神无限地散落在我们当今的世界之中:当各种各样的力量相互推挤、涌向我们之时,当现代科学的成果和成就被我们用作交换手段而相互提供之时,希腊的画面再次浮现出惨淡的容颜,像个远处的幽灵。迄今充分东方化了的大地现在再次渴求着希腊化;谁若想帮助大地的这种希腊化,他肯定需要速度和一双长翅膀的脚,以便把最多种多样的和最遥远的知识点、最偏远地域的才华汇聚到一起,以便跑遍和统治这一极其广阔的整个领域。这样,我们现在就需要一群**反亚历山大者**,他们拥有最强大的力量,能够进行合并和连结,把最遥远的丝线聚在一起,保护织物不被扯碎。这里并不是像亚历山大那样解开希腊文化的格尔迪翁之结[①],使它的终端飘向世界的所有角落,而是在**它被解开之**

① 格尔迪翁之结,在公元前333年,亚历山大大帝征讨东方时,在格迪恩(Gordion),有人向他呈现了一个古老的结,据说谁能解开,就能称王亚洲。亚历山大大帝无法抗拒这一挑战。他举起身上佩剑,斩断了这个死结。后来“斩断格迪恩之结”多指干脆利落地解决复杂问题。——译注

后把它**捆绑起来**——这就是现在的任务。我在瓦格纳身上认识到这样一个反亚历山大者：他把零碎的、孱弱的和懒散的东西集聚和联结起来，如果可以用一个医学术语来表达的话，他具有一种**收敛的能力**：正是在这个意义上，他属于文化的伟大力量。他精通各种艺术、各种宗教、不同民族的历史，但却是一个博学家、一种仅仅进行堆积和整理的精神的对立面：因为他塑造并赋予这些东西以生命；他是一个**世界的简化者**。要想不误解这样一个观念，我们可以 448
把其天才施加给他的这个最普遍的任务，与我们经常由瓦格纳这个名字所想到的那种狭隘得多和切近得多的任务作一比较。我们期待于他的是一场戏剧的改革：假定他成功做到了这一点，那么，我们又期望他对那个更高的和更遥远的任务做出什么成就呢？[①]

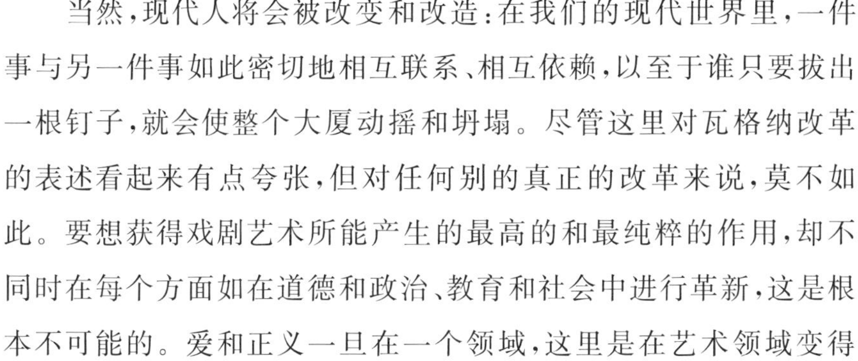

当然，现代人将会被改变和改造：在我们的现代世界里，一件事与另一件事如此密切地相互联系、相互依赖，以至于谁只要拔出一根钉子，就会使整个大厦动摇和坍塌。尽管这里对瓦格纳改革的表述看起来有点夸张，但对任何别的真正的改革来说，莫不如此。要想获得戏剧艺术所能产生的最高的和最纯粹的作用，却不同时在每个方面如在道德和政治、教育和社会中进行革新，这是根本不可能的。爱和正义一旦在一个领域，这里是在艺术领域变得

① 我们……成就呢？]这里也许有一个人在这中间喊着"但，瓦格纳真正想要达到的东西是什么呢？"按你们的想象，他最多能做到什么呢？不就是戏剧的改革！要是这样会发生什么呢！——尼采付印稿：[而这种能产性表现了什么呢？]这种能产性应该表现什么呢？这里也许有人要打断我。他真正想要达到，或者按照你们的想法，最好能够达到的是什么呢？无非是——戏剧的一种改革？你们将耸耸肩说。要是这样会发生什么呢？笔记本 Mp XIII 4,14a；用这些话来说："这种能产性……"后面的阐述应该作为一个完整的片段（参见第 8 卷：11[23]）完成，直接接在《瓦格纳在拜罗伊特 1》后面（参见《瓦格纳在拜罗伊特 1》第 435 页，1—2 行）；这个计划被尼采抛弃了。——编注

强而有力之后,必定按照其内在必然性的法则继续扩展,不可能再返回到其之前的蛹化阶段的寂然不动。即便仅仅为了把握我们的艺术对生命的态度在多大程度上是这种生命的退化的一种象征,为了把握我们的剧院对于其建造者和光顾者在多大程度上是一种冒犯和侮辱,那我们也必须重新学习,完全改变观念,从而能够有朝一日把习惯的和寻常的东西视为某种非同寻常和错综复杂的东西。奇特模糊的判断,不顾一切代价对娱乐、对消遣的欲盖弥彰的嗜好,博学的考量,浮华自负,表演者一方对艺术的严肃性无所顾忌,剧院老板一方则对收益有着野蛮的贪欲;一个贫乏空洞和毫无思想的社会,一个只考虑人民对自身有益还是有害的社会,一个只光顾剧院和音乐会而没有想到其义务的社会——这一切共同构成了我们当代艺术状况所特有的沉闷的和有害的空气;但是,如果人
449 们在这种空气中成长,像我们的有教养者那样习惯于这种空气,那么,他们可能会相信这种空气对其健康是必要的,并会在由于某种限制或被迫暂时放弃它时感觉不适。实际上,这里只有一种手段来立刻使我们确信,我们的戏剧机构是多么平庸,确切地说是平庸得多么特别,平庸得多么复杂:人们只是把它们与过去希腊戏剧的现实进行比较!假定我们对希腊人一无所知,那么,我们刚刚提出的问题也许会根本无法解决;由瓦格纳率先以伟大的风格所提出的那种异议,会被认为是那些来自乌有之乡人们的梦幻。就人们目前的存在方式而言,有人也许会说,这样的现代艺术对他们是充分的,是合适的——而且他们从未是别的样子!但是,他们肯定曾是别的样子,甚至现在也有一些人,他们并不满足于迄今的文化机构——这恰恰是拜罗伊特的事实所正在证明的。在这里,你们将

遇到富有准备和身心投入的观众，他们处在自己幸福的巅峰，他们感到他们整体的存在被压缩到这一幸福之中，感到自己被加强和提升到更广和更高的意愿和努力之中；在这里，你们将遇到最忘我、最富有自我牺牲的艺术家，遇到戏剧中的戏剧，遇到成就斐然的创作者的一部辉煌之作，一部其本身可以作为大量成功的艺术行为之典范的作品。能够在当代遇到这样一种现象，难道不让人觉得这几乎是魔法吗？难道那些被允许参与和观看它的人们没有已经被转变和革新，从而现在反过来去转变和革新生活的其他领域吗？难道我们不是在荒凉辽阔的海洋上发现了一个港湾？这里的水面之上不是呈现出一种平静吗？——难道那些从这里弥漫的深沉和孤寂返回到完全不同的生活的肤浅和沼泽之人，就不会像
伊索尔德那样，永恒地自问，“我过去究竟是怎样忍受的？我现在 450
还怎么再去忍受呢？”[①]而且，如果他不能忍受把他的幸福和他的不幸自私地隐藏在自己的心间，那么，他就将从现在起抓住每一个机会在行动中为此作见证。在当前的机构中受苦的人在哪里呢？他将问道。那些能与我们一起反对当今教育教养[②]的疯狂的和压制性的蔓延的天然盟友在哪里呢？因为我们暂时只有一个敌人——暂时！——就是那些“有教养者”。“拜罗伊特”这个词对他们而言，标志着其最沉重的失败——他们不曾参与，而是疯狂地反对，或者表现出那种甚至更为有效的听觉迟钝的策略，这现在已成为那些最谨小慎微的敌手们所习惯挥舞的武器。但是，恰恰因为

① “我过去……忍受呢？”]参见瓦格纳《特里斯坦和伊索尔德》，第2幕，第2场，引文出处同前7,61。——编注

② 教养]准备稿：[教育][文化]教养。——编注

他们通过自己的敌意和怨恨并不能摧毁瓦格纳本人的本质或阻碍他的事业，我们由此还知道了一点：他们暴露了他们是虚弱的，当今那些掌权者的对抗将经受不住更多的攻击。对那些想强力攻取和胜利的人们来说，时机已经成熟；庞大的帝国之门破绽百出，财产拥有者的资格已受质疑，如果他们拥有财产的话。因此，例如，教育的大厦已被发现根基腐朽，而且到处都可以发现已悄悄逃离这个建筑的人们。要是那些已对这个大厦深深不满的人们能被激发去发表其公开的声明和愤怒就好了！要是能够夺走他们对这个大厦的绝望的依赖就好了！我知道，如果从我们整个教育体制所生产的收获中恰恰扣除这些人物的默默贡献，那么这将引起这个体制的严重失血，并进而可能削弱这个体制本身。例如，在学者中间，只有那些感染上政治狂热之人和各种半吊子文人[1]才被留在旧体制之中。这个可憎的大厦现在从其对暴力和不公正领域的依
451 赖中获取自己的力量，从国家和社会获得力量，并在使后者越来越邪恶，越来越肆无忌惮中看到了自己的益处。如果没有这种依赖，它就会成为某种虚弱和疲惫的东西；人们只需要给予它应得的蔑视，因为它必将崩溃为残砖烂瓦。任何在人类中间为爱和正义而奋斗之人，无须害怕它，因为只有对其前锋即当今文化进行的斗争迈向结束之时，他实际的敌人才会站到他的面前。

对于我们来说，拜罗伊特意味着战斗之日清晨的献祭。如果人们认为，对于我们来说，这里仅仅涉及艺术的问题，似乎艺术可以像药剂和麻醉剂那样被用来治疗我们其他所有的不幸状况，那

[1] 半吊子文人]尼采付印稿；DmG（彼得·加斯特的付印稿：简称“加斯特付印稿”）；大八开版、校对稿、印刷第一版：文人。——编注

么，没有比这个观点对我们更加不公正了。在拜罗伊特那个悲剧作品的画面中，我们看到的正是这些个体与对抗他们的、似乎是不可战胜的必然性的一切的斗争，对权力、法律、传统、习俗和契约以及事物的全部秩序的斗争。这些个体除在这种为了正义和爱的斗争中准备死亡和自我牺牲，再也不可能有更美好的生活了。悲剧的神秘之眼注视我们的目光，并不是令人瓦解、虚弱和麻木的魔力。尽管悲剧艺术确实要求一种平静，只要它在注视着我们——因为艺术并不是仅仅为了斗争本身存在，也是为了斗争之前及斗争期间的平静的间歇而存在，为了我们在回顾与前瞻时理解其象征的时刻而存在，为了在我们感到一种轻微疲劳时，一种令我们振奋的梦想走进我们的时刻而存在。白昼和斗争马上就要来临，神圣的暗影逐渐散去，艺术将再次离我们远去，但是，它的慰藉却终日陪伴着我们。通常，个体在其他任何地方只会发现自己的不足，发现自己的能力有限和毫无能力；如果他不是事先被圣化为某种
超个人的[①]东西，他到哪儿去汲取战斗的勇气啊！个体最大的痛 452
苦、所有人共享知识的缺乏、最终的洞见的不确定性和能力的悬殊，所有这一切都使他需要艺术。只要在我们周围一切都在受难并制造苦难，我们就不可能是幸福的；只要人类事务的进程是由暴力、欺诈和不正义所决定，我们就不可能是道德的；只要不是整个人类都参与到智慧的竞取中，并以最可能睿智的方式把个体引入到生命和知识中，我们就根本不可能是睿智的。如果不是个体在自己的斗争、追求和毁灭中能够认识到某种崇高的和充满意义的

① 超个人的］U II 10,130；尼采付印稿；大八开版、印刷第一版：非个人的。——编注

东西，如果不是个体从悲剧中学会欣赏和喜悦其所要求的对伟大激情的节奏和牺牲，他怎么能去忍受这种三重的不足感啊！艺术肯定不是直接行动的教师或教育者；艺术家绝非在这种意义上是一个教育者和顾问；悲剧英雄所追求的对象就其自身而言，并非就是明显的值得追求之物。就像在梦中一样，只要我们感到被艺术的魅力所攫取，我们对事物的评价就改变了；而且，当我们感到为艺术的魔力所吸引时，我们就会认为这些事物如此值得追求，以至我们认同悲剧英雄，认可他宁选择死亡也不放弃——而在真实的生活中，这些事物罕有如此程度的价值，罕有值得付出如此程度的努力。这就是为什么艺术恰恰是人类在歇息时的活动①。艺术所展示的斗争是对现实生活中的斗争的简化；它的问题是人的行动和意欲的无限复杂的方程的缩写。但是，艺术的伟大和不可或缺性恰恰在于它创造了一个更简单的世界的表象，一个生活之谜的更简洁的解决。那些受生活之苦的人，没有一个能够缺少这个表象，就像没有人能够缺少睡眠一样。对于生活的法则的认识越是
453 变得困难，我们就越是炽烈地渴望这种简化的表象，哪怕只是片刻——对事物的普遍知识和个体的精神道德能力之间的张力也就变得更大。**为了使弓不至于折断**，我们需要有艺术。

个体应当被圣化为某种超个人的东西——这就是悲剧所孜孜以求的；个体被认为忘掉死亡和时间给个人造成的那种可怕的惊恐：因为甚至在生命历程中最短暂的瞬间、最微小的原子间隙中，他能够遇到某种神圣的东西，从而给他一切斗争和一切困厄以某

① 艺术恰恰是人类在歇息时的活动］准备稿：艺术在这儿是活动者的安宁和朝圣。——编注

种无尽的补偿——这就是所谓的**拥有悲剧感**。即使整个人类有朝一日必须毁灭——谁会怀疑这一点呢！——那么，作为一切未来时代的最高任务，它提出的目标是，逐渐共生成为一个**整体的一**，一个共同的一，从而能够作为一个整体，**带着一种悲剧感**来迎接即将面临的沉沦；人类的所有高贵都包含在这个最高的任务中；从对这个任务的最终拒绝中，会产生出博爱主义灵魂中所能想象的一幅最阴暗的画面。我就是这样感觉的！对于人性的未来，只有一个希望，只有一个保障，即在于**阻止悲剧感的衰亡**。如果人类有朝一日完全丧失了它，就必定会有前所未闻的悲号响彻大地；另一方面，再也没有我们所知道的东西更令人由衷喜悦的了——悲剧精神再次诞生到这个世界上。因为这种喜悦是一种完全超个人的和普遍的喜悦，是保证人性之如是的统一性和连续性的人的喜悦。

五①

瓦格纳把当代的生活和过去置于一种认识的光线之下。这光 454
线之强足以洞穿极其遥远的远方。这就是为什么他是世界的一个简化者，因为②世界的简化总是意味着能够认识并掌握那些表面混乱之物的不可思议的多样性和丰富性，把那些过去被认为互不相容、毫无关联的东西联结统一起来。瓦格纳做到了这一点，他发

① 参见第8卷：12[24]；12[25]；12[28]。——编注

② 瓦格纳……因为]让我自己像我认为的那样，不是没有理由地停留在我的沉思过程中之后，我现在可以继续说明，我怎么理解瓦格纳的汇集之力，并且我为什么把他称为世界的简化者。他把现在的生活和过去放在一种认知的光照下，这种光照足够强，可以看到不一般的远方，而且尼采付印稿。——编注

现了两种生活在不同领域看起来相互陌生、相互冷漠的事物之间即在音乐和生命之间及音乐和戏剧之间的关系。这并不是说他发明或率先创造了这些关系。它们一直在那里存在着，实际上就躺在每个人的脚边，例如，每个重大问题如同贵重的宝石，上千人未曾留意地从它上面走过，直到最终有人把它捡起。瓦格纳自问道，恰恰是这种艺术如音乐艺术会以如此无与伦比的力量在现代人的生命中出现，这意味着什么呢？① 为了检视这里的问题，我们根本无须低估这种生命。绝不，如果我们考察一下这种生命所特有的所有的伟大力量，想象一下强力奋发向上、为自觉的自由和思想独立而斗争的人生此在的形象——那么，音乐在这个世界上的确像是一种难以理解之谜。我们可不要说，音乐肯定不可能在这个时代出现！那么，其实际存在又意味着什么呢？是一种偶然事件吗？毫无疑问，一个单个的伟大艺术家的出现可能是一个偶然，但一系列此类伟大艺术家的出现，如近代音乐史所显示的那样，类似的现象在历史上只出现一次即古希腊时期，这就使人相信这里占支配地位的不是偶然，而是必然。这种必然正是瓦格纳提供了答案的那个问题②。

455 瓦格纳最先认识到一种紧急状况，这种状况已经扩展到把各民族联系在一起的现代文明：在这个文明了的世界中，语言到处都

① 瓦格纳……什么呢？］参见瓦格纳《未来的音乐》：“音乐在我们时代的不一般的流行化……证明……音乐的现代发展满足了人类一种内在深处的需求”引文出处同上7，150。——编注

② 这种必然……问题。］参见瓦格纳《未来的音乐》：“这种全新语言能力在文明的时代里被发现，具有一种形而上学的必然性，这种必然性在我看来，就在于现代的语言越来越保守的构造之中”同前，第149页。——编注

染上重病了，这种巨大的怪病重压在整个人类发展之上。因为语言总是不得不攀升到它可达到的最后阶梯，因此，它尽可能远离它最初以伟大的质朴所能够表达的那种强有力的情感，来把握情感的对立物，即思想的王国。由于这种过分的攀升，语言在现代文明的短暂时间里耗尽了自己。结果，它现在再也不能表达它本来为之存在的东西了：使那些受难的人类能够对他们最基本的生活苦难进行交流和相互理解。人类在他们苦难的时刻再也不能凭借语言来吐露和表达自己，也就是说，再也不能真实地表达和传达自己；在这种被模糊感知的环境之下，语言到处都成为一种独立的暴力，它现在像鬼怪的手臂一样抓住人们，把他们推到他们并不真正想去的地方；一旦人们寻求互相交流和相互理解，并为了完成一个事业联合起来时，他们就会被普遍概念的妄念[①]，甚至语词的纯粹声响的疯狂所捕获和攫取。而且，由于他们不能表达和传达自己，由于他们不与自己的真正的苦难相一致，而只与那些空洞的霸道的语词和概念相一致，因此，他们共同感的创造就带有一种互相误解的印迹。这样，人类就给它的所有苦难又添加上了习俗的苦难，也就是说，与语词和行动相一致，而不是与感觉和情感相一致。就像任何艺术形式的衰落都会达到那样一个点，在那里，其滋生的病态的手段和形式获取了对艺术家们的年轻灵魂的专制力量，并使之成为自己的奴隶；今天，在语言的衰落中，我们成为了语词的奴

① 它现在像鬼怪的手臂一样……妄念］准备稿：一个夜魔蹲在人身上：一旦他们想互相理解，语词、普遍概念的妄想就抓住他们；而在这种情况下，与这种不能互相传达相应的，是他们的共通感的创造，这些创造所相应的又不是现实的急需，而是专制的语词和概念，它们是骇人的神灵王国……——编注

456 隶；在它的压力和强制下，没有人再能够表现和表达自己，没有人能够真诚坦率地说话。只有罕见的少数人能够在与当代的教育和教养的斗争中保持自己的个体性。当代的教育和教养相信，没有必要通过应对和满足清晰的感觉和需求，而是把个人织进“清晰的概念”之网，并教会他正确地思考来证明其成功。似乎不使个体首先成为一个能正确感觉的存在，就使他成为一个能正确思考和推理的存在，这种做法具有某种价值似的。如果[1]现在，我们德国大师们的音乐在一个如此受伤的人类的耳际响起，那么，这里真正回响的是什么呢？它不是别的，就是**正确的感觉**，即一切习俗、一切人与人之间的人为疏远和不理解的敌人。这音乐就是返回自然，同时，它也是对自然的净化和转化；因为在最挚爱之人的灵魂中，产生了那种返回的渴求，而且，**在他们的艺术中响起的就是被转化为爱的自然之声**。[2]

如果我们把这当作瓦格纳对音乐在我们的时代里有什么意义这个问题的第一个回答，那么，他还有第二个回答。音乐和生命之间的关系不仅仅是一种语言与另一种语言的关系，它还是全部听觉世界与整个视觉世界的关系。但是，如果把现代人的存在看作

① 如果]此处准备稿中有：[这种严重的缺陷，这种以温柔的手对现在的人进行的伤害]当这种受伤的人类在他们要互相告知的事情上变得越来越难以理解，而且被视为他们唯一语言的东西变成嘎嘎乱响，与其说他们现在舌头笨重了，还不如说是因为他们的舌头太轻巧了，但都是自己说自己的节奏。——编注

② 瓦格纳……自然之声。]参见瓦格纳《歌剧与戏剧》：“因而这种语言在我们的情感面前是建基于一种习俗之上的……按照我们最内在的感觉，我们在一定程度上是无法以这种语言共同发声的……因此，在我们的现代发展进程中，情感就自然而然地从绝对的理性语言逃进了绝对的音律语言，也就是今天我们的音乐。”引文出处同前4，122及以后。——编注

眼前的现象，并与以前的生命现象进行比较，那么可以看出，前者表现出一种无可言状的贫乏和衰竭，而其无可言状的缤纷和绚烂只能满足那些最肤浅的目光。人们只需更加敏锐地进行考察，并把这种激烈闪动的颜色游戏的印象拆解开来，就会发现，这个整体岂不就像是人们从过去的文化借来的无数的小石块和碎片在闪闪发光吗？这里岂不一切都是毫不协调的点、模仿来的运动、自以为是的肤浅吗？岂不是给赤裸受冻之人穿的一件五颜六色的百衲衣 457
吗？是期望于受难者的一种表面上的欢娱之舞吗？是由一个受伤至深者有意炫耀的放肆骄傲的表情吗？在这中间，只被运动和旋转的迅速所遮掩和伪装的，是灰色的无能、啮人的纷争、忙碌的无聊、不真诚的苦难！现代人的生命现象完全变成了外观，变成了表象，变成了假象；在他现在所展现的形象中，他自己反倒是看不见的，隐匿的。在如法国和意大利这些民族中还保存着的那种创造性艺术活动的残余，被运用在这种隐藏和寻求的审美游戏之上。在现在要求“形式”的地方，在社交和娱乐中，在作家的表述中，在国家之间的交往中，“形式”到处都不由自主地被理解为一种令人愉快的外表。而这恰恰与作为一种必然的塑形的真正的“形式”概念相对立，因为真正的“形式”与“愉快”和“不愉快”毫不相干，因为它恰恰是必然的而不是任意的。但是，即便是在那些不明确地要求形式的文明民族中间，人们也同样很少拥有那种作为必然的塑形的形式，这只不过是因为在对令人愉快的形式的追求中不那么成功和幸运罢了，尽管他们至少是怀着同样热心和热情地在追求。为什么外表会**令人愉快**，为什么现代人致力于促进外表定会让每个人都很愉快，对此，每个人感受程度与他自己是一个现代人的程度，

是可以等量齐观的。“唯有划桨的奴隶们相互理解，”塔索说，“然而，我们却只是客气地**误解**他人，为的是希望他们也误解我们。”[1]

在这个追求形式和欲求误解的世界上，如今出现了被音乐充实的灵魂——为了什么目的呢？他们以一种高贵的诚实、超人的激情转向了伟大的自由的节奏，从其内心里不可思议的深度中，放
458 射出一种强大而宁静的音乐之火的光芒——这一切是为了什么目的呢？

这种音乐借助这些灵魂表达了对其自然的姐妹，即**体操**的渴望，渴望把它作为自己在可见世界中的必然塑形。在这种寻求和渴望中，音乐成为当代特有的整个虚伪的可见世界和外表世界的裁决者。这就是瓦格纳对音乐在这个世界上有什么意义这一问题的第二个回答。[2]“请你们帮助我，”他对所有能听的人呼喊，“请你们帮助我去发现我的音乐所预示的文化，就像被重新发现的语言对于真正的感觉所预示的那样。请你们思考一下吧，音乐的灵魂现在希望为自己塑造一个肉体，它希望通过你们寻求其通往运动、行为、机构和道德的可见的道路！”有一些人，他们理解这种呼

① “然而……我们。”]参见歌德，《塔索》，V5，3338及以后。——编注

② 这种音乐……第二个回答。]参见瓦格纳《论音乐的批判》：“如果我们的音乐应当摆脱理解的一种文字中介强加给它的错误地位，那么，唯有这样才能做到，即音乐被赋予它的名称自身所包含的最广的含义。因为发明‘音乐’这个名称的那个民族，不仅把这个名词理解为诗艺和音艺，而且是一般而言人类内在的一切艺术表现……雅典青年的一切教育都分成两个部分：即音乐和体操，也就是一切通过肢体展示而做表达的艺术。雅典人在音乐中借听觉传达自己，在体操中借眼睛传达自己，而唯有同时在音乐和体操上都受过教育的人，对他们来说才被视为一个真正受过教育的人……如果我们也这样的话，那么为了成为完全的艺术家，我们现在必须从“音乐”转向“体操”，也就是转向真实的、身体感官的表现艺术，转向一种能将我们的所求转为现实的所能的艺术……”引文出处同上574—578。——编注

声，而且，他们的数量在不断上升。这些人也第一次理解了把国家建立在音乐之上意味着什么，类似于古希腊人所理解和所要求的那样。而且，这些具有如此理解力之人将会谴责今天的国家，就像大多数人现在无条件地谴责教会那样。这条通向一个如此新颖但并非史无前例的目标的道路，会使我们认可当今教育最无耻的缺陷的原因以及我们无法使自己摆脱野蛮的实际根源：我们的教育缺少那种激越和形塑人灵魂的音乐。相反，今天的教育要求和机构是一个我们对它如此期许的音乐还没有诞生的时代的产物。我们的教育是当代最落后的体制，而且，其落后恰恰就在于它唯一新增添的教育力量。这种新力量使得现代人胜过以前时代的古人，或者说有可能胜过，只要他们不再愿意贸然生活在当今时代，不再继续忍受时刻的鞭子的抽打！因为他们直到现在还没有让音乐的 459
灵魂居住在自己里面，所以，他们还没有感觉到“体操”一词在古希腊和瓦格纳那里的意义；而[①]这反过来又是他们的造型艺术家们为什么注定毫无希望的根据，只要他们仍像现在那样，继续愿意放弃音乐作为他们进入新的可见世界的引路人：天赋会如愿地发展起来；它会来得太迟或者太早[②]，但无论如何，都来得不合时宜；因为它是多余的和无影响的；因为甚至是过去时代的完美的和最高

①　；而］准备稿：没有感觉到“体操”一词在古希腊和瓦格纳那里的意义，［因此，他们的“教养”与音乐和体操之间的那种我们当作古希腊的教养来崇拜的创造性的一致关系，就如同他们的舞蹈与希腊舞艺、他们的体操艺术与希腊体操艺术的关系］因此，他们所达到的教养并不等同于音乐和体操之间的一种创造性的一致，而是与他们的舞蹈和体操艺术一样有价值。参见第 8 卷：12[25]。——编注

②　早］准备稿：早［作为后产或早产］因为人们还没有学会内心的新形式，这些在灵魂中的外在实现。——编注

的创作，可以作为我们当代视觉艺术家的模范的创作，也是多余的，几乎完全无影响力，几乎不能为已经开始建设的大厦添上一块石头。如果他们在自己的内在直观中看[①]不到面前的新形象，而总是看到身后的旧形象，那么，他们就是在为历史服务，而不是在为生命服务，他们在谢世之前就已经死亡了。但是，如果一个人在其自身中感受到真正的、创造性的生命，这在当代意味着感受到音乐，那么，他可能会让自己哪怕是片刻工夫被那些在形象、形式和风格中耗尽自己的东西所诱导，并对其产生进一步的希望吗？这样的人会超越所有这一类的虚荣。他不再会想到在他理想的听觉世界之外去发现艺术奇迹，他也不会期望我们力量耗尽的、苍白无力的语言还会产生伟大的作家[②]。他不会去倾听任何空洞的慰藉和许诺，但会忍心把深深的不满的目光对准我们现代的本质。这会让他变得满怀愤懑和仇恨，如果他的内心缺乏温暖和同情的话！甚至他的满怀恶意和嘲弄，也好于让自己沉溺于按照我们的“艺术之友”意义上的虚假的自满和一种沉默的醉态！但是，即使他所做的能够超越否定和嘲讽，即使他能够热爱、同情和帮助，那么首先也**必须**否定，以便由此为他那富有帮助能力的灵魂开辟道路。为

460 使音乐有朝一日能在许多人那里唤起对音乐的虔诚，为使他们内在地认识其最高的意图，首先必须终止与一种如此神圣的艺术所

① 看]准备稿：预料出自看。——编注

② 他们在谢世之前……作家]准备稿：[现在一个人想要像希腊人那样去进行建造和塑造——而且同样也想要一个最矫健的形式——]懂得用那[火眼]去看音乐的人，就能做到须臾不被任何如今在形象、形式和风格中苦心营造的东西误导[引诱]到[具有欺骗性]的希望上去：他对一个用语言塑造形象的人也并不期待有真正的成就：通过他的音乐，他已经超越了这种虚荣。——编注

进行的、旨在寻求欢乐的全部交往。我们的艺术消遣、剧院、博物馆、音乐协会所基于的基础亦即那个“艺术之友”，必须被驱除。用来显示其愿望的国家的艺术喜好，必须被转化为厌恶；那种特别看重培养这种类型的艺术之友的公共判断，必须被一种更好的判断所扫除。与此同时，我们甚至必须把公开宣称的艺术之敌而不是“艺术之友”视为一个真正的和有用的盟友，因为他宣称对之有敌意的东西，恰恰就是“艺术之友”所理解的艺术；确实，他甚至不知道任何别的艺术！他当然可以审核和指控这个艺术之友在建造剧院和公共纪念碑、聘用“著名”歌手和演员以及维持完全没有创造性的艺术学校和美术馆方面对金钱的愚蠢挥霍，这里更不用提及每个家庭在所臆想的“艺术兴趣”的教育方面所浪费的所有的精力、时间和金钱。在这里，没有饥饿，也没有餍足，而总是只有对二者造作的呆滞和委顿的戏耍。这种最虚伪的展示，为的就是误导他人的判断；或，更糟糕的是，既然艺术在这里被相对认真地对待，那么，他们甚至要求艺术产生出一种饥饿和渴求，并且恰恰把产生这类人为的兴奋视为自己的任务。像是害怕被他们的厌恶和迟钝所毁灭，人们便召唤出所有恶魔，为的是让自己像一个野兽那样被这些猎人追逐。他们渴望苦难、恼怒、仇恨、激动[①]、突然的惊吓和透不过气的紧张，呼吁艺术家成为可以召唤这种恶魔[②]追逐的人。在我们今天的有教养者的灵魂经济学中，艺术或是一种完全的虚

① 激动]准备稿：感官的升温——编注

② 恶魔]准备稿：乌烟瘴气。“乌烟瘴气”这个词在瓦格纳《德国艺术和德国政治》中有相似表述，引文出处同上8,81。——编注

461 构，或是一种可耻的、丢脸的需要，或是一钱不值，或是一个恶[①]。那些较好且稀有的艺术家，像被一场昏梦魇住一样，看不清这一切，并且以不确定的声音迟疑地重复着他认为从十分遥远的地方[②]听到，但却不能理解的幽灵般的美妙语词。与此相反，完全现代型的艺术家则对其更高贵的同事这种梦幻般的探索和言说充满蔑视，身后用绳牵着一群充满激情和憎恶的狂吠着的猎狗，为的是在需要的时候放出去扑向现代人。这些现代人宁可被猎逐、被伤害和被撕成碎片，也不愿彼此安静地独处。安静地独处！——这种想法震撼了现代人的灵魂，这就是**他们的**恐惧和对鬼怪的敬畏。

当我在人口众多的城市里观察来来往往的现代人，看到他们表情木然迟钝，神色匆忙时，我总是不断地告诉自己，他们的心情肯定不好。但对于所有这些人来说，艺术的存在，仅仅是为了让他们心情更不好、更迟钝和更愚蠢，或者更匆忙和更贪求。因为[③]**错误的感觉**不断地驱策和操练着他们，阻止他们向自己承认自己的贫乏和可怜。如果他们想说话，习俗向他们耳际窃窃私语，使他们忘记他们实际想说什么；如果他们想互相交流，他们的理性就像中了魔法咒语一样瘫痪了，以至于他们把自己的不幸也称为幸福，并

---

① 或是……恶]准备稿：他们关于生活想得[太]少或太平常，不能哪怕是预感到艺术在这生活中的一种完全不同的权利，而当他们可以清楚地做到了，他们就会恨艺术，就会恨他们的无所思虑和彻底的世俗化[和堕落]。——编注

② 并且……地方]准备稿：并且结结巴巴地以迟疑的(冷冰冰的)声音重复着过往时代的语词和形式，重复着旧时代的东西。——编注

③ 贪求。因为]准备稿：更为破碎：[他们是虚假情绪的奴隶，但他们只知道转移注意力]因为。——编注

愿意相互合作，来推进他们自己的不幸。这样，他们就完全被改变了，堕落成错误感觉的无意志的奴隶。[①]

六[②]

我想仅就两个例子来说明在我们时代里的感觉是如何倒错，462
以及这个时代本身如何没有意识到这种倒错。过去，人们曾以真诚的高贵来俯视那些从事金钱交易的人[③]，甚至他们也需要这些人；人们承认，任何社会都必须有自己的内脏。但是，现在，这些人成为了现代人灵魂中的统治力量，是现代人中最贪婪的群体。从前，人们并没有被特别告诫要认真地对待日子，对待瞬间，而是被建议保持宁静和不动心[④]，关注永恒的事物；现在，只有一种认真仍然还留在现代人的灵魂中，即认真地关注和对待来自报纸或者电报的消息。利用瞬间，尽可能快地对它做出评判，从中获取利益！——人们倾向于相信，现代人也只剩下了一种德性，即精神的当下性。不幸的是，其背后的真相更是一种无处不在的主导每个人的肮脏的、难以餍足的贪婪和窥探一切的好奇心。**精神**现在究竟是否只关注**当下**——我们要把对此的考察留给未来的法官，他们有朝一日将用自己批判的筛子来过滤现代人。不过，今天这个

① 这样……奴隶。]准备稿：谁能指出，他们作为错误的感觉的奴隶而被施了魔法——就为了不问：谁能解救他们？——编注

② 参见第8卷：11[33]；12[32]；12[33]；13[1]。——编注

③ 仅就……的人]曾经，人们会以诚实的态度看待赚钱 尼采付印稿；准备稿中也有第六节的原始开头。——编注

④ 不动心]参见贺拉斯《书信集》I，6，1。——编注

时代的庸俗，我们现在就能够看到，因为它尊敬的是过去那些高贵的时代所蔑视的东西。尽管事实上这个时代攫取了过去的智慧和艺术的有价值的全部财富，并穿上所有服装中最华丽的长袍到处游荡，但这也显示出它对自己的庸俗性一种怪异的自我意识，即它利用那件外衣，不是为了取暖，而是为了欺骗人无法认识自己。对这个时代来说，伪装和掩饰自己的需要[①]比不受冻的需要更为迫切。因此，今天的学者和哲学家们利用印度人和古希腊人的智慧，
463 不是为了自身变得睿智和宁静；他们的工作仅仅被认为给当代提供一种虚幻和骗人的智慧声誉。动物史的研究者们致力于把今天国家之间和人之间的交往中特有的暴力、诡计和复仇的兽性发作描述为不可改变的自然规律。历史学家们则热衷于证明如下命题，即每个时代都有它自己的正义形式，都有它自己的条件，从而为我们时代将要遭受的未来审判准备好基本的捍卫原则。我们关于国家、民族、经济、贸易、正义的学说——所有这些现在都具有那种**准备申辩**的特性。甚至，那些在庞大的赢利机器和权力机器本身的运转中没有被耗尽的积极精神，其唯一的任务就在于为当代辩护和开罪。

在什么样的控告者前辩护？人们在这里惊讶地问道。

在自己的坏的良知前。

这样一来，现代艺术的任务也就突然清晰起来了：为了麻木或为了陶醉！为了昏睡或为了谵妄！通过这种或那种方式，泯灭良

① 尽管事实上……掩饰自己的需要]准备稿：但是，因为过去所有的智慧和艺术都是凭借窃贼的技巧进行冒险，并且穿着这件最珍贵的服装，他的粗俗表现在无法穿上这件大衣。不体面！——这就是人们看到艺术爱好者时所说的话。——编注

知！帮助现代灵魂逃脱内疚感，至少是一瞬间逃脱内疚感，而不是帮助它回到无辜！通过迫使人回到沉默、使人丧失倾听能力，来使其在自己面前为自己辩护！——那些感受到艺术这种最丢人的任务、可怕的堕落到底意味着什么的少数人，将会发现他们的灵魂充满悔恨和怜惜，但也充溢着一种新的强大的渴望。谁想解放艺术，恢复其被未玷污的圣洁，那他就必须先把自己从现代灵魂中解放出来；只有成为一个清白者，才能发现艺术的清白。因此，他需要完成洁净和祝圣这两个至为重要的行为。如果他成功地做到这 464
点，如果他从解放了的灵魂深处以其解放了的[①]艺术对人们说话，那么他会立刻要面对最严重的危险，广泛的斗争：人们会宁可撕碎他和他的艺术，也不承认他们必须因为面对他和他的艺术而羞愧退缩，而羞愧至死。可能的情况是，为现代时代提供唯一的希望之光的艺术拯救，只是少数孤寂的灵魂的事件，而绝大多数人则将继续坚持盯着他们艺术的那团闪烁的烟雾：他们**欲求**的不是光，而是目眩；确实，他们**憎恨**光——当光照临他们身上时。

因此，他们就躲避那位新的光明携带者[②]；但是，光明携带者会去追逐他们；为他由之诞生的爱所驱使，所强迫；他想强迫他们。“你们**应当**穿越我的神秘，”他向他们喊道，“你们需要它们的净化和震撼。为了自己的拯救，你们要敢于这样做，放弃你们所知道的关于自然和生命的那点昏暗的东西吧。我带你们进入到一个真实

① 谁想解放艺术……以其解放了的]其中的四个“解放”在尼采付印稿中皆为“拯救”。——编注

② 因此……携带者]参见《圣经·约翰福音》，第3章，第19节：“世人……不爱光倒爱黑暗。”——编注

的王国；当你们走出我的洞穴返回到你们的白昼时，你们自己就会决定哪种生活更为真实，决定哪里是白昼，哪里是洞穴。你们的内在本性变得极为丰富，极为强大，极为幸福，更加令人恐惧；鉴于你们通常的生活方式，你们不了解这种本性。学会成为你真正的自己，并且通过我的爱和火的魔力，让你们自己在自然中，并与自然一道被加以转变吧。”

这就是**瓦格纳**[①]的**艺术**的声音，它就是以这种方式对人们说话。我们这些可怜的时代的产儿，可以首先被允许听到它的声音，这表明恰恰我们这个时代是多么值得怜悯。而且，这更表明，真正的音乐是一种命运和原初规律，因为我们不可能恰恰在这个时候从一个空洞的、没有意义的偶然来推断出它的重新鸣响；一个偶然
465 出现的瓦格纳会被将其抛入其中的其他元素的优势力量而压碎。但是，在真实的瓦格纳的成长之上却有着一种美化、辩护和阐释的必然性。不管其形成也许曾充满痛苦，但观察他艺术的形成，就像是在观察一幕最为辉煌的景象[②]，因为它到处都表现出理性、规律和目的。观察者如果被置于这种景象的欢乐之中，将会赞扬这种充满痛苦的形成过程本身，并高兴地看到，每个事物的发展过程就是为了善，为了那原初决定了的本性和天赋的繁盛，而不论不得不历经的考验是多么的艰难。他高兴地看到，每一种危险都使它更加勇敢，每一次胜利都使它更加审慎，它尽管为毒物和不幸所滋养，但仍然保持健康和强壮。周围世界的嘲弄和反对，对它来说是

① 瓦格纳]贝多芬尼采付印稿。——编注

② 是最为辉煌的景象]准备稿：是世界的戏剧，对于观众来说大地在这里成为夏季的花园。——编注

刺激和激励；如果它误入歧途，那它就从这迷途和走失中带着最神奇的战利品返乡；如果它睡着了，那“它只是为了恢复力量”①。它甚至锻炼和强化自己的肉体，使它更加精力充沛；它不会消耗自己的生命，不管它生命有多长；它就像是一种被装上翅膀的激情一样支配着人，恰恰在他脚在沙滩上筋疲力尽、在岩石上伤痕累累之时让他飞翔起来。它禁不住宣告，每个人都应当在他的作品上合作，它也不会吝啬自己的馈赠。如果馈赠被拒绝，它就赠送得更丰盈；如果馈赠被接受赠予者误用，它会再附赠上它所拥有的最珍贵的宝藏——而且，就像最古老的和最新近的经验所告诉我们的那样，接受者从未完全配得上馈赠。这就是为什么音乐借以对视觉世界说话的那种原初确定了的本性②，是太阳下最高深莫测的事物，是力量与善在其中统一的深渊，是自我和非我之间的一座桥梁。尽管我们能够从其发展的方式来猜测那个目的，但谁能够清晰地说出它所为之存在的目的呢？但是，最幸运的预感会允许我们去问：真是较大的东西应当为了较小的东西而存在，最大的天赋为了最小的天赋而存在，最高的德性和圣洁为了脆弱和虚弱的东西而存 466
在吗？**因为人们最不配拥有，但却极度需要**，真正的音乐就必须再度鸣响吗？如果我们让自己沉浸于这种可能性的无边的奇迹，那么，从这种反思再回看生命和生活，我们将会看到光的海洋，而之

① “它只是为了恢复力量”］参见瓦格纳《纽伦堡的工匠歌手》第 3 幕：汉克斯说：妄想，妄想！到处是妄想！……/老的妄想依然这样，/没有妄想什么都不会发生，/无论走还是停：/在奔跑中也是如此，/它指挥通过睡眠获得新的力量引文出处同上 7，315。——编注

② 原初确定了的本性］准备稿：伟大的天赋。——编注

前它又显得多么昏暗，多么模糊。

七[①]

因此，那些注视像瓦格纳所拥有的这样一种本性的观察者，必然会不时地且不自觉地被抛回到他自己，被抛向他自己的卑微和脆弱，并自问：这一本性对你要求什么？你实际存在的目的是什么？——他也许还不知道如何找到答案，并诧异、困惑地站在自己的本质面前。也许他会满足于这种经历；也许他会在自己与自己的本质相异化这一事实中听到他问题的回答。因为恰恰是凭借这种情感，他分享到瓦格纳最强有力的生命表达，分享到他的力量的核心，分享到他的本性的那种有魔力的可迁移性和自我否弃[②]。瓦格纳的这种本性既能够向其他人传递，也能把其他本性向自己传递，而且，这种给出和接受的能力体现着他的伟大之处。观察者似乎屈服于瓦格纳的流溢和喷涌的本性，但他分享了这种本性的力量，并变得强有力，仿佛他在通过自己获取力量来反对自己。任何进行深刻自我反省之人都知道，甚至单纯的自我反省也要求一种神秘的对抗，一种比较性的、对视性的对抗[③]。如果他的艺术能允许我们去经历一个灵魂一旦走向漫游之旅所经历的一切，也就是说，可以同情其他灵魂及其命运，并学会以许多视角来看待这个

① 参见第8卷：12[26]；11[57]。——编注

② 那种……自我否弃]参见瓦格纳《论演员与歌手》："表演的冲动最初只能被理解为，几乎是着魔似的自我表现的癖好"引文出处同上9，259。——编注

③ 要求……对抗]参见《人性的，太人性的》Ⅱ 前言1。——编注

世界，那么，我们在经历了他的经历之后，就能够从这样的异化和 467
遥远距离来观看他自身了。我们就完全可以确定：在瓦格纳那里，世上一切可见的东西都想要通过变成可听的事物来自我深化，来强化其内在性，寻求其失去的灵魂。同时，在瓦格纳那里，世上一切可听的事物都想要作为一个现象来显现并提升至对眼睛来说可见的光之下，仿佛是要获取肉体形式[①]。他的艺术总是把他引向双重的道路，也就是说，在瓦格纳那里，从作为听觉景象的世界进入到与世界神秘关联的作为视觉景象的世界，或者相反：他不断地被迫——而且观察者与他一起——把可见的运动转换为灵魂和原初的生命，反过来，又把内心最隐秘的活动视为可见的现象，并将它包裹在肉体的表象之中。[②] 所有这一切就是**酒神颂戏剧家**的本质。[③] 这里的酒神颂戏剧家概念可以扩展到把演员、诗人、音乐家包括在内。而且，这个术语必然来源于瓦格纳之前酒神颂[④]歌剧家的唯一完美表现，来源于从埃斯库罗斯及其同行的希腊艺术家。如果有人试图从内在的限制和缺陷来引申出伟大的发展的话，如果例如对于歌德来说，文学是对他未能成为画家的一种补偿的话，

① 在瓦格纳那里……形式］参见瓦格纳《未来的艺术品》：“但只有当眼睛和耳朵相互保证其表象，一个完整的艺术的人才会存在。”引文出处同上 3，114。——编注

② 他的艺术……表象之中。］较早版本的准备稿：一切可见的东西都要转换成可听的东西，一切可听的东西也都要作为现象，对眼睛来说大白于天下，仿佛是获得了肉体。如果其灵魂外出漫游，体会到其他人的灵魂和沉沦，那么他就学会从许多眼睛研究观看世界，就会让他体会一切。这是演员的天赋，同样是相反的、我们缺少名称的天赋，欲求和能力从一个作为听觉游戏的世界下降到一个作为视觉游戏的世界，从假象到真理的王国，仿佛是把可见的激动转换回一种不可见的感情。——编注

③ 酒神颂］在较早的准备稿版本中无。——编注

④ 酒神颂］后来补充。——编注

如果我们可以把席勒的戏剧说成是一种平民主义演说的替代的话，如果瓦格纳本人也试图如此解释德国人对音乐的促进，即德国人缺少一种自然旋律的声音天赋的那诱人的动力，因此被迫以宗教改革家对待基督教[①]的那种同样的深沉严肃来理解音乐[②]——如果想以类似的方式把瓦格纳的发展与这样一种内在的限制结合起来的话，那么，我们也许不得不假定，他拥有一种原初的戏剧天赋，但这种天赋必然拒绝以最快速和最平庸的方式来满足自己，而
468 是汇通所有艺术以形成一种伟大的戏剧启示来发现它的出路和拯救。但是，那么，我们同样能够合理地假定，这种最强大的音乐家本性在其绝望之时，不得不与半吊子音乐家和非音乐家说话，强行打开走向其他艺术[③]的通道，以便最终以百倍的清晰表达自己，并迫使人们来理解，迫使更为广泛的大众来理解。现在，不管我们如何想象这位原初剧作家的发展，但在其成熟和完善阶段，他是一个没有任何局限和缺陷的人物，是一个真正自由的艺术家，是一个不由自主地同时对所有艺术进行思考的思考者，是看似孤立领域之间的调解者和调和者，是艺术能力的统一性和整体性的重建者。这种统一性和整体性根本不能被猜测和推断出来，而是只能通过行动来展示出来。但是，见证这一突然呈现的行动的人，会被其最

① 基督教]准备稿：圣福音的宗教。——编注

② 如果我们……理解音乐]参见瓦格纳致意大利友人的信："人们已经注意到，一个民族的创造性的根底，与其说可以在它对自然的利用中被发现，不如说可以在自然对它简陋的配置中被发现。德国人百年以来对由意大利人传入的音乐产生了非同寻常的影响，这一点，似乎也可以——从心理学上来看——由如下情况得到解释，即德国人缺少一种自然的旋律声乐天赋的诱人力量，而被迫以与他们的宗教改革家理解神圣福音的那种同样深沉的宗教的严肃来理解音乐。"引文出处同上 9,344。——编注

③ 艺术]准备稿：现象的艺术。——编注

神秘、最迷人的魔力所征服：他突然面临着一种力量，这种力量使得所有理性的反抗都毫无意义，甚至使得人们迄今所经历的所有事情都显得不合理和不可理解。我们被带到自身之外，狂喜地飘浮在一种神秘的热烈的元素中，不再理解我们自己，不再认识我们所熟知的东西；我们手中不再有判断尺度；一切法则所调控的东西、一切固定的东西都开始变动和流动，每一个事物都以新的色彩闪闪发光，都以新的符号和象征对我们言说。面对狂暴的欢欣和恐惧的这种混杂，人们不得不像柏拉图那样，绝然地对戏剧家说：“如果寻找到这样一种人，他凭借自己的智慧可以成为一切可能的事物，能够模仿一切事物；如果这样的人来到我们的共和国，我们要把他尊崇为某种神圣和神奇的人物，往他头上涂抹末药的油膏，用羊毛花环来装饰他，但是然后，我们就尽力说服他到其他共和国
去。”[1]也许，一个生活在柏拉图共和国之中的人，能够并且必须说 469
出那样之类的话，但是，那些不生活在柏拉图共和国，而是生活在完全不同的国家的其他人，则渴望和要求这个魔法师来到我们这里——尽管我们害怕他——从而使得我们的国家和恶的理性以及它所体现的权力，有朝一日会被否定。没有模仿的艺术家，人类的状态，其社会、风俗、组织、秩序以及整个机构也能够运行，这也许并非绝对不可能。但是，这个“也许”恰恰是一种最为大胆鲁莽的表达，在根本上则相当于“非常不可能”。唯一应该自由去谈论这种可能性的人，应该能够在精神中直觉地预见和创造一切未来时代最重要的时刻，然后就像浮士德那样必须立即变得或有理由变

① “如果……去。”]参见柏拉图：《理想国》，398a。——编注

得失明。① ——因为**我们**没有这种失明的理由，例如，柏拉图在注视到古典的理念之后，合理地对所有古典的现实变得失明。不过，我们这些其他人之所以需要艺术，恰恰是因为我们**学会了观看现实的脸面**，而且，我们恰恰需要那种全能剧作家，为的是他至少有些时候把我们从这种正在观看之人现在感觉到的、他自己以及加给他的任务之间的可怕张力中解救出来。我们与他一起登上感觉的最高枝桠，而且，只有在那里，我们才再次处在自由的本质之中，处在自由的王国之中。② 从这一视角出发，我们就像在巨大的海市蜃楼中那样把我们自己以及那些分享我们的奋斗、胜利和毁灭之人，视为某种崇高的和有意义的东西；我们对激情的节奏及其牺牲品感到愉悦，我们在英雄迈出每一个强有力的步伐时都听到死亡的沉闷回响③，并在死亡逼近时理解了生命的最高魅力。——如此被转变为悲剧之人之后，我们带着一种罕有的慰藉、一种新的
470 确定感回到生命和生活，就好像我们从极大的危险、迷乱和迷醉中，找回有限和熟悉的道路似的：返回到那个我们可以带着仁慈来彼此对待，或我们至少可以比以前更为高尚的地方。因为这里表现为严肃和必要的一切，当其趋向一个目标时，与我们走过的道路相比——甚至只与我们在梦中走过的道路相比——更像是我们恐惧地意识到的那些全部经验中被奇怪地隔离开来的一个个片段；甚至，我们将遭遇危险，并被诱惑我们太过轻率地对待生命，恰恰是因为我们如此不同寻常地严肃地看待艺术——这里暗指瓦格纳

① 唯一……失明。]参见第 8 卷 10[1]；11[47]。——编注

② 我们与他……之中]参见 12[33]第 8 卷，270 页，21—25 行。——编注

③ 我们在……回响]参见第 8 卷：10[7]；11[18]204 页，23—25 行。——编注

曾经对他自己的生命所说过的一句话[①]。因为，如果对我们这些只是经历、但却不曾创造这样一种酒神颂戏剧之艺术的人来说，这些梦似乎比清醒的现实更加真实，那么，这个艺术家自己对这种对立的感受又是怎样深广啊！他自己站在这里，站在生活苦难、社会、国家的嘈杂的呼唤、干扰和侵入之中——但是他看起来像什么呢？也许，他看起来像是困惑迷茫、饱受折磨的昏睡者、纯粹的臆想者、受难者中唯一清醒的人，唯一有真实和现实感的人；有时，他甚至感觉到自己遭受着长期失眠的折磨，就好像他命定地要与梦游者和幽灵般严肃的存在一起度过其清晰且清醒的生活，从而使得那些对其他人看起来平常的事物，对他来说却显得诡异可怕，因此，他感到自己不得不用自负的嘲弄来对付这种现象所产生的印象。但是，如果这种令人战栗的清晰的自负与一种完全不同的渴望即一种从高处降落低处的渴望[②]，一种对大地、对共同体的幸福

① 这里……一句话］参见瓦格纳《论国家与宗教》："席勒说：生活是严肃的，艺术是愉快的。但是，也许人们可以说，我已严肃对待过艺术，而且这使我有能力很容易地为评判生活找到正确的心态……我如此不寻常地严肃对待艺术，造成我太不在乎生活；而就仿佛是这会报应到我个人的命运似的，我对此的观点也会很快就获得另一种情绪。准确地说，我到了颠倒席勒的话的地步，而且要求自己的严肃艺术被放在欢乐的生活里，对此，希腊人的生活如我们直观看到的那样，一定要成为模范。"引文出处同上 8，7—9；《我的生平》，由 Gregor-Dellin 编撰，慕尼黑，1969 年，第 568 页："他［Semper］指责我的严肃，这样一种材料［特里斯坦］的艺术创造的好处就在于，严肃会被打破……我承认，我如果更严肃地对待生活，而更轻松地对待艺术，我会更加舒坦；但我此刻也许还处在相反的状态中。"尼采知道瓦格纳未出版的自传，因为他曾于 1869/70 年在巴塞尔帮助准备这部自传的私人印刷。——编注

② 一种从高处降落低处的渴望］参见瓦格纳：《给我的朋友们的一个通告》："正是这种幸福的孤独——由于它很少将我包围——为我唤醒了一种新的、无以言表的强烈渴望：从高处降落到低处，从最纯洁的纯粹的阳光到人类爱的拥抱的亲密阴影的渴望……"（《瓦格纳全集》，第 4 卷，第 295 页）。——编注

的热望联系起来的话，那么这种感觉会是一种怎样奇特的混杂啊——那么，当他想到他作为孤寂的创造者而被剥夺的一切时，他
471 感觉自己似乎应该像一个神一样降临到大地之上，把一切孱弱的、人性的、丢失了的东西“用炽烈的双臂举到天上”[①]，以便最终发现的是爱而不仅仅是崇拜[②]，并且在爱中完全放弃他自己！但是，恰恰是他在这里所采取的混杂的感受形式，才是酒神颂戏剧家灵魂中真正的奇迹；而且如果他的本性的某个部分可以用语言概念来把握的话，那么它必然就在这个地方。因为当他限于这种情感混杂的张力，而且，对世界那种诡异的自负的诧异和惊奇与那种用爱来接近这同一个世界的热切渴望相结合的时候，他的创造性的运动就开始了。那么，不管他向大地和生命投去什么样的目光，它们永远是“吸引水汽”、聚拢雾、驱散雷雨云的阳光。他的目光明朗审慎且仁爱无私地迅即投向大地，他借助其目光的这种双重的照耀力所照亮的一切，也迅即以可怕的速度迫使自然释放它的一切力量，来昭示其最隐秘的秘密：这么做是出于羞怯。这么说并不仅仅是一个比喻：他以那种目光使自然惊异，观看自然的裸体，从而使得自然遁入它自己的对立之中来隐藏自己的羞怯。在这里，迄今不可见的、内在的东西，遁入到可见的东西的领域，成为可视的现象；迄今仅仅可见的东西遁入到声音的黑暗海洋之中。试图隐匿自己的大自然敞开了自己对立的本质。在一种节奏剧烈但毕竟流

① “用……天上”]参见歌德《神和印度神庙舞妓》：“不死者把迷路的孩子/用热情的胳臂举到天上。”——编注

② 以便……崇拜]参见瓦格纳，同上，第362页，“他需要的不是惊叹和崇拜，……而是爱，是被爱，是通过爱产生的理解”。——编注

畅的舞蹈中，在如痴如醉的动作中，这位原初剧作家谈起了正在他里面、在自然里面发生的事情：他的酒神颂歌舞既是一幅源于爱和欢乐的自我放弃的画作，也是一种战栗的理解、自负的洞察。语词陶醉地应和着这节奏的流动；旋律配合着语词开始回响；反过来，
旋律又把自己的火花进一步抛入图像和概念的王国。梦幻般可见 472
的现象，既像又不像自然及其追求者的画像，飘荡过来；它凝聚成更加人性的形象，它扩展着，表达着一种英雄自负的意欲、一种狂喜的沉沦以及意欲的中止。——悲剧就是这样产生的；生命就是这样被赋予了最壮丽的智慧，即悲剧思想；最终，这就是在有死者中间最伟大的魔法师和给予幸福者即酒神颂戏剧家是如何产生的[①]。

八[②]

瓦格纳实际的生命，也就是，这个酒神颂戏剧家的逐渐显现，

① 它凝聚成……产生的]准备稿中不全记录：它凝聚成清晰的形象，扩散成完整的英雄的此在：此在推动着悲剧的产生……这样悲剧和悲剧思想就产生了，这样智慧的人就产生了，他越升越高，把他最光荣的、最有魔力的饰品送给我们——这样，最终就产生了一切艺术家中最伟大的魔法师，即酒神颂戏剧家，例如埃斯库罗斯，例如瓦格纳。参见瓦格纳《德国艺术和德国政治》："如果我们走进一家剧院，我们会看到……一个由最低贱和最崇高的可能性形成的魔灵的深渊……自古以来，各民族中最伟大的诗人如履薄冰地走近这个可怕的深渊；他们发明了富有深意的法则、神圣的法术，以天才去除躲避在那里的魔灵，而埃斯库罗斯自己则……将这被驯服的回忆领到拯救的位置上……在这个深渊旁来了声音艺术的旋律魔法师。"引文出处同前 8，80 及下页。——编注

② 参见第 8 卷：11[2]；11[25]；11[29]；11[10]；12[13]；12[14]；12[15]；12[16]；12[17]。——编注

同时也是一场与自己的不停止的斗争。因为他不仅仅是一个酒神颂戏剧家。他与抵抗、反对他的世界的斗争之所以如此激烈和可怖，只是因为他听到了从其内部向他说话的这个“世界”即这个诱惑性的敌人的声音，因为在他内部盘踞着一个强大的反叛的恶魔。[①] 当他生活中**占支配地位的思想**——戏剧能够施加一种无可比拟的影响，一种比其他任何艺术形式更大的影响——从其内部升起时，这就把他的本质和存在抛入到最剧烈的骚动之中。但这并没有即刻引发出一种关于他后来的渴望和行动的清晰的、明了的决定；这一思想最初几乎只是以一种形式的诱惑出现，作为一种无厌地渴望**权力和荣光**的幽暗朦胧的个人意志的表达。影响，无与伦比的影响——但通过什么？对谁的影响？——从此刻开始，这就是充满他心间和头脑的问题和追求。之前还没有一个艺术家像他这样，想要去获胜和征服，而且，如果可能的话，他想一下子就达到其所有本能隐秘地渴望的那种专制的全能。他以忌妒的、具
473 有深度穿透性的目光测度一切富有影响的东西，甚至更加关注那些必定被影响到的人。借助那双阅读灵魂如同轻易地阅读其最熟悉文本的剧作家的魔睛，他探究着观众和听众，而且，尽管这种洞见经常令他不安，但他立刻抓住了掌控他们的手段。这些手段对

① （从第三节的第三段）瓦格纳同样从未学会……（此处的）恶魔。]较早版本的准备稿中有这样的话：他不仅穿过火焰，而且还穿过知识和博学的烟雾——忠于自己或者是什么拯救了他？难道不忠于那种对更高的自我或更明确的忠诚：或者更确切地说，是因为更高的自我对他的忠诚，这使他免于遭受最严重的危险。这更高的自我要求他尽其本性，要他受苦和学习，以期能够做那件事；这导致他检查并加强了越来越沉重重的任务。但最高的危险和检验不是受苦者的，不是学习者的，而是那些创造者的。也可参见第8卷：12[31]。——编注

他来说如控制自己的指掌；他也欲求并且能够创造那些对他产生过强烈影响的东西；从他的榜样们那里，他在每一个阶段上所理解的与他自己能够产生的同样多；他从不怀疑他自己能够创造让他自己喜欢的任何事物的能力。也许，他在这方面具有一个比歌德“更为专横的”本性。歌德关于自己曾说道：“我总是相信我曾拥有每个事物；我可能会被戴上一顶王冠，我认为这也是水到渠成之事。”[1]瓦格纳的能力、他的“品味”，还有他的意向——这三者永远密切合拍，就像锁中的钥匙一样：在一起，它们就会变得伟大且自由，——但此时，它们还没有达到这一点。在文学和审美上受过教育的这个或者那个文学之友在远离其广大人群时所感受到的那种孱弱的，但却更高贵而又利己的孤寂的感觉，于瓦格纳又有何干！但是，当戏剧音乐升至高潮在广大人群中所产生的那些猛烈的灵魂风暴，那种突然爆发的心灵沉醉，完全真诚的无私的心灵沉醉，——这曾经是他自己的经验和感受的反响，因此，当他听到它们时，一种对最高权力和影响的热切希望贯穿了他！于是，他把大歌剧理解为他由以能够表达自己的占支配地位的思想的手段[2]；他的欲望催逼着他转向大歌剧，他将自己的目光投向了大歌剧的

---

① 比歌德“更为专横的”……之事。”]参见歌德《我的生活片段——晚年》“我从来没有见过一个比我更为专横的人；我说了这话，就表明我说的是真的。我从未相信有什么事情是可以实现的，我从来都是这么想的。”作品集四十卷（斯图加特，1857年）27，507，尼采档案。——编注

② 于是……手段]参见瓦格纳《给我的朋友们的一个通告》：“这部‘大歌剧’以其在场景和音乐上的辉煌，以其效果丰富、音乐性丰满的激情，立在我面前；而我的艺术抱负想要的不是单纯模仿它，而是以一种毫无保留的挥霍，在所有迄今存在的表现方式上超越它。引文出处同上4，319。——编注

故乡[①]。他生命的很长一段时期，连同其计划、研究、居留、交往中
474 最果敢的变化，都只能从这种欲望，从这位困窘不安，但却热情单纯的德国艺术家必将遭遇的外部阻力来加以解释。对于如何成为这个领域的大师，另一位艺术家梅耶贝尔[②]有更好的理解；现在，人们逐渐认识到，梅耶贝尔如何完全人为地编织了一张所有类型的影响之网并取得每一次伟大的胜利，如何小心翼翼地编排戏剧当中各种"效果"的呈现次序。这样，人们也就可以理解，当瓦格纳睁眼看到一位艺术家如果想要在公众面前取得成功几乎都必须使用此类必要的"艺术手段"时，他感到多么羞耻和愤怒。我怀疑，历史上是否还有另一位伟大的艺术家，从如此可怕的错误开始，如此毫无顾虑和坦率真诚地运用此类最令人厌恶的艺术形式；然而，他这样做的方式表现了他的伟大，因此也收获了极其惊人的成果。当他意识到自己的错误而感到绝望的同时，他也理解到现代成功、现代公众以及整个现代艺术骗局的本质。他成为了"效果"的批评者，他第一次感到自己得到了净化而浑身战抖。就好像从那时起，音乐的神灵开始以一种全新的灵魂魔力对他说话。就好像他大病初愈，几乎不再信任自己的眼睛或双手，唯有摸索着匍匐前行；因此，他惊奇地发现，他仍然是一位音乐家，仍然是一位艺术家，他感到不可思议，但

① 大歌剧的故乡]加斯特付印稿：巴黎；参见瓦格纳《自传速写》，引文出处同上1,17—24；《给我的朋友们的一个通告》引文出处同上4,321及以下。——编注

② 梅耶贝尔(Giacomo Meyerbeer,1791—1864)：德国犹太裔人，大歌剧的代表人物，曾在巴黎获得巨大成功。瓦格纳非常认可大歌剧，但由于他1839—1842年居住在巴黎时，梅耶贝尔未能使其进入巴黎歌剧院，瓦格纳的崇敬转为失望。梅耶贝尔的歌剧《先知》(1850年)在巴黎演出之际，瓦格纳发表了论战文章《音乐中的犹太主义》，并因此被指带有反犹太主义倾向。——译注

正是此时此刻，他才成为了真正的音乐家和艺术家[①]。

瓦格纳接下来的每一个成长阶段的特征是他的两种基本力量越来越紧密地联系在一起：它们之间的敌意在消退，他那更高的自我不再对它那暴戾、更加世俗的兄弟卑躬屈膝，而是爱它并甘愿为之效劳。[②] 当成长的目标最终达成之时，那最温柔和纯洁的力量被包容在那最强大的力量之中；那不可抑制的冲动一如既往地奔涌，但沿着另一种轨迹奔向更高的自我所在之处；反过来，更高的自我 475
也低下身来，下降到大地之上，在尘世万物中认识到自己的形象。如果能以这样的方式谈论这种成长的终极目标和问题并且还能被理解的话，那么也应该能找到一种形象化的表达去描述成长过程中这一漫长的中间阶段。但我怀疑前者的可行性，所以也就不对后者有所尝试。从瓦格纳的成长经历来看，我们可以用两个词将这一中间阶段与之前或随后的阶段区分开来：瓦格纳成为**社会革命者**[③]，瓦格纳认识到迄今为止唯一的艺术家是**诗思诗作着的人民**[④]。在

① 因此……艺术家]参见瓦格纳《给我的朋友们的一个通告》："我在这里只想把[音乐]当作我的美好天使来怀念，它使我仍然保持做艺术家，其实，正是从我反叛的情感以越来越大的确定性反抗我们全部文化现状的时候，它才使我成为艺术家的"引文出处同上 4,325。——编注

② 瓦格纳……效劳。]准备稿：在瓦格纳的成长中接下来的每个[新]阶段都有一个标志，即他的本质的两种对立力量「彼此更接近，一种力量不再在远处仿佛是等待着另一种力量，一种力量对另一种力量的畏惧减退，更高的自我不仅赐福于暴戾的俗世兄弟，而且爱他」越来越紧密地联合在一起：一种力量对另一种力量的畏惧在减退。——编注

③ 瓦格纳成为社会革命者]参见瓦格纳《给我的朋友们的一个通告》："我现在踏上了一条新的道路，一条反对当代艺术大众的革命的道路。当我在巴黎探访它最辉煌的巅峰时，我一直是尝试要与之为友的。"引文出处同上 4,323。——编注

④ 尼采这里的"Volk"，有"人民"与"民族"的意思，主要是在一种文化意义上如民族传说和民族音乐，而不是在政治实体意义上的概念。——译注

经历过深深的绝望和忏悔之后，那种占支配地位的思想以全新和更有力的方式出现在他面前，并指引他走向这两点。影响力，借助戏剧产生的无与伦比的影响力！——但这是对谁的影响呢？在回想他至今想要去影响的人时，他不寒而栗。从他自己的经历出发，他理解了艺术和艺术家们所处的完全屈辱的地位：一个毫无灵魂或冷酷无情的社会，自称是善良社会实则是邪恶社会，将艺术和艺术家当作其奴役的仆从，用来满足它那**虚假的需求**。现代艺术是奢侈品，他知道这一点。他也深知，现代艺术与其所属的社会一荣俱荣、一衰俱衰。这个奢侈社会运用无情和狡黠的权术来玩弄无权者以及普通的人民，使他们变得更加顺从、更加卑贱，使他们失去原有的质朴性，把他们变成现代“劳动者”；这种社会也剥夺了人民最伟大的、最纯洁的东西，剥夺了他们的神话、他们的歌曲创作、他们的舞蹈以及他们的语言创作，剥夺了他们源自最内在困厄而为自己生产的东西，剥夺了他们在其中作为唯一真正的艺术家，所温柔、热情地传达其灵魂的东西；这种社会之所以这么做，就是为了从中提炼出一种最淫荡的药剂，即现代艺术，来治疗其存在的衰
476 竭和乏味。① 这样的社会是如何产生的；它如何知道从看似敌对的势力范围中汲取新的力量，例如，已经堕落为假仁假义和半真半假的基督教如何让自己成为反对人民的盾牌，被当作是保护这个社会及其财产的堡垒，科学和学者如何轻易地屈服于它，并投身于

① 从他自己的经历……乏味。]参见瓦格纳《未来的艺术品》：“但是，对自以为是的需要的满足是奢侈……奢侈如同产生它的需求一样无情、没人性、贪婪、自私……这个魔鬼……统治着世界；他是这种杀人以把人当机器用的产业的灵魂……他是——啊！——灵魂，我们的艺术的——条件！——”引文出处同上3，61。——编注

这种劳役——瓦格纳多年来一直在考察和追踪这些问题，然后在这种考察结束时却因恶心和愤怒而暴跳起来；他出于对人民的怜悯而成为了革命者。从那时起，他热爱人民，渴望人民，如同渴望他们的艺术，是啊！因为只有在人民当中，只有在现在正在逐渐消失的、几乎很少被感知到的、被人为远离的人民那里，他才可能发现他梦寐以求的唯一值得拥有，也配得上其艺术作品力量的观众和听众。因此，他的反思聚焦于这样的问题：人民是如何产生的？如何使其恢复生机？

他只找到了一个答案：如果曾有群人经受过他所经受的苦难，他告诉自己，那就是人民[1]。同样的苦难带来了同样的冲动和欲望，必然也会去寻找同一种满足，以及在这种满足中所发现的同样的幸福。然后，当他四处寻找在苦难中什么最能深刻地抚慰和振奋他，什么最能深情地对待他时，他极为幸福地确信，那只能是神话和音乐。他认为，神话是人民苦难的产物和语言，而音乐来自类似的甚至更加神秘的源泉。他沉浸在神话和音乐中，治愈了自己的心灵。他所热切渴望的正是神话和音乐：他由此推断，他的苦难与人民产生时所经受的苦难是多么贴近；如果一旦出现许多像瓦格纳这样的人，人民必将会恢复生机。如果神话和音乐尚未成为现代社会的牺牲品，那么，它们又是如何在我们这个现代社会中存活下去的？它们都遭遇过类似的命运，这又见证了它们之间某种 477
神秘的联系：神话遭到严重的贬损和扭曲，被改写成“童话故事”，成为堕落的人民中妇孺娱乐的玩物，完全被剥夺了那不可思议的、

① 如果……人民]参见瓦格纳的《未来的艺术品》：“谁是人民？人民就是所有感受到共同的困苦的人的总和”引文出处同上3，59。——编注

神圣庄严的阳刚之气；音乐则在贫穷之人、质朴之人和孤独之人中间得以苟存，德国音乐家未能成功，也未能幸运地在奢侈的艺术工业中占得一席之地。他自己也成为了某种怪诞的神秘的童话，充满动人的声响和音符，变成了一个无助的提问者，完全中了魔咒，等待着拯救。在这里，艺术家清楚地听到那单独向他发出的命令：把男子汉气质还给神话，祛除施于音乐之上的魔咒，使之能够说话。他突然感受到自己的戏剧力量得到了释放，获得了力量去统治建立在神话和音乐之间尚未被发现的中间地带。他将其所认识到的、所有强大有力的、富有成效的和令人振奋的东西融入到他那崭新的艺术作品中，将其摆在了世人面前，并提出了这些一针见血的问题："那些与我有着相同困难和渴求的人在哪里？我渴望见到并视之为人民的群体在哪里？我应该能够从你们与我共有的同样的幸福、同样的慰藉中认出你们：你们遭受的苦难将会通过你们的快乐展现给我！"这就是他在《汤豪舍》和《罗恩格林》中的发问；他环顾四周，寻找自己的同类；孤独之人渴望着他的群体。

但是，瓦格纳的心情究竟如何？无人给出回答，无人理解他的问题。当然，并非一片沉默；恰好相反，人们回答了上千个他没有提出的问题①。人们喋喋不休地谈论着这些新作品，仿佛它们被创作出来的目的就是充当他们的饭后谈资。对乱写和胡侃的审美
478 快感就像是发烧一样在德国人之间蔓延，人们恬不知耻地抓住艺术作品和艺术家本人，说三道四，评头论足，在这一点上，德国学者丝毫不逊于德国报纸记者。瓦格纳试图转变，通过写作去帮助人

① 问题］准备稿、加斯特付印稿、大八开版：问。——编注

们理解他的问题,但却带来了新的困惑不解,新的流言蜚语。一位音乐家去写作和思考,在当时是一件天大的荒唐事;于是,他们叫喊着:那个理论家想要借助理智的概念改造艺术,用石头砸死他!瓦格纳似乎一时不知所措,他的问题不被理解,他的痛苦无人感受得到,他的艺术作品似乎给了聋人听、盲人看,他的“人民”如同头脑中虚幻的幽灵;他步履踉跄,蹒跚摇晃。突然,一种扭转乾坤的可能性展现在他眼前,而且他也不再惧怕这种可能性:新的希望也许可以超越革命和毁灭而建立,但也许不会;但不管怎样,拥有虚无总归好于拥有可憎之物。不久以后,他就成为了政治流亡者,颠沛流离,穷困潦倒。[①]

然而,正是当他的外在的和内在的命运出现了如此可怕的转折时,这位伟大的人物才进入了才华登峰造极如鎏金般发散出耀眼光芒的人生阶段!直到此时,这位创作酒神颂戏剧的天才卸下了最后的面具!他完全处于孤独之中,时代对他已经毫无意义[②],他不再抱有希望;他把俯瞰世界万物的目光再次投向深渊,而这次他一直望到了深渊的尽头。在那里,他看到了深藏在事物本质当中的苦难。从那时起,他更加平静地接受他那份苦难,似乎苦难不

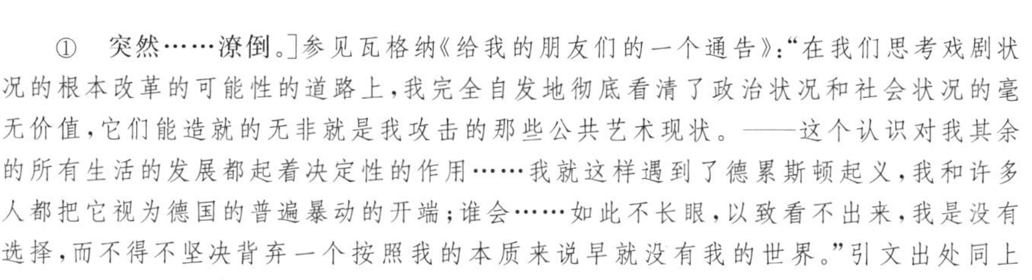

①　突然……潦倒。]参见瓦格纳《给我的朋友们的一个通告》:“在我们思考戏剧状况的根本改革的可能性的道路上,我完全自发地彻底看清了政治状况和社会状况的毫无价值,它们能造就的无非就是我攻击的那些公共艺术现状。——这个认识对我其余的所有生活的发展都起着决定性的作用……我就这样遇到了德累斯顿起义,我和许多人都把它视为德国的普遍暴动的开端;谁会……如此不长眼,以致看不出来,我是没有选择,而不得不坚决背弃一个按照我的本质来说早就没有我的世界。”引文出处同上4,377,406。——编注

②　时代对他已经毫无意义]参见瓦格纳《收场的报告》:“我觉得时间很空虚,而真正的存在对我来说处在它的合法性之外。”引文出处同上6,369;见24及以下诸页可在准备稿中找到笔记:艺术成为宗教——革命者屈服了。——编注

再是他个人的事情。对至高权力的渴望，对往昔境况的继承，现在全都转化为艺术的创造；他现在通过自己的作品只与自己对话，不再与某一群体或人民对话。他竭力赋予其艺术作品最大的清晰性和可能性，去进行这样一场作品与自己之间的最有力的对话。他先前阶段的作品还没达到这种境界：这些作品依然追求产生迅速
479 的效果，尽管也是以温和的高贵的方式，因为这些作品本身的目的就是作为一个问题去激起人们的迅速回答；瓦格纳经常试图让那些提问者更容易地理解他，因此他主动去迎合他们，迎合他们被提问时表现出来的没有经验，并使自己适应一些过时的艺术表达形式和手法；想必他非常担心他最为独特的语言不具有说服力或不被人理解，所以他曾试图用一种自己较为陌生但听众更熟悉的语言进行说服，并提出自己的问题。现在，他不再有这样的顾虑了，不会再做出这样的让步了。现在，他只想做一件事：与自己交流，在戏剧中思考世界的本质，在音乐中进行哲学思考；他剩下的唯一意图是阐明他最后的洞见①。那时，谁配得上知晓他心中发生了什么，配得上知晓他在其心灵中最神圣的隐秘圣殿中对自己说了什么——没有多少人配得上——那么，他就应该去听、看并亲身体验《**特里斯坦与伊索尔德**》，一部所有艺术中**真正的形而上学**作品，一部垂死之人将其破碎的目光投于其上的作品，这个人怀着对黑夜与死亡之谜的永不满足的美好向往，远离那作为丑恶、欺骗和分离而在可怖的幽灵般的晨曦与明亮中闪耀的生命。这部戏剧作品形式极为严谨，以其质朴的伟大打动人心，因为只有这样才足以揭示它想

① 他剩下的……洞见]参见 12[31]，第 8 卷，268 页，16—19 行。——编注

要倾诉的秘密，生命中的死亡、二元合一的秘密[①]。然而，艺术家本人甚至比这个作品更加神奇，在创作这个作品之后的一段很短的时间里，他很快又创造了一幅色彩截然不同的世界图景，那就是《纽伦堡的工匠歌手》。实际上，他仿佛只是在利用这两部作品的写作来进行休息和恢复精力，以便稍后有条不紊地完成他在这两部作品前就已经构思并开始着笔的、分为四个部分的巨作，即他反思和创作了二十多年的拜罗伊特的艺术作品，《尼伯龙根的指环》！480
谁要是对《特里斯坦与伊索尔德》和《纽伦堡的工匠歌手》之间的亲近关系感到诧异，那他就是没能理解一切真正伟大的德国人的生命和本质的一个重要方面：他不知道路德[②]、贝多芬和瓦格纳所展现出来的本真的和独特的德意志明朗唯有在何种基础上才可以成长，其他民族完全无法领会这种精神，而现在的德意志民族似乎也遗失了它——这是由质朴纯真、爱的深刻凝视、专注的思维和调皮无赖久酿而成的金浆玉液，瓦格纳将这最珍贵的佳酿斟给所有经历过深重苦难，但却依然对苦难报以治愈之微笑的人们。瓦格纳自己则用更加调和与谅解的目光审视这个世界，更少心生怒气和厌恶，更多地是在悲伤和爱中放弃权力，但不是在它面前胆怯退缩。因此，他平心静气地推进他最伟大的作品，完成了一部又一部总谱[③]。

① 因为只有……秘密］誊清稿：就这样［埃斯库罗斯的一个悲剧］古代的作品。——编注

② 路德］准备稿：路德的［丢勒的］。——编注

③ 一部又一部总谱］参见瓦格纳《收场的报告》：“……当我一本又一本地在自己面前放下这些静默的总谱，以不再打开它们时，我有时候感觉自己也像一个意识不到行为的梦游者。引文出处同上 6，378。——编注

这时发生了一件事情，让他驻足聆听：一群**朋友**来到他面前，告诉他大众心中的暗流涌动——这里躁动不安和展现出来的还远不是人民，但这可能是在遥远未来建成真正的人类社会的萌芽和生命源泉；首先需要保证的是，他的伟大作品有一天能够托付给一群忠诚的人，使之在他们手里得以保存，而且也只有他们有资格为后世保管他最宝贵的遗产；在朋友的爱护下，他的人生时光放射出更多温暖的光芒；他最高贵的关心和顾虑——在生命的夜幕降临之前，完成他的作品，并为其找到栖身之所——已不再是他一个人的关心和顾虑。然后又发生了另一个事件，他只能象征性地理解，这对
481 他而言是一个新的慰藉和幸运的预兆。一场德国人的大战，一场同样的德国人发起的战争，使他睁开了双眼，向上看。他以前知道这些德国人已经彻底堕落和沉沦，极大地背离了他在自己身上以及历史上其他伟大的德国人身上，以最深沉的意识所探究和认识到的高贵的德意志精神①，但他现在看到，如果处于完全可怕的情况下，这些德国人都展示出了两种真正的美德：纯粹的勇敢和深思熟虑。他开始由衷地相信，也许自己并非最后一个这样的德国人，终有一日他的作品会得到更强大的力量而不仅仅是他那少数的无私奉献的朋友的保护。他们会长时间地帮助和保存这些未来的艺术作品，向着作品所规定和指向的未来。或许，他越是想把他的信念化为瞬间成真的愿望时，他的愿望就越是无法长期地不受质疑；只要他感受到一股强大的冲动，提醒他一个崇高的**使命**依然尚未

① 高贵的德意志精神］准备稿：高贵的德意志族类。——编注

完成，那就足够了[1]。

如果瓦格纳交托给后世的只是一个无声的总谱，那么他的作品就不是完整的，还没有结束：他必须向公众展示和教授那不可揣度、只有他能够揭示的东西，即一种新的歌唱和表演风格，这样他就树立了一个其他人无法树立的典范[2]，创立一种不是被用符号记在纸上，而是在人类心灵上刻下印记的**风格传统**。这已经成为他再庄严不过的使命了，因为他的其他作品，尤其是在歌唱风格上，遭遇了难以忍受和极其荒唐的命运；它们曾一度声名大噪，受到赞美，也**遭受了无理的对待**，但似乎没人对此表示愤慨。[3] 这听起来也许很奇怪，因为当他对同时代人有了最有洞见的评价之后，他便几乎完全放弃了在他同时代的人当中取得成功的念头，不再渴望权力，但是，"成功"和"权力"却不期而至。至少全世界都这样 482
告诉他。他一再坚决地澄清这些"成功"来源于完全的误解，因此对他而言是一种羞辱，但依然无济于事；人们不习惯于看到一位艺术家严格地区分自己的风格效果，以至于他最郑重的抗辩也没有

① 足够了]准备稿中此后有以下的内容：他的作品已出名。他尚未做到表现出他的风格（在戏剧家面前展现个别的东西是无用的）。参见 481，18 页及以后。——编注

② 典范]参见瓦格纳《关于演员和歌手》："把这种原始的冲动[模仿冲动]……指向对从未见过和从未经历过的东西的模仿，这在这里就叫做给出……由演员……来模仿的例子。对今天的歌剧演员来说，在他们给出了不自然的例子时，要求他们应该自然地唱歌和表演是无意义的。因此，这种例子就是关键，在这里所提及的特别语境里，我们说的就是戏剧音乐家的作品。……我所说的应当给予我们的演员的东西，我相信从这项作品[《工匠歌手》的首次上演]中已经极为清晰地表现出来了……"引文出处同上 9，246.247，252。——编注

③ 这已经……愤慨。]参见瓦格纳《论指挥》，引文出处同上 8，403 及以后。——编注

被认真对待。当[①]瓦格纳意识到今天的剧院以及戏剧上的成功与当代人的性格紧密相关时，他的心灵就不再想与剧院有任何瓜葛。他不再关注审美狂热和精神亢奋的大众的欢呼喝彩；确实，如果他看到自己的艺术竟然毫无区别地掉进那永不满足的无聊感和消遣欲的张开的大口，那么他必会愤怒不已。每一种效果是多么肤浅和思想匮乏，这更多是在满足一个贪得无厌的胃口，而不是喂养一个处于饥饿之人；他从这些反复出现的现象推断出这样的结论：所有人，甚至包括歌唱者和表演者，都认为他的艺术与其他任何的舞台音乐属于同一类别，并且要按照那令人作呕的歌剧风格菜谱的规则来加以对待。确实，他的作品被那些训练有素的指挥家切割和琢磨成标准的歌剧形式，直到它们失去了所有的精神内核，好让歌唱者能够掌控它们。当他们想要把事情做好时，他们笨拙拘谨地生搬硬套瓦格纳的教诲，例如，用一群装腔作势的芭蕾舞者去描绘《纽伦堡的工匠歌手》第二幕中纽伦堡街头的夜间暴动。所有这些都表明人们似乎相信自己的行为都出自于良好的信念，绝无其他不可告人的意图。瓦格纳尝试以行动和范例去展示表演中那种简明的准确性和完整性，或者至少把歌手引入到其新的歌唱风格
483 之中，但他的献身努力总是不断地被那种占据主导的漫不经心和
难以改变的习惯的泥浆所冲垮；更甚的是，这些尝试迫使他不得不与那些他所深恶痛绝的剧院打交道。到了最后，就连歌德也不想去观看他的《伊菲格尔》的演出：“当我不得不与那些不以应有面目

① 对待。当]准备稿：对待。[就好像对他来说，现在还会不知何故地得到剧院观众的掌声似的]。——编注

出现的幽灵周旋时，那种感觉真是糟糕透了”[①]，他为此解释道。与此同时，虽然瓦格纳本人非常排斥，但他却在剧院取得越来越大的“成功”；最后以至于，大剧院赖以生存的大部分丰厚收入，几乎都来自于被扭曲成传统歌剧艺术形式上演的瓦格纳艺术。大众对戏剧的热情不断疯涨，甚至瓦格纳的一些朋友也陷入了这混乱的旋涡之中：当他——这位伟大的受难者！——眼睁睁地看到他的朋友被“成功”和“胜利”冲昏头脑，而他那独特的崇高思想却在其中被粉碎和否定，他不得不忍受这样的痛苦。在他眼中，在很多方面都表现得极其严肃和稳重的德国大众，每当谈及他们最严肃的艺术家时，就不愿埋没他们根本的轻浮，仿佛德国人本性当中所有的粗鄙、愚钝、笨拙和恶意都必须要发泄在他身上。然而，在德国战争期间，一股更伟大和更自由的洪流席卷人们的心灵，瓦格纳回忆起他要忠于自我的使命，至少将他最伟大的作品从那种建立在误解之上的成功和谩骂中解救出来，并用其本真的节奏去呈现出来，使其成为所有时代的典范：因此，他构思出了**拜罗伊特的思想**。在唤醒人们心灵的洪流中，他相信自己看到了一种崇高的使命感正在那些他愿意托付其最珍贵的财产的人心中觉醒：从这种相互的使命感中产生的这个事件，就像一束奇特的阳光，照亮了过去那 484
几年以及未来很多年。这一切都是为了一个仅仅是有可能、尚未明朗的遥远未来，对于当今这个时代和仅仅生活在这个时代中的人而言，这不过是一个不解之谜，或者是一桩罪行；对于少数帮助过瓦格纳的人来说，这是对至高的幸福和人生的一种预先品尝和

① “当我……糟糕透了”]歌德与爱克尔曼的谈话，1827年4月1日。——编注

预先体验，透过这样的一种体验，他们会认识到自己的幸福，以及他们被赋予了超越其生命期限的幸福和充实；对于瓦格纳本人，那是充满劳累、忧虑、反思和悲伤的黑夜，是敌对因素的新的愤怒，但一切都沐浴在忠于自我的星光中，并且在这星光中转化成无以言表的幸福。

我们无须言明的是，悲剧的气息笼罩了瓦格纳的一生。每个能对其心灵有所感知之人，每个对生命目标的悲剧性幻觉所造成的压力、意图的扭曲和破灭以及由爱带来的放弃和净化不是完全一无所知的人，都必定会感受到瓦格纳在其艺术作品中向我们展示出来的、对这位伟大人物的英雄式存在的梦幻般回忆。在我们看来，这就像是齐格弗里德[①]在一个遥远的地方诉说着他的事迹：在最动人的幸福回忆中交织着消逝的夏天，带来深深忧伤，整个自然静谧地躺在昏黄的暮光里。[②]

九[③]

任一对瓦格纳这个人如何成长进行思考并深受其苦的人，为

---

① 齐格弗里德］誊清稿：沃坦。——编注

② 在我们看来……暮光里］参见第 8 卷：11［10］；瓦格纳《众神的黄昏》第 3 幕，引文出处同上 6，345 及以后。——编注

③ 参见第 8 卷：11［18］；11［40］；11［15］；11［8］；11［28］；11［42］；11［51］；12［32］。——编注

准备稿：作为音乐家的瓦格纳。贝多芬和瓦格纳之前的音乐在整体上有一种非戏剧性的特征：一种情绪或状态，无论是严肃或忏悔还是一种轻快的状态，都要表现出来。听众应当通过形式的某种相似性以及更长久的相似性，最终进入到同一种情绪中。对于情绪和状态的一切这类图像来说，个别的形式是必要的；其他的会通过习俗变

了解脱和恢复，都需要反思何为艺术家瓦格纳，都需要考察什么是展现出一种真正解放的能力和想象力的戏剧；如果艺术不过是将

（接上页）得常见。长度由音乐家的谨慎决定，听众会进入到一种情绪，但不想太长地待在这种情绪中而感到厌烦。人们在勾画出对比性的情绪的图像时，就更进了一步；当同一件音乐作品中表现出品格的一种对立时（例如阳性动机和阴性动机），便再进了一步。这一切还都是音乐的粗糙的和初始的阶段。在这些阶段上是对激情的惧怕在立法；情绪不可以过于深沉，对比不可以过于线条分明。情感的一切骚乱都被视为"非道德的"；与此相反，[艺术越来越多地在对更常见的状态的展示中耗尽]道德的艺术越来越多地通过平常的状态和情绪的上百次重复而陷入衰竭，作为退化的标志表现出对病态的情绪和特征的喜爱。贝多芬首先说音乐是一种新的[语言]，这种语言诉说激情，但他的音乐必须从道德音乐的法则和习俗中成长[并在旧的艺术前为自己辩护]；这便是他的艺术成长的困难所在。一个内在的戏剧过程（因为每种激情都有一种戏剧的进程）要为自己强行找到一个新的形势，但流传下来的情绪音乐的模式却全力加以反对，就好像[从它出发]艺术的道德性与一种[流行]的非道德性是对立的。这样看起来，贝多芬就好像给自己提了一个充满矛盾的任务，让激情以道德之辞表达出来。但是，对于贝多芬的最伟大的作品来说，这种表象却是不够的。为了演奏巨大的激情之弓弦，他发明了一种真正新颖的手段：他仅仅暗示出其飞行轨迹的各个点，而让听众去猜测整条线。表面看来，新的形式就像是三个或者四个乐曲的组合，它们中的每个都仅仅表现激情的戏剧进程中的一个瞬间。听众可能认为在听旧的情绪音乐，只不过对他来说各个部分相互之间的关系是不可理解的。甚至在较低微的音乐家那里，还出现了对整体的创立者和各部分顺序的随意性的一种轻视。激情的伟大形式的发明通过一种误解把人引回到内容完全主观的单个乐章，而且各部分相互之间的张力完全消失了；因此，在贝多芬看来，交响乐是一种如此奇特的产物，尤其是当它具体地还结结巴巴地说着贝多芬式激情的语言的时候。手段在这里并不适合意图，并且意图在整体上来说完全[是]不清晰的，"因为它在头脑中从不清晰"。但正是这种要求[这种要求越是高级和困难，意图的清晰性就越有必要]：人们有话要说，人们要最清晰地说出来。一个艺术门类越高级[并且]越难、要求越高，这种清晰性就越有必要。因此，瓦格纳的全部努力就是想要找出一切有助于清晰性的手段。因为他通过音乐不仅像贝多芬那样展示了简单的激情，而且展示了错综复杂的激情，而且为了不被不同的灵魂及其苦难的最有艺术性的渗透和并列所迷惑，他现在使用可见的戏剧以语词和姿态来使音乐变得清晰。这样一来，他就达到了还没有一个人曾经达到过的东西：赋予情感以其最强烈的和最富有表现力的语言。按照瓦格纳的音乐来衡量，所有过去的音乐都显得死板或谨小慎微。他在音乐内部做到了自由组合的发明者在雕塑内部所做到的事情。他以最大的坚定性和确定性捕捉住了情感的任何程度和任何色彩：最柔和最野性的激动就像某种变硬了、可把握的东西被握在他手中。他的音乐从不是不确定的，从不是情绪性的。

自身体验传达给他人的能力，那么一个艺术作品如果无法让他人
485 理解，它就是一种自相矛盾的存在。因此，瓦格纳作为艺术家的伟大之处恰恰就在于其魔鬼般的表达自身本质的能力，就好像他能够用所有的语言去表达自己，这使得他内在的大多数个人体验能够极其清晰地被理解。当人类早已习惯将艺术的分离和割裂视为规则时，瓦格纳在艺术史上的出现，使天性中那种完整和未被分割的艺术能力如同火山般爆发出来。因此，在考虑如何称呼他时，人们可能会犹豫不决。他应该被称为一位诗人，或者雕塑家，或者音乐家——我们是应该在广义上使用这些称谓，还是应该创造一个新的称谓来形容他？

瓦格纳身上的**诗人**因素表现在他用看得见、摸得着的事件而

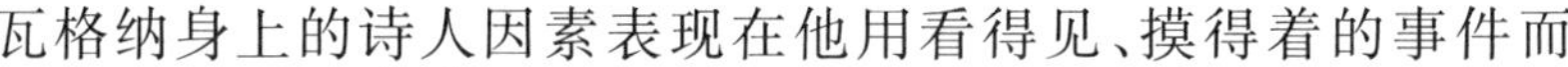

（接上页）凡是通过他的音乐要说的，无论是人或自然，都有一种严格地个性化了的激情。风暴和火焰在他这里[得到]一种个人的意愿和欲求的强制的安全性。“个别的激情的火焰，战斗——一个行为的所有戏剧进程，像一条河……”作为音乐家，瓦格纳自身具有德摩斯梯尼[希腊的激情大师]的某种东西：对事情的可怕的严肃和掌控的强力，以至于他每次都把握住事情；他在那一刻击打着自己的手，握紧它，就像它是铜铸的一般。他像德摩斯梯尼那样隐藏自己的艺术，或者使人遗忘它，但毕竟他和德摩斯梯尼一样是整整一系列强大的艺术精神后面的最后的和最高的人物，并且[因此比这个序列的前面那些人物能隐藏更多的东西]。他自己并没有任何流行病，所有以前的音乐家都有，他们偶尔会玩他们的艺术并炫耀他们的精湛技巧。在瓦格纳那里，人们既不会感到有趣，也不会感到愉快，而只会感到必然性，那是“最大”意志力的伟大结果和艺术品格的“最高”纯粹。没有人像瓦格纳那样严守法则。只考虑一下歌唱性旋律与言说的非歌唱性旋律的关系——他如何将饱含激情地言说着的人的高大、强壮、时间尺度处理为亟待转化为艺术的自然楷模——然后再考虑音乐的整个交响乐语境中对这种激情旋律的归类，就能让人们了解真正的奇迹。最小的勤奋和聪明才智是这样的，看到一份瓦格纳的总谱时（尤其是准备上演的总谱），就倾向于相信，在他之前根本没有过正确的努力方向和作品，尤其是诗人，他们在奇异的光照中以一种懒散的、无忧无虑的存在者出现，他们轻而易举地用笔就把眼前的图景给把握住了。在艺术的艰辛这方面，瓦格纳也知道为什么他要把自我牺牲作为戏剧家的真正美德提出来。——编注

非概念来进行思考。[1] 这意味着他以神话的思维方式进行思考，就像人民总是那样思考一样。神话，并不像一种过于造作的文化之子所认为的那样，是建立在某种思想之上，相反，神话本身就是一种思想；它用一系列的事件、行为和苦难去传达对世界的一种思考。《**尼伯龙根的指环**》就是一个没有概念形式的宏大思想体系。或许一个哲学家能够完全不使用形象和行为，而仅用概念去创造一个与之等同的体系；那么，这是在两个迥然不同的领域中描述相同的事情，一个面对的是人民，另一个面对的是人民的对立面，即理论家。瓦格纳不是向后者表达自己，因为理论家对于真正的诗歌和神话的理解，正好与聋子对音乐的理解一样多；这就是说，他们看到的都是一种对自身毫无意义的乐章。这两个领域是互相隔绝的，我们在一个领域中就无法看到另一个领域。只要我们仍然身处诗人的魔力中，我们就会跟随他进行思考，就好像我们只是感 486
受、观察和聆听的存在物。我们得出结论是我们所看到的事件的关联，即事实的因果性，而不是逻辑的因果性。

如果瓦格纳创作的神话戏剧中的英雄和诸神也能用语言去表达自我，那么这种**言语表达**将会唤醒我们心中理论家的一面，使我们进入到另一个非神话的世界，但我们不会因为使用了文字而更加理解我们眼前发生之事，反而是完全无法理解。没有比这更危险的事情了。这是为什么瓦格纳迫使语言回归一种原始状态，在这种状态中，思考几乎不需要概念的帮助，语言本身是诗、形象和

---

[1] 瓦格纳……思考。]参见瓦格纳《歌剧与戏剧》："在神话中，人民的共同创作力量恰恰只是把握到了肉眼能够看到的那些表象。"引文出处同上 4,41。——编注

感觉。瓦格纳解决这个令人生畏的任务时展现出来的无所畏惧，表现了这种诗性精神如何有力地指引着他，就像是一个被鬼魂缠绕的人，无论被引向何方，他都必须跟随。这些戏剧的每一句台词都必须被吟唱，就像每一句台词都是从神祇和英雄口中说出来的：这是瓦格纳对自己语言想象力提出的非比寻常的要求。其他人面对着这样的任务一定会心灰意冷，因为我们的语言似乎过于陈旧且惨遭蹂躏，无法像瓦格纳那样对自己提出要求；而瓦格纳破壁一击，却凿出了汩汩盛泉[①]。恰恰是因为他越是热爱这语言，他对它的要求就越高，他就比其他德国人更加为这语言的堕落和衰弱而痛心，包括各种形式上的残缺和断裂、句子结构中小品词的笨拙，以及无法吟唱的助动词：这一切都经由罪恶和堕落进入到我们的
487 语言之中。另一方面，他为这语言直至今天仍然表现出其天然的原初性和不可穷尽性而自豪，并从其根源中感受到其富有音响的力量。因此，他从德语中感受到了一种音乐、对真正的音乐的美妙倾向和准备。这与罗曼语族中的高度派生、人为修辞形成了鲜明对比[②]。瓦格纳的诗篇饱含对德语的热爱，以一种温暖人心和坦率真挚的方式运用德语，这一点无法在除歌德以外的任何德国人身上找到。语言表达的生动准确，大胆有力，富有变化的韵律，大

① 却凿了汩汩盛泉]参见 4. Mos. 20,11。——编注

② 他为这语言……修辞性]参见瓦格纳《歌剧与戏剧》："纵观至今还独立参与发展音乐戏剧，即歌剧的欧洲各国——也就是意大利、法兰西和德意志罢了——的语言，我们会发现，这三个国家只有德语在日常语用中还直接而清晰地与其语源相关联。意大利人和法国人说的是这样一种语言，它的词根意义对他们来说唯有在研究之路上从更古老的、死亡的语言中才能得到理解：可以说，他们的语言替他们说话，而不是他们用他们的语言说话……在所有现代歌剧语言中，只有德语才可以……被用于赋予艺术表达以生命。"引文出处同上 4,263 及以后。——编注

量运用强有力且意味深远的词汇，句法的简练，在抒发跌宕的情感和直觉时独有的创造力，有时候自然涌现出来的民粹性和谚语化——我们可把它的特点一一列举出来，但即便是这样，仍然可能会遗漏了它最强大和最值得赞赏的优点。如果一个人连续地阅读《特里斯坦与伊索尔德》和《纽伦堡的工匠歌手》这样的一些作品，他会对其言语表达和音乐感到同样的惊叹和不可思议，那就是，他会疑惑瓦格纳是如何创造性地掌控在形式、色彩、结构以及精神都是如此不同的两个世界。这是瓦格纳的天赋中最强有力的一面，唯有真正的大师才能做到这一点：为每一部作品创造一种新的语言，同时赋予新的内在性以一个新的躯体和新的声音。当这种罕见的力量表达自我时，批评其作品中零星出现的用力过度或独特诡谲，或者更常见的表达模棱两可和概念不清晰，就显得过于吹毛求疵，并将徒劳无功。此外，我们发现，对于那些直到今天仍然发出最大批评之声的人，与其说他们的语言，还不如说他们的心灵，即整个承受痛苦和感受的方式，带有攻击性和诽谤性，令人不齿。我们要等待，直到这些批评者的心灵发生了改变，他们才会说出不同的语言；在我看来，与现在相比，到了那时，德语在整体上会有很 488
大的改观。

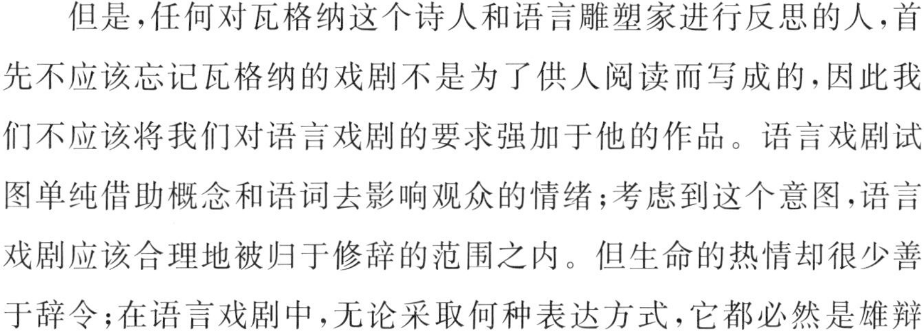

但是，任何对瓦格纳这个诗人和语言雕塑家进行反思的人，首先不应该忘记瓦格纳的戏剧不是为了供人阅读而写成的，因此我们不应该将我们对语言戏剧的要求强加于他的作品。语言戏剧试图单纯借助概念和语词去影响观众的情绪；考虑到这个意图，语言戏剧应该合理地被归于修辞的范围之内。但生命的热情却很少善于辞令；在语言戏剧中，无论采取何种表达方式，它都必然是雄辩

的。然而，如果一个民族的语言已经处于衰落和腐败之中，那么语言戏剧作家就会尝试赋予他的语言和思想以非同寻常的色彩和结构；他想提升语言的层次，使其更能表达提升了的高雅感受，但他这样做，可能会陷入曲高和寡、不被理解的危险境地。同样，他试图借助崇高的格言和奇想，向激情传达某种庄严和崇高，但这将导致另一种危险：显得不真实和矫揉造作。因为生活中真正的激情并不是以名言警句的形式呈现的，如果在基本方面与现实相去甚远，诗化的激情很容易让人怀疑它是否有真情实感。相比之下，瓦格纳是意识到语言话剧的内在缺陷的第一人，他从界限清晰的三个层次上呈现每一个戏剧情节：言语表达，肢体动作和音乐。音乐将戏剧角色的基本内在情感直接传递给观众的灵魂，然后，观众从同一角色的肢体动作中感知到其内心活动的第一种清晰可见的迹象，从角色的言语表达中感受到其第二种稍显苍白的表现，并将这些都转化成一种更加自觉的意志。所有这些效果都同时出现且互
489 不干扰，迫使观众以全新的方式去理解和体验戏剧，就好像他们的感官和灵魂突然颠倒了，感官更像是灵魂，灵魂更像是感官，就好像所有希望从人身上释放出来、渴望获取知识的东西，突然发现自身获得了自由，并处于认识的欢跃中。由于瓦格纳戏剧的每个情节都以极其易于理解的方式向观众讲述，并且由于其音乐的内在启发和推波助澜，瓦格纳无须运用其他语言戏剧作家所需的手段就能赋予情节以温度和亮度。因此，戏剧的整个设定可以像建筑一样变得更加简约，建筑师的节奏感可以再次在建筑的伟大的整体比例中展现出来，现在没有必要像其他话剧作家一样有意地制造复杂感或将多种建筑风格混搭起来，以使观众对其作品产生一

种好奇心或浓烈的兴趣，进而将这些感觉提升到一种欣喜若狂的惊叹感。建筑师不是必须借助人造的工具才能使观众对理想的距离和高度产生印象。语言抛弃了名目繁多的修辞，回归到完整且有力地表达情感的状态。尽管表演者更少地将他在戏剧中的行为和感受言说出来，但内心活动——语言戏剧作家由于惧怕这部分被指责为不具有戏剧性而一直将其排除在舞台之外——促使观众饱含感情地同剧中人一起经历，伴随的肢体语言需要通过最微妙的变化表达出来。毫无疑问，吟唱的感情要比言说的感情持续更长时间；而音乐像是把情绪扩展出去；结果通常是，表演者同时也是歌唱者，必须克服那种幅度过大的、焦躁不安的肢体动作，而这 490
正是语言戏剧表演中最常碰到的问题。他发现自己越发被那变得高贵的肢体动作所吸引，尤其是因为音乐使他的情绪沉浸在一种更纯净的以太之中，因而不由自主地将它们与美更紧密地联系起来。

瓦格纳对表演者和歌唱者提出了非同寻常的任务，将在他们之间点燃一场持续几代人的竞赛；通过这场竞赛，瓦格纳笔下的每一个英雄角色最终将以最具肉体特征的可见性和完美性呈现出来；这种完美的具象化已在戏剧的音乐中有所预示。跟随他的指导，造型艺术家终将会看到一个视觉世界的奇迹，在他之前，这个新世界只有诸如《尼伯龙根的指环》之类作品的创作者才能看到。这位创作者，一位最高级别的塑造者，像埃斯库罗斯一样将为未来的艺术指明道路。当造型艺术家将其实现的效果与像瓦格纳的音乐实现的效果作比较，必定不是仅由于妒忌之心唤醒了伟大的天赋：瓦格纳的音乐中有最纯粹和最明媚的幸福，使任何聆听它的人觉得仿佛以前听到过的所有音乐都是那么疏离、拘谨和不自由，仿

佛直到现在人们仍想利用后者在配不上这份庄严的人面前上演一场戏，或者利用它对那些甚至不配看戏的人进行讲授和演示。过去的音乐只能使我们短暂地感受到这份总是洋溢在瓦格纳的音乐中的幸福：那是稀有的忘却一切的时刻，当音乐只对自我进行倾诉时，就如拉斐尔的塞西莉亚[1]抬头仰视，将其目光从要求它提供消遣、愉悦和博学的聆听者身上移开，这种幸福悄然而至。

491 总而言之，我们可以说，瓦格纳这位**作曲家**向至今仍不愿言说的自然万物赋予了一种语言；他不相信世间有必须保持沉默无声的事物。他亲自深入到晨曦、森林、雾霭、峡谷、高山、夜的可怕和月光之中，寻觅它们身上隐秘的渴望；它们也想发出声音。当哲学家[2]说，有生命的和无生命的自然都有一种渴望存在的意志；那么作曲家会说，无论是哪一种自然，这种意志都渴望成为有声的存在。

总的来说，瓦格纳之前的音乐有一种狭隘的界限；它指向的是人类心灵的一种永久状态，古希腊人将其称为“伦理”，直到贝多芬才开始在人类内在世界中发现了激情的、热诚意愿的、戏剧情节的语言。在贝多芬之前，人们是借助音乐去表达情绪，表达冷静、愉悦、肃穆或后悔的内心状态；通过某种显著的形式的统一性以及这种统一性的持续，促使听众去理解和解释音乐，并最终以相同的情绪去感受它。每一种不同的情绪和内心状态都需要不同的形式；其他一些形式则是通过习俗建立的。有些作曲家试图把听众带进

---

① 拉斐尔的塞西莉亚]参见叔本华《作为意志和表象的世界 I》，第 315 页及以后（第三本的结尾）。——编注

② 哲学家]叔本华。——编注

某种情绪中，又不想这种情绪持续太久，使听众感到厌烦，因此会谨慎决定音乐持续的时间。有些作曲家进一步在音乐中确定对比情绪的形象，情绪对比的魅力就被发掘出来了；更进一步，同一首曲子中包含互相矛盾的伦理，比如男性主题和女性主题的对立。所有这些仍然是音乐的粗糙的初始阶段。害怕过于激情可以推导出一些法则，害怕陷于无聊则可以推导出另外一些。一切情感的深化和放纵都被视为“违反伦理的”。但一旦伦理的艺术不厌其烦地重复描述相同的情绪和平凡的内心状态，尽管音乐大师极尽创 492
造之能事，这种艺术终将日暮途穷。贝多芬是第一个让音乐以一种全新的语言说话的人，那是被禁止的情感的语言，但他的艺术是在伦理艺术的法则和习俗之下发展出来的，它必须在伦理的艺术面前为自己辩护，正是因为如此，他的艺术发展过程尤其艰辛和迷茫。一个内心的戏剧情节——每一种激情都有一个戏剧发展过程——想要取得突破以实现一种新的形式，但情调音乐的传统体系站在了对立面，反对这种新形式，就像道德反对不道德一样。有时候看起来就好像贝多芬给自己提出了一个自相矛盾的任务，即让激情通过伦理去表达自我。但这种①想法不足以解释贝多芬最后和最伟大的作品。他确实找到了一种方法去再现激情的跌宕起伏：他从激情变化轨迹上选取了某些点，尽可能准确地加以标明，以让听众凭直觉推断整条曲线。表面看来，这种新形式看起来是将很多乐曲组合在一起，每个单独的曲子都似乎在描绘某种持续的状态，但实际上是激情的戏剧发展过程中某个单独瞬间。听众

① 这种］准备稿；誊清稿；手稿样本［?］；大八开版、加斯特付印稿、第一版：这。——编注

可能会觉得他聆听的是过去的情调音乐，但各部分之间的关系似乎变得难以把握，不能用对立的法则来解释。就连作曲家[①]也开始轻视对结构连贯的艺术整体性的要求；作品中各部分的顺序变得随心所欲。这种激情表达的伟大形式的发明，被误解为重新回
493 到任意内容的单一乐章上，各部分相互之间的张力完全消失了。这就是为何在贝多芬之后，交响曲的结构如此令人迷惑的不清晰，尤其是它的各个部分还在结结巴巴地模仿贝多芬的激情的语言。手法与意图不匹配，听众完全不清楚总体的意图，因为作曲家头脑中也从未有过清晰的意图。然而，一种艺术形式越是高级、越是复杂、越是讲究，那么言之有物、言必清晰的要求就越是不可或缺。

这就是为什么瓦格纳一直在想方设法找到服务于清晰性的全部手段[②]；为此，他首先要将自己从旧的情调音乐的束缚[③]和要求中解放出来，赋予他的音乐即阐释情感和激情的音乐一种毫不含糊的语言。如果我们要看一下他有什么成就，那么在我们看来，他就像是在音乐领域完成了自由雕塑的发明者在雕塑领域所做过的同样事情。用瓦格纳的音乐去衡量，过去所有音乐都显得僵硬死板和保守胆怯，就好像人们不应该从所有方面来观察它，就好像它

① 作曲家］准备稿、誊清稿、大八开版：更低水平的作曲家。——编注

② 然而……手段］参见瓦格纳《给我的朋友们的一个通告》："但是，即便是在这个方向上，也只有一种冲动引导着我，亦即把我所看到的东西尽可能清晰地和可理解地传达给他人的直观；而且即便在这里，也始终只有质料在一切方向上为了形式而规定着我。因此，在表现中最高的清晰性是我的主要追求，而且恰恰不是一个浅薄的对象借以向我们传达自己的那种肤浅的清晰性，而是一种无限丰富的和多种多样的清晰性，唯有在这种清晰性中，全面的而且关联众多的内容才能可理解地展示自己。但这肯定会显得肤浅，而且对于习惯于空洞内容的人来说直接就是不清晰的。"引文出处同上 4，367 页及以后。——编注

③ 束缚］誊清稿：法律。——编注

感到羞愧一样。瓦格纳无比坚定且精确地把握住了情感的每一种程度和每一种色彩；尽管在其他人眼里，情感就像是蝴蝶一样难以捕捉，但他把最温柔、最疏远和最野性的[1]情感拿在手中，丝毫不害怕[2]失去，似乎它在他手中会变得坚硬和牢靠[3]。他的音乐从来不是模糊不清的或者情绪化的；所有通过他的音乐传达的东西，无论是人还是自然，都有一种极其个性化的情感；在他的音乐里，风暴和火焰都处于个人意志的驱使之下。从所有在声音中得到自我实现的个体及其情感的抗争之中，从对立力量的整个旋涡之中，那 494
气势磅礴的交响曲之魂泰然自若地腾空而起，不断从冲突中谱奏出和谐的音响；瓦格纳的音乐整体上就像是伟大的以弗所哲学家所构想的世界的缩影，是不和谐从自身产生出来的和谐，是公正和敌意的统一[4]。我很惊叹，从一系列在不同方向奔涌的情感中居然能够计算出整体的情感曲线；瓦格纳的戏剧的每一幕都向我证明了这样的可能性，他的戏剧总是一边讲述不同个体各自的历史，一边勾勒出他们所有人共同的历史。我们从一开始就已经觉察到，我们面前的是方向不同、互相对抗的支流，但也有一股更为有力的潮流，朝一个主方向席卷而来：这一潮流起初只是不安分地涌动，蹚过那暗礁险滩；有时候，这滔滔洪水似乎要分流开来，奔往不

① 最野性的]准备稿；誊清稿；第8卷，11[15]199，14；加斯特付印稿、大八开版、1872年第一版：最轻微的。——编注

② 害怕]誊清稿：害羞。——编注

③ 尽管……牢靠]誊清稿：仿佛它是坚硬而坚实的东西，而不是任何人所视为的一些难以理解的东西。——编注

④ 是不和谐……统一]参见赫拉克利特残篇第8，10，80，第尔斯—克兰茨编：《前苏格拉底哲学家残篇》。——编注

同方向。渐渐地，我们注意到，整体的内在运动变得越来越有力，越来越急切；那湍急的不安变成了广阔的可怕的安静之流，朝着一个未知的目标前行；突然，整条河流怀着对跳进深渊和化为泡沫的魔鬼般的渴望，裹挟着所有水流倾泻而下。① 当困难陡然增加十倍，他怀着立法者的欢愉去掌控一切重大事务，这时候的瓦格纳的本色就愈加彰显出来。将暗流涌动、互相抵触的大众驯服成单一的节律，在纷纷扰扰的欲望和需求中贯彻唯一的意志——他感觉到这是他天生的使命，他在这其中感觉到自己的自由。他从未觉得力不从心；他从未气喘吁吁地达到终点。当其他人寻求减轻身上的负担时，他毅然决然地将最艰难的法则揽在自己身上。如果
495 他不能以生命和艺术中最困难的问题为乐，那么生命和艺术对他将是沉重难当。只要思考一下吟唱的旋律和非吟唱言语的韵律之间的关系，他是如何处理一个人饱含感情地言说时的音高、音量和节拍，如何将这种自然的模式转换成艺术；接着再思考一下，他如何将吟唱时的激情放置在交响乐的整体情境中；你就会理解他是如何奇迹般地克服了这些困难。他的创造力在大小事情上都表现得淋漓尽致，他的精神和勤奋无处不在，以致人们看到瓦格纳的总谱时不免会认为，在他之前根本不存在真正的工作努力。对于艺术的艰辛，他似乎甚至可以这样讲，戏剧家的真正美德在于自我放弃；但他很可能会这样反驳："只有一种艰辛，那就是尚未自由者的艰辛；美德和善都是很简单的"。

整体而言，瓦格纳这位艺术家身上有德摩斯梯尼的影子：对事

① 我们从一开始……倾泻而下。]参见第 8 卷：11[7]。——编注

物近乎严苛的态度和把握事物的力量，使他一直都牢牢地把握住事物；当他把手放在事物的旁边，他能瞬间抓住它，似乎它是由青铜铸成的。他像德摩斯梯尼一样迫使我们思考事物，从而将自己的艺术掩盖起来，或者让我们忘却艺术的存在；但他也像德摩斯梯尼一样，是一系列强大的艺术精神①的最后的，也是最高的显现，因而他需要掩盖的东西比他的先辈们要多。他的艺术有自然的效果，有被恢复的和重新发现的自然的效果。他没有任何华而不实的炫技，不像过去的作曲者不时把他们的艺术当游戏、卖弄自己的本领。在瓦格纳的艺术作品中，人们既想不到有趣的东西，想不到愉悦的东西，也想不到瓦格纳本人，甚至想不到一般意义上的艺术；人们只是感受到什么是必然的事情。艺术家在其成长的过程 496
中到底要如何意志严格而坚定，需要如何自我克服，才能最终在成熟后的每一瞬间都带着欢欣的自由去做必然的事情——没有人能估算出答案；如果我们能够在某些方面感知到，他的音乐如何怀着某种残酷的决断听命于戏剧的发展，犹如屈从于不可抗拒的命运，而这种艺术燃烧的灵魂渴望有朝一日挣脱所有枷锁，在自由的荒野上徜徉，那就足够了。

十②

一位艺术家拥有如此强大的自制能力，他能够统御其他所有

---

① 整体而言……艺术精神］参见第8卷：30［15］。——编注

② 参见第8卷：11［32］；11［37］；11［4］；11［9］；11［19］；11［24］；11［35］；11［37］；14［3］；14［4］；14［7］。——编注

艺术家，即使他无意这样做。在另一方面，唯有对他而言，那些被统御的人，即他的朋友和追随者，不会造成威胁或者限制；那些略逊一筹的人往往由于要寻求朋友的支持而最终因此丧失了自由。极为奇妙的是，瓦格纳毕生都在避免任何形式的拉帮结派，但在他艺术成长的每一个阶段总是会聚集一群追随者，后者似乎是为了使他停滞不前。他总是能够从簇拥的人群中走出来，从不允许自己被拖慢脚步[①]；更甚的是，他走过的征途是如此遥远，无人能够从一开始陪伴他走到尽头；这条道路如此不寻常，险峻陡峭，就连最忠诚的人也可能[②]会精疲力竭。在瓦格纳一生的每个阶段，他的朋友都热衷于将他教条化；他的敌人也是这样，但显然是出于不同的理由。倘若他的艺术家品格稍微不那么纯粹，那他很早就能
497 成为当代艺术和音乐世界的无可争辩的主宰：现在他终于也成为了这个世界的主宰，而且是在更高的意义上，即任何艺术领域发生的一切，都必须接受他的艺术和艺术家品格的裁决；他征服了最桀骜不驯的人；没有一个天才的音乐家不由衷地从心底里听从他的召唤，不真诚地相信他的音乐比自己的和世界所有其他音乐加起来的总和都更值得聆听。他们中很多人不惜一切代价地想要成为有些什么价值的人，力图挣脱这种迫使他们臣服的内心诱惑，急不可耐地将自己放逐到过去的大师们那里，宁可依靠舒伯特或者亨德尔来寻求他们“独立”，也不愿与瓦格纳为伍。但无济于事！因为他们违背了自己更好的良知，因而作为艺术家变得更加卑微和

① 他……脚步]参见《圣经·路加福音》，第4章，第20节。——编注

② 可能]誊清稿；手稿样本、大八开版、加斯特付印稿、1872年第一版[?]：可能还。——编注

狭隘；他们必须忍受心怀恶意的朋友和同盟，因而败坏了他们的品格；然而，在所有这些牺牲之后，他们仍然绕不开瓦格纳，或许在睡梦中，他们仍然只能对瓦格纳言听计从。这些对手真是可怜；他们以为放弃自我会失去很多，但这是一个错误。

现在，瓦格纳显然并不在意其他作曲家是否从这一天起以瓦格纳的风格作曲，甚至他们是否还会作曲；确实，他一直在竭尽所能地打破流派的门第之见，不认为现在应该以他为核心形成一个作曲家流派；就在他能直接对当代作曲家造成影响的范围内，他尝试教会他们伟大的演奏艺术；在他看来，艺术发展已经到达了这样一个地步，即成为一位技巧娴熟的表演和诠释大师的意志比不惜一切去创造的欲望更为有价值。对于我们目前已经达到的艺术阶段而言，这种创造性会带来灾难性的结果，因为它会鼓励尽可能多的产出，会通过每日的使用去耗尽天才的方法和发明，会使真正伟大作品的效果变得平淡和平庸。即使人们能够从对最好作品的模 498
仿中产生出好的艺术作品，那也是多余而且有害的。瓦格纳的目的和方法是密切关联的；要感受到这一点，只需要拥有艺术家的真诚，复制他的方法并将其运用到完全不同的、微不足道的目的上，那就是不真诚。

因此，如果瓦格纳拒绝生活在一群以瓦格纳风格作曲的人中间，那么他就要更为迫切地向所有的天才们提出一个新的任务，即与他一起去探索戏剧表演的风格法则。他感觉到一种最为迫切的需要，驱使他为自己的艺术建立一种风格传统，以使他的艺术能够以其最为纯粹的形式代代相传，直至抵达其创造者预先为它构想好的未来。

瓦格纳有一种永不满足的冲动，要将建立这样一种风格以及使其艺术永恒流传的所有想法传达出来。用叔本华的话说，瓦格纳要让他的作品成为“一个神圣的宝库，他的存在的真正成果，人类的财富，把它交给能够对其更好地做出判断的后代”；这个目标比其他所有目标都更为重要，他愿意为之戴上荆冠，等待它将来有一天会绽放成桂冠。他不遗余力且毫不懈怠地保存他的作品[①]，就像处于最后时日的昆虫，为它的卵找到安全的保存之地，操心它的顺利孵化，尽管它永远没有机会看到最终的孵化；它把卵存放在它确信以后能获得生命和食物的地方，然后欣然死去。[②]

这一优先性的目标鞭策着他不断产生新的发明创造；他越是清醒地认知到他对抗的是一个最令人深恶痛绝的时代，一个最不愿意对他聆听的时代，他就越是能够从其魔鬼般的表达能力的源泉中汲取灵感。但渐渐地，就连这个时代[③]也开始屈服于他那不
499 知疲倦的努力、他那柔韧的冲击，竖起耳朵去聆听他。每当他远远地感觉到可以借助实例来阐明其思想的大或小的机会出现时，瓦格纳都做好了准备，并加以利用：他能够根据具体情况重新阐释自己的思想，使之能够从即使是最贫乏的形式中表达出来。每当有半信半疑的心灵对他敞开心扉，他都会撒上种子；他在冷眼旁观者无望耸肩时仍燃起希望；他失败了千百遍，只为有一次能够向旁观者证明他是对的。如果[④]说只有在能够增加自己的智慧时，智者

---

① 他……作品］誊清稿：他不遗余力且毫不懈怠地完成那些作品；叔本华，同前。——编注

② 用叔本华的话说……死去。］引用出自叔本华《附录与补遗》2，92。——编注

③ 时代］大八开版、加斯特付印稿、1872 年第一版：时代。——编注

④ 对的。如果］誊清稿：……对的，并且向所有怀疑者长期证明他是对的。——编注

才会与平常人打交道，这样看起来，艺术家似乎不必与他同时代的人打交道了，因为通过这些人，并不能确保他的艺术达至永恒；有人会爱上他，只是因为爱上了这种永恒；同样，他知道有一种针对他的恨意，这种恨意将会摧毁他的艺术通往其想要的未来的桥梁[①]。瓦格纳教导过的学生，与他交谈过的音乐家，或者他向之演示过某个动作的表演者，他指挥过的大大小小的乐队，见证过他如何认真地开创事业的城市，那些半是羞怯、半是热爱地参与他的计划的侯爵和女士们，他暂居过的欧洲国家，他曾经成为它们艺术的法官和不安的良知：这一切[②]都逐渐成为其思想的回响，他对未来硕果的不懈追求的回响。虽然这回响常常以扭曲和混乱的形式返回他耳中，但最终，他对这个世界大喊千百遍，那惊天动地的叫喊
声必将引起不可阻挡的回响，很快人们无法再对他听而不闻，或， 500
无法再错误地理解他。今天，这回响已经使现代人的艺术机构为之战抖；每当他精神的气息吹拂过这些花园，所有枯枝败叶和摇摇欲坠的东西都被吹落在地。比这种战抖还要有说服力的是到处出现的怀疑：没有人知道瓦格纳的影响力还会在哪个领域突然迸发出来。[③] 他全然不可能把艺术的繁荣与其他东西的繁荣和衰败区分开来；凡是现代精神中蕴藏危险的地方，他都用警惕和存疑的目

① 同样……桥梁］誊清稿：他感到只有仇恨，这仇恨是通向未来的桥梁。——编注

② 良知：这一切］誊清稿中此处有：……良知。他自己给出的有关计划的最热切地被转告的消息，他在不能达到实例和实干时自己帮助自己的文字，他自己培养的学生。——编注

③ 迸发出来。］誊清稿中后面有：[他是未来的一种推动力，而当代在听从瓦格纳的时候，是为未来服务的]。这种“必须言说”和“必须指明”并不属于瓦格纳的生活幸福；他是在与一个他在其中不安宁和无家园感的时代打交道。誊清稿：参见500，23及以后。——编注

光去审视其中也隐藏的对艺术的威胁。他在想象中将我们文明的大厦拆解开来，任何腐朽的东西、任何草率建构的东西都逃不过他的法眼；当他遇到在风雨中屹立不倒的墙壁和牢固扎实的地基[①]，他立即想方设法将它变成保护其艺术的堡垒和避风港。他活得就像一个逃亡者，不是为了保护自己，而是为了保守秘密；像是一个不幸的女人，更想拯救腹中的骨肉，而不是她的生命；他就像齐格琳德那样，“为了爱”[②]而活着。

这注定是充满各种折磨和屈辱的一生：在这个世界里漂泊，居无定所，却必须与它对话，向它提出要求；蔑视它，然而又不能没有被蔑视者。这是未来艺术家的真正困境；作为艺术家，他不能像哲学家那样在幽暗的森林中捕猎知识，因为他需要人的心灵作为通往未来的中介者，需要公共机构作为未来的保卫者，作为沟通现在和未来的桥梁。他的艺术无法像哲学家的作品那样，被装进文字
501 记录的小船去运载；艺术需要技艺娴熟的人作为它的传承者，而非字母和音符；瓦格纳一生中很长的一段时间里，都回荡着这样一种恐惧之音，那就是他无法找到这些技艺娴熟的人，无法通过实例去传递他的艺术，而只能局限于书面符号；无法演示自己的作品，而只能向读者——确切来说，他们并不是艺术家——展现艺术表演的最为黯淡苍白的微光。

作为作家的瓦格纳展示出一个右手被击碎，但却继续用左手

① 当……地基]誊清稿：在他于我们现在的生活中发现了某种强大力量的雨之处。——编注

② “为了爱”]参见瓦格纳《女武神》第3幕：“布伦希尔德[对齐格林德]：活下去吧，哦女人，为了爱！”引文出处同上6,94。——编注

搏斗的勇士般的驱动力;当他写作时,他始终是一个受难者,因为某种暂时的不可逾越的必然性剥夺了适合于他的表达方式,也就是运用光辉的和富有胜利性的榜样形式。他的著作中没有任何准则的或者严格缜密的东西;相反,准则就在他的戏剧作品中。这些著作体现了试图理解驱使他创造其艺术作品的本能,并借助它们来反观自身。一旦他将他的本能转换为知识,他希望在读者的心中能够发生逆转的过程[①];他就是带着这种憧憬在进行写作。如果说他在这里是在做一件不可能做到的事情,那么瓦格纳只是与那些对艺术进行反思的所有人遭遇了同样的命运,但他仍然比大多数人略胜一筹,因为他身上蕴含着一种最强大的整体的艺术本能。就我所知,没有其他美学著作能够像瓦格纳的著作那样,为这个主题带来如此之多的光明。对于艺术作品的诞生,所有可以获知的东西都可以在瓦格纳身上学到。[②] 他属于最伟大的艺术家之一,但他在这里作为见证人出现,而且,在漫长的岁月里,他的证词都在不断地得到改善,越来越无拘无束,越来越清晰明白,越来越摆脱了不确定性;即使他在这条通往知识的道路中磕磕碰碰,但他也要碰出火花来。某些著作如《贝多芬》、《论指挥》、《论演员与歌手》以及《国家与宗教》,浇灭了所有想要反驳的欲望,迫使每一个 502
人都陷入沉静的、内在的和虔诚的沉思,就像打开灵龛时的表情。其他著作,尤其是他的某些早期著作包括《歌剧与戏剧》,则是引起

① 并……过程]誊清稿:[他传达一个令人振奋的知识,而产生一种类似的本能:也就是嫁接本能的尝试]当他把他自己的本能转化成知识,他想通过这种知识再嫁接到他的读者们的本能。——编注

② 就我所知……学到。]参见第 8 卷:28[57]。——编注

了躁动和喧嚣；这些著作中有一种节奏的不均衡，作为散文引起了某种混乱。它们的论证过程支离破碎，感情的跳跃更多是阻碍而不是推进文章的发展；作者的抵触情绪像是一道阴影笼罩着它们，似乎艺术家耻于做出概念上的证明。对他不太熟悉的人来说，阅读这些著作时遇到最大的困难可能是他那独有的、难以描述的一种权威性的自我肯定的口吻；在我看来，就好像瓦格纳经常是**站在敌人面前说话**——因为这些著作都是以口语的风格写成的，而不是书面语，当我们把它们大声地读出来，我们会发现更容易理解它们——他并不熟悉这些敌人，这造成了他的拘谨和讷言。然而，常常会有一股富有感染力的激情穿透这故意留下的坑坑洼洼；那矫揉造作、冗长啰唆、充斥着多余语词的臃肿长句终于消失不见了，接下来，语句和篇章行云流水般浮现出来，成为了德国散文中最为优美的范文；但即使假定在其著作中的这些部分，他是在同朋友交谈，那幽灵般的对手没有站在他的椅子旁边，作家瓦格纳面对的朋友和敌人都有一些共同点，这些共同点使他们区别于艺术家瓦格纳为之创作的人民：他们教养的提高或毫无结果都是完全脱离人民的，因为任何人想要被他们理解，都必须采取一种脱离人民的语
503 言，就像我们最好的散文家例如瓦格纳所做的那样。我们可以想象他是出于何种程度的无奈。但那种就像母亲为保护幼子而不惜付出一切的冲动驱使他返回到学者和有教养之人的圈子里，尽管作为艺术创作者的瓦格纳早已与他们决裂。他屈服于有教养的语言及其所有的交流规则，尽管他是第一个人感受到这种交流方式的严重缺陷。

因为，如果有什么东西使他的艺术不同于所有其他现代艺术，

那就是它不再使用特权阶层的有教养的语言，并且总的而言，不再承认有教养者和无教养者之间的差异。这样一来，它站到了整个文艺复兴文化的对立面上，而后者的光芒和阴影迄今为止仍然笼罩着我们现代人。因为瓦格纳的艺术将我们暂时地带离这种文化，使我们第一次有机会考察文艺复兴的同质的本质；这时，我们觉得，歌德和莱奥帕尔迪[①]就好像是意大利古典语文学家及诗人最后的伟大的继承者。《**浮士德**》就像是描绘了一个由渴望入世的现代理论家给出的最脱离人民的谜语。就连歌德的诗歌都是在摹仿民歌，而不是作为民歌的示范，这些诗歌的创作者知道自己为什么如此真诚地向他的追随者吐露："我的作品不可能广泛流行，任何人希望并努力使它流行起来，都是一个错误。"[②]

有一种艺术是如此的明亮和温暖，它的光辉照亮了卑微和贫瘠的心灵[③]，也融化了知识人的傲慢：这必须亲身经历，而非去猜测。但这种艺术必须彻底颠覆那些经验到它的人脑海中所有关于教育和文化的观念。对他们来说，遮住未来的帷幕已在缓缓升起，在这个未来，只存在为所有人共同分享的最高的财富和幸 504
福。到了那时，迄今仍附着在"共同"[④]这个词上的污名将会被洗刷干净。

如果以这样的方式预感到遥远的未来，清醒的慧眼就会洞察

① 歌德和莱奥帕尔迪]参见第 8 卷：5[17]。——编注

② "我的……错误。"]歌德与爱克曼的对话，1828 年 10 月 11 日。——编注

③ 卑微和贫瘠的心灵]誊清稿：精神贫瘠和匮乏的人[就像我们文化中的弱势者]。——编注

④ 德语 allgemein，这个词有"普遍的""共同的"意思，但也有"卑鄙的"、"下流的"和"平庸的"的意思。——译注

到我们时代那令人沮丧的社会不稳定，不再对艺术面临的危险熟视无睹，这种艺术若不植根于遥远的未来就没有任何根基可言，而且它宁愿向我们展示其繁茂的枝叶，而不是它赖以生长的土壤。我们如何能拯救这无家可归的艺术，让它顺利到达未来，我们如何能抵御那四处肆虐、看似不可阻挡的革命洪流，从而使未来更加美好、人类更加自由的幸福愿景和保证不会随着那些注定要衰败和应当要衰败的东西一同被冲走？

有类似的忧虑、提出类似问题的人都分享了瓦格纳的忧虑；他会感觉自己在地震和动乱的年代中，被驱使与瓦格纳一道去寻找那些有志于保卫人类最宝贵财产的现存力量[①]。只有在这种意义上，瓦格纳才通过他的著作向那些有教养者询问他们是否愿意保卫他的遗产，将其珍贵的艺术的指环放进他们的宝库中；在我看来，瓦格纳对德意志精神，甚至其政治目的的无限信心，也源自于他相信，能够发起宗教改革的民族拥有足够的能力、仁慈和勇敢去“去把革命的汪洋拦在人类安静流动的河流的河床内”[②]。我不禁相信，他在其《皇帝进行曲》中所表达的象征意义就是这一点，除此无他。

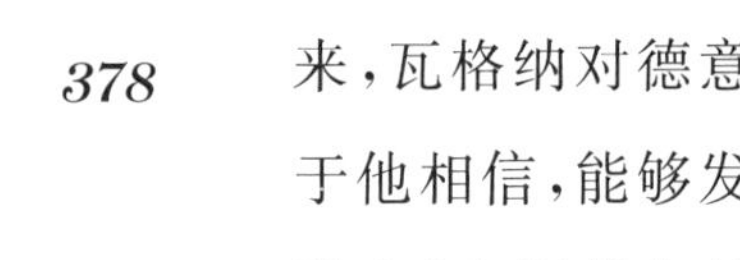

① 他会感觉……力量]誊清稿：那种忧虑驱使着他，转向那些具有善良意志的现存力量，“把革命的海洋拦在人类平静流淌的河流的河床上”。——编注

② 源自于……河床内”]参见瓦格纳第3卷和第4卷导言：“……把这件艺术品当作生活的预言镜来举着，我们觉得是对把革命的海洋拦在人类平静流淌的河流的河床上这项工作的最重要贡献……根据智慧的历史家[卡莱尔(Th. Carlyle)，也可参见第8卷：11[3]]关于德国人民的使命及其真诚精神所发表的独特见解，这不可以表现为空洞的慰藉：他召唤去缩短可怕的世界无政府状态时代的那些‘英雄的智者’，在德意志民族，在这个似乎由于自己已经完成了宗教改革而可免除被迫参与革命的民族中，我们将其视为早已注定降生的……”引文出处同前3，3.7及下页。——编注

但总的来说，这位富有创造力的艺术家，其行善的冲动如此强烈，其博爱的视界是如此广袤，使他的目光不可能局限于单一民族 505
的边界之内。就像其他所有善良和伟大的德国人一样，他的思想**超越了德意志的边界**，其艺术的语言不是面向某些民族，而是全人类，并且是**面向未来的人类**。

这是他特有的信念，他的痛苦以及他的嘉奖和称颂。过去任何时代都没有一个艺术家能从自己的天赋里接受过如此令人惊叹的馈赠，除他以外没有人必须将热情赐给他的甘露与那最苦涩的饮料一同喝下。并不是像人们可能相信的那样，这位在他的时代未被承认和友善对待的、如逃犯般的艺术家，需要这一信念去为自己辩护：在同代人中取得的成功或是失败，都不能创造或者是毁灭这一信念。他不属于这个时代，无论世人是颂扬还是谴责他：这一信念来自于他本能的判断，我无法向任何不相信这一信念的人证明是否有一个属于他的时代。但不相信的人至少可以问：瓦格纳需要在什么样的世代中重新认出他的“人民”，找到那些与他感受到共同的困境，并尝试通过共同的艺术得到救赎的人呢[①]？当然，席勒更加乐观和心怀希望：他不会问，如果艺术家本能所预言的未来是准确的，那么未来会是什么样子；相反，他要求艺术家：

鼓起你们勇敢的翅膀
在你们时代的上空翱翔

① 找到那些……呢］参见《瓦格纳在拜罗伊特》第 8 节，第 476 页，第 17—18 行。——编注

愿你们会在镜中
瞥见新世纪的遥远曙光！[①]

十一[②]

506 愿好的理性能帮助我们摆脱这一信念，即人类将在未来某个时间达到一种事物的终极的理想秩序，然后幸福就像热带的阳光一样始终普照着处于这种秩序中的人：瓦格纳与这一信念毫不相干，他不是乌托邦主义者。如果说他不能放弃对未来的信念，这仅仅意味着他在同代人身上感知到的一些特征，并不是人类本质的不可更改的品质和核心结构，而是可变的，甚至是稍纵即逝的特征，正是由于这些特征，艺术在他们中间必将找不到家园，瓦格纳自身必将成为另一个时代的使者。上天赐予未来世代的特征不是黄金时代，也不是晴空万里；瓦格纳的本能指引他看到未来世代，从他的艺术密码中可以推测出未来世代的轮廓，就像在某种程度上，从满足的类型可以推导出需求的类型。超人的善和公正也不会像永不消逝的彩虹悬挂在未来的原野上。可能这个未来世代总体上比现代人更加邪恶——因为无论是善还是恶，在未来都会更加**坦率和开放**；确实，如果未来的心灵能够不受拘束地放声大喊，那可能会使我们的心灵感到震颤和恐惧，仿佛之前躲藏起来的自然的恶灵突然发出声音。或者这样一些话在我们耳边响起：激情胜过斯多葛主义和伪善；诚实，甚至是邪恶的诚实也胜过在传统道

① 参见席勒《艺术家》。——编注

② 参见第8卷：14[11]；11[56]；14[1]；14[2]。——编注

德里迷失自己；自由者可以为善为恶，但不自由者使自然蒙羞，得 507
不到天上或人间的任何慰藉；最后，每个想要自由的人都必须自己去争取，自由不是天上掉馅饼。无论这些话听起来是多么刺耳和可怕，它们都是未来之音，未来对艺术有着真正的需要，并且也能期望从艺术中获得真正的满足；它们是自然的语言在人类世界的重现，这正是我前面[①]所讲的正确感觉，与当今盛行的虚假感觉形成鲜明对比。

如今，只有自然才能够体验到真正的满足和拯救，不自然和虚假则不能。一旦非自然意识到自身，那么它渴望的只是虚无；相对之下，自然渴望通过爱而获得改变。前者不想继续存在，后者想要变得不同。任何人理解了这一点，他都应该在其灵魂的安宁中反观瓦格纳艺术的朴素主题，扪心自问它是自然的还是不自然的，再借助这些主题来追求那些我们前面所阐述的目的。

一个女人宁愿死也不愿对男人不忠，这种怜悯之爱将漂泊和绝望的男人从他的痛苦中拯救出来——这是《漂泊的荷兰人》的主题。陷入爱恋的女人放弃了她所有的幸福，经过从情爱到博爱这一神圣的转变，她成为了一个信徒，并且拯救她所爱的男人的灵魂——这是《汤豪舍》的主题。那至高至美的神的使者满怀希望地降临人间，但他不想被询问他从何处来；如果有人问了这个不幸的问题，他将被迫带着痛苦返回更高的生活——这是《罗恩格林》的主题。女人以及人民的慈爱之心乐于接受为其带来幸福的新天才，尽管传统和习俗的卫道士排斥和诽谤他——这是《纽伦堡的工

① 前面］参见456,13。——编注

508 匠歌手》的主题。一对爱人相爱而不自知，反而认为自己被对方深深地伤害和蔑视，他们互相索要自杀的毒药，表面上是赎还他们的罪过，但实际上却是出于一种无意识的冲动：他们希望通过死亡而永不分离，卸下所有伪装。他们认为即将来临的死亡将使他们的灵魂得到解脱[①]，并让他们体验到一种短暂和令人震颤的幸福，就好像真的逃离了白昼和欺骗，甚至逃离了生命本身——这就是《特里斯坦和伊索尔德》的主题。

在《尼伯龙根的指环》中，具有悲剧色彩的主人公是一位渴望权力的天神，为了获得权力而不择手段，结果被契约所束缚而失去自由，陷入了所有权力都无法逃脱的诅咒中。他无法占有那象征世俗权力的黄金指环，一旦这个指环落入了敌人手中，将对他造成极大的威胁，这使他深刻地认识到自己的不自由；他突然感到恐惧，害怕终结和所有神祇的黄昏，同样让他感觉到绝望的是，对此他只能期待而无法阻止。他需要一位自由无畏的人类，这个人需要在没有他的支持和提示的前提下，在与神圣秩序的对抗中，他凭借自身的意志完成天神不容许的行为；他没有看到这样的人，正当新的希望出现时，他必须服从那束缚着他的契约：他必须亲手摧毁他最爱的人，并惩罚那些对他的困境表现出最纯粹的同情的人。终于，他开始对权力感到厌恶，因为权力从其孕育的一刻起就背负着邪恶和不自由；他的意志崩溃了，他渴望那很久以前就威胁着他的末日。只有这个时候，他以前最渴望的事情发生了：自由无畏的人类出现了，他是在与所有传统的对立中出生的；他的双亲必须为

① 解脱］誊清稿：赎回。——编注

违背自然和道德秩序的结合而赎罪：他们死去了，齐格弗里德活了下来。当沃坦看到齐格弗里德的茁壮成长和健康活泼，心中的憎恨离他而去；他用父亲般的爱和焦虑的目光注视着这位英雄的命 509
运。齐格弗里德如何铸剑屠龙，取得指环，避开最狡诈的诡计，唤醒布伦希尔德；指环上的诅咒也不会饶恕他，向他步步逼近；他如何在背叛中仍保持忠诚，出于爱而伤害了至爱之人，为罪责的阴影和迷雾所笼罩，但最终像太阳般喷薄而出和下落，他的火光点燃了整个天空，净化了大地的诅咒——这一切都被沃坦神所见证，他在与最自由者的战斗中折断了其统治的长矛，并在最自由者面前失去了力量，他对自己的失败充满了喜悦，他对自己的征服者感到喜悦和怜悯：他的眼睛闪烁着一种痛苦的幸福，注视着最后的事件；他在爱中获得了自由，获得了自我解放。

而现在，问一下你们自己，生活在这个时代的人！这是**写给你们**的吗？你们是否有勇气指着那些散落在美和善的天穹上的星辰说：瓦格纳置于星辰之下的就是**我们的**生命？

你们当中有些人能够根据自己的生命经历去解读沃坦的神圣形象，但有谁像他一样，越是退让，越是伟大？你们当中有哪些人因为知道和体验到权力是一种邪恶①而主动放弃它？你们当中哪

① 权力是一种邪恶］参见《为五本未写的书所写的五篇前言》(1872 年)。在第三篇前言《希腊国家》中尼采写道：“……这同一种残暴……根本上就在权力的本性中，权力总是恶的。”参见布克哈特《世界历史的沉思》：“而如今显示出……，权力自身就是恶的”(《布克哈特全集》，巴塞尔和达姆施塔特，1955 年，第 4 卷，第 25 页)。尼采在 1870/1871 年冬季学期曾听过布克哈特每周一小时的讲座“论历史研究”，其内容在 1903 年至 1905 年以《世界历史的沉思》为标题由奥利(Oeri)编辑出版；奥利在他的版本中在“权力自身就是恶的”几个词后面附上了施洛塞尔(Schlosser)这个名字，该命题就出自施洛塞尔；参见施塔德尔曼在他的《世界历史的沉思》版本，蒂宾根，1949 年，第 345 页。——编注

些人像布伦希尔德那样，出于爱而放弃了她的智慧，但最终在生命中得到了至高的智慧：“痛彻心扉的爱使我睁开了双眼”[1]，你们当中有哪些人是自由无畏的，有哪些人是在无辜的自负中茁壮生长，你们当中的齐格弗里德在哪里？

谁这样问，都只能徒劳无功，他必须放眼未来，如果他的目光
510 能在远处的某个地方发现，那里的人民能够在瓦格纳的艺术符号中读到了自己的历史，那么他最终也能理解**瓦格纳对于那些人民将是什么**：某种对我们所有人来说不可能是的东西，也就是说，瓦格纳不是一位未来的预言家，尽管他也许想在我们面前这样表现；瓦格纳是过去[2]的阐释者和美化者。[3]

① “痛彻……双眼”]参见瓦格纳《众神的黄昏》第3幕：“一切永恒的幸福终点，你们知道我是如何获得的吗？悲伤的爱那最深的痛苦使我睁开了眼：我终于看到了世界”（这一节和其他几节在《众神的黄昏》配乐上演时被删节）引文出处同上6，363。——编注

② 过去]誊清稿中后面还有：[以至于在蓝色的雾里，在我们前面的东西在他后面]那是一种怎样的变形，在他之后而在我们之前：作为目标，胜利和自由的希望。——编注

③ 谁这样问……美化者。]准备稿：如果我们把目光投向最远处，我们恰恰将看到瓦格纳将是什么人，甚至看到他注定将是什么人：不是一个未来秩序和解放的预知者，而是过去的解释者，在这样的解释者面前，过去已经完成了这种解放的整个过程，哪些人是如沃坦、如布伦希尔德、如西格弗里德一般的人物——谁可以这样说？——瓦格纳本人。是这个族类的人们又在这里重新认识到其生活史的轮廓了吗？——是谁由于举头仰望密布着日月星辰和彗星轨道的广阔苍穹而在瓦格纳的生活中发现了他自己生活的某种东西：谁能够敢于在这里发现他自己的星象？对于我们来说，他是预言家和指路人：对于后来的人来说，他是过去的解释者，是历史的简化者。参见瓦格纳《歌剧与戏剧》：“在未来的这种生活中这艺术品将是今天只能企盼、尚未成为现实的东西：但未来的那种生活将完全能够实现，只是它必须把这种艺术品拥入它的怀抱。”引文出处同上4，284。——编注

译 后 记

《不合时宜的考察》(简称《考察》)是尼采继《悲剧的诞生》(简称《诞生》)之后正式发表的四部作品的合集,时间跨度是1873—1876年。它包括《大卫·施特劳斯——自白者与作家》(简称《施特劳斯》)、《论历史对于生命的利弊》(简称《历史》)、《作为教育者的叔本华》(简称《叔本华》)以及《理查德·瓦格纳在拜罗伊特》(简称《瓦格纳》),涉及早期尼采的基本主题如生命、艺术和哲学的关联以及文化、教育和国家的关系。这四部作品,特别是最后两部,对于理解尼采作为哲学家的发展具有某种特殊的意义,并预示着尼采哲学的后来发展。这四部作品的主题延续了《诞生》的关注,探讨如何寻找真正的德意志文化。

尼采认为,普法战争胜利后,德国有教养阶层(实为文化庸人)的自负、自大、自满、苟且和软弱构成了对真正的德意志精神的复兴的阻碍和扼杀。尼采对那些现在的东西(Jetztzeit)带有一种生理上的恶心。他的不合时宜的考察,也意味着对当代的批判态度,意味着这些当代文化会被扫荡,会被真正的德意志精神所代替。尼采批判合乎时宜的一切,同时也在极力寻求、支持和赞扬那些不合乎时宜的东西,并把它与真正的德意志文化联系起来。批判和否定的方面体现在《施特劳斯》和《历史》,赞许和建构的方面体现在《叔本华》和《瓦格纳》。

一、文化庸人阻碍了真正的德意志文化/当代德国文化是伪文化

《施特劳斯》是《考察》的第一个考察。尼采在其中强调德国还不存在原创性的文化，但现代的文化庸人却假装他们已经拥有了德意志文化，并借以自满、陶醉和苟且，声称他们就是德意志文化的顶峰，但实际上是德意志伪文化的顶峰。

《施特劳斯》开篇便说，德国在普法战争中对于法国的军事胜利，并不意味着德国文化对于法国的胜利，甚至反而意味着德国文化的失败，德意志精神的毁灭。因为在尼采看来，德国一如既往地缺乏原创性的德意志文化，一如既往地模仿和依赖法国的文化。只有利用取得军事胜利的斗争精神去寻求真正的德意志精神，那么，仅在这种意义上，对法国的胜利才会有利于德意志文化的胜利。

但是，德国的公共舆论都坚信根本不再需要这样一种斗争精神和勇敢拼搏，德国的绝大多数事情都已井然有序，尽善尽美，所急需做的一切早已被发现和做过了。德意志文化的最佳种子或已经到处播撒，或已经发芽滋长，甚至繁荣茂盛了。在文化领域，到处弥漫着满意和吹捧，幸福和陶醉。

不过，在尼采看来，“文化首先是一个民族的所有生活表达中的艺术风格的统一”①，但当代的德国却把所有时代和所有地区的

① Friedrich Nietzsche: *Sämtliche Werke. Kritische Studienausgabe in 15 Bänden*, Herausgegeben von G. Colli und M. Montinari. KSA. 1. München, Deutscher Taschenbuch Verlag de Gruyter, 1988: 163.

形式、颜色、产品和稀奇古怪之物堆积在自己的周围，像年货市场一样摆满了各种异质的文化，从而使得真正德意志精神面临被这些外来文化吞没的危险。尼采认为，杂多的知识和博学既不是文化的必要手段，也不是它的一个标志，反而意味着某种野蛮，即缺乏统一的风格。德国用这种缺乏统一风格的“文化”并不能战胜任何敌人，至少不能战胜像拥有真正的和创造性的文化的法国。只有当把一种原创性的德意志文化强加给法国时，德国人才可以谈论一种德意志文化的胜利。①

既然德国还不存在一种真正的德意志文化，既然德国没有显著地体现一种创造性的和风格统一的文化特征，那么，怎么可能在德国的有教养者和学者中间弥漫着如此巨大的满足和自满呢，怎么会有已拥有一种真正的文化的信念呢。尼采指出，这是因为文化庸人主导了德国，让人觉察不到德国一如既往地缺乏真正的德意志文化，尽管德国取得了对法国的军事胜利。

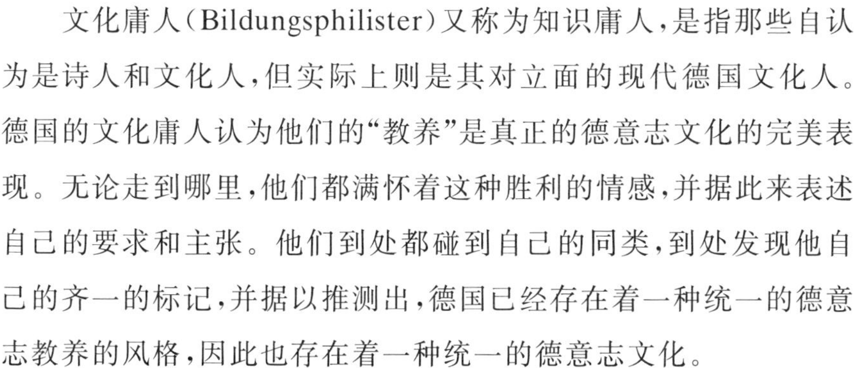

文化庸人（Bildungsphilister）又称为知识庸人，是指那些自认为是诗人和文化人，但实际上则是其对立面的现代德国文化人。德国的文化庸人认为他们的“教养”是真正的德意志文化的完美表现。无论走到哪里，他们都满怀着这种胜利的情感，并据此来表述自己的要求和主张。他们到处都碰到自己的同类，到处发现他自己的齐一的标记，并据以推测出，德国已经存在着一种统一的德意志教养的风格，因此也存在着一种统一的德意志文化。

① Friedrich Nietzsche: *Sämtliche Werke. Kritische Studienausgabe in 15 Bänden*, Herausgegeben von G. Colli und M. Montinari. KSA. 1. München, Deutscher Taschenbuch Verlag de Gruyter, 1988: 164.

文化庸人中断和背离了自路德、歌德、贝多芬及叔本华等人对真正的德意志精神的寻求。他们寄居在这些天才的伟大作品之中，相信真正的德意志精神已经找到，“勿要再继续寻求”[①]。文化庸人丧失了先前德意志文化天才的忧患意识和斗争精神，每日歌舞不休，虚骄自大，吹破牛皮。他们掌控着学术资源，模仿经典作家出版丛书和文集，然后相互给自己颁奖，就像一只骄傲的公鸡那样，对着自己镜中形象互抛媚眼，一副不可一世的样子，仿佛自己就是顶峰，自己就是德意志文化。实际上，这些文化庸人不过是，

> 一切强有力和创造性的东西的障碍物、一切怀疑者和迷途者的迷宫、一切疲惫者的泥潭、一切奔向高贵目标者的脚镣、一切新生事物上笼罩着的毒雾以及寻求和渴望新生命、新生活的德意志精神的干旱沙漠。[②]

就像尼采在《论我们教育机构的未来》(简称《未来》)中所指出的那样，文化庸人憎恨天才的主导和真正的文化要求的专制，因此便竭尽全力使那些有望出现的新鲜的和强大的运动停滞瘫痪、麻木迟钝或者解散解体，扼杀、摧残和迫害德意志民族的天才。这些文化庸人的代表之一，就是大卫·施特劳斯。

---

① Friedrich Nietzsche: *Sämtliche Werke. Kritische Studienausgabe in 15 Bänden*, Herausgegeben von G. Colli und M. Montinari. KSA. 1. München, Deutscher Taschenbuch Verlag de Gruyter, 1988: 168.

② Friedrich Nietzsche: *Sämtliche Werke. Kritische Studienausgabe in 15 Bänden*, Herausgegeben von G. Colli und M. Montinari. KSA. 1. München, Deutscher Taschenbuch Verlag de Gruyter, 1988: 167.

施特劳斯本来是个自由思想的神学作家，写过著名的《耶稣传》(1835—1836)，他也因为这个作品而失去了大学工作的机会。他也认为当代文化出现了危机，并试图用科学的物质主义去代替旧的基督教信仰，这主要体现在他晚年1872年的作品《旧信仰和新信仰》之中。这本书在当时引起了学术界的轰动，在1873就出版了第六版，被认为是当代的经典作品。在这本书的附录中，施特劳斯还对德国的经典作家如叔本华、贝多芬等人进行了评论，以显示他的转向与德国古典精神存在关联。

在尼采看来，哲学就是带有某种冒犯性，但施特劳斯的作品不过是在现代科学和哲学的门牌下，去论证其安乐状态具有合理性的庸人哲学，不过是在用新的无神论的理论来论证旧的基督教的价值理念。施特劳斯只想抽取桌布，而想保留桌子上所有什物。他并不相信《圣经》是绝对真实的，自称自己是个科学人，达尔文学说的信奉者，但是人们根本看不出达尔文的学说对他的思想有什么影响。

例如，达尔文认为，人是动物，彼此间存在着能力差异，存在着生存竞争，但施特劳斯却认为，人超越了动物，尽管存在差异，但却有着相同的需要和欲求，应该彼此平等地对待。尼采认为，施特劳斯是在把基督教的价值观塞入达尔文的学说之中，而施特劳斯本来应该从达尔文学说中得出“人与人是狼”的结论。文化庸人想用新的学说去论证他们自己的庸人哲学，而逃避利用新的学说、新的事实去建构新的理论的艰苦工作，也没有去动摇其基督教的价值观。

尼采认为，施特劳斯的书缺乏任何具有冒犯性的东西，也就是说，缺乏任何创造性的东西。施特劳斯缺乏性格与力量却冒充有性格和力量；缺乏智慧却冒充优越和经验老练，不是天才却冒充是天才。

尽管这本书的内容即施特劳斯的信仰自白不具有冒犯性，但作品的形式，即其语言却具有冒犯性。尼采认为，作为作家，施特劳斯的书对德意志语言犯下重罪，玷污了德意志先人传给我们的神圣的、无比宝贵的和不可侵犯的财富即德语。施特劳斯的书充满了流氓黑话，如错误表述、不恰当比喻以及语法混乱等等。

既然《旧信仰和新信仰》从内容到形式都是一个文化庸人的作品，但这样一本书却再版6次，居然成为年轻人喜爱的畅销书，被颂扬为当代经典。尼采忧虑到：

> 对于每一个想帮助后代获取当代所缺乏的东西即一种真正的德意志文化的人来说，这是一些可怖的糟糕的条件和前景。对这样一种人来说，大地为灰烬所覆盖，所有星辰都黯淡无光；每一棵枯死的树、每一片荒芜的原野都在向他大声疾呼：不毛之地！毫无希望！春天不会再来这里！[①]

那么，为什么文化庸人不具有创造性呢。一个原因就是他们献身科学、特别是历史科学，过早、太快地吸取太多的历史知识，窒息了生命中本有的创造力。尼采在《历史》进一步解剖施特劳斯等

---

① Friedrich Nietzsche: *Sämtliche Werke. Kritische Studienausgabe in 15 Bänden*, Herausgegeben von G. Colli und M. Montinari. KSA. 1. München, Deutscher Taschenbuch Verlag de Gruyter, 1988: 200.

现代文化庸人的灵魂，指出，他们没有能力去创造一种肯定神话、因此促进生命的文化。

二、过多知识伤害了生命的创造力/文化庸人的病理分析

尼采在《历史》开篇借用歌德的话指出，他痛恨一切妨碍行动和生命创造力的东西。他认为，真正的德意志文化暗而不彰，主要是因为青年人的生命的创造力受到了过多的知识特别是历史知识和历史教育的伤害；不受遏制的分析冲动正在摧毁生命创造力发挥所需要的幻象，因此，需要一种非历史的和超历史的视野。

我们知道，自黑格尔把人类文明史视为人的自由和自我意识的发展之后，对于历史知识、历史教育的追求，进而言之对正义或纯粹知识的追求，成为了德国科学发展及教育的特色和骄傲。尼采指出，德国所有人确实都患上了一种疯狂的历史热病，正饱受它的折磨。高估历史的价值，就是在阻碍和贬低生命的价值。历史对于生命存在着利和弊，只有当历史能服务于生命，我们才愿意服务于历史学。

尼采区分了三种服务于生命但也可能伤害生命的历史学路径，即丰碑的历史、崇古的历史和批判的历史。

尼采相信，历史对于生存着的生命的三种服务功能；每个人可以根据不同的目标、力量和需求，去使用一定数量的过去的历史，有时是丰碑的，有时是崇古的，有时是批判的知识。这是一个时代、文化、民族和人与历史的自然的关系，并受其可塑性的要求及限度所调节。个体可以依据这个原则是恰当地使用历史，但永远

不能成为生命的纯粹的思考者，即一种渴求知识，并为知识所满足的人。知识要服务于生命，而不是相反。只有这样，过去才是值得欲求的，才能服务于现在和未来，而不是削弱和根除未来。相反，如果历史被误用，那么就会产生相反的效果，阻碍生命和文化的成长。

尼采认为，这种对于历史的过度追求，对于历史分析的不加限制的推崇，一个根本的弊端在于它摧毁了生命创造力的发挥所需要的必要的幻象。因为生命必须被限制在一定的视野之内，才能够繁荣茂盛，才具有深沉的创造力。

动物生活在现在的瞬间，居住在一个小点状的视野之内，没有对过去的悔恨和烦恼，因而是幸福的。这样一种非历史的感知能力，是更重要和更原始的生命能力，因为只有在它提供的根基之上，一切合理的、健康的和伟大的东西，一切真正人性的东西才能茁壮成长。非历史的感知能力，就像是裹在生命外面的保护云层，就像母亲晦暗的子宫，唯有在它里面，生命才得以孕育，如果云层被破坏，子宫被照亮，生命也将重新遭遇灭顶之灾。这样一种保护云层，就是一种生命的幻象。

如果没有这样一种幻象的保护，如果这个保护性的神秘的幻象被消除了，那么，生命将会受到阳光的直射，而处于一片光的海洋之中；任何一种宗教、一种艺术或一个天才就会枯萎，生命将变得坚硬而且贫瘠。没有幻象，生命就不会繁荣。

因此，尼采认为，有必要对科学，特别是历史科学进行限制，以避免科学统治生命。当科学摧毁了人安身立命的基础，摧毁了他对持久和永恒之物的信念，生命本身也就崩塌了，变得萎靡不振、惶惶不可终日。在生命与科学之间,生命是主宰的力量,因为知识摧毁了生命,知识自身也将一同摧毁。因此,科学需要一种更高的监视和督察,需要一种"生命健康学"。这种生命健康学的一个原理是:用非历史和超历史的能力来治疗历史对生命的压制,治疗历史过度的疾病。[①]

这里的"非历史的能力"是指一种能够遗忘的艺术和力量,它能够将自己封闭在一个有限的视野之内;"超历史的能力"是指这样一种力量,它能够使目光不再注视生成的过程,而是转向那些赋予人生此在以永恒与稳定的特定的事物之上,转向艺术和宗教。这两种能力是科学的解毒剂。科学的观察方式只看完成的、历史的事物,但看不到持久存在的、永恒的事物。科学与永恒力量如艺术及宗教之间存在着内在矛盾。科学痛恨遗忘,因为遗忘意味着知识的死亡;它希望破除一切视野的限制,将人掷入到所认识的生成的无边无际的光海之中。而在这种光海之中,任何生命都无法生存和繁荣。[②]

任何更为高级的文化都要求历史的、非历史的以及超历史的视野处于良好的平衡之中。否则,如果科学过度发展,那么,人们对真理的兴趣会停止,因为它给人带来的欢乐很少了;而幻象乃至谬误,由于它们是与快乐联系在一起的,将会渐渐地重新恢复其原

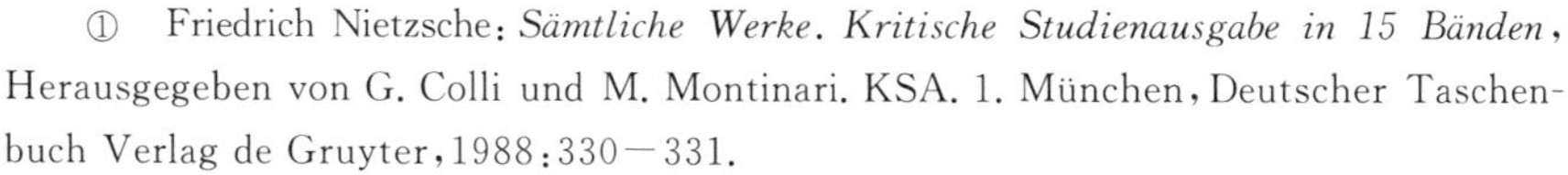

① Friedrich Nietzsche: *Sämtliche Werke. Kritische Studienausgabe in 15 Bänden*, Herausgegeben von G. Colli und M. Montinari. KSA. 1. München, Deutscher Taschenbuch Verlag de Gruyter, 1988: 330—331.

② Friedrich Nietzsche: *Sämtliche Werke. Kritische Studienausgabe in 15 Bänden*, Herausgegeben von G. Colli und M. Montinari. KSA. 1. München, Deutscher Taschenbuch Verlag de Gruyter, 1988: 330.

来的地盘;这样也可能会导致科学破败,使人重新陷入野蛮状态。于是,科学的力量重新复兴。如此往复不已。

尼采认为,今天的德国人忍受着生命与知识的矛盾,完全感知不到一个真正有文化的民族的教育和教化的特征——只有植根于生命,文化才会生长和繁茂。这一点只有希腊人做到了。

希腊人曾一度发现,他们快要在过去和外来的文化洪流中溺亡,快要在"历史"中沦亡。但他们没有长时间地成为外来文化的不堪重负的继承者和追随者,经过与自己的一番苦战以后,他们甚至成为了其历史的最幸福的丰富者、增值者和提升者,也成为了一切未来文化的先到者和模范。在希腊,一个人可以是有教养者,但同时完全没有历史教养。[①]

相反,在当代德国,教养被等同于历史教养。特别是在教育机构,青年人吸食过量的历史知识,他们被鞭打着走过数千年的历史。他们对战争、外交和贸易政策都并无感知,但人们却认为他们应该开始学习政治史和贸易史了。奇怪的、野蛮的和狂暴的事物如此有力地"团成令人恶心的团",侵入到这些在历史中匆匆奔跑的青年人的灵魂之中。这些学习历史学的大学生,在他们未成年之前就已经明显地承继了一种过早的烦腻与厌倦,成为带着早熟和新知去咕哝着国家、教会和艺术的空谈家,成为对上千种二手感觉的感觉中枢,成为不知真正饥渴为何物的永不饱足的胃。他们

① Friedrich Nietzsche: *Sämtliche Werke. Kritische Studienausgabe in 15 Bänden*, Herausgegeben von G. Colli und M. Montinari. KSA. 1. München, Deutscher Taschenbuch Verlag de Gruyter, 1988:333.

的教育不允许他们拥有文化,而只能沦为文化庸人。[①]

人们利用过度的历史感来对付青年,去根除青年的最强的本能,如热情、执拗、忘我和爱。这样一来,青年人会把无限的视野撤回到他自己身上,撤回到那最为渺小的自私自利的王国,并且必然在其中凋萎和干枯。他也许会有小聪明,但达不到大智慧。他听从理性,妥协折中,经营算计,适应事实;他保持冷静,懂得在他人的有利和不利中去寻找他自己或者他的派别的利益。这样一种更加精致和更加聪明的利己主义,使生命的力量陷入瘫痪,并且最终被摧毁。[②] 而那些试图利用批判的历史来重建人性的人都知道,

> 我们所能做的最好的事情就是,用我们的知识去对抗我们的世代相传的继承的本性。甚至用一种新的、更严格的训练去对抗我们自古就接受的教养方式和习俗传统,在自己身上培育新的习惯、新的本能,培育我们的第二本性,以让我们的第一本性凋谢。[③]

尼采认为,这永远都是一种危险的尝试,但我们要认识到,第

① Friedrich Nietzsche: *Sämtliche Werke. Kritische Studienausgabe in 15 Bänden*, Herausgegeben von G. Colli und M. Montinari. KSA. 1. München, Deutscher Taschenbuch Verlag de Gruyter, 1988: 326.

② Friedrich Nietzsche: *Sämtliche Werke. Kritische Studienausgabe in 15 Bänden*, Herausgegeben von G. Colli und M. Montinari. KSA. 1. München, Deutscher Taschenbuch Verlag de Gruyter, 1988: 279.

③ Friedrich Nietzsche: *Sämtliche Werke. Kritische Studienausgabe in 15 Bänden*, Herausgegeben von G. Colli und M. Montinari. KSA. 1. München, Deutscher Taschenbuch Verlag de Gruyter, 1988: 270.

一本性也曾经在某个时候是第二本性，而且每一个获得胜利的第二本性都会成为第一本性。尼采承诺，如果青年人采取这种批判的态度，那么后来一代就会发现他们是先到者，也就是丰碑的建立者。因此，尼采在《历史》号召用一种丰碑的新文化和本性来代替其所批判的没有创造力的生命和文化。[①]

德国教育的谎言在于使人相信历史教育是必要的，试图用历史教育（追求真理）来阻碍真正的教育（而真正的教育又需要幻象）。因此，必须告诉德国青年关于其贫乏的时代文化的必然真相：德国没有真正的文化的原因，就是他们的历史教育使之变得不可能，就是他们的历史教育摧毁了保护性的必要的生命幻象。

至此，我们可以看出，尼采在《历史》文末把先前的文化批判转为教育批判，并寄希望通过教育机构的改造，来发展青年人的新教育、新本能和新本性。但尼采认为，最有效的办法是青年人能找到自己的教育者。

三、文化天才如何与时代战斗/文化天才如何成为教育者

尼采认为，要寻求更高的自我，就必须与合乎时宜的虚假的时代文化进行斗争，而成功的斗争历程的作品就是真正的文化，就是作为生命幻象的丰碑的历史，因而，这样的英雄历程对于每一个正在成长中的青年都具有教育意义。从这个意义上，不仅存在着作为教育者的叔本华，还存在着作为教育者的瓦格纳。尼采在《叔本

① Shilo Brooks：*Nietzsche's Culture War：The Unity of the Untimely Meditations*，Palgrave Macmillan，2018：111.

华》和《瓦格纳》中重点考察了两位不合时宜的大师，如何与合乎时宜的时代的恶劣风气作战，成为了他们自己，发挥了他们自己的天才，并创作了不合时宜的真正的文化。

如果说，尼采前两个考察主要在于批判的话，阐释了文化庸人如何阻碍了德意志精神的复兴，解剖了虚假的德意志文化如何发荣滋长，那么，从第三个考察开始，尼采从积极的方面探讨了如何去建构真正的德意志文化，也就是说，探讨了天才是如何成长的，如何与其时代进行抗争，并创作和实践自己的作品，达到哲学与生命的统一。也正是在这个意义上，天才同时也行使着作为青年人的教育者的使命。

在尼采看来，现代德国出现了两种不同的追求文化的道路。一条是文化庸人的道路，他们数量众多，受到时代的欢迎，会获得奖赏和花环，有强有力的同类的支持。走上这条道路之人的首要义务就是“协调一致地战斗”，第二个义务则是把所有那些不愿意加入到自己队伍的人视为敌人。第二条是极少数天才所走的道路，其同路人极为少数，路途更加难走、曲折和陡峭。他们还会受到走在第一条道路之人的取笑、引诱和打击，但他们负有创造真正的文化的责任，[①]必须完成他们命定必须去创作的作品。

尼采这里使用了《未来》中的段落[②]来描述这两种文化之路。与《未来》一致的是，尼采明确指出，教育的目标不是大众，而是少

① Friedrich Nietzsche: *Sämtliche Werke. Kritische Studienausgabe in 15 Bänden*, Herausgegeben von G. Colli und M. Montinari. KSA. 1. München, Deutscher Taschenbuch Verlag de Gruyter, 1988: 402—403.

② 尼采:《论我们教育机构的未来》，彭正梅译，商务印书馆，2019 年，第 90—92 页。

数被拣选之人的养成，这些人天生就是为了伟大的永恒的作品而来。他们作品就是其教化之旅的结果，也就是文化。因此，尼采认为，有必要以有意识的意志，去替代生命中那“晦暗不明的本能”，以防止它被运用于完全不同的目的，防止它被引往绝无可能实现“产生天才”这个最高目标的歧路。[①]

这是一种神秘的自然的形而上学。自然产生天才即哲学家、艺术家和圣人，其目的就是为了自我认识。也就是，自然向人竞取，而人向天才竞取。在尼采看来，这样一种目的，才是那“晦暗不明的本能”的真正目的，也是文化的真正目的。

因此，文化之旅就是把那“晦暗不明的本能”有意识地转向追求更高自我之旅的意志。而这也意味着要与文化庸人主导的时代进行作战。伟大人物反对他自己时代的斗争，就是这个伟大人物与其自身的疯狂的死战。因为他是与这个时代中阻止他不能成为伟大的东西作斗争，与那些阻止他自由地并完全地成为他自己的东西作斗争。其斗争所针对的是那些不是真正的自我的东西，针对其中不可结合和永远不相容之物的不纯洁的杂乱拼凑，针对合乎时宜的东西与不合时宜的东西的虚假焊接。[②]

叔本华就是在与时代的这种对抗之中，成为一种钢铁般的丰碑人物。叔本华从少年时代开始就在与那个虚假的、虚荣的、配不

① Friedrich Nietzsche: *Sämtliche Werke. Kritische Studienausgabe in 15 Bänden*, Herausgegeben von G. Colli und M. Montinari. KSA. 1. München, Deutscher Taschenbuch Verlag de Gruyter, 1988: 387.

② Friedrich Nietzsche: *Sämtliche Werke. Kritische Studienausgabe in 15 Bänden*, Herausgegeben von G. Colli und M. Montinari. KSA. 1. München, Deutscher Taschenbuch Verlag de Gruyter, 1988: 362.

上他的“母亲”即时代作斗争。一旦他在自身中战胜了他的时代，他就以惊奇的目光发现栖身于己的天才。他洗清和治愈了自己的本质，并发现自己重新找回他那属于他自己的健康和纯洁。那个继母即时代掩盖他的天才的意图被挫败了，升华了的自然的王国被揭示出来了。[①] 叔本华挣脱了时代的羁绊，认识到生命是自由的。叔本华的自由是一种挣脱时代以后的孤寂的自由：自由就是孤寂，孤寂就是自由。

尼采指出，天才出现的条件，从总体上而言，部分恰恰就是叔本华成长起来所赖以的条件。叔本华精力充沛地战胜了时代的危险，捍卫了自己，健康和腰杆挺直地走出战斗，成为孤寂的天才。这也说明，对于饱受历史教育、科学教育以及其他合乎时宜的文化的影响的青年人来说，与时代进行成功斗争是可能的，因此，叔本华正是在这点上具有教育意义，可以成为青年人的教育者。

尼采考察了现代以来相继树立起来的三种人的形象即卢梭式人、歌德式人和叔本华式人，这三种形象都将长久地激励必死之人去提升和圣化他们自己的生命。在三种形象中，第一个形象是卢梭式人，拥有最大的火力，无疑能发挥最广泛的作用；第二个形象是歌德式人，只为少数人而设，亦即为具有伟大风格的沉思型的思想家而设；第三个形象是叔本华式人，要求一种只有最积极行动的人才可能进行的沉思。按照尼采对历史路径的区分，我们这里可以认为，卢梭式人体现了一种强调行动的批判的历史，歌德式人体

① Friedrich Nietzsche: *Sämtliche Werke. Kritische Studienausgabe in 15 Bänden*, Herausgegeben von G. Colli und M. Montinari. KSA. 1. München, Deutscher Taschenbuch Verlag de Gruyter, 1988: 362—363.

现了一种强调沉思的崇古的历史，而叔本华则体现了一种强调行动与沉思的丰碑的历史。或按照《诞生》的逻辑，卢梭式人是野蛮的狄奥尼索斯，歌德式人是理性的阿波罗，而叔本华式人是文明的狄奥尼索斯，体现了一种融合日神精神的酒神精神。唯有叔本华才能成为真正的教育者，价值的创造者，才能克服时代的相对主义。尼采指出，成为叔本华式人物是我们实存的最高使命，也就是成为你自己。

尼采在《叔本华》的开篇指出，人是一种独特的一次性的存在，因此每个人都负有责任“认识你自己”，“成为你自己”。但大多数人太过脆弱，借助他们自己的力量无法做到，因此需要一个教育者来帮助我们完成“认识你自己”及“成为你自己”这一艰巨任务，把我们从时代污浊的洪流中举起。

叔本华就像《未来》中被等待的哲学大师，过着孤寂而自由的生活。他必须对时代竖起双耳，保持警惕，起而反抗，并决定“我要坚持我自己！”这也说明，自由也是一种不断的自我克服的永恒过程，因为总有力量在试图引诱他离开自己的洞穴。瓦格纳就离开了自己的洞穴，去寻找和教育自己的人民。

叔本华是成功从当代世界中隐退，保持着自己的独立，瓦格纳也被从德国放逐到瑞士的特里布申，成为隐遁的孤寂的大师。但是，1872 年的瓦格纳却选择去德国的拜罗伊特，决定亲自与时代进行积极的搏斗，把拜罗伊特变成德意志精神的复兴之地，一种真正的教育机构，或者说，建立一种艺术家作为国王的艺术的理想国。

在尼采看来，瓦格纳戏剧是古希腊悲剧在当代德国的复兴，体现了一种真正的生命意志及真正的德意志文化。这种艺术对生命是不可或缺的，就像丰碑的历史，它使用神话的虚构来提升人的灵魂。[1] 瓦格纳的歌剧的悲剧特性可以为现代历史主义所引起的疾病提供治疗。尼采在《历史》中描述了人类妒忌动物能够非历史地生活，忘记时间的流逝和对死亡的恐惧。而瓦格纳歌剧所引起的悲剧意识，也可以帮助人类忘记死亡和时间流逝造成的恐惧，它可以治疗生成引起的伤痛，从毁灭中感受快乐，拥抱其所生活的不断变动的世界中基本的神秘特性。

尼采认为，瓦格纳的悲剧艺术向观众展示了一个更为简化的世界，对生命问题提出了更为简单的解决。生命越加困难，个体就越加热切地需要简化的表象，哪怕就是短暂的瞬间。[2] 为了使生命之弓不至折断，就需要有悲剧艺术。

瓦格纳的悲剧艺术作为一种拯救和提升生命的艺术，其本质就是一种艺术的哲学思考；瓦格纳在本质上是一位哲学家，一位用声音进行思考的哲学家。在尼采看来，瓦格纳的歌剧并不仅仅是写作，而是把言语表达、姿态以及音乐融为一体的新的哲学思考。例如，《尼伯龙根的指环》就是一个具体的思想体系，尽管不是以概念的形式出现；《特里斯坦与伊索尔德》就是一部所有艺术中真正的形而上学作品。在瓦格纳那里，哲学思考变成了一项诗意的文化创造活动，并不完全是理性的、概念的。

---

① Shilo Brooks：*Nietzsche's Culture War：The Unity of the Untimely Meditations*，New York，Palgrave Macmillan，2018：190.

② Shilo Brooks：*Nietzsche's Culture War：The Unity of the Untimely Meditations*，New York，Palgrave Macmillan，2018：191.

在尼采看来，瓦格纳自己并不属于他的合乎时宜的时代，他的艺术在现代人中间必将找不到家园，因此，他要让他的作品成为“一个神圣的宝库”，并“把它交给能够对其更好地做出判断的后代”。尼采悲叹道，

> 他不遗余力且毫不懈怠地保存他的作品，就像处于最后时日的昆虫，为它的卵找到安全的保存之地，操心它的顺利孵化，尽管它永远没有机会看到最终的孵化；它把卵存放在它确信以后能获得生命和食物的地方，然后欣然死去。[①]

但在《瓦格纳》的结尾，尼采否认瓦格纳是未来的先知，而是强调瓦格纳是过去的阐释者和美化者，这样的论述使得整个作品再次回到了第一考察和第二考察，甚至回到了《诞生》中的问题，即像瓦格纳这样的艺术天才如何创造性地使用历史，来创造提升生命的文化。

可以看出，尼采在《瓦格纳》中极力对瓦格纳进行理想化，就是为了与《施特劳斯》进行对比，因为前者才是真正的天才。瓦格纳与历史的关系，不同于学者与历史的关系。前者艺术地使用历史，后者只会科学地使用历史。瓦格纳把历史变成了手中的工具和锤子，用来建立促进生命的文化视野。瓦格纳拥有这种最为强大的力量，即加固、联结和聚拢最遥远的丝线的能力。施特劳斯则精神

---

① Friedrich Nietzsche: *Sämtliche Werke. Kritische Studienausgabe in 15 Bänden*, Herausgegeben von G. Colli und M. Montinari. KSA. 1. München, Deutscher Taschenbuch Verlag de Gruyter, 1988: 498.

虚弱，只具有批判能力，但缺乏真正的思想家的综合、建构能力，无法建构一种统一的文化。因此，只有像瓦格纳或尼采理想化的瓦格纳，才超越了施特劳斯这样的文化庸人。

《诞生》与《考察》体现了古典语文学家的尼采作为艺术哲学家的诞生。考虑到《考察》结束于瓦格纳以及对瓦格纳艺术的隐忧，因此，艺术哲学家尼采的诞生，也意味着作为教育者的瓦格纳的退隐，作为教育者的尼采正式登场。这尤其体现在《考察》的写作背景及尼采的成长历程之上。

四、结论：尼采作为天才的诞生/尼采作为教育者的诞生

猩猩的目的是成为人，人的目的是成为超人。只有符合这种目的的文化，才是真正的德意志文化。经过《考察》中的四场精神战斗，年轻的尼采走出了天才瓦格纳的阴影，成功地作为天才、同时也作为教育者而诞生，自己成为了丰碑的历史上的一个丰碑，天才共和国的一员。这也是早期尼采、特别是《考察》的文化批判和教育批判的基本结论。也就是说，《考察》的写作背景恰恰体现了《考察》的结论。这尤其体现在尼采与天才瓦格纳的关系之中。没有瓦格纳的敦促，尼采不会立即去写作我们今天见到的《考察》。《施特劳斯》就是一部遵命之作。

尽管尼采在《诞生》中指出，瓦格纳的艺术中存在着正在复兴的希腊悲剧的本质，但他认为瓦格纳的艺术在美学意义上完全不合时宜，在当代贫瘠的精神世界中，其伟大性注定不会被认可。具有类似不合时宜思想的尼采，把瓦格纳的事业视为自己的事业，把瓦格纳的命运视为自己的命运，并在瓦格纳的命运中去感受自己

的不合时宜的思考。自 1869 年到巴塞尔大学任教后，尼采频繁地造访瓦格纳在特里布申的居所，义无反顾地支持瓦格纳的事业，把自己的第一本书献给瓦格纳，甚至还想辞去教职来支持瓦格纳的事业。尼采认为，瓦格纳就是现实中的、身边的天才。

天才瓦格纳对于青年尼采来说，就是一个教育意义上的解放者。瓦格纳经常嘲笑新兴中产阶级的庸俗，其作品亦不受时代所欣赏，因为中产阶级不喜欢他的创作。作为瓦格纳的弟子，尼采毫无疑问地加入到瓦格纳的态度之中。《诞生》表明他是瓦格纳的弟子，但也表明，他不是命定的天才或领导，而是被天才瓦格纳所领导。但随着他与瓦格纳的交往，尼采开始表现出自己的创造性。《诞生》表明，他超越了叔本华，甚至比瓦格纳更像是哲学家。这说明，尼采不是天生的天才，而是在学习成为天才。

《诞生》的思辨性以及对古希腊文化的原创性的解释，显示尼采不是一个语言学教授，而是一个哲学家。尼采本想进一步研究古希腊哲学，并计划转入到哲学教学。或者说，尼采想进一步探讨希腊悲剧时期的真正的哲学，因为在尼采看来，“悲剧的隐退”与“哲学的终结”是同一个事件①。

1872 年，瓦格纳从特里布申搬到了拜罗伊特，去从事自己复兴德意志文化的伟大计划。与瓦格纳地理上的距离，正好也给了尼采从其所好的空间。但瓦格纳只关注自己的事业，并不关注尼采自己的兴趣，他不断催促尼采去拜罗伊特，帮助自己的事业。瓦格纳的夫人也写信给尼采，提醒他要对瓦格纳保持忠诚。

① 孙周兴：“开启一种本源性的诗思关系——论早期尼采的悲剧文化观”，同济大学学报（社会科学版），2005 年第 4 期，第 21—29 页。

1873 年 4 月，当尼采拜访拜罗伊特，并告诉瓦格纳他的希腊哲学的研究计划及进展时，瓦格纳反应很冷淡，建议尼采研究当代文化而不是古希腊。瓦格纳也许并非没有认识到尼采的天赋，他不过是希望尼采用自己的天赋和力量去关注当代文化，帮助自己复兴真正的德意志文化。瓦格纳暗示尼采去批判自己的敌人施特劳斯。既然施特劳斯是瓦格纳的敌人，那么，此时的尼采便把施特劳斯视为自己的敌人。

这就是为什么尼采没有出版他的希腊哲学的研究，转而调整方向，对其当代文化进行不合时宜地考察。当他 1873 年 4 月从拜罗伊特回巴塞尔之后，他立即开始写这个作品，5 月初就完成了《施特劳斯》初稿，并把它作为瓦格纳的生日（5 月 22 日）礼物送给他。自然，这部作品受到了瓦格纳的高度赞扬，同时也引起社会的巨大关注。尼采由此也欣喜地感受到了自己作为论辩者的天赋。

第二个考察《历史》是尼采 1873 年秋季动笔。不过，在这个夏天，他刚刚完成《道德之外的意义上的真理和谎言》的文章，并计划把它作为系列考察中的一个考察。《历史》大部分是在 10 月和 11 月完成，结论部分是 1874 年最初几周完成的，并在同年 2 月出版。相对于第一考察，第二考察几乎无人注意。甚至瓦格纳的夫人也批判其写作风格。罗德认为，尼采的稿子像是不同的片断连缀起来的，太多的逻辑跳跃需要读者去填补，并对尼采的稿子进行阅读和改善，尼采也在最终的版本几乎完全接受了罗德的修改。尼采在第一考察批判施特劳斯没有风格，现在在第二考察中，他自己也遭受了风格上的批判，遭受了作为作家的危机。

第二个考察尽管没有瓦格纳的促进，但还是可以看出瓦格纳的影子。尼采把他的时代的历史文化诊断为西方文明严重的疾病和堕落，特别是德国沉溺于（历史）知识之中，复兴和创造真正的德意志文化几乎是不可能的。尼采认为，创造性行动只对个体是可能的，反对国家具有创造性的黑格尔观点；只有像歌德、叔本华和瓦格纳这样的文化天才才能拯救19世纪的文化堕落。尼采在写作第二考察中自然会在心中把瓦格纳作为原型，认为瓦格纳在特里布申的房子代表了生命和创造力，而巴塞尔大学则代表了历史化的学术研究和历史教育，生产了崇古的文化庸人。而瓦格纳这样的文化天才则采用批判的历史，从而创作丰碑的历史。

在尼采看来，瓦格纳这个创造性的天才，就是行动之人，全力卷入世界，努力用戏剧来复兴德意志文化，典范性地运用历史来创造新的文化。尼采认为瓦格纳的工作比自己的工作重要得多。1874年5月，也就是自从第一次拜访特里布申的第15个年头，尼采在祝贺瓦格纳生日的一封信中谦卑地说，与瓦格纳的第一次相见，就给了他的生命以新的方向：

> 正是您，把我这样一个在黑暗、陌生的道路摸索和磕绊前行之人，逐渐领入光明之道，我深感无比地幸运。因此，我不能不把您奉若父亲。我庆祝您的生日，就像庆祝我自己的生日。[①]

为了证明自己是瓦格纳最喜爱和最忠诚的弟子，尼采还为节日剧院出现经费问题时，写了一个题为《对德意志人的警告》的募

① Carl Pletsch: *Young Nietzsche: Becoming a Genius*, New York, The Free Press, 1991:174.

捐文章。尼采在其中指出，“如果政治和民族热情的强盛欲望，以及写在我们的生活面孔上的对幸福和享乐的追求不该迫使我们的后人记得，在我们德国人最终重新找到我们自身之前，我们已经开始丧失自我，那么现在，这个民族就比在任何时候都更需要德意志艺术崇高的魔力和惊恐来获得净化和圣化。”[①]显然，尼采眼中的“纯粹艺术”就是瓦格纳的艺术，德国的未来艺术。文章最后没有被使用，因为态度过于强硬。

尼采对瓦格纳的感激之情，还体现在第三考察《叔本华》中关于“青年人是多么需要自己的教育者”的感慨之中。不过，我们也可以认为，尼采写《叔本华》，显示他希望从瓦格纳的阴影中解放出来，发现他自己的天赋，成为他自己，并自己成为教育者。如果联系第四个考察《瓦格纳》，那么，后一种看法可能更有道理。不过，这与尼采的感激之情并不矛盾。

1874 年秋，尼采想写“我们语文学家”作为第四个考察，以回应他的《诞生》所遭受的消极对待。1875 年 2 月，他还在写这个作品，并想在复活节完成，不过这个作品最终被放弃，原因不明。1874 年秋天，尼采就开始为《瓦格纳》的写作做笔记，但直到 1875 年的秋天和冬天才开始集中去做，并于 9 月完成了前六个部分，在 10 月完成了第七和八部分。不过，尼采写信给朋友说，他对这个作品的未来出版感到恶心，并宣布不会出版这个作品。

这主要是因为尼采开始对瓦格纳有了新认识，并对这个作品

① Friedrich Nietzsche：*Sämtliche Werke. Kritische Studienausgabe in 15 Bänden*, Herausgegeben von G. Colli und M. Montinari. KSA. 1. München，Deutscher Taschenbuch Verlag de Gruyter，1988：897.

前面部分对瓦格纳的赞美开始感到不满。直到 1876 年 4 月，尼采的朋友伽斯特(Peter Gast)认为这个作品值得完成并加以出版，加上拜罗伊特音乐节的临近，尼采才决定再次加工这个作品。在伽斯特的帮助下，尼采在 1876 年的 5 月底和 6 月初完成了最后三个部分。这个作品在 7 月出版。1876 年 8 月，正值第一次拜罗伊特音乐节，瓦格纳最终完成了他的《尼伯龙根指环》，标志着其艺术生涯的顶峰。《瓦格纳》是献给这次音乐节的。毫无疑问，这个作品受到了瓦格纳的赞扬。

不过，在拜罗伊特逗留期间，尼采对瓦格纳的不满开始增加，他对拜罗伊特是真正现代艺术复兴之地的信念开始消退。他认为，瓦格纳开始向德国公众售卖时髦的合乎事宜的品味，而不是痛击德国合乎事宜的平庸和庸人。拜罗伊特是在为德国文化庸人的成就加冕。他原打算用 10 年时间写 13 个考察，但由于对瓦格纳失望，原先计划习作的系列考察也就结束了。现在包括四本小书的《考察》最初是受瓦格纳促进而产生，最后也是结束于对瓦格纳的失望。

早在 1874 年，尼采就开始在笔记上批判瓦格纳，认为瓦格纳除了创造音乐，还假装是诗人、戏剧家，但实际上，他的音乐、诗学以及编剧都价值不高。瓦格纳在任何方面都并不是天才，其本质上是一个演员。[①] 但尼采在写第一次音乐节的瓦格纳的颂词也就是《瓦格纳》时，他不得不压抑自己对瓦格纳及其作品的态度，把不满情绪倾泻到自己的笔记之中。实际上，即使《瓦格纳》总体上保

① Friedrich Nietzsche: *Sämtliche Werke. Kritische Studienausgabe in 15 Bänden*, Herausgegeben von G. Colli und M. Montinari. KSA. 1. München, Deutscher Taschenbuch Verlag de Gruyter, 1988: 908—912.

持着对瓦格纳的深切同情和颂扬，细心的读者也能感受到尼采对瓦格纳的某种批判。

尼采当时的笔记显示尼采对于瓦格纳的一种矛盾的态度：草稿的修改、部分已经详细拟定但又没有采用的主题、布满修辞调整、被修改得面目全非的手稿。比起《瓦格纳》的原文文本，尼采的笔记及其他相关材料所透露的对瓦格纳的态度也许更值得我们关注。[①] 其中一个隐秘的信息是，尼采认为瓦格纳挡住了他的天才之光，他要追求自己的独立性。

自从瑞士移居到德国，瓦格纳就一步一步地堕落了，在每个方面甚至包括反犹主义都变成了尼采所鄙视的人。瓦格纳变了！瓦格纳变成了一个合乎时宜的德国人！瓦格纳从一个孤寂的被流放到瑞士的天才，变成了德意志民族的合乎时宜的文化偶像。在1888年的自传中，尼采说，拜罗伊特是他梦醒了的地方。[②] 对拜罗伊特，尼采感到非常陌生，而特里布申对他却曾经是一个无比美妙的幸福之地。

尼采与瓦格纳的决裂，表明他认识到他是他自己，认识到他偏离了自己的发展轨道，而现在他想急于回到自己的轨道上来：

> 我那时在拜罗伊特所作的决定就是不仅仅与瓦格纳决裂：我注意到我完全偏离了我的本能，犯了巨大的错误。不管

① Friedrich Nietzsche: *Sämtliche Werke. Kritische Studienausgabe in 15 Bänden*, Herausgegeben von G. Colli und M. Montinari. KSA. 1. München, Deutscher Taschenbuch Verlag de Gruyter, 1988: 908—912.

② Carl Pletsch: *Young Nietzsche: Becoming a Genius*, New York, The Free Press, 1991: 201.

是作为瓦格纳的弟子，还是作为巴塞尔大学的教授，都不过是症状。我因为我对我自己的不耐烦而克服了我自己。我认识到，我迫切需要对自己进行回顾和反思。突然，我惊恐地认识到我已经浪费了太多的时间。[①]

可以看出，不是瓦格纳变了，而是尼采在成长。《考察》尽管最初是在遵命之中开始的，但随着写作的不断进展，尼采的主体感不断增强，他的天才不断涌动和觉醒。如果说《未来》对年青人屈从大师进行了合理论证，那么，《叔本华》以及《瓦格纳》则显示了尼采在争取成熟以及独立，而那些曾经作为其偶像的天才们则走向了黄昏。

如果说尼采与瓦格纳之间存在着一种父子情结，那么他作为天才的诞生，则意味着某种弑父行为，正如他曾经如此对待自己父亲般的导师古典语文学家里契尔（Ritschl）以及哲学家叔本华。不过，从尼采后来的作品可以看出，瓦格纳仍然在其整个思想历程发挥着某种影响，成为其永远的“痛”。即使是尼采的传记也带有瓦格纳的风格，称自己“为什么如此聪明”，而瓦格纳的传记名称是《我生来如此不同》。

我们知道，每一个真正的原创性的思想家，都需要某种程度的激进的个人独立。《考察》对尼采成长的个人意义，尼采后来也有所表述。尼采在 1884 年重新阅读第三考察时说，“我已经在按照

① Carl Pletsch：*Young Nietzsche*：*Becoming a Genius*，New York，The Free Press，1991：203.

我预先为自己勾勒的生活方式而生活"[①]。尼采坚持认为，第三、第四考察的真正主体就是他自己，他的最内在的历史、他的成长，特别是他的承诺。尽管尼采在试图刻画叔本华和瓦格纳，但我们完全可以不去追究这些刻画在细节上有多少是真实的，因为尼采在根本上刻画的就是他自己。《考察》预示着承诺，而且，从《人性的，太人性的》以后，尼采所做的就是履行承诺。

尼采曾指出，他只写自己已经克服了的人物。也就是说，当他写叔本华时，就表明他已经不是叔本华哲学的追随者了，写瓦格纳时也同样如此。

同样的逻辑，按照尼采自己的理解，《考察》中的叔本华和瓦格纳并不是这些考察的核心关注，就像施特劳斯和哈特曼不是核心关注一样。尼采是借助他们来批判当代文化、教育和教化。施特劳斯是文化庸人的代表，哈特曼是源于黑格尔主义以及过度的历史主义的衰弱的玩世主义的代表，叔本华是真正哲学家的代表，而瓦格纳体现了真正艺术家的本质。尼采后来指出，他从不攻击个体而是利用他们来聚焦更大的问题。他利用叔本华，就像柏拉图利用苏格拉底那样，来展现自己的观点。[②] 他把《瓦格纳》作为他自己的未来，而在《叔本华》中则投射了他自己的最内在的历史。

从上可以看出，《考察》(1873—1876)标志着尼采作为天才的诞生。这一点在1878、1879年两卷本的《人性的，太人性的》中可

① *Shilo Brooks*: *Nietzsche's Culture War*: *The Unity of the Untimely Meditations*, New York, Palgrave Macmillan, 2018: 16.

② *Shilo Brooks*: *Nietzsche's Culture War*: *The Unity of the Untimely Meditations*, New York, Palgrave Macmillan, 2018: 128.

以看出，尼采突然变成了忠诚于欧洲18世纪启蒙运动的理性主义者，超越了之前复兴真正德意志精神的民族主义而变得更加世界主义，从而很难看出他曾是《诞生》和《考察》的作者了。而在后来的作品中，尼采变成了一个孤独漫步者，与自己的影子对话。但是，他的作品变成了他所理解并追求的真正的德意志文化。

当然，《考察》意味着尼采作为天才的诞生，并不意味着早期尼采与后来的尼采不存在着任何联系。《查拉图斯特拉》中有些主题在《考察》中已经有所预示，如批判自满，更高人性的文化意义，否定和毁灭的积极力量。第二考察甚至包含着永恒复归及谱系考察的思想，而第四考察也出现了类似“超人”以及“权力意志”的概念。

不过，《考察》之间存在着内在联系，并构成了一个整体乐章。第一个考察《施特劳斯》提出了一个主导动机（Leitmotive），触及了很多后面的主题。后面三个考察则是主旋律的一种深潜，然后浮出水面，并进一步发展。因此，可以把《考察》作为一个整体来加以阅读。《考察》不仅公开宣示他要探讨什么问题，而且还暗示他如何去解决这些问题，从教育上去解决这些问题。

具体而言，《叔本华》和《瓦格纳》试图通过促进有利于新的文化天才产生的文化氛围，来重新教育人的本性，恢复其本来的创造力。后两个考察，实际上开启了被《历史》中的历史主义所摧毁的重建过程。同时，后两个考察也为第一个考察《施特劳斯》提供了一种与文化庸人形成了鲜明对比的丰碑的、本真的天才形象。叔本华通过其哲学孕育了一种真正的文化，而瓦格纳则把这种哲学转化为一种鼓舞生命的艺术，提出了一种《施特劳斯》和《历史》所描述的现代庸人文化的解毒剂。

另一方面，我们也可以把《诞生》视为早期尼采的主导动机。它提出了希腊悲剧在当代德国复兴这个主题，四个不合时宜的考察则是其主导动机的进一步深化及发展，探讨其否定的因素及肯定的因素，把主导的文化动机转变为天才如何对抗时代而成长，指出，没有天才的成长和呵护天才成长的教育机构，真正的德意志文化的复兴是不可能的。

叔本华和瓦格纳这样的拯救天才，通过其自我表达的艺术作品、思想、精神，来拯救生命的实存。其作品帮助了受难之人形而上学地理解他们的实存，从而使之能够在一种对其最深沉的渴望及恐惧没有做出充分回应的世界中生存。而如果没有这些哲学、艺术和宗教的天才的作品，这个世界就不会显得更加可以理解，也不会变得更加值得生存。他们简化了世界，他们的认知就是创造，他们的创造就是立法，同时也为未来的时代树立值得向往的自然形象和人类形象。瓦格纳向尼采阐释了这些文化创造者的艺术的方面，而叔本华则阐释了这些文化创造者的哲学的方面。

因此，早期尼采就是在试图把古希腊悲剧、叔本华哲学和瓦格纳戏剧联系起来，这不仅仅是在把哲学加入到语言学作品之中，而是试图把阿提卡悲剧与当代德国文化联系起来，把叔本华和瓦格纳作为他的基本观察点。作为天才的尼采则从其作为教育者的叔本华和瓦格纳那里学习到了如何去创作一种提升生命的文化。

这样，从《诞生》到《考察》，叔本华和瓦格纳作为尼采的教育者而逐渐淡出，而尼采的天才逐渐得到发展，直至自己成为天才。而成为天才，按照丰碑的历史，就是成为教育者。于是，年轻的尼采从寻找教育者，到自己作为教育者开始寻找学生，因为作为查拉图斯特拉的尼采需要向世人教授超人学说。这意味着作为教育者的尼采正式出场。我们知道，历史上伟大的教育者如苏格拉底会与学生对话，佛陀会对学生拈花微笑，而尼采还为学生跳舞，以演示生命的狂放境界。[①]

最后，作为教育学者，我想指出，在文学尼采、美学尼采、政治尼采、哲学尼采之外，还存在着教育尼采。特别是，早期尼采的观念对于今天强调“文化自信”的中国来说具有一种别样意义：文化庸人所倡导的文化并不是真正的德意志文化；要警惕和痛击文化庸人的文化鼓吹；文化庸人的根本问题在于不知道如何恰当地使用历史；真正的德意志文化的寻求必须与教育变革联系起来；国家不会创造文化，文化的使命在于个体，在于极少数个体的自我教化，而国家的教育机构就是要按照这个原则来加以建设，是国家为了文化，而不是文化为了国家。

不过，尼采没有去探讨，没有国家，这个文化放在哪里呢。皮之不存，毛将焉附。尼采隐含的逻辑似乎是，立人之国，其国必立。这对受尼采哲学影响的 20 世纪 40 年代中国的战国策派而言，是不可接受的。他们把尼采的文化论述作为一种立国、救国的文化战略，提出了一种类似于塞缪尔·亨廷顿《文明的冲突》的思想主张。[②] 不过，这里可以确定的是，任何一个欲求真正文化的国家，都需要去善待、保护而不是伤害自己的精英。

令人唏嘘的是，早期尼采，也就是成长中的尼采，由于不合时

① 彭正梅：“当懒人杀死时代”，《博览群书》，2012 年第 4 期，第 32—36 页。

② 李钧：“战国策派：他们到底说过些什么？”，《中华读书报》，2011 年 2 月 2 日第 15 版。

宜的考察而陷入到彻底的孤独之中。这也许是一种成长的代价。这样一种独孤、仍然奋发的不合时宜的灵魂在叩问世界:“我的人民在哪里呢?”《中庸》曾乐观地指出,“君子之道,闇然而日章;小人之道,的然而日亡”。但谁知道呢。不过,需要指出的是,早期尼采的文化批判和教育批判推动了富有德国民族特色的改革教育学和文化教育学的产生,并在世界范围内引起了对现代民主教育及其文化冲突的反思。

《不合时宜的考察》的中文翻译参考了若干英文及中文译本。如 Richard T. Gray (*Unfashionable Observations*, Stanford University Press 1995)和 R. J. Hollingdale (*Untimely Meditations*, Cambridge University Press, 1997)的英文译本、李秋零先生(《不合时宜的沉思》,华东师范大学出版社,2007 年)的译本以及韦启昌先生以及周国平先生等人的相关译本,这里对他们的工作表示感谢和敬意。

这里要特别感谢孙周兴先生。感谢孙先生邀请我加入尼采作品的中译工作中。这使我有机会更为细致地了解并体会尼采的教化历程。作为教育研究者,我对此有着深沉的兴趣。感谢我的研究生顾娟、温辉、彭韬、伍绍杨、洪一朵、郭悦娇等对译文的阅读和建议。当然,水平有限,错误难免。恳请方家指正。

彭正梅

2020 年 4 月 6 日

华东师范大学国际与比较教育研究所

图书在版编目(CIP)数据

不合时宜的考察/(德)尼采著;彭正梅译.—北京:商务印书馆,2024
(汉译世界学术名著丛书:120年纪念版:珍藏本:增订本)
ISBN 978-7-100-23673-7

Ⅰ.①不… Ⅱ.①尼…②彭… Ⅲ.①尼采(Nietzsche, Friedrich Wilhelm 1844-1900)—哲学思想 Ⅳ.①B516.47

中国国家版本馆CIP数据核字(2024)第076183号

汉译世界学术名著丛书
(120年纪念版·珍藏本·增订本)
不合时宜的考察
〔德〕尼采 著
彭正梅 译

商务印书馆出版
(北京王府井大街36号 邮政编码100710)
商务印书馆发行
北京通州皇家印刷厂印刷
ISBN 978-7-100-23673-7

2024年5月第1版 开本710×1000 1/16
2024年5月北京第1次印刷 印张26½
定价:136.00元